KOMPENDIUM
UMWELTMEDIZIN

MEDI-PRAXISREIHE

KOMPENDIUM UMWELTMEDIZIN

DR. MED. NORBERT NEUBURGER

DIPL.-BIOL. VOLKER AREND

DR. MED. BERND GUZEK

MEDI VERLAGSGESESELLSCHAFT

FÜR WISSENSCHAFT UND MEDIZIN MBH

HAMBURG

CIP-Einheitsaufnahme der Deutschen Bibliothek:

Neuburger, Norbert: Kompendium Umweltmedizin/
Norbert Neuburger; Volker Arend; Bernd Guzek – 1. Aufl. –
Hamburg: medi,1996 (Medi-Praxisreihe)
ISBN 3-9803957-2-3
NE: Arend, Volker; Guzek, Bernd

medi Verlagsgesellschaft für Wissenschaft und Medizin mbH
Mattentwiete 2, 20457 Hamburg

1. Auflage Januar 1996

Redaktion:
Dipl.-Biol. Volker Arend, Dr. med. Bernd Guzek, Gaby Guzek

Redaktionsassistenz:
Katja Lorenz, Barbara Drüke, Alexandra Roth

Umschlagfoto:
medi Verlag, Hamburg

Umschlaggestaltung, Layout und Satz: J. Gierke/ H. Brauer, Hamburg

Druck und Verarbeitung: Max Siemen KG, Hamburg

Gedruckt auf chlorfreiem Papier.

Printed in Germany

ISBN 3-9803957-2-3

Wichtiger Hinweis:
Die Medizin unterliegt ständigem Wandel und Weiterentwicklungen. Herausgeber und Autoren haben große Sorgfalt darauf verwendet, daß alle Angaben dem derzeitigen Wissensstand entsprechen. Das gilt insbesondere für Angaben zur Behandlung und medikamentöser Therapie. Das entbindet den Benutzer aber nicht von seiner eigenen Sorgfaltspflicht, die Angaben anhand des Beipackzettels verwendeter Präparate und ggf. unter Zuziehung eines Spezialisten kritisch zu überprüfen. Jede Medikamentengabe und/oder Dosierung erfolgt ausschließlich auf Gefahr des Anwenders.

Gebrauchsnamen, Handelsnamen, Warenzeichen oder ähnliches, die in diesem Buch ohne besondere Kennzeichnung aufgeführt sind, berechtigen nicht zu der Annahme, daß sie ohne weiteres von jedem benutzt werden dürfen.

Inhalt

Wozu „Umweltmedizin"?

Einflüsse der Umwelt auf die Gesundheit des Menschen gibt es schon immer – trotzdem ist die Heilkunde bislang ohne die Fachrichtung „Umweltmedizin" ausgekommen. Nichtsdestotrotz ist das neue Fach viel mehr als ein bald wieder verschwindender Modetrend: die ökologische Krise beginnt, auch in der Gesundheit der Menschen Spuren zu hinterlassen.

Ob Häufungen von Tumorerkrankungen oder Zunahme von Herzinfarkten unter Lärmbelastung, die vermeintliche oder echte Bedrohung durch verschiedene Schadstoffemissionen oder die Zunahme von Allergien – dies alles fordert vom Arzt Antworten auf neue Gefahren für die Gesundheit.

Dieser steht aber, zumindest wenn er praktisch tätig ist, bislang vor einem erheblichen Problem: an der Universität war von dem Fach kaum die Rede, die Weiterbildungen sind überlaufen und stark von Arbeitsmedizin und Hygiene geprägt. Die vorhandenen Lehrbücher bersten unter einer Stofffülle, deren Praxisrelevanz schwer einzuordnen ist. Hier wollen wir dem Praktiker mit dem „Kompendium Umweltmedizin" weiterhelfen. Es richtet sich in erster Linie an denjenigen, der unter dem alltäglichen Zeitdruck entscheiden soll, ob ein Symptom wirklich durch eine umweltbedingte Krankheit ausgelöst sein könnte und in welcher Richtung er weitersuchen soll.

Wir haben uns bei der Zusammenstellung an den vorhandenen Ausbildungsrichtlinien für die Zusatzbezeichnung „Umweltmedizin" orientiert, soweit dies didaktisch sinnvoll war. Darin geforderte Kapitel wie Toxikokinetik und ähnliche Themen, die in der Medizinerausbildung schon fest verankert sind, haben wir bewußt nur kurz gestreift, um das Werk nicht unnötig aufzublähen. Das nachgestellte Register wichtiger Schadstoffe und Chemikalien ermöglicht zusätzlich das schnelle Nachschlagen einzelner Substanzen und ihrer möglichen Effekte.

Die Umweltmedizin ist ein sehr junges Fach. Wir möchten deshalb alle Leser dieses Kompendiums ausdrücklich auffordern, uns positive und negative Kritik über die Adresse des Verlages zukommen zu lassen, damit dieses Buch als offenes Werk möglichst viele zusätzliche Erfahrungen in spätere Auflagen aufnehmen kann.

Hamburg, im Dezember 1995

Norbert Neuburger

Bernd Guzek

Volker Arend

Einführung

Definition des Fachs Umweltmedizin/Aufgaben und Ziele

Die alten, klassischen Fachgebiete haben eine fachimmanent zu enge Sichtweise, um der Herausforderung umweltbedingter Erkrankungen begegnen zu können. Umweltmedizin grenzt an viele dieser Fachgebiete. Sie übernimmt daraus vorhandenes Wissen und erprobte Methoden, um diese neu zu koordinieren und Strategien für die Erkennung, Behandlung und vor allem auch Prävention umweltbedingter Erkrankungen zu entwickeln.

Auch wenn sie Methoden und Wissen übernimmt, läßt sie sich diesen Grenzgebieten nie völlig zuordnen:

- Umweltmedizin ist keine Arbeitsmedizin, übernimmt aber aus der Arbeitsmedizin eine Reihe von Methoden und Denkansätzen. Die Arbeitsmedizin geht wie die Toxikologie meist von der Belastung durch einen einzigen Stoff aus, der dann genau definierte Symptome hervorruft – und sie hat MAK-Werte zur Beurteilung der Schädlichkeit zur Verfügung. So eindeutig geht es bei umweltmedizinischen Patienten nur selten zu. Eher sind sie einer Belastung durch mehrere Noxen gleichzeitig ausgesetzt, erleiden Kombinationseffekte – und für den privaten Haushalt gibt es keine MAK-Werte.
- Umweltmedizin ist keine Allergologie, auch wenn viele umweltbedingt Erkrankte Allergien aufweisen und allergologische Betreuung brauchen.
- Umweltmedizin ist keine klinische Ökologie. Von dieser in den USA parallel zur Allergologie entstandenen Fachrichtung unterscheidet sie sich in erster Linie durch unterschiedliche Therapieansätze.
- Umweltmedizin ist kein Strahlenschutz, gleichwohl muß sie sich auch mit radioaktiven Substanzen und energiereicher Strahlung auseinandersetzen.
- Umweltmedizin ist keine Toxikologie. Andere Konzentrationen und Einwirkzeiten lassen klassische Verfahren wie die LD_{50}-Bestimmung ins Leere laufen. Umweltmedizinische Beschwerdebilder verlaufen häufiger subklinisch als hochakut. Der Umweltmediziner muß auch individuelle Überempfindlichkeiten auf bestimmte Stoffe mit ins Kalkül ziehen.

Positiv läßt sich das neue Fach am besten so definieren:

Umweltmedizin kombiniert erprobte, klassische Methoden und Denkweisen, um

- **neue Krankheitsbilder erkennen und differenzieren zu können, die durch vom Menschen ausgelöste Veränderungen der Umwelt oder von ihm in die Ökosphäre eingebrachte Substanzen hervorgerufen werden,**
- **diese zu behandeln sowie neue Therapieansätze zu entwickeln, und**
- **Strategien zur Prävention zu erarbeiten.**

So klar diese Definition auch klingen mag – in der Praxis der Umweltmedizin sieht es meist weniger einfach aus: in diesem neuen Fach ist sehr wenig bislang eindeutig und unmißverständlich definiert.

Es gibt in der Regel keine verbindlichen Grenzwerte, Ursachen-Wirkungsbeziehungen sind oft noch umstritten. Individuell erhöhte Empfindlichkeit erschwert sowohl die Diagnose als auch die wissenschaftliche Diskussion. Gleiches gilt für die oft diffusen Symptomklagen.

Wer als Umweltmediziner arbeitet, muß lernen, mit unscharfen Sachverhalten umzugehen. Außerdem ist eine detektivische Neigung nötig, um in den vielen diffusen Bildern nach Zusammenhängen zu fahnden.

Folgende Gedanken müssen deshalb bei der Beschäftigung mit umweltbedingten Erkrankungen immer bewußt sein:

- *Umweltbedingte Erkrankungen können eine große Variationsbreite von Gesundheits- und Befindlichkeitsstörungen auslösen, verstärken oder unterhalten.*
- *Umweltbedingte Erkrankungen zeigen zumeist ein wenig standardisiertes Erscheinungsbild, da individuelle Reaktion und individuelle Exposition stark variieren können.*
- *Umweltbedingte Erkrankungen haben selten ein bekanntes, typisches Erkrankungsmuster und erfordern daher eine sorgfältige und damit zeitaufwendige Diagnostik und Differentialdiagnostik.*

Ein zusätzliches Problem ist, daß die Patienten oft eine detaillierte, klare Vorstellung haben, woran oder wodurch sie erkrankt sind. Dies erschwert eine offene Analyse der Situation oft erheblich. Nicht selten ist die resultierende Diagnose nur als vorläufige Hypothese zu betrachten, die je nach Erfolg oder Mißerfolg der darauf basierenden Therapie bestätigt wird oder verworfen werden muß.

Prinzipien der Umwelttoxikologie

Die Umwelttoxikologie für sich ist ein Teilgebiet der Toxikologie. Sie versucht, mit den Mitteln der Toxikologie (Tierversuche, in-vitro-Systeme) gesundheitliche Störungen durch Stoffe in der Umwelt des Menschen aufzuklären. Diese Stoffe können natürlichen Ursprungs sein (beispielsweise Pilzgifte oder Pilzsporen etc.), oder sie können anthropogenen Ursprungs sein (beispielsweise Chemikalien aus industrieller Produktion).

Nachfolgend skizzieren wir einige Grundlagen. Zur Vertiefung sei, wenn nötig, auf die entsprechende Fachliteratur der Toxikologie verwiesen.

Expositionsabschätzung

Für die Abschätzung der Exposition eines Menschen auf einen oder mehrere umweltrelevante Stoffe ist die Kenntnis verschiedener Mechanismen wichtig. Die Abgabe fester, flüssiger oder gasförmiger Stoffe, von Strahlen, Wärme, Lärm ist die **Emission**.

Unter **Immission** ist die durch die Emission entstandene Belastung der Umwelt zu verstehen. Die Immision führt zur **Exposition** des Organismus auf diese Belastung. Die Exposition läßt sich wiederum unterscheiden nach der **äußeren Exposition** und der **inneren Exposition**.

Zur Abschätzung der Exposition ist es auch wichtig, die **Grundbelastung** und die **Zusatzbelastung** eines Patienten zu ermitteln.

Zur Abschätzung der Gesamtbelastung leistet auch die **Dosisrate** wertvolle Dienste. Sie beziffert die pro Tag von außen zugeführte Dosis eines Stoffes, bezogen auf das Körpergewicht. Ein Beispiel für eine Dosisrate ist der LOEL (Lowest Observed Effect Level, die niedrigste Konzentration, bei der eine Wirkung zu beobachten ist).

Toxikokinetik / Verhalten von Stoffen im Organismus

Sowohl die Aufnahme von Chemikalien in den Organismus als auch ihre Ausscheidung kann auf verschiedenen Wegen erfolgen. Die Toxikokinetik erfaßt dabei Art und Geschwindigkeit der Aufnahme, die Verteilung einer Substanz im Organismus und ihre Metabolisierung sowie die Art und Geschwindigkeit, mit der der Körper sie oder ihre Folgeprodukte wieder ausscheidet.

Die folgenden Faktoren können die Aufnahme in den Körper wesentlich beeinflussen:

- *die Konzentration der Umweltchemikalie in dem Medium, durch das der Organismus mit der Substanz in Kontakt kommt,*
- *die Zeitspanne, die der Organismus der Substanz ausgesetzt ist,*
- *die Art des Kontaktes (Hautkontakt, Inhalation, Ingestion etc.),*
- *die physikalischen Eigenschaften der Substanz, vor allem ihre Fettlöslichkeit.*

Die intakte **Haut** setzt Chemikalien eine recht effektive Barriere entgegen. In der Regel haben nur lipidlösliche Substanzen bei langer Einwirkzeit eine Chance, in größeren Mengen in den Organismus zu gelangen. Schädigungen der Haut, selbst durch übertriebenes Waschen, können die Barrierefunktion jedoch herabsetzen.

Der **Respirationstrakt** dient dem Stoffaustausch mit der Umwelt – auf diesem Weg können schädliche Substanzen leicht auch in größerer Menge in den Körper gelangen. Der Übertritt fettlöslicher Substanzen beginnt schon in der Luftröhre und den Bronchien, während wasserlösliche Stoffe vor allem in den Alveolen die dünne Barriere zwischen Blutbahn und Außenwelt passieren – und damit direkt in den arteriellen Blutstrom gelangen, was oft übersehen wird.

Für den **Magen-Darm-Trakt** gilt ähnliches, auch er dient physiologischerweise dem Stoffaustausch. Die unterschiedlichen pH-Werte sowie die Menge und Art der aufgenommenen Nahrung beeinflussen das Resorptionsverhalten wesentlich. Bereits in der Darmwand und erst recht in der Leber setzen vielfältige Metabolisierungsprozesse ein, die sowohl eine Minderung als auch eine Steigerung der Toxizität **(„Giftung")** bewirken können.

Ein Beispiel dafür sind die Azofarbstoffe. Sie sind im ursprünglichen Zustand biologisch inaktiv. Im Körper werden sie zu aromatischen Aminen abgebaut, von denen einige über längere Zeit bei der natürlichen Ausscheidung über die Harnwege mit einer Latenzzeit von 20-30 Jahren Blasentumoren induzieren können.

Sind Chemikalien in den Organismus eingedrungen, so entscheidet ihre Fettlöslichkeit wesentlich über die Verteilung im Organismus: primär wasserlösliche Substanzen kann die Niere in der Regel gut ausscheiden, sie können die Zellmembranen überdies nur schlecht passieren.

Fettlösliche Stoffe hingegen gelangen leicht durch die Lipidmembranen der Zellen und werden nicht renal ausgeschieden, sofern sie nicht durch Metabolisierungsprozesse wasserlöslich gemacht werden können.

Sie bleiben länger im Organismus und reichern sich vor allem im Fettgewebe an. Eine größere klinische Relevanz hat aber, daß sie sich besonders im Nervengewebe anreichern.

Probleme bereiten auch Substanzen, die eine starke Proteinbindung aufweisen – die Niere läßt physiologischerweise keine Proteine in den Harn gelangen, somit können auch diese Stoffe nur im geringen Maß über die Niere ausgeschieden werden. Leicht flüchtige Substanzen können über die Lunge abgeatmet werden (beispielsweise Alkohol).

Die Leber hat ebenfalls einen großen Anteil an der Entgiftung. Sie gibt die Produkte der Metabolisierungsprozesse vor allem in die Galle ab. Die Metabolisierung verläuft in zwei Phasen. Die Reaktionen der ersten Phase verändern die Moleküle nur leicht, zumeist durch Oxidation. Ergebnis ist günstigenfalls ein wasserlösliches Molekül, in der Regel aber meist eine reaktionsfähigere Substanz, die ein erheblich größeres toxisches Potential haben kann als der Ausgangsstoff.

In der zweiten Phase laufen komplexere Reaktionen ab, deren Ziel es ebenfalls ist, die Substanz durch Konjugation mit Glukuronsäure wasserlöslicher zu machen und damit die biliäre oder renale Ausscheidung zu beschleunigen.

Toxikodynamik

Die spezifischen Wirkungen einer chemischen Substanz im Organismus erfaßt die Toxikodynamik. Sie beschreibt, ob und unter welchen Bedingungen ein Stoff die physiologischen Abläufe des Körpers stört.

Die umweltmedizinische Wirkungsforschung steht aber noch in den Anfängen: es ist heute meist noch nicht klar vorherzusagen, welcher Stoff bei welchem Individuum unter welchen Rahmenbedingungen welche Wirkung haben wird.

Kernproblem der Toxikodynamik ist, daß die meist komplexe Belastung mit mehreren Schadstoffen, die individuell unterschiedliche Empfindlichkeit und soziale Faktoren monokausale Erklärungen meist unmöglich machen. Die Komplexität der möglichen Einfluß- und Störfaktoren stellt epidemiologische Untersuchungen vor große Probleme.

Das klassische Experiment der Toxikologie ist die Ermittlung der LD_{50}, das ist die Dosis, bei der die Hälfte der Versuchstiere sterben. Eine für solche akute Toxizität notwendige Konzentration erreichen in der Umweltmedizin relevante Stoffe nicht. Ihre Auswirkungen sind zumeist im subklinischen Bereich angesiedelt und führen eher zu diffusen, schwer greifbaren Beschwerdebildern.

Einige Faktoren, die eine exakte Vorhersage einer Dosis-Wirkungs-Beziehung extrem erschweren, sind:

- *Kombinationseffekte,*
- *individuell unterschiedliche Reaktionsbereitschaft,*
- *interindividuelle Verhaltensunterschiede,*
- *lückenhaftes Wissen und*
- *genetische Unterschiede.*

Im Prinzip sind beim derzeitigen Wissensstand der umweltmedizinischen Forschung – mit wenigen Ausnahmen – nur Aussagen über die Wahrscheinlichkeit einer Wirkung möglich.

In ähnliche Schwierigkeiten gerät der Umweltmediziner bei der Frage, welche gesundheitlichen Auswirkungen die Exposition auf bestimmte Substanzen haben kann. Wegen der oben geschilderten Schwierigkeiten sind meist noch keine zuverlässigen Aussagen möglich – dies sollte dem Patienten auch gesagt werden.

Falsch wäre es, diesen entweder durch noch nicht zu begründende Aussagen grundlos zu verunsichern – genauso fatal aber wäre auch eine nicht gerechtfertigte Haltung wie „das schadet alles nichts“.

Die umweltmedizinische Forschung steht erst am Anfang und damit vor großen methodischen Problemen. Das sollte nicht verschwiegen werden.

Allgemeine diagnostische Verfahren der Toxikologie

Verschiedene Gruppen von diagnostischen Tests stehen zur Verfügung, um die Auswirkungen von Umweltchemikalien auf den Menschen zu untersuchen. Dazu gehören in-vitro-Tests und tierexperimentelle Verfahren.

In-vitro-Tests untersuchen Substanzwirkungen an Mikroorganismen, Zellen von Säugetieren oder isolierten Organen.

Ihre Domäne ist die Erforschung der Zyto- und Genotoxizität. Außerdem dienen sie zur Untersuchung der Metabolisierungswege und des Wirkmechanismus.

Tierexperimente untersuchen die Wirkungen einer Substanz an einem lebenden Tier. Ihr prinzipielles Problem ist, in wieweit die Befunde von der benutzten Tierart auf den Menschen übertragbar sind. Prinzipiell ermöglichen sie nur eine ungefähre Risikoabschätzung. Oft sind sie aber die einzige Methode, um überhaupt im vertretbaren Zeitraum die Toxizität einer Substanz einigermaßen abschätzen zu können.

Diagnostik

Anamnese

Jeder umweltmedizinischen Anamnese geht eine ganz normale Anamnese voraus, die sich speziell an internistischen, allergologischen und neurologischen Gesichtspunkten orientieren sollte. Speziell sind im Rahmen der umweltmedizinischen Anamnese die folgenden Fragen zu klären:

- **Besteht ein zeitlicher Zusammenhang zwischen biografischen Daten und den jetzt geklagten Symptomen?**

Sind sie beispielsweise nach einem Umzug oder einer Renovierung aufgetreten? Hat der Patient neue Ausstattungsgegenstände in der Wohnung oder am Arbeitsplatz (Möbel, Teppich etc.)? Neuer Beruf oder Arbeitsplatzwechsel? Neues Auto? Neue Haustiere? Neue Waschmittel?

- **Klagt der Patient über einen Leistungsknick? Bestätigen Bezugspersonen diesen Leistungsknick?**

Ein Leistungsknick ist typisch für viele umweltbedingte Erkrankungen, insbesondere dann, wenn er auch vom sozialen Umfeld des Patienten wahrgenommen wird. Er gibt auch wichtige Hinweise zur Abgrenzung von psychosomatischen Erkrankungen: hier äußern die Patienten eher, daß die Beschwerden „schon immer“ bestünden. Allerdings ist hier zur Objektivierung die Fremdanamnese besonders wichtig.

- **Bessern sich die Beschwerden beim Umgebungswechsel?**

Schwächen sich die Beschwerden bei einem Umgebungswechsel ab (tagsüber oder nach Arbeitsende, Urlaub, Kur, Geschäftsreisen etc.), so liefert dies Hinweise auf die Lokalisation der Auslöser einer umweltbedingten Erkrankung. Der zeitliche Verlauf der Besserung liefert zudem Hinweise auf den ursächlichen Schadstoff.

- **Treten die Symptome auch bei Menschen auf, die im sozialen Umfeld leben?**

Lassen sich weitere Personen finden, die die gleichen Symptome schildern, so läßt sich oft der Verdacht auf eine Schadstoffexposition erhärten.

- **Gibt es on/off-Phänomene und eine Symptomfluktuation?**

Beschwerden können plötzlich, sogar innerhalb von Minuten auftreten – und genauso schnell wieder verschwinden. Dies gilt besonders für neurologische Symptome. Vergleichbare Beobachtungen gibt es auch bei der Parkinsonschen Krankheit. Die Ursache für dieses Phänomen ist nicht bekannt. Es wird diskutiert bei der multiplen Chemikalienunverträglichkeit (multiple chemical sensitivity, MCS) und besonders bei neurologischen Symptomen unter Belastung mit Holzschutzmitteln und Pyrethroiden. In solchen Fällen sollte der Untersucher aber auch an eine zerebrale Allergie denken (☞ Seite 80).

- **Treten Beschwerdemaxima tageszeitlich oder saisonal gehäuft auf?**

Jahreszeitliche Unterschiede der Symptome liefern Hinweise auf die Lokalisation einer Schadstoffquelle: sitzt diese beispielsweise im Haus, so sind die Symptome während der Heizperiode mit verminderter Lüftung und vermehrter Ausgasung durch die Heizung in der Regel stärker als im Sommer. Eine Verstärkung der Symptome während der Nacht deutet beispielsweise auf eine mögliche Schadstoffquelle im Schlafzimmer.

Besonders sollte der Arzt die folgenden Symptome abfragen und in ein zeitliches Verlaufsschema einordnen. Sie sind häufig bei Patienten zu beobachten, die an einer umweltbedingten Krankheit leiden – vor deren Diagnose steht aber immer der Ausschluß anderer Ursachen:

- ständige Müdigkeit, schnelle Ermüdbarkeit, Gefühl allgemeiner Schwäche
- herabgesetzte Konzentrationsfähigkeit, reduzierte Auffassungsgabe und Gedächtnisleistung
- motorische Ungeschicklichkeit
- Kopfschmerzen
- diffuse Schmerzen, insbesondere in Knochen, Gelenken oder Weichteilen
- Infektanfälligkeit
- Reizungen des Magen-Rachenraumes, häufige Sinusitiden
- Magen-Darm-Beschwerden
- Ruhelosigkeit oder innere Unruhe
- Reizbarkeit
- Augenbrennen, Augenreiben

Psychosomatische Anamnese

Genau so schwierig wie wichtig ist die Abgrenzung umweltbedingter Erkrankungen von psychiatrischen und psychosomatischen Leiden. Die Umwelt als krankmachender Faktor spielt in den Medien eine große Rolle, so daß über dieses Thema entsprechend disponierten Menschen genügend Informationen zur Verfügung stehen.

Oft genug ist hier keine Trennung mehr möglich. Wer lange genug an unklaren, diffusen Beschwerden leidet, ohne daß es dafür eine erkennbare Ursache gibt, wird sich auch psychisch auffällig entwickeln. Und viele psychosomatisch oder psychisch Kranken stürzen sich auf die entlastende „äußere Ursache Gift“, weil sie dies psychisch entlastet. Manche Mediziner behaupten sogar, daß nur jeder zehnte subjektiv umweltbedingt Erkrankte auch tatsächlich durch Einflüsse aus der Umwelt in seiner Gesundheit beeinträchtigt ist. Valide Datenerhebungen fehlen bislang jedoch.

In der Praxis ist allerdings zu beobachten, daß umweltbedingt Erkrankte viel eher bereit sind, eine psychosomatische Erkrankung in Betracht zu ziehen als psychosomatisch Kranke. Oft haben sie sich auch schon aktiv damit beschäftigt und Kontakte zu entsprechenden Therapeuten aufgenommen. Auch bringen umweltbedingt Erkrankte ihre Beschwerden eher sachlicher, konkreter vor. Bei psychosomatisch Kranken überwiegt eher der Leidensaspekt bei der Schilderung.

Nicht selten sind leider regelrechte Psychiatriekarrieren umweltmedizinisch Kranker zu beobachten. Die Patienten bekommen das Etikett „Psycho" verpaßt und wandern mit dieser Kennzeichnung von einem Therapeuten zum nächsten, ohne daß ihnen geholfen werden könnte.

Mit einer umweltmedizinischen Rundumdiagnostik ist dem psychisch Kranken natürlich nicht geholfen. Sie kann im ungünstigen Fall sogar noch schwer interpretierbare, mißverständliche Befunde liefern, die erst zur Fixierung führen. Genausowenig aber hilft dem umweltbedingt Erkrankten eine psychosomatische Behandlung. Für die Praxis ist daher folgendes zu fordern:

- *eine psychosomatische Erkrankung sollte möglichst in Zusammenarbeit mit einem entsprechend ausgebildeten Arzt ausgeschlossen oder bestätigt werden.*
- *eine umweltmedizinische Erkrankung sollte stets ausgeschlossen oder bestätigt werden, solange hinreichender Verdacht besteht. Bei der Wahl der dazu eingesetzten Mittel sollte das Kosten/Nutzen-Verhältnis sorgfältig abgewogen werden – im Zweifel muß die Kostenfrage aber hinter dem Wohl des Patienten zurückstehen.*

Insgesamt ist es besser, einmal zu oft bei einem psychosomatisch Kranken eine umweltbedingte Erkrankung auszuschließen, als nur ein einziges Mal einen umweltbedingt Erkrankten auf Jahre hinaus erfolglos psychotherapeutisch zu behandeln.

Ortsbesichtigung und Begehung

In vielen Fällen ist es sinnvoll, die Befragung des Patienten durch eine Begehung des Ortes zu ergänzen, an dem der Ursprung der Schädigung vermutet wird. Da dies in der ärztlichen Praxis oft ein logistisches Problem sein wird, empfiehlt es sich, diese Begehung ggf. durch Fachpersonal einer in solchen Begehungen erfahrenen Stelle durchführen zu lassen.

Umweltmedizinischer Fragebogen

Patientendaten:				Untersuchungs-Datum:	
Name, Vorname:				Wohnort:	
PLZ:	Bei Umzug im laufenden Jahr bitte auch vorherige PLZ angeben:				
Geb.datum: / /	Geschlecht (m,w):	Größe (cm):	Gewicht (kg):		Raucher (j/n):
Wohnsituation: Zutreffendes bitte ankreuzen:					
ländlich		städtisch		Industriegebiet	
Anliegerstr.		Hauptverkehrsstr.		Raucherhaushalt	

Gesundheitsbeschwerden in welchem Bereich? Bitte die zutreffenden Bereiche ankreuzen:			
Atemwege/Lunge		Zentrales Nervensystem	
HNO		Peripheres Nervensystem	
Bewegungsapparat		Kardiovaskuläres System	
Haut/Haare		Hämatopoetisches System	
Augen		Endokrines System/Stoffwechsel	
Gastrointestinaltrakt/Leber		Psycholog./Psychiatrische Störungen	
Niere/Harnwege		Allgemeinbefinden (s. auch unten)	
Geschlechtsorgane/Fertilität		Sonstiges:	
Beeinträchtigung des Allgemeinbefindens? Bitte die zutreffenden Symptome ankreuzen:			
Müdigkeit/Antriebsstörung		Schlafstörung	
Konzentrationsstörung/Vergeßlichkeit		Leistungsknick	
Innere Unruhe/Reizbarkeit		Kopfschmerzen	
Sprach-/Wortfindungsstörungen		Schwindel	
depress. Verstimmungen/Ängste		Sonstiges:	
Hauptsymptome? 1.	2.	3.	
Bestehen soziale Probleme (z.B. Konflikte am Arbeitsplatz o. in der Familie)			

Gibt es diagnostische Hinweise auf mögliche Belastungen (=B), allergische Reaktionen (=A) oder Überempfindlichkeiten (=Ü) bei Kontakt mit

(bitte in der zutreffenden Spalte ankreuzen):	B	A	Ü		B	A	Ü
Holzschutzmittel				Schwermetalle			
Lösemittel (Kleber, Farben u. a.)				andere Metalle			
Formaldehyde				Verbrennungsabgase			
Pyrethroide				Lärm			
PCB				Tiere			
Medikamente				Pollen			
Schimmelpilze				Körperpflegemittel			
Schädlingsbekämpfungsmittel (außer Holzschutzm. u. Pyrethroiden)				Parfüm/Duftstoffe			
Amalgam				Lebensmittel			
Sonstiges:							

Vermuteter Expositionsort?:
Vermutete Expositionsquelle?:

Überweisung an Facharzt? Welches Konsil?
Überweisung an Medizinische Umweltambulanz? Welche?
Überweisung an mobile Umweltambulanz/Meßwagen? Welche?

Bemerkungen:

Quelle: Umweltausschuß der KV Schleswig-Holstein, A. Pröhl (Institut für Toxikologie Kiel)

Umweltmedizinische Verlaufsdokumentation

Patientendaten:	Untersuchungs-Datum:
Name, Vorname:	Wohnort:

PLZ: Bei Umzug im laufenden Jahr bitte auch vorherige PLZ angeben:	
Geb.datum: / /	Geschlecht (m,w):

Erstuntersuchungsdatum:	Anzahl der Arztbesuche:
Diagnose bei Erstuntersuchung	1.
2.	
3.	
Sonstiges:	

Welche Maßnahmen wurden veranlaßt?

Ortsbegehung?				Sonstige:			
Messungen vor Ort?				Labormedizinische Untersuchung?			
Substanz	Meßwert (inkl. Maßeinheit)	in: (z.B. Staub)		Substanz	Meßwert (incl. Maßeinheit)	in: (z.B. Serum)	

Hat sich der Verdacht auf eine umweltbedingte Gesundheitsstörung bestätigt?

Ja:		Nein:		zum Teil:		weiterhin unklar:	

Wenn ***ja/zum Teil***: wodurch ist eine Gesundheitsstörung bedingt? Bitte ankreuzen:

erhöhte Exposition gegenüber einem/mehreren Schadstoffen/Expositionsfaktoren	
u./o. Überempfindlichkeit des Patienten gegenüber einem/mehreren Schadstoffen	
u./o. Allergie gegenüber einem/mehreren Schadstoffen	

Expositionsort (z.B. Arbeitsplatz, Wohnraum etc.)	vermutliche Expositionsdauer (bitte Unfälle gesondert kennzeichnen)

Besteht eine Vielfache Chemikalienunverträglichkeit bzw. Multiple Chemical Sensitivity?	

Wurde eine Sanierung bzw. Entfernung des Expositionsfaktors durchgeführt?	Ja:	Nein:

Wenn ***Ja***: Welcher Zeitraum ist seitdem verstrichen?

Ist eine Besserung der Beschwerden insgesamt eingetreten?

Ja:		Nein:		zum Teil:

Wenn ***zum Teil***: Welche Symptome haben sich gebessert?

Bemerkungen:

Quelle: Umweltausschuß der KV Schleswig-Holstein, A. Pröhl (Institut für Toxikologie Kiel)

Weitere Hinweise auf mögliche Symptome bei umweltbedingten Erkrankungen liefert das umweltmedizinische Screeningraster (☞ Seite 109).

Körperliche Untersuchung

Eine lege artis durchgeführte, sorgfältige Ganzkörperuntersuchung ist beim Verdacht auf eine umweltbedingte Erkrankung unumgänglich. Besonderes Augenmerk sollte der Untersucher dabei außer auf allgemeinmedizinisch-internistische Aspekte auf die möglichst genaue neurologische Untersuchung legen. Eine Reihe von Umweltschadstoffen macht sich zuerst mit neurologischen Symptomen bemerkbar. Eine „grob orientierende" Untersuchung reicht in der Regel nicht aus.

Die in Kapitel 3 genannten Symptomenkomplexe (☞ Seite 29) sollte der Untersucher stets in seinen Untersuchungsgang mit aufnehmen.

Basis-Laboruntersuchungen

Unkritisch angeordnete Laboruntersuchungen nach der Schrotschußmethode können die Kosten für umweltmedizinische Untersuchungen schnell in astronomische Höhen treiben. Ein übermäßiger Sparwille kann andererseits aber dazu führen, daß eine Schadstoffbelastung eventuell übersehen wird. Es gilt deshalb, die Waage zwischen wirtschaftlich vertretbarer Labordiagnostik und medizinisch erforderlichen Untersuchungen zu halten. Eine Hilfe für die Eingrenzung einer Verdachtsdiagnose können in manchen Fällen die Screeningraster liefern (☞ Seiten 109/157).

Die nachfolgend vorgestellten Maßnahmenbündel sind als Gedächtnisstütze zu verstehen. Nicht immer sind alle Untersuchungen gleichzeitig erforderlich.

Tabelle 1.

Basis-Laboruntersuchungen

BSG

Differential-Blutbild

Thrombozyten

Retikulozyten

γ-GT

SGOT

SGPT

Bilirubin

LDH

alkalische Phosphatase

Cholinesterase

Kreatinin

Harnstoff-N

Lipide

Eisen, Ferritin

Elektrolytstatus einschließlich Selen, Magnesium, Zink

Gesamt-Eiweiß, Elektrophorese

CRP

RF

ASL

ANF

Schilddrüsenfunktion mit TSH, T3, T4, und eventuell TAK, TRAK, TPO

Tabelle 2.

Eventuell zusätzliche Untersuchungen nach der individuellen Situation

CDT (Alkohol)
β_2-Mikroglobulin
IgA, IgG, IgM, IgE (eventuell spezielle RAST-Tests auf Schimmelpilze, Nahrungsmittel, Tierhaare u.a.)
Lymphozyten-Differenzierung (Gesamt-, B- und T-, T4-, und T8-Lymphozyten)
Neopterin
Gamma-Interferon
Schwermetalluntersuchungen im Urin, insbesondere Quecksilber, Blei und Kadmium
DDT, DDE, PCP, Lösungsmittel im Serum, Beta-, Gamma-HCH, PCB im Serum und eventuell im Urin
Folsäure- und Vitaminbestimmungen (A, B_1, B_6, B_{12}, C, E) im Serum und eventuell im Urin
Für die B-Vitamine besser noch die Bestimmung der Abbauprodukte Homocystein für Folsäure und B_{12}, Methylmalon- und Methylzitronensäure für B_{12} sowie Cystathion für B_6
Prolactinbestimmung und Prolactintest
HIV-Test
Borrelien-Antikörper
Lues-Serologie
Toxoplasmose-Ausschluß

Tabelle 3.

Untersuchungen bei Verdacht auf ...

- allergische Genese: zusätzlich spezielle RAST-Tests, Multitest Merieux, Epikutan-, Prick- und Scratchtest, Nachweis zirkulierender Antikörper. Hilfreich sind auch Diätversuche sowie orale, nasale und intratracheale Provokation. Eventuell Miller-Technik.
- Asbest/Mineralfaserbelastung: Begehung, eventuell Raumluftmessung
- Formaldehydbelastung: Raumluftmessungen durch Umweltambulanz
- Holzschutzmittelbelastung: Materialproben durch Umweltambulanz entnehmen lassen, Untersuchung von Hausstaub (eventuell auch aus Staubsauger), Blutuntersuchungen auf PCP, alpha-, beta- und gamma-HCH, Chlortalidon u.a.
- Insektizidbelastung: DDT, DDE, alpha-, beta- und gamma-HCH, PCP im Serum, Materialproben
- Lösungsmittelbelastung: Begehung, Raumluftmessung, bei chronischer Exposition Leberwerte, neurologisches Konsil
- PCB-Belastung: Blutuntersuchungen auf PCB (Standard-Auswahl aus 128 Isomeren), Materialproben
- Pilzbelastung: Begehung, Sporen, Allergietestung, Antikörper auf Schimmelpilze
- Pyrethroidbelastung: nur Staub- oder Materialproben, Serum- oder Urinproben sind zur Zeit nicht sinnvoll
- Quecksilberbelastung, zum Beispiel durch Amalgam: zunächst Quecksilber im 24-Stunden-Urin als Basisuntersuchung. Wenn hier eine auch nur gering erhöhte Ausscheidung festgestellt wird, ist eine weitere Abklärung mit dem Dimaval-Test oral oder intravenös zu erwägen. Testablauf i.v.: Urin I – Dimaval i.v. – nach 30 Minuten Urin II. Dieser sollte weniger als 50µg Hg/g Kreatinin enthalten. Vorher ist eine intrakutane Testquaddel unbedingt zu empfehlen. Test oral: Urin I – drei Kapseln Dimaval – 24-Stunden-Urin. Der Wert sollte unter 20-30 µg Hg/24 Stunden liegen. Allergietestung: RAST- und Hauttests auf Amalgam und Quecksilber.

Spezielle Laboruntersuchungen

Neben den allgemeinen Laboruntersuchungen, die zum Ausschluß der möglichen Differentialdiagnosen dienen, bieten spezialisierte Labors mittlerweile eine Reihe von Spezialuntersuchungen auf alle möglichen Schadstoffe an. Eine Übersicht über die möglichen Verfahren würde den Rahmen des Kompendiums sprengen und in allgemeiner Form für die Praxis wenig Hilfestellung bieten.

Konkrete Handlungsanleitungen für die Probennahme zur Analytik haben wir, soweit möglich, jeweils zu den entsprechenden Schadstoffen gestellt.

Generell gilt aber: die heute zur Verfügung stehenden Analyseverfahren stellen den Arzt nicht selten vor ein Dilemma: neue Techniken lassen die möglichen Nachweisgrenzen immer weiter nach unten sinken.

Mittlerweile lassen sich selbst winzigste Mengen nachweisen. Im Vergleich entspricht die heute minimal nachweisbare Menge Dioxin einem einzigen Zentimeter auf dem 25.000fachen Erdumfang. Nicht alle Labors beteiligen sich auf diesem Sektor an Ringversuchen.

Die Ergebnisse der Labors, die sich an diesen qualitätssichernden Maßnahmen beteiligen, schwanken stark. Die klinische Bedeutung der gefunden Meßwerte ist noch oft umstritten. Die klinische Einordnung solcher Befunde muß deshalb sehr kritisch und sorgfältig erfolgen.

Spezielle Umweltanalytik

Für die Analytik bei Verdacht von umweltbedingten Erkrankungen kommen sowohl Analysen von Körperflüssigkeiten und - geweben als auch der Schadstoffnachweis in Luft-, Wasser-, Boden-, Trinkwasser-, Staub- oder Nahrungsmittelproben in Frage. Die am häufigsten untersuchten biologischen Materialien sind Blut und Serum sowie Muttermilch, Gewebeproben und die Ausatemluft (für flüchtige Schadstoffe). Die Untersuchung von Haaren und Zähnen findet fast nur bei Schwermetallbelastungen Anwendung.

Bei der Probenentnahme sowohl biologischer Proben als auch von Proben aus der Umwelt können oft schon kleine Fehler eine Untersuchung wertlos machen. Für die meisten Substanzen eignen sich Blutentnahmesysteme, denen EDTA als Antikoagulans zugesetzt ist. Bei bestimmten lipophilen Substanzen beispielsweise muß die so gewonnene Probe aber unverzüglich in Glasgefäße umgefüllt werden.

Die meisten Materialien müssen bei 4°C gelagert, einige müssen sogar eingefroren werden. Zu beachten ist besonders, daß oft winzig erscheinende Kontaminationen bei Entnahme oder Transport das gesamte Ergebnis wertlos machen können (zum Beispiel unsachgemäße Hautdesinfektion, falsches Spritzen-, Kanülen oder Röhrchenmaterial etc.).

Um unnötige Kosten durch Wiederholung einer falsch entnommenen oder falsch transportierten Probe sowie falsche Meßergebnisse zu vermeiden, empfiehlt es sich, im Zweifelsfall mit dem untersuchenden Labor Rücksprache zu halten.

Weitere spezielle Untersuchungsverfahren

In der Umweltmedizin können einige altbewährte Untersuchungsverfahren eine wichtige Rolle bei der Bewertung von Symptomen und der Dokumentation von Schäden spielen. Dazu gehört die Registrierung elektrisch evozierter Potentiale (EVP) und die Elektromyografie (EMG). Mit Hilfe des Brainmappings lassen sich auch schadstoffbedingte Aktivitätsänderungen des Gehirns dokumentieren. Mittels der Positronen-Emissions-Tomografie (PET) lassen sich schadstoffbedingte Änderungen der Durchblutung einzelner Hirnareale erkennen.

Neuere Verfahren, deren klinische Bedeutung derzeit noch nicht endgültig eingeordnet werden kann, sind die Single-Elektronen-Emissions - Computer - Tomografie (SPECT) und die Untersuchung mit dem Iriscorder. Mit Hilfe der SPECT finden sich beispielsweise bei Überempfindlichkeitsreaktionen deutliche Veränderungen der Durchblutung und des Stoffwechsels einzelner Hirnareale, die teilweise als „zerebrale Allergie" gedeutet werden.

Der Iriscorder kommt aus Japan und eignet sich zum Nachweis verzögerter Pupillenreaktionen, die beispielsweise bei Belastung mit manchen Organophosphaten zu beobachten sind.

Biomonitoring

Biomonitoring ist die systematische Überwachung von Schadstoffen im Organismus Einzelner oder auch großer Bevölkerungskollektive. Dabei nutzen die Untersucher alle verfügbaren biologischen Materialien, um die Konzentration der Substanz oder ihrer Metabolisierungsprodukte zu ermitteln.

Die Auswahl des untersuchten Materials ergibt sich aus der Toxikokinetik der zu ermittelnden Substanz. Die am häufigsten untersuchten Materialien sind Blut und Serum sowie Urin und Muttermilch.

Ziel dieser biologischen Überwachung ist es, die Schadstoffbelastung der Bevölkerung oder des einzelnen Menschen zu erfassen und zu kontrollieren. Sie soll eine bessere Beurteilung des individuellen Gesundheitsrisikos ermöglichen.

Für die Umweltmedizin hat das Human-Biomonitoring vor allem Bedeutung, da es in Zukunft wissenschaftliche Daten für die Zusammenhänge zwischen Umweltbelastungen und Störungen der Gesundheit liefern kann. Weiterhin lassen sich auf diese Weise Normwerte festlegen.

In der Alltags-Praxis des Arztes wird das Biomonitoring zumeist auf den Einzelfall als Verlaufskontrolle beschränkt bleiben.

Grenzwerte

Grenzwerte sollten dem Schutz der menschlichen Gesundheit vor chemischen, physikalischen oder auch biologischen Bedrohungen aus der Umwelt dienen. Sie werden aber vor allem auch dazu benutzt, politische Entscheidungen durchzusetzen oder zu verhindern.

Tabelle 4.

Problematik der Grenzwerte

- werden politisch von gegensätzlichen Interessengruppen benutzt, um Umweltschutzmaßnahmen durchzusetzen oder zu verhindern
- berücksichtigen individuelle Ansprechbarkeit nicht
- berücksichtigen Kombinationseffekte nicht
- berücksichtigen Gesamtbelastung des Individuums nicht

Nicht zuletzt deshalb herrschen bei vielen Grenzwerten oft erhebliche Unklarheiten und Verwirrungen auch sprachlicher Natur. Die einzigen verbindlichen Höchstmengenangaben sind die MAK-Werte – alle anderen sind unverbindliche Orientierungswerte („Grenzwert“, „Richtwert“ etc.).

Die Festsetzung vieler sogenannter Grenzwerte ist im hohen Maße problematisch: sie berücksichtigen weder die interindividuell unterschiedliche Ansprechbarkeit und Empfindlichkeit, noch Kombinationseffekte oder die unterschiedliche Grund- und Gesamtbelastung.

Meist sind Grenz- und Richtwerte ein Kompromiß zwischen den Erfordernissen der Industrie und dem Wunsch nach möglichst niedriger Belastung.

Grundsätzlich gilt: wird ein sogenannter Grenzwert im Lebensumfeld eines Patienten überschritten, so heißt das noch nicht, daß dieser Schadstoff ursächlich für die Erkrankung ist. Umgekehrt schließt aber ein nicht überschrittener Grenzwert nicht aus, daß dieser Schadstoff die Erkrankung auslöst. Die hohe Varianz der individuellen Empfindlichkeit verhindert ein einfaches, starres Schema aus Dosis-Wirkungs-Beziehungen.

Als positive Tendenz ist zu beobachten, daß die Grenzwerte im allgemeinen immer weiter sinken. Ein Beispiel ist das Pentachlorphenol (PCP): der alte Grenzwert von 60µg/l wurde mittlerweile gesenkt auf 10µg/l – in der Diskussion ist mittlerweile ein Grenzwert von 1µg/l.

Das Absenken der Grenzwerte in Richtung einer Grundbelastung „Null“ ist zu begrüßen, auch wenn die Durchsetzung einer solche Nichtbelastung derzeit kaum realistisch erscheint.

Ziel sollte es aber sein, die Bemessung von Schadstoffhöchstgrenzen an den Bedürfnissen von Kleinkindern und besonders empfindlichen Menschen zu orientieren. Beim Vergleich mit MAK-Werten ist außerdem zu beachten, daß sich ein Arbeitnehmer meist nur jeweils acht Stunden an fünf Wochentagen am Arbeitsplatz aufhält, ein Kleinkind aber oft 24 Stunden pro Tag einem Schadstoff in der Wohnung ausgesetzt sein kann.

Typische Symptome und Symptomenkomplexe

In der Regel weist der Patient nicht eine klar definierte Schadstoffbelastung in der Anamnese auf, wie es in der Arbeitsmedizin häufig vorkommt. Vielmehr schildert er ein oft diffuses, scheinbar wenig zusammenhängendes Beschwerdebild, das zu vielen Erkrankungen passen könnte.

Diese Beschwerdebilder lassen sich grob nach den häufigsten Symptomen ordnen, um das differentialdiagnostische Vorgehen bestimmen zu können.

Diese Beschwerdebilder lassen sich wiederum einigen verursachenden Substanzen zuordnen, wenn auch oft mit einer gewissen Restunsicherheit. Die differentialdiagnostischen Möglichkeiten sollte der Untersucher stets sorgfältig ausschließen, bevor er die Diagnose „umweltbedingte Erkrankung“ stellt.

Schleimhäute und Atemwege

Symptome:

- Reizungen des Nasen-Rachenraumes und/oder der Atemwege
- rezidivierende grippale Infekte und allgemeine Infektneigung
- asthmoide Erkrankungen
- Augenbrennen
- Kopfschmerz

Differentialdiagnosen:

- Allergien
- chronische Nebenhöhlenaffektionen
- Immundefekte
- Erkrankungen der Augen, Refraktionsanomalien (insbesondere Myopie)
- psychosomatische Erkrankungen
- umweltbedingte Erkrankungen

Mögliche Ursachen einer umweltmedizinischen Erkrankung:

Meist Inhalationsstoffe wie Formaldehyd oder verschiedene Lösungsmittel in Innenräumen

Störungen des Nervensystems

- Störungen des zentralen und peripheren Nervensystems
- Konzentrationsstörungen
- psychomotorische Verlangsamung
- Versagen bei komplexen Aufgaben
- Gedächtnisstörungen
- chronische Müdigkeit
- periphere Neuropathien
- Störungen des vegetativen Nervensystems

Differentialdiagnosen:

- chronische Infektionen einschließlich Tuberkulose, Lues und Borreliose
- Multiple Sklerose
- Alzheimersche Krankheit
- Mangelerkrankungen (Eiweiß, Vitamine, Mineralstoffe und Spurenelemente)
- Stoffwechselerkrankungen: Schilddrüsenerkrankungen, Diabetes mellitus, Morbus Cushing, Morbus Addinson
- Neoplasien
- Alkohol-Abusus
- psychiatrisch-psychosomatische Erkrankungen (zum Beispiel Depression, Psychose)
- umweltbedingte Erkrankungen

Mögliche Ursachen einer umweltmedizinischen Erkrankung:

In erster Linie kommen für diese Symptome Lösungsmittel, verschiedene Holzschutzmittel, Pyrethroide, Quecksilber, Palladium, Blei, PCB und Kadmium in Frage.

Erkrankungen der Haut

- Erkrankungen der Haut wie chronische Ekzeme, chronisch-rezidivierender Juckreiz oder chronische Erytheme unklarer Genese

---

Differentialdiagnosen:

- atopische Erkrankungen
- Allergien
- internistische Erkrankungen wie Cholestase, paraneoplastisches Syndrom, neoplastische Erkrankungen, Infektionen
- Parasitosen
- psychiatrisch-psychosomatische Erkrankungen (zum Beispiel Depression, Psychose)
- umweltbedingte Erkrankungen

Mögliche Ursachen einer umweltmedizinischen Erkrankung:

In erster Linie kommt eine Belastung mit Formaldehyd und Quecksilber in Frage. Diese Umweltbelastungen können sowohl als einziger Auslöser auftreten als auch bestehende atopische Erkrankungen und Allergien triggern.

Symptome im Bereich Schleimhäute/Atemwege

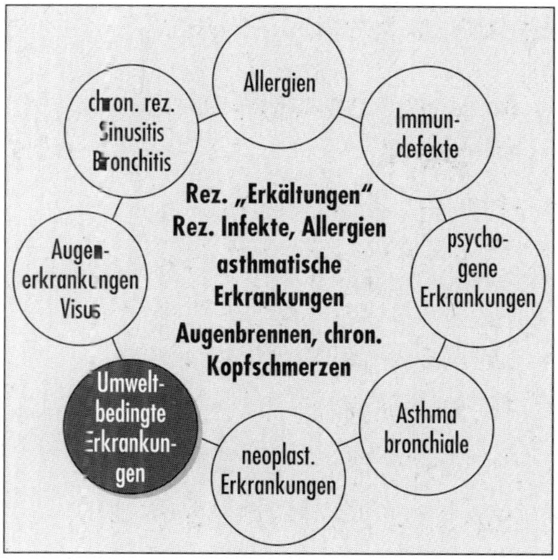

Symptome im Bereich des zentralen und peripheren Nervensystems

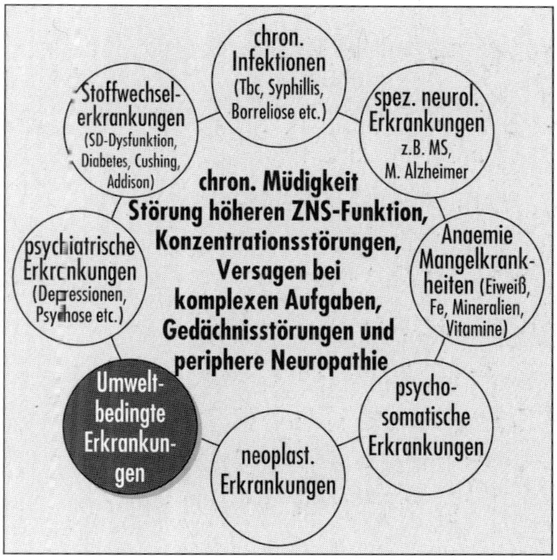

Symptome im Bereich der Haut

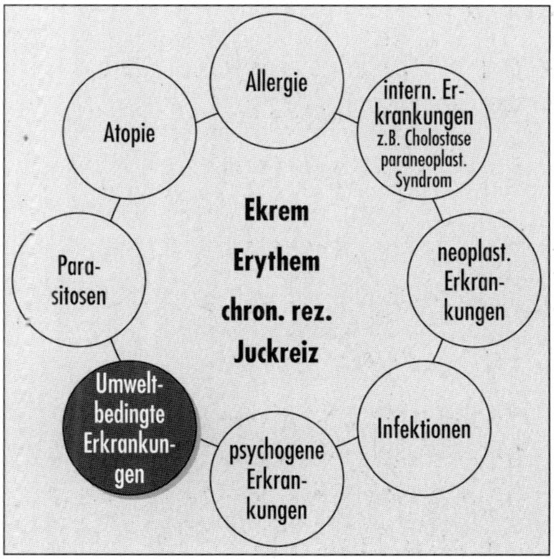

Chronische Schmerzen

- Chronische Schmerzen der Gelenke, Muskeln und Weichteile

Differentialdiagnosen:

- rheumatische Erkrankungen
- degenerative Erkrankungen
- Begleitarthritiden
- chronische Infektionskrankheiten (beispielsweise Syphilis, Borrelliose, Tuberkulose, intestinale Candidose u.a.)
- Nebenwirkungen von Medikamenten
- psychiatrisch-psychosomatische Erkrankungen (zum Beispiel Depression, Psychose)
- umweltbedingte Erkrankungen

Mögliche Ursachen einer umweltmedizinischen Erkrankung:

In erster Linie kommen hier Holzschutzmittel (PCP, Lindan) und Pyrethroide in Frage.

Erkrankungen des Reproduktionssystems

- verschiedene Erkrankungen des gynäkologischen Fachgebiets, insbesondere Früh- und Fehlgeburten
- Infertilität beider Geschlechter

Differentialdiagnosen:

- Hormonstörungen
- Infektionen
- Stoffwechselerkrankungen
- medikamentöse Nebenwirkungen
- psychiatrisch-psychosomatische Erkrankungen (zum Beispiel Depression, Psychose)
- umweltbedingte Erkrankungen

Mögliche Ursachen einer umweltmedizinischen Erkrankung:

In erster Linie kommen hier Holzschutzmittel, polychlorierte Biphenyle und hormonähnlich wirksame Substanzen sowie eine berufliche Belastung mit Kühlschmiermitteln oder Schweißgasen in Frage.

Schadstoffe und Schadstoffgruppen

Gase

Eine Reihe von gasförmigen Substanzen finden sich als Verunreinigungen sowohl der Außenluft als auch der Innenraumluft. Nach dem Bundes-Immissionsschutzgesetz werden diese Verunreinigungen am längsten von allen Umweltnoxen systematisch untersucht. Dazu stehen Verfahren zur Verfügung, die häufig die zu untersuchende Luft durch eine Absorptionslösung leiten. Der Gehalt des Gases läßt sich anschließend photometrisch bestimmen.

Die üblichen Angaben für Gaskonzentrationen in der Luft sind mg/m^3, $\mu g/m^3$ oder ng/m^3. Immer mehr setzt sich aber auch die Angabe in cm^3/m^3 (parts per million, ppm) oder mm^3/m^3 (parts per billion, ppb) durch.

Die für die Umweltmedizin wichtigsten anorganischen Gase sind Ammoniak, Chlor, Chlorwasserstoff, Fluorwasserstoff, Halogene, Kohlenstoffdioxid, Kohlenstoffmonoxid, Ozon, Schwefeldioxid, Stickstoffoxide und Schwefelwasserstoff. Genaue Hinweise zu diesen Gasen finden Sie im Schadstoffregister.

Tabelle 5.

Häufige Staubinhaltsstoffe

Staubniederschlag: Schwermetalle

Arsen
Blei
Kadmium
Chrom
Eisen
Kupfer
Mangan
Nickel
Quecksilber
Thallium
Vanadium
Zink

Staubniederschlag: Salze und Säurebildner

verschiedene Sulfate, Chloride und Nitrate

Schwebstäube / Differenzierung

Unterscheidung der Staubfraktionen nach der Partikelgröße:
> 50µm: Grobstaub
10-50µm: Mittelstaub
0,5-10µm: Fein-Staub
<0,5µm: Feinst-Staub
Der meiste Staub fällt als Fein- und Feinst-Staub an (zirka 85 Prozent).

Schwebstäube / Inhaltsstoffe

Asbest
diverse Schwermetalle (s.o.)
Säuren wie Schwefelsäure

Stäube / Staubinhaltsstoffe

Stäube sind partikelförmige Luftverunreinigungen, die sowohl natürlich entstehen als auch anthropogen erzeugt werden. Darüber hinaus können sie sich auch durch Kondensation aus Gasen in der Atmosphäre bilden – auch Flüssigkeitskondensationen zählen zu den partikelförmigen Luftverunreinigungen.

Im Sommer sind die Staubniederschläge höher als im Winter. Die Messung der Staubniederschlagmengen ist in der TA Luft („Technischen Anleitung zur Reinhaltung der Luft“, eine Verwaltungsvorschrift zum Bundesimmissions-Schutzgesetz) geregelt. Dazu werden meist an mehreren Stellen über einen definierten Zeitraum die Staubniederschläge in speziellen Auffanggeräten gemessen. Die höchsten Staubimmissionen finden sich in den Innenstädten, in Industriegebieten und an vielbefahrenen Straßen.

Insgesamt hat die Staubbelastung in der Bundesrepublik in den letzten zwanzig Jahren abgenommen, lokale Grenzwertüberschreitungen kommen immer noch vor, sind aber seltener geworden.

Detaillierte Informationen zu den meisten in Tabelle 5 genannten Substanzen finden Sie im Schadstoffregister.

Organische Verbindungen

Die Vielzahl der sowohl aus natürlichen Quellen wie vor allem aber auch vom Menschen emittierten

Tabelle 6.

Beispiele für umweltbelastende organische Verbindungen

Substanz	Vorkommen/freigesetzt z. B. aus	medizinische Bedeutung
Benzo(a)pyren	Kokereien, Hausbrand, KfZ-Verkehr	stark karzinogen
Benzol	Straßenverkehr, Kokereien, petrochemische Anlagen	karzinogen
Chlorparaffine	PVC-haltige Bodenbeläge, Gartenschläuche, Planen, Isoliermaterialien, Lacke, Grundierungen	
Dieselruß (enthält eine Reihe unterschiedlicher Verbindungen)	Straßenverkehr	einige Inhaltsstoffe gelten als karzinogen
Dioxine und Furane	Schmelzbetriebe (z. B. bei Recycling von Kupferkabeln)	breites Spektrum giftiger Eigenschaften
Formaldehyd	photochemische Abbauprozesse organischer Verbindungen industrielle Prozesse, Tapeten, Lacke, Spanplatten, Gummi	Reizung der Schleimhäute, vermutlich karzinogen
Hexachlorbenzol	Holzschutzmittel, Klebstoffe, PVC, Gummi, Isoliermaterialien	Reizung der Schleimhäute, kann zu Stoffwechselstörungen und Organschäden führen
Kohlenwasserstoffe, leichtflüchtig	Straßenverkehr	teilweise karzinogen
PCB (polychlorierte Biphenyle)	dauerelastische Dichtungsmaterialien, Brandschutzanstriche	können zu Leber-, Milz- und Nierenschäden führen, vermutlich karzinogen
Phenol	Klebstoffe, Desinfektionsmittel, Pharmaka, Autoabgase Spreng- und Kunststoffe, Konservierungsmittel	kann zu Beeinträchtigungen des Kreislaufs und Nervensystems sowie zu Nieren- und Leberschäden führen
Toluol	KfZ-Verkehr, Gummi, Farben, Lacke, Überzüge, Polituren	breites Spektrum giftiger Eigenschaften
Vinylchlorid	PVC-Produktion, nur in der Nähe größerer Emittenten oder durch PVC-Brände	karzinogen (Lebertumoren)
Xylol	KfZ-Verkehr, Kunstharze, Fette, Öle, Klebstoffe	wirkt auf das Zentralnervensystem, als Krebspromotor für Hautkrebs in der Diskussion

organischen Substanzen stellt den Untersucher insbesondere beim Nachweis der Stoffe vor Probleme. Die Stoffgruppe ist sehr heterogen. Derzeit sind mehrere hundert Verbindungen bekannt, die sich – mit unterschiedlicher medizinischer Bedeutung – in Umweltmedien finden können. Anders als bei den anorganischen Substanzen liegen bislang kaum flächendeckende Messungen vor.

Die meisten organischen Verbindungen gelangen durch den Straßenverkehr und beim Gebrauch von Lösungsmitteln in die Umwelt. Detailinformationen zu einzelnen Substanzen finden Sie im Schadstoffregister.

Metalle

Eine Vielzahl von Metallen finden sich heute in den verschiedenen Umweltmedien, beispielsweise in Stäuben (s.o.), Wasser oder als Schadstoffeintrag in Böden. Quellen sind außer natürlichen Quellen vor allem industrielle Produktion und Verkehr. Auch der Straßenverkehr spielt vor allem als Bleiquelle eine wichtige Rolle, wobei nach Einführung des bleifreien Benzins die Bleibelastung durch den Straßenverkehr rückläufig ist. Allerdings ist zu bedenken, daß auch bleifreies Benzin höchstens als bleiarm zu bezeichnen ist, da es noch bis zu 15mg Blei pro Liter enthalten kann.

Die medizinische Bedeutung von Metallen ist je nach Metall und Belastungsgrad unterschiedlich einzuschätzen – Detailinformationen enthält das Noxenregister.

Nitrat und Nitrit

Nitrat (HNO_3, Anion der Salpetersäure) ist für Pflanzen ein essentieller Nährstoff. Es gelangt aus verschiedenen Quellen in die Umwelt, so bei der Überdüngung landwirtschaftlicher Böden, aus Niederschlägen oder bei der Versickerung von Abwässern in Sickergruben. Auch in der Atmosphäre entsteht durch elektrische Entladung Nitrat. In Lebensmitteln findet es als Nitritpökelsalz Verwendung.

Vor allem die Versickerung von Jauche und Gülle belastet das Grundwasser mit Nitraten. Die Landwirtschaft verursacht den größten Teil der Grundwasserbelastung. Die Belastung ist von Gegend zu Gegend sehr unterschiedlich.

Von der Nitratbelastung betroffen sind in erster Linie Menschen mit eigenem Hausbrunnen. So fanden sich Fälle von Brunnenwasser-Methämoglobinämie vor allem bei Säuglingen, deren Pulvernahrung mit Wasser aus dem eigenen, belasteten Brunnen angesetzt wurde.

Nach Senkung der Trinkwasser-Nitrat-Grenzwerte auf 50 mg/l sind die Vergiftungsfälle zurückgegangen. Eine zusätzliche Quelle für die Nitratbelastung von Kleinkindern kann auch Gemüse sein. Lediglich die industriell hergestellte Gemüsekost unterliegt ständigen Kontrollen, so daß für den Verbraucher bei der individuellen Zubereitung eine erhebliche Restunsicherheit besteht.

In der Natur ist Nitrit (HNO_2, Anion der salpetrigen Säure) eine Zwischenstufe der biologischen Mineralisation von Stickstoff zu Nitrat. In der Industrie spielt es bei der Herstellung von Azofarbstoffen eine wichtige Rolle. In Lebensmitteln findet Nitrit als Nitritpökelsalz Verwendung. Es wandelt das Myoglobin in ein Nitroso-Myoglobin um.

Dieses ist kochbeständig. Außerdem verlängert es durch antioxidative Reaktionen die Haltbarkeit und hemmt in ausreichender Konzentration das Wachstum von Mikroorganismen. In Lebensmitteln vorhandenes Nitrat wird zunehmend zu Nitrit umgewandelt, wenn die Keimzahl steigt.

Nitrit gelangt vor allem durch gepökeltes Fleisch in den Organismus, Nitrat eher durch Trinkwasserbelastung und pflanzliche Nahrungsmittel wie Salat und Gemüse. Ein Teil des Nitrats wandelt die Flora des Verdauungstraktes in Nitrit um. Dabei kann eine unphysiologische Besiedlung des Mund-Magen-Darm-Traktes die Belastung deutlich erhöhen. Im Magen kann Nitrit zu den karzinogenen Nitrosaminen umgewandelt werden.

Bei dieser Nitrosaminbildung spielen eine Reihe von Substanzen als Katalysatoren eine Rolle. Dazu gehört das bei Rauchern erhöhte Thyocyanat (normaler Speichelbestandteil) und das ebenfalls besonders bei Rauchern vermehrt nachweisbare Formaldehyd. Substanzen wie Vitamin C in hoher Konzentration und alpha-Tocopherol (Vitamin E) hemmen die Nitrosaminbildung. Die Nitratausscheidung steigt auch während des Fiebers – Nitrat entsteht endogen in Makrophagen.

Detailliertere Angaben finden Sie im Schadstoffregister.

Außenluft-Verunreinigungen

Die wichtigsten Quellen für Verunreinigungen der Außenluft sind Kraftfahrzeugverkehr jeder Art, industrielle Verunreinigungen, Hausbrand und Belastungen aus der Müllverbrennung. Das Ausmaß und die umweltmedizinische Bedeutung dieser Verunreinigungen wird recht unterschiedlich eingestuft, wobei auch immer wieder wirtschaftliche Interessen bei der Herabstufung der Risiken eine Rolle zu spielen scheinen.

Die klassischen Außenluftverunreinigungen sind bereits in den Unterkapiteln Gase, Stäube und organische Verbindungen zusammengefaßt.

Verunreinigungen der Innenraumluft

Die Bundesdeutschen verbringen rund 80 Prozent des Tages in Innenräumen, davon in etwa die Hälfte der Zeit in ihrer eigenen Wohnung. Säuglinge, Kleinkinder und Senioren halten sich im Durchschnitt sogar noch wesentlich länger in der eigenen Wohnung auf.

Insbesondere eine Vielzahl organischer Substanzen gelangen bei Arbeitsprozessen oder durch Haushalts- oder Hobbyprodukte in die Innenräume. Während für

Arbeitsplätze die MAK-Werte eingeführt wurden, gibt es keine vergleichbaren verbindlichen Grenzwerte für den privaten Bereich.

Schon kleine Stoffmengen können in den kleinen Volumina der Innenräume relativ hohe Konzentrationen erreichen. Die Wärmedämm-Maßnahmen seit der ersten Ölkrise haben durch Herabsetzung des Luftaustausches dieses Problem verschärft, sofern nicht durch vermehrtes Lüften gegengehalten werden konnte. Neue, schärfere Dämmvorschriften vergrößern das Problem weiter.

Darüber hinaus können nicht nur chemische, sondern auch biologische Faktoren die Luftqualität in Innenräumen verschlechtern. Dazu zählen insbesondere Pilzsporen und eine Belastung durch Hausstaubmilben. Alle diese Faktoren können im Extremfall ein Sick-Building-Syndrom (SBS, ☞ Seite 87) hervorrufen und auch Allergien oder regelrechte Intoxikationen hervorrufen (☞ PCP-Belastung durch Holzschutzmittel, Seite 81).

Häufige Innenraumbelastungen

Eine Quelle von Innenraumbelastungen kann die Belastung der Außenluft mit Stäuben, Chemikalien etc. sein, beispielsweise durch nahegelegene, emittierende Betriebe und andere Schadstoffquellen.

Auch durch Gasherde und -heizungen gelangen Chemikalien in die Wohnungen, unter anderem Kohlenstoffoxide, Stickoxide, anorganische und vor allem organische Verbindungen inklusiv Kohlenwasserstoffen. Auch Kamine und vergleichbare Brennstellen tragen zum Schadstoffeintrag bei, wenn sie nicht sachgemäß bedient werden.

Tabelle 7.

Wichtige Innenraumbelastungen

- Außenluftbelastungen in der Umgebung
- Gasherde, Gasheizungen
- Kamine
- Haushaltsprodukte
- Hobbyprodukte
- Holzschutzmittel
- Möbel
- Bodenbeläge
- Tapeten
- Baumaterialien
- Tabakrauch

Eine wichtige Rolle spielen auch Haushalts- und Hobbyprodukte. Sie tragen eine unüberschaubare Zahl vor allem von Kohlenwasserstoffen, Estern und Aldehyden in die Wohnräume. Benzol, Formaldehyd, Toluol und Xylole sind nur einige Beispiele.

Eine Sonderrolle spielen hier Holzschutzmittel wie PCP oder Lindan (☞ Seite 81), Insektizide wie aus der Gruppe der Pyrethroide (☞ Seite 76) oder Chlorthalidon. Eine Reihe von Beschwerden werden auf ihre Einwirkung zurückgeführt.

Eine weitere Quelle von Innenraumemissionen sind Möbel, Bodenbeläge, Tapeten (insbesondere Strukturtapeten) und die Baumaterialien selbst. Für die Erteilung des „Wollsiegels" für Teppiche ist beispielsweise die Behandlung mit Insektiziden vorgeschrieben.

Ein anderes Beispiel für Innenraumbelastungen ist das Formaldehyd, eine vielleicht sogar karzinogene Substanz. Nachgewiesenermaßen wirkt Formaldehyd mutagen, toxisch und allergen. Lange Zeit war Formaldehyd in großen Mengen als Bindemittel in Spanplatten enthalten. Diese wurden sowohl zum Haus- als auch zum Möbelbau eingesetzt.

Diese Gegenstände setzen für einen langen Zeitraum kontinuierlich das Formaldehyd frei. Für Innenräume dürfen mittlerweile nur noch Spanplatten der Emissionsklasse E1 Verwendung finden, die unter standardisierten Bedingungen bis maximal 0,1 ppm emittieren. Angebotene formaldehydfreie Spanplatten sollten kritisch betrachtet werden, da sie häufig stattdessen ähnlich problematische Isozyanate enthalten.

Mindestens ebenso wichtig wie die Belastung durch eingebrachte Materialien ist die Innenraumvergiftung durch Tabakrauch. Wer nur wenige Stunden in einer stark verqualmten Wohnstube über die Belastung durch Spanplatten-Möbel großer Möbelhäuser debattiert, nimmt in dieser Zeit beispielsweise allein schon eine größere Dosis Dioxin auf, als er es könnte, wenn er sein ganzes Leben in der Abgasfahne einer Müllverbrennungsanlage verbringen würde.

In Zigarettenrauch lassen sich unter anderem nachweisen: Kohlenmonoxid, leichtflüchtige Kohlenwasserstoffe, Staub, Schwermetalle, polyzyklische aromatische Kohlenwasserstoffe, polare organische Verbindungen, polychlorierte Dibenzodioxine und -furane, Aldehyde – unter diesen vor allem Formaldehyd. Eine teure Innenraumsanierung bei Belastung durch Baumaterialien o.ä. macht fast keinen Sinn, solange die Bewohner ihre Rauchgewohnheiten beibehalten. Für öffentliche Räume und Gebäude erscheint ein generelles Rauchverbot aus medizinischen Gründen sinnvoll, vor allem, wenn dort Kleinkinder und ähnlich empfindliche Menschen verkehren.

Eine weitere wichtige Quelle von Innenraumbelastungen sind Lösungsmittel. Diese kommen vor allem in Farben und Lasuren der Tapeten in die Innenräume. Bei Messungen der Konzentration verschiedener Lösungsmittel zeigen sich während und direkt nach entsprechenden Renovierungsarbeiten deutliche, steile Anstiege der Konzentration, und nachfolgend meist langfristig erhöhte Konzentrationen.

Die Ausdünstung erfolgt oft langsam, so daß aus einem Anstrich kontinuierlich Lösungsmittel abdampfen. Individuelle Lüftungsgewohnheiten haben hier einen genauso starken Einfluß wie die Ausstattung einer Wohnung. Ist eine Wohnung nach den neuesten Wärmedämmvorschriften erbaut, so ist hier der unkontrollierte Luftaustausch wesentlich geringer als bei Altbauten.

Besondere Probleme kann es in manchen Fertighaustypen geben, insbesondere älteren Baujahres. In vielen wurden reichlich Spanplatten verarbeitet, die Formaldehyd oder Isozyanate ausgasen können. Auch die verwendeten Dichtmassen können unter Umständen eine Vielzahl von Verbindungen in die Raumluft abgeben.

Zwischen den einzelnen Fertighaustypen lassen sich aber hinsichtlich der Innenraumbelastungen große Unterschiede feststellen, in manchen kann das Raumklima beispielsweise für Allergiker sogar günstiger sein als in konventionell erstellten Individualbauten. Pauschale Empfehlungen für oder gegen diese Bauform lassen sich nicht geben.

Zu kritisieren sind manche Bauvorschriften – beispielsweise muß das Ständerwerk mit Holzschutzmitteln behandelt sein.

Von den reinen Baumaterialien ist vor allem Asbest bedeutsam. Lange Zeit wurde das Mineral als Spritzasbest zur Feuerdämmung aufgetragen oder kam in Form von Matten als Isoliermaterial zur Anwendung. Der heute potentiell gefährlichste Vorgang beim Umgang mit Asbest ist die unsachgemäße Sanierung – hier sollten unbedingt ausgebildete Fachkräfte hinzugezogen werden.

In den Verdacht der Gesundheitsschädigung sind auch die als Asbest-Ersatz eingesetzten Mineralfasern gekommen. Die Bundesanstalt für Arbeitsschutz, das Bundesgesundheitsamt und das Umweltbundesamt haben die Faserstäube aus künstlichen Mineralfasern als krebserregende Arbeitsstoffe eingestuft. Gefährlich dürfte nach heutigem Wissensstand vor allem Produktion und Verarbeitung sein, weniger das Wohnen in entsprechend isolierten, sachgerecht verkleideten Räumen (☞ Seite 65, Lungenerkrankungen durch Mineralfasern.

Pilze in Innenräumen

Pilze wachsen meist versteckt und werden unter anderem wegen ihrer geringen Größe kaum beachtet. In der Natur und in vielen Prozessen der menschlichen Zivilisation spielen sie als Recycler eine wichtige Rolle und führen organische Stoffe wieder in den ökologischen Kreislauf zurück.

In Innenräume gelangen Pilze zumeist als Sporen in der Raumluft und setzen sich nach und nach ab. Sie benötigen eine Umgebungsfeuchte von rund 70 Prozent. Wärmedämm-Maßnahmen mit Herabsetzung der Frischluftzufuhr, Kältebrücken mit Kondenswasserbildung, schlecht gewartete Klimaanlagen oder schlechte Lüftung verschaffen ihnen gute Lebensbedingungen.

Ein häufiger Standort ist auch die Blumenerde von Topfpflanzen. Häufig vertreten sind Schimmelpilze, unter ihnen besonders verschiedene Aspergillus-Arten.

An warmen, feuchten Stellen setzen sie sich fest und bilden neue Sporen, die sie in die Raumluft abgeben. Pilze finden sich vor allem auch im Hausstaub. Dieser enthält faserige, sandförmige und vor allem organische Teilchen, beispielsweise Hautschuppen und Nahrungsreste. Hier leben neben

Tabelle 8.

Sanierung pilzbefallener Innenräume

Zur Sanierung befallener Innenräume bieten sich an:

- Ausreichende, großflächigeund stoßweise Lüftung. Die relative Luftfeuchtigkeit imRaum sollte 60 Prozent nicht übersteigen.
- Beseitigung und Verhinderung von Schimmelpilzbildung durch bauliche Maßnahmen (Kondenswasser, Kältebrücken, Stockflecken etc.). Pilzbefall auf Baumaterialien läßt sich nur schwer dauerhaft beseitigen, in der Regel müssen Tapeten, Putz und Fugen bis tief in die Mauerfugen entfernt werden. In Naßräumen sollten präventiv keine Holzverschalungen und keine zellulosehaltigen Tapeten angebracht werden.
- Entfernung von Hydrokulturen und Blumentöpfen, in denen möglicherweise Schimmelpilze wachsen.
- Verminderung des Sporen- und Allergenanteils in der Innenraumluft durch Luftreinigungsmaßnahmen, wenn der Allergenträger nicht vollständig beseitigt werden kann. Dies kann vor allem durch regelmäßiges kräftiges Lüften geschehen. Ein halb geöffnetes Fenster sorgt noch nicht für eine hohe Frischluftwechselrate.
- Anwendung von Staubsaugern mit Feinstaubfiltern. Eventuell kommen auch qualitativ hochwertige Luftreinigungsgeräte in Betracht – allerdings gibt es auf dem Markt eine Reihe von wenig effektiven Geräten.

Für jede Sanierung gilt außerdem (☞ dazu auch Kapitel Rechtsfragen, Seite 107)

- Die Sanierungsmaßnahmen müssen im vertretbaren finanziellen und auch praktikablem Verhältnis zum zu erwartenden Erfolg stehen.
- Durch die Sanierungsmaßnahmen dürfen nicht neue Schäden, zum Beispiel in Form von neuen Allergeneinträgen oder Schadstoffquellen entstehen, beispielsweise durch toxische Belastung durch Fungizide oder Akarizide, die zur Beseitigung von Schimmelpilzen oder Milben Anwendung finden.
- Die Sanierung muß die Allergenquelle möglichst lange beseitigen.

Pilzen auch eine große Zahl von Insekten und vor allem Milben. Diese Lebensgemeinschaft produziert ein Vielzahl von Allergenen.

Pilzsporen lösen allergische Beschwerden aus, die sehr unterschiedlich sein können. Asthma bronchiale, Durchfall, Nesselfieber und heuschnupfenähnliche Symptome (Rhinitis, Konjunktivitis etc.) gehören zu den typischen Beschwerden.

Aber auch schwere, lebensbedrohliche Erkrankungen wie die Alveolitis werden beobachtet. Zur Differentialdiagnose gegen eine Allergie läßt sich das anamnestische Kriterium einsetzen, daß die Beschwerden auch bei heuschnupfenuntypischen Wetterlagen auftreten, etwa auch bei feuchtem, kalten Wetter.

Zur Identifizierung der Pilze dienen sowohl Hausstaubproben als auch Pilzfallen – Petrischalen mit einem Nähragar, die für eine bestimmte Zeit aufgestellt werden, um Sporen aus der Raumluft einzufangen. Zumeist ist eine Sanierung der pilzbefallenen Stellen unumgänglich.

Schadstoffbelastungen der Böden und Altlastenproblematik

Schadstoffbelastungen in den Böden bedrohen den Menschen indirekt. In der Regel erfolgt eine Belastung durch im Boden enthaltene Schadstoffe, durch Belastungen des Trinkwassers oder über die Nahrungskette durch direkte oder indirekte Aufnahme von belasteten Pflanzen. Die Schadstoffbelastungen insbesondere durch Altlasten sind sowohl ein politisches als auch ein technisches Problem.

Für die Umweltmedizin werden sie jedoch durch die Belastung mit Substanzen aus ehemaligen Müllkippen oder auch aus belastetem Acker- und Weideland immer bedeutsamer. Wichtige bodenbelastende Stoffe sind beispielsweise Arsen, Benzol, Blei, Dioxine, Kadmium, Kupfer, Nitrate, Thallium und Zink.

Schadstoffe in Trinkwasser und Getränken

Wichtige Schadstoffe im Trinkwasser können Nitrat, Blei oder Kupfer sein – sie werden an anderer Stelle in diesem Buch abgehandelt. Der epidemiologisch bedeutsamste Schadstoff im Bier dürfte aber immer noch das freiwillig zugeführte Genußgift Alkohol sein.

Fremdstoffe in Nahrungsmitteln

Von den unzähligen chemischen Substanzen, die im letzten Jahrhundert isoliert und synthetisiert wurden, sind sehr viele für den Menschen von Vorteil und tragen auch zur Erhöhung der Lebensqualität bei. Viele dieser Substanzen finden auch in Lebensmitteln, Kosmetika und Medikamenten Verwendung. Zusatzstoffe in Lebensmitteln und Hilfsstoffe in Kosmetika und Medikamenten erlangen für die Umweltmedizin in erster Linie als Allergieauslöser Bedeutung.

Der Einsatz von Lebensmittelzusatzstoffen ist in Deutschland durch Verordnungen zum Lebensmittel- und Bedarfsgegenständegesetz geregelt. Eine Zugabe ist nur zu ausdrücklich genannten Lebensmitteln erlaubt, die Mengen sind begrenzt. Die Reinheit der Zusatzstoffe muß definierten Anforderungen genügen, die für Lebensmittel-Farbstoffe noch durch weitere Reinheitsforderungen ergänzt werden. Der Hersteller muß auf der Frontseite der Produktpackung nur in den Fällen einen Hinweis auf erlaubte Zusatzstoffe anbringen, die in den Verordnungen festgelegt sind. Er ist allerdings bei Fertigpackungen zur Angabe einer Zutatenliste, die an anderer Stelle erfolgen kann, verpflichtet.

In vielen Fällen wäre eine bessere Kennzeichnung bestimmter Stoffe wünschenswert. So werden oft nur Klassennamen angegeben, ohne die tatsächlich eingesetzten Stoffe zu nennen. Im Rahmen der EU-Angleichung sind in Deutschland Lebensmittel verkehrsfähig geworden, die nach deutschem Recht bislang zu beanstanden gewesen wären.

Deklarationsunterschiede bereiten insbesondere dem Allergiker Schwierigkeiten. Ein Beispiel: Maismehl als Hilfsstoff in Lebensmitteln ist für die meisten Menschen völlig harmlos. Ein Maisallergiker kann auf diesen Stoff jedoch mit einem anaphylaktischen

Schock reagieren. Zur Deklaration reicht auf der Zutatenliste der Begriff „Stärke“ aus. Problematisch sind häufig auch Kürzel, sogenannte „E-Nummern“.

Nahrungsmittelzusätze wie Tatrazingelb, Bisulfide, Natriumbenzoyt oder Mononatriumglutamat können über einen bislang unbekannten Mechanismus Symptome auslösen, die einer allergischen Sofortreaktion ähneln.

Eine Bewertung aller Einzelsubstanzen sprengt den Rahmen dieses Kompendiums. Eine Liste der hinter den E-Nummern verborgenen Substanzen findet sich im Anhang. Auch Aromen in Lebensmitteln bereiten zunehmend Probleme.

Für einen natürlichen Aromastoff dürfen nur tatsächlich natürliche Ausgangsstoffe verwendet werden. Sie dürfen ausschließlich durch physikalische Methoden, wie Mischen, Extrahieren oder Destillieren, oder durch fermentative Verfahren gewonnen werden. Auch ätherische Öle können hierzu als Ausgangssubstanz dienen.

Naturidentische Aromastoffe müssen den in der Natur vorkommenden Geruchs- oder Geschmacksstoffen chemisch gleichen. Ein Aromastoff muß dann den gleichen Molekülaufbau aufweisen, der die gleiche physiologische Wirkung sowie Geruch und Geschmack garantiert. Ein besonderer Reinheitsgrad wird dabei nicht verlangt.

Ein Beispiel ist das Vanillin. Vanillin bildet sich in der Vanilleschote bei der Fermentation. Es wird aber auch in großen Mengen synthetisch in gleichmäßiger Qualität hergestellt. Rohstoff ist das bei der Zellstoffherstellung aus Holz anfallende Lignin.

Der größte Teil der in Backmischungen und anderen Lebensmitteln verwendeten Vanillin-Zusätze ist vollsynthetisch. Außerdem wird es in großem Maßstab in Süßwaren, Erfrischungsgetränken und Backwaren eingesetzt – meist ohne Deklaration.

Vanillin und Zimtaldehyd beispielsweise sind zwei häufig eingesetzte Substanzen, die allergische Reaktionen hervorrufen können. Häufige Reaktionen auf solche Duft- und Aromastoffe sind Handekzeme. Zimtaldehyd ist nicht nur in Backwaren, sondern auch in Körperpflegemitteln enthalten, es sorgt für den mehr oder weniger frischen Duft. Auch in Duftlampen zur „Verbesserung“ des Raumklimas oder in Putzmitteln finden solche Substanzen Anwendung.

Fremdstoffe in Kosmetika

Die Abgrenzung der Kosmetika von Medikamenten ist oft recht schwierig. Kennzeichnungen und notwendige Warnhinweise werden in der Kosmetikverordnung geregelt. Der Hersteller ist jedoch nicht verpflichtet, die Grund- und Wirkstoffe anzugeben. Viele Firmen kennzeichnen aber die verarbeiteten Stoffe und Zusätze, um dem Verbraucherwunsch nachzukommen.

International hat man sich dabei auf die englische CTFA-Nomenklatur (Cosmetic Toiletry and Fragrances Association) geeinigt. Doch diese ist für den Verbraucher oft nicht ganz durchsichtig, zumal sie in englischer Sprache erfolgt. So muß er beispielsweise wissen, daß Natrium im Englischen „Sodium" heißt und Potassium nichts anderes als Kalium ist.

Die Zusatzstoffe können auch hier vor allem dem Allergiker Probleme bereiten. In Kosmetika ist beispielsweise Formaldehyd bis 0,2 Prozent erlaubt, in Mundpflegemitteln 0,1 Prozent. Eine Deklarationspflicht besteht ab 0,05 Prozent, Konzentrationen über 0,2 Prozent sind nicht erlaubt. Auch in Waschmitteln und vergleichbaren Stoffen gibt es ähnliche Zusätze.

Sie aufzuspüren kann gelegentlich zum Detektivspiel werden, zumal manche Hersteller nichtdeklarationspflichtige Zusätze ungern offenlegen.

Ein anderes Beispiel sind allergische Reaktionen auf parfümierte Artikel, die sich sowohl in Kosmetika als auch in Lebensmitteln in kaum überschaubarer Anzahl finden. Die Zahl der Allergien auf solche Stoffe steigt – in ihrer Häufigkeit rangieren die Duftstoffallergien gleich hinter der Nickelallergie.

Schadstoffe in der Kleidung

In Kleidungsstücken finden sich zunehmend Chemikalien, die als Rückstände bei der Herstellung oder Veredelung in den Kleidungsstücken bleiben. Sie gefährden zum einen potentiell die Beschäftigten in den Herstellungs-Betrieben, können aber unter Umständen auch dem Verbraucher Probleme bereiten. Eine kleine Übersicht liefert Tabelle 9.

Nur wenige Textilchemikalien sind bereits als Kontaktallergene identifiziert, und nur für eine Handvoll Substanzen gibt es gesetzliche Regelungen. Ihre Einhaltung liegt in der Eigenverantwortlichkeit der Hersteller.

Bereits auf dem Acker bekommt die Baumwolle bis zu vierzehn Pestizid-Duschen. Pro Jahr sterben weltweit 28.000 Landarbeiter an diesen Substanzen, 1,5 Millionen vergiften sich damit, rechnet die Enquete-Kommission der Europäischen Union vor. Das Verspinnen zu Baumwollballen erleichtern Spinn- und Weböle. Sie müssen vor der Weiterverarbeitung wieder mit Natrium-Carboxylmethylzellulose, Polyacrylat oder Polyvinylalkohol entfernt werden.

Eine Extraportion Biozide soll verhindern, daß die Rohware auf ihrer großen Fahrt über die Weltmeere keine Stockflecken bekommt. Zur Weiterverarbeitung taucht die Ware in Bleich-, Färbe- und schließlich Ausrüstungsbäder unter. Diese chemische Ausrüstung verleiht dem Stoff die gewünschten Eigenschaften: Kunstharzemulsionen machen das Gewebe pflegeleicht, eine Behandlung mit flüssigem Ammoniak macht reißfest.

Harnstoff-Formaldehyd, Melamin-Formaldehyd und Dimethylglyoxalharnstoff lassen den Stoff schnell trocknen, erhalten ihn knitterfrei und einlaufsicher, machen ihn aber auch hart und rauh. Das Problem wiederum lösen Weichmacher wie Tenside, Paraffin-, Wachs-, Polyethylen-, Silikon- und Polyurethan-Emulsionen.

Tabelle 9.

Einige Auslöser von Textildermatitiden

Allergen	Bemerkung
FASERN	
Nylon	die „Nylondermatitis" ist nicht eigentlich auf die Fasern, sondern auf Farbstoffe und Finishes zurückzuführen. Auch in Frage kommen in die Fasern eingearbeitete elastische Bänder oder Gummi
Wolle	nur bei Vorschädigung, meist bei Atopikern
TEXTILAUSRÜSTUNG	
Formaldehyd-Harze (Harnstoff-Formaldehyd-Harze, Harze aus zyklischen Harnstoffderivaten)	häufigstes Allergen unter den Textilausrüstungen. Zur Auslösung einer Hautreaktion reichen 750 ppm, bei hochgradigen Allergikern auch schon 300 ppm
TEXTILFARBEN	
Dispersfarbstoffe (Azo- und Anthrachinonfarbstoffe)	meist in Poylester und Acryl-Geweben. Häufigste Allergene (in abnehmender Reihenfolge): Dispersionsgelb 3, Dispersionsorange 3, Dispersionsrot 1, Dispersionsrot 17 und Dispersionsblau 3. Tierexperimentell besonders allergen sind Dispersionsblau 106 („Leggins-Dermatitis") und Dispersionsblau 124. Die beiden Farbstoffe sind kreuzreaktiv.
WASCHMITTELRÜCKSTÄNDE	
Tenside und Lösungsmittel	Tenside oder Detergentien sind durch ihre fettlösenden Eigenschaften irritativ. Tenside reichern sich vor allem in Baumwollgeweben an (Aniontensid bis 1050 ppm, Seife bis 1340 ppm, Niotensid bis 670 ppm), weitaus weniger in Polyester-Geweben. Der pH-Wert gewaschener Textilien liegt deutlich im alkalischen Bereich, Textilien aus Wäschereibetrieben weisen deutlich tiefere Rückstände auf.
Weichspüler	beeinflussen weder bei Erwachsenen noch bei Säuglingen die Hautverträglichkeit von Textilien negativ
Perchlorethylen (PER)	Lösungsmittel aus Reinigungen, allergene Potenz
Optische Aufheller, z. B. Blankophor	in den 70er Jahren wurde eine epidemische Kontaktdermatitis beobachtet, die auf diese Substanz zurückzuführen war
Duftstoffe	Parfüme sind potente Allergene, über die Rückstände und die Schwellenkonzentration in Wäsche liegen hingegen noch keine gesicherten Daten vor

Nach PD Elsner

Problematisch sind auch die Textilfarben. Weltweit gehören etwa 70 Prozent aller Farbstoffe zu den Azofarben, einige von ihnen sind in Deutschland seit August 1994 verboten. Der Körper spaltet sie enzymatisch in aromatische Amine, von denen manche kanzerogen sind. Azofarben auf Benzidinbasis sind die Ursache für die erhöhte Blasenkrebs-Prävalenz in Farbenfabriken.

Seit 1994 dürfen diejenigen Azofarbstoffe nicht mehr zum Färben von Bekleidungstextilien verwendet werden, deren Kanzerogenität bekannt ist. Viele Hersteller konnten aber Übergangsfristen erwirken, so daß dieses Verbot für sie nicht gleich zum Tragen kommt. Diese Übergangsfristen gelten auch für Importe. In Südamerika, Südostasien oder im Ostblock stellt man die krebserzeugenden Azofarbstoffe dagegen weiter her. Einige dieser bedenklichen Substanzen sind in importierten Textilien nachweisbar.

Dem Färben und Ausrüsten sind kaum Grenzen gesetzt. In Großbritannien beispielsweise müssen Kinderschlafanzüge schwer entflammbar sein, chemische Ausrüster erfüllen auch diese Gesetzesanforderung. In Deutschland sind diese Flammschutzmittel verboten, da sie krebserregend sind.

Dieser Chemiecocktail ist Hauptverursacher der Kontaktekzeme auf Textilfasern. Häufigstes Allergen ist das Formaldehyd, das in zahlreichen in der Textilveredelung verwendeten Kunstharzen enthalten ist. Hautirritationen auf die Textilfaser selbst sind eher selten. Eine Ausnahme ist hier die typische Wollüberempfindlichkeit von Atopikern. Ihre vorgeschädigte Haut reagiert auf den mechanischen Reiz der rauhen Wolle.

Zur Prävalenz der Textildermatitiden liegen nur unbefriedigende Zahlen vor. Sicher scheint zu sein, daß Frauen im mittleren Alter am häufigsten betroffen sind. Ungenaue Zahlen liegen aber auch deshalb vor, weil sich die klinischen Bilder einer Textildermatitis und etwa der atopischen oder seborrhoischen Dermatitis sehr ähneln und deshalb eine falsche Einordnung möglicherweise die Statistik verfälscht.

Außerdem verläuft die Testung auf Allergien gegen Textilfarbstoffe mit der Standardreihe häufig unergiebig, obwohl eine derartige Allergie vorliegt. Nur 8 von 28 Patienten mit einer Allergie auf Textilfarben reagierten in einer niederländischen Studie auf den in der europäischen Standardreihe mitgeführten Farbstoff Paraphenyldiamin. Paraphenyldiamin gilt als Markersubstanz für Allergien gegen Textilfarben.

In der klinischen Untersuchung ist besonders die Lokalisation der Hautläsionen wegweisend. Diese finden sich vor allem an Stellen des intensiven Hautkontaktes und zumal dort, wo Okklusion und Schweiß die Einwirkung verstärken. Allergien auf Gummibänder in Textilien manifestieren sich als strichförmig angeordnete Läsionen.

Hinzu kann eine Epikutantestung kommen, für die definierte Allergene zur Verfügung stehen.

Daneben lassen sich Proben der verdächtigen Kleidungsstücke testen.

Für die Allergievermeidung geben die Verbraucherverbände folgende praktische Tips:

- *Kleidung mit dem Hinweis „Separat waschen" oder „Farbe blutet aus" enthält meist viele nicht fixierte Farbstoffe, die sich durch Schweiß lösen und direkt auf die Haut gelangen können.*
- *Dunkle Unterwäsche enthält mehr Farbstoffe als helle Wäsche.*
- *Was nach Chemie riecht, ist zumeist auch damit belastet.*
- *Blaue Billig-Kleidung ist oft mit Dioxinen belastet.*
- *Vor dem ersten Tragen sollte man die Kleidung so heiß wie möglich waschen.*
- *Nickel-Allergiker können Knöpfe, Nieten oder Reißverschlüsse abkleben, um den Hautkontakt zu vermeiden.*
- *Chemisch gereinigte Textilien sollten mindestens einen Tag auslüften.*

Die Überwachung der Hersteller auf die Einhaltung gesetzlicher Vorschriften ist Sache der Bundesländer, denen es jedoch an ausreichenden Kenntnissen über diese Produkte fehlt. Ärzte könnten den Bundesländern die Überwachung erleichtern, ermuntert das BGf-Nachfolgeinstitut BGVV: Sie sollten bei möglichen Textilallergien ihrer Mitteilungspflicht nach §16e, Absatz 2 des Chemikaliengesetzes nachkommen.

Ionisierende Strahlung

Nach Berechnungen der Bundesregierung erhielt der Durchschnittsbürger im Jahr 1987 aus natürlichen und zivilisatorischen Quellen eine radioaktive Gesamtbelastung von zirka 4 mSv. Davon stammte mit 37,3 Prozent der größte Einzelanteil aus medizinischen Quellen, gefolgt von einer Belastung durch Radon mit 32,3 Prozent.

Die zusätzliche Belastung durch die Reaktorkatastrophe in Tschernobyl wird mit 1,7 Prozent angegeben.

Treffen Strahlen auf lebendes Gewebe, so sind prinzipiell vier Wirkungen möglich: zum einen der direkte Zelltod oder die massive Schädigung der Zelle mit Funktionsunfähigkeit. Zum anderen kann Strahlung während der pränatalen Phase Fehlentwicklungen beim heranwachsenden Leben hervorrufen (Teratogenität).

Weitere Wirkungen sind die Tumorinduktion (Karzinogenität) und die Provokation von genetischen Veränderungen (Mutagenität). Die auftreffende Dosis bestimmt maßgeblich das Ausmaß der Schäden.

Natürliche Hintergrundbelastung

Der größte Anteil der natürlichen Strahlenbelastung stammt in der Bundesrepublik aus radonhaltigem Untergrund (☞ Seite 50). An zweiter Stelle steht die Nahrung durch die Strahlung des natürlichen Isotops Kalium 40 (☞ Seite 49).

Medizinische Strahlenbelastung

Die konventionelle Röntgendiagnostik trägt den Löwenanteil an der medizinischen Strahlenbelastung. Der Anteil von Nuklearmedizin und Strahlentherapie ist dagegen nur gering. In einigen Bereichen beginnen neue Untersuchungsverfahren wie vor allem die Sonografie, die konventionelle Röntgendiagnostik in den Hintergrund zu drängen. Daauch Reihenuntersuchungen seltener stattfinden, ist insgesamt mit einer gleichbleibenden oder sogar abnehmenden Strahlenexposition durch Röntgenstrahlung zu rechnen.

Jedoch sagt der Durchschnittswert von 1,5 mSv für die mittlere Exposition durch medizinische Strahlen für das Individuum wenig aus. Hier ist eine individuelle Risikoabschätzung, beispielsweise auch kontrolliert durch einen Strahlenpaß, unumgänglich. Notwendige Röntgenuntersuchungen sollten aus Angst vor einer eventuellen Strahlenbelastung nicht unterbleiben, sofern sie notwendige diagnostische Aussagen zur Behandlung des Patienten liefern können.

Routinemäßig angefertigte Aufnahmen, etwa der „Aufnahmethorax“ bei Einlieferung in ein Krankenhaus sollten jedoch kritisch auf ihren diesbezüglichen Wert hinterfragt werden.

Zivilisatorische Strahlenbelastung

Wesentliche Quellen der zivilisatorischen Strahlenbelastung sind der Fallout nach Atombombentests sowie der Betrieb von radioaktiven Anlagen. Die Daten nach Verstrahlung weiter Gebiete durch radioaktiven Fallout oder Nuklearhavarien wie in Tschernobyl weisen darauf hin, daß auch eine relativ geringe Dosis die Gesundheit beeinträchtigen kann. Kinder in der betroffenen Region Weißrußlands erkrankten nach dem Unfall zehnmal häufiger an einer besonders aggressiven, schnell metastasierenden Form des Schilddrüsenkarzinoms.

Menschen in Hiroshima und Nagasaki haben ein um neun Prozent erhöhtes Risiko, an einer Tumorerkrankung zu sterben als in Gebieten, die nur mit natürlicher Radioaktivität belastet sind. Im Mittelpunkt stehen dabei Leukämien, Magen- und Darmtumoren, Lungentumoren und Mammakarzinome. Das Risiko in den betroffenen japanischen Regionen ist umso größer, je jünger jemand zum Zeitpunkt der radioaktiven Exposition war.

Diskussionen über einen Schwellenwert, unterhalb dessen keine biologischen Wirkungen zu induzieren sind, sind jedoch immer noch nicht abgeschlossen. Auch aus der Umgebung von kerntechnischen Anlagen kommen immer wieder Berichte, nach denen etwa die Leukämierate in diesen Regionen bei Kindern unnormal ansteigt, etwa in der Umgebung von Sellafield oder in der Elbmarsch.

Die hierzu publizierten Studien zeigen ein Dilemma der Wissenschaft: zu jedem Komplex gibt es widersprüchliche Ergebnisse. Mit epidemiologischen Studien läßt sich scheinbar beliebig alles beweisen – und sei es noch so widersprüchlich.

Dabei können sowohl das Interesse von Auftraggebern als auch unterschiedliche wissenschaftliche Ansätze und Interessen das Studiendesign einer Untersuchung so verändern, daß die Ergebnisse nur noch für den spezialisierten Biomathematiker vergleichbar sind, wenn überhaupt. Eine kleine Gruppe von Wissenschaftlern behauptet sogar, daß Strahlung in einem gewissen Maße gesundheitsfördernd sei („Strahlenhormesis").

Weder Patienten noch Ärzte ziehen aus dieser verworrenen Situation einen Nutzen. Beide sind verunsichert. Einen verläßlichen Rat kann der Arzt kaum geben, und beide sind potentiell sogar bedroht, wenn die kritischen Wissenschaftler recht behalten: Möglicherweise sind selbst geringste Strahlendosen in der Lage, in lebendem Gewebe die Bildung freier Radikale zu induzieren und so eine indirekte Schädigung des Organismus hervorzurufen.

Köhnlein und Nussbaum etwa nehmen an, daß die mutagene und karzinogene Wirkung ionisierender Strahlen etwa zehnmal größer ist als bislang angenommen.

Möglicherweise beeinflussen auch genetische Einflüsse die individuelle Empfindlichkeit für radioaktive Strahlung. Träger des AT-Gens, das die Ataxia teleangiectasia auslöst, reagieren extrem empfindlich auf ionisierende Strahlung, auch wenn die Mutation nur auf einem Chromosom auftritt. Dies sind nach unterschiedlichen Schätzungen bis zu zwei Prozent der Bevölkerung. Bei zehn bis zwanzig Prozent aller Frauen mit Mammakarzinomen trägt eine solche Mutation vermutlich zum Entstehen des Tumors bei.

Aus medizinischer Sicht ist zu fordern, vorbeugend jede zivilisatorische Strahlenbelastung der Bevölkerung aus Verantwortung für den Patienten prinzipiell erst einmal als potentiell gefährlich und nicht wünschenswert einzustufen, solange nicht ihre Unschädlichkeit bewiesen ist.

Die Tendenz geht mittlerweile dahin, daß es keinen Grenzwert gibt, unter dem radioaktive Strahlung sicher keine biologischen Effekte mehr hat. Jede Belastung mit radioaktiver Strahlung erhöht potentiell das Risiko einer Tumorerkrankung.

Strahlenbelastung in Verkehrsflugzeugen

Ungefähr alle 1.500 Meter über dem Meeresspiegel verdoppelt sich die kosmische Strahlung. Die Strahlenintensität erreicht ihr Maximum in 20.000 Meter Höhe. Die Flughöhe beträgt auf Langstreckenflügen zwischen 10.000 und 15.000 Meter. Für diese Höhe gibt es unterschiedliche Angaben zwischen 3-4 µSv/h (7µSv/h/12.500 Meter) und 8,4 µSv/h (13µSv/h/13.000 Meter).

Nach verschiedenen Quellen dürfte die Strahlenexposition durch die Höhenstrahlung zwischen 3 und 10 µS/h liegen. Die geomagnetische Breite und die Flugdauer beeinflussen die Exposition wesentlich.

Für Flugpersonal mit einer Flugzeit von rund 500 Stunden im Jahr wird eine Äquivalentdosis von rund 5 mSv/Jahr angenommen. Die Schwankungen durch unterschiedliche Flughöhen und -routen liegen zwischen 2,5 und 15 mSv/Jahr. Die Werte für die Flugpassagiere liegen in der Regel deutlich niedriger.

Bei einer Lebensarbeitszeit von 20 Jahren, 500 Flugstunden/Jahr in 10.000 Meter Höhe bei durchschnittlicher Belastung mit 5mSv/Jahr errechnet sich ein um $4x10^3$ erhöhtes Krebsrisiko für Piloten – gleichbedeutend mit vier zusätzlichen Krebserkrankungen bei 1.000 Piloten. Für Passagiere wird das zusätzliche Risiko derzeit als sehr gering eingestuft.

Radioaktivität in Nahrungsmitteln

Als Leitsubstanz für die Belastung von Lebensmitteln mit Radioaktivität wird meist das Caesium 137 angegeben, die Maßeinheit ist Bequerel/kg (Bq/kg). Der offiziell empfohlene Grenzwert nach Tschernobyl lag bei 300 Bq/kg, kritischere Wissenschaftler empfahlen 50 Bq/kg.

Für die Kontamination von Lebensmitteln sind neben Caesium 137 das radioaktive Jod 131 und Strontium 90 von besonderer Bedeutung. Jod 131 wird in der Schilddrüse konzentriert. Strontium 90 dagegen verwechselt der Organismus mit Kalzium und baut es in die Knochen ein, wo es auf diese Weise extrem dicht und langfristig an das Knochenmark gelangt.

Caesium 137 hat seine besondere Bedeutung vor allem daher, daß es leicht nachweisbar ist und sich im Körper gleichmäßig verteilt, da der Körper es wie Kalium verwertet. Es ist ein idealer Marker, um die Grundbelastung von Lebensmitteln festzustellen. Strontium und andere Nuklide lassen sich dagegen nur mit sehr aufwendigen Meßmethoden nachweisen. Hilfsrechnungen dienen dazu, die Belastung mit Strontium trotzdem anzugeben. Dazu benutzt man das Verhältnis der Belastung mit Strontium zur Belastung mit Caesium, aus der Rückschlüsse auf die Strontiumbelastung möglich sind.

Die überwiegende Belastung unserer Lebensmittel wird unter Normalbedingungen durch Kalium 40 hervorgerufen, ein natürliches Isotop des Kaliums. Es kommt in allen tierischen und pflanzlichen Zellen in großer Menge vor.

Die Radioaktivität entspricht in etwa 30 Bq pro Gramm Kalium. Der Kalium-Gehalt von Lebensmitteln liegt zwischen 200 bis 1.000 mg Kalium pro 100 Gramm, was eine erhebliche natürliche Strahlenbelastung zur Folge hat: sie beträgt rund ein Viertel der gesamten Belastung durch natürliche Quellen. Da das Kalium 40 eine Halbwertszeit von 1,3 Milliarden Jahren hat, besteht diese Belastung höchstwahrscheinlich seit Anbeginn der Evolution – und dürfte auch in Zukunft unverändert weiterbestehen.

Kalium 40 verhindert auch den Nachweis geringer Mengen Radioaktivität in Lebensmitteln mit einfachen Mitteln wie dem Geigerzähler. Eine nur geringe Belastung geht in der Hintergrundstrahlung des Kalium 40 unter. Erst ab einer Belastung von 300 bis 500 Bq/kg läßt sich bei Lebensmitteln mit normalem Kaliumgehalt auch mit solchen einfachen Methoden die zusätzliche Strahlung nachweisen.

Eine kaum bekannte, aber nicht zu vernachlässigende Strahlenquelle ist Tabakrauch (☞ Seite 64).

Radon

Radon verursacht vor allem Bronchialkarzinome. In einigen Arbeiten finden sich Schätzungen, daß jährlich rund zehn Prozent aller dieser Krebsfälle auf Radon zurückzuführen seien. Diese Zahlen sind umstritten.

Das Gas entsteht als Nebenprodukt des Urans etwa zwanzig Kilometer unter der Erde. Durch poröse Gesteinsschichten kann es bis an die Erdoberfläche und auch in die Untergeschosse von Häusern dringen. Stichproben des Bundesgesundheitsamtes in 6000 Haushalten haben in einigen Fällen bis zu 3.000 Bequerel pro Kubikmeter Luft ergeben.

Besonders betroffen sind ältere Häuser mit einem gestampften Lehmboden, durch den das Gas ungehindert in den Keller dringen kann. Aber auch moderne Öko-Häuser öffnen den Isotopen Tür und Tor: Sie haben häufig naturbelassene oder gepflasterte Kellerböden, die die Eingasung ebenfalls nicht verhindern. Schutz bieten lediglich Betonplatten, die den Boden hermetisch abdichten. Doch auch hier kann eine einfache Bohrung wie etwa für ein Kabel bereits zum gefährlichen Leck werden.

Nach Angaben des Bundesamtes für Strahlenschutz (BfS) ergibt sich bei einer mittleren Radonkonzentration in Wohnungen der Bundesrepublik Deutschland von 40 bis 50 Bequerel pro Kubikmeter Luft ein mittlerer Beitrag der Strahlenexposition der Lunge durch Radon und seiner kurzlebigen Zerfallsprodukte von etwa 1,3 mSv pro Jahr in den alten Bundesländern.

In den neuen Bundesländern beträgt dieser Wert etwa 2,0 mSv pro Jahr. Dieser höhere Wert ergibt sich durch den größeren Urangehalt im Untergrund in den Ländern Thüringen und Sachsen. Hier dürfte der Wert in Einzelfällen weit höher sein.

Die bisherigen Beobachtungen der Behörde zeigen, daß bei den Wohnungen mit erhöhten Radonkonzentrationen die Hauptzufuhr nicht die Radonexhalation aus den Baumaterialien ist, sondern die Zufuhr aus dem Erdboden, auf dem die Häuser gebaut sind.

Wieviel Radon aus dem Boden entweicht, hängt von der Bodentemperatur, der Bodenfeuchte und dem Zustand der Bodenoberfläche ab. Auch Wetter, Bauweise und die Lüftungsgewohnheiten der Bewohner beeinflussen die Radonkonzentration in Wohnungen.

Als Obergrenze der als normal zu betrachtenden Belastung nennt die Strahlenschutzkomission (SSK) eine Radonkonzentration von 250 Bq/m³. In einer normalen Wohnung finden sich Werte von etwa 50 Bq/qm³, im Freien beträgt die natürliche Belastung rund 10 Bq/qm³. Bei Häusern, in deren Wohnbereich der langzeitige Mittelwert darüber liegt, schlägt die SSK vor, zu prüfen, ob Sanierungsmaßnahmen mit vertretbarem Aufwand durchführbar sind.

Die Sanierung eines radonbelasteten Hauses beinhaltet vorrangig eine Abdichtung der Bodenplatte und die Schaffung einer guten Entlüftung. Messungen haben ergeben, daß bei geringeren Belastungen auch regelmäßiges Stoßlüften von vier bis fünf mal am Tag die Radonwerte senken kann.

Es gibt heute unterschiedliche Möglichkeiten, die Radonbelastung in Privathaushalten zu messen. Rund 50 Mark kosten beispielsweise mit Holzkohle gefüllte Dosen, die die Radonisotope aufnehmen. Analysen der Holzkohle ergeben dann die radioaktive Raumbelastung. Daneben bieten unterschiedliche Institute Messungen an.

Elektromagnetische Felder

Elektromagnetische Felder bestehen aus einer elektrischen und einer magnetischen Komponente, die miteinander in Wechselwirkung stehen. Elektrische Felder entstehen bei Trennung von Ladungsträgern, wenn elektrische Spannung aufgebaut wird. Magnetische Felder dagegen entstehen, wenn Strom fließt. Normalerweise treten diese Felder gekoppelt als elektromagnetische Felder auf. Im Nahfeld (5-6 Wellenlängen um den Ursprungsort) findet sich jedoch meist die elektrische oder magnetische Feldkomponente alleine.

Zum Verständnis der Wirksamkeit elektromagnetischer Felder ist die Kenntnis einiger Begriffe und Kenngrößen wichtig: bedeutende physikalische Kenngrößen sind die Stärke des elektrischen (Einheit V/m) oder magnetischen (Einheit Tesla) Feldes.

Eine zweite wichtige Unterscheidung ist die, ob es sich um ein statisches Feld oder um ein Wechselfeld handelt, das sich wie Wechselstrom dauernd umpolt. Die Frequenz der Umpolung (Einheit Hertz (Hz)) entscheidet maßgeblich über die biologische Wirksamkeit des Wechselfeldes. Zusätzlich ist noch von Bedeutung, ob das statische oder Wechselfeld konstant ist oder gepulst, also dauernd an- und ausgeschaltet wird.

Beim gepulsten Feld ist ebenfalls die Frequenz (Einheit Hz) des Pulsens wichtig. Die Energiedichte nimmt bei allen elektromagnetischen Feldern mit dem Quadrat der Entfernung ab.

Bei der Wirkung elektromagnetischer Felder unterscheidet man zwischen thermischen und nichtthermischen Effekten. Thermische Effekte entstehen durch im Gewebe induzierte Wirbelströme, die dann in Wärme umgewandelt werden. Das bekannteste Beispiel dafür ist die Mikrowelle: hochfrequente elektromagnetische Wechselfelder im Giga-Hertz-Bereich

Tabelle 10.

Vergleich elektrischer und magnetischer Wechselfelder

Die nachfolgende Aufstellung verschiedener Grenzwertempfehlungen zeigt die Variationsbreite solcher Vorschläge und wohl auch die Unsicherheit der Experten

	elektrische Wechselfelder/ Feldstärke/Volt pro Meter	magnetische Wechselfelder/ Flußdichte/Nano-Tesla
DIN / VDE 0848 für Arbeitsplätze	20.000 V/m	5.000.000 nT
DIN / VDE 0848, Bevölkerung	7.000 V/m	400.000 nT
WHO, Bevölkerung	5.000 V/m	100.000 nT
schwedische Norm MPR-2, 5-2.000 Hz	25 V/m	250 nT
schwedische Norm MPR-2, 2-400 kHz	2,5 V/m	25 nT
schwedische Norm TCO, 5-2.000 Hz	10 V/m	200 nT
schwedische Norm TCO, 2-400 kHz	1 V/m	25 nT
Empfehlung für Neubaugebiete an Hochspannungsleitungen, Kalifornien / Costa Mesa City		400 nT
Empfehlung für Neubaugebiete an Hochspannungsleitungen, Kalifornien / San Diego County		200 nT
Empfehlung für Kindergärten und Schulen an Hochspannungsleitungen, Schweden		200 nT
Empfehlung für Wohngebäude und Kindergärten, Hamburger Gesundheitsbehörde		50 nT

erwärmen darin die Speisen. Dabei werden Energien von mehreren hundert bis tausend Watt eingesetzt. Zur Messung des thermischen Effekts wird die Leistungsdichte in Watt/cm^2 angegeben.

Diese thermischen Effekte sind umso ausgeprägter, je höher die Frequenz des Wechselfeldes ist. Aber auch die durch den Resonanzbereich beeinflußte unterschiedliche Absorptionsrate der einzelnen Gewebe spielt für die thermische Wirkung eine Rolle. Ein Beispiel dafür ist die in den Haushalten eingesetzte Mikrowelle, ihr Wechselfeld ist auf die Frequenz eingerichtet, die Wasser optimal erhitzt. Beim statischen Feld treten keine thermischen Effekte auf.

Nicht-thermische Effekte sind dagegen alle Wirkungen elektromagnetischer Felder auf biologische Strukturen, bei denen keine Wärme entsteht. Sie treten schon bei geringen Feldstärken und/oder bei statischen Feldern auf. Die nichtthermischen Effekte elektromagnetischer Felder sind noch in weiten Bereichen unerforscht.

Bei thermischen wie bei nichtthermischen Effekten ist meist die Stärke der magnetischen Komponente entscheidend, da allein das magnetische Feld in der Lage ist, in tiefere Körperstrukturen einzudringen und dort zu wirken.

Elektrische Felder

Die Wirkungen elektrischer Felder sind wegen der guten Leitfähigkeit des Organismus auf die Oberfläche, also Haut und Hautanhangsstrukturen begrenzt und scheinen insgesamt geringere Bedeutung zu haben. Vor allem die

Stärke der in unserer Umgebung auftretenden elektrischen Felder technischer Herkunft reichen nicht aus, um nennenswerte Effekte hervorzurufen.

Magnetische Felder

Magnetische Felder dringen fast ungehindert in den Organismus ein. Auch im technischen Bereich ist eine Abschirmung äußerst schwierig und aufwendig. Das natürliche Magnetfeld der Erde hat eine Stärke von 0,5 mT.

Über die nicht-thermischen biologischen Wirkungen magnetischer Felder gibt es widersprüchliche Meinungen. Einerseits berichten Wissenschaftler von Störungen des Hormonhaushalts, EEG-Veränderungen sowie Veränderungen an biologischen Membranen (Rezeptoren, Ionentransport) schon im statischen magnetischen Feld.

Außerdem weisen Arbeiten hin auf eine leicht erhöhte Leukämierate bei Kleinkindern und Elektroarbeitern, vermehrtes Auftreten von Hirntumoren bei Älteren und Störungen der Stoffwechselregulation unter dem dauernden Einfluß von starken niederfrequenten (Netzfrequenz) elektromagnetischen Feldern. Die Ergebnisse hierzu sind aber zum Teil in sich widersprüchlich oder konnten in Folgestudien nicht bestätigt werden.

Andere Untersucher fanden bei Einwirkung von statischen Magnetfeldern erst bei Feldstärken von mehreren Tesla Veränderungen etwa im EKG oder im Lernverhalten von Affen, sie waren aber immer reversibel. Diese Feldstärken entsprechen ungefähr der 10.000-fachen Stärke des natürlichen Magnetfeldes der Erde.

Durch Induktion von Wechselströmen kann es zur direkten Erregung von Muskelzellen und Nerven und damit Fibrillationen oder Krämpfen kommen. Diese Effekte wurden aber erst bei Feldstärken von über zwei Tesla beobachtet.

Direkter Einfluß auf chemische Verbindungen ist im Bereich nieder- und hochfrequenter elektromagnetischer Wellen nicht beobachtet worden und auch nicht zu erwarten, da die Energie dieser Strahlung nicht ausreicht, um chemische Verbindungen anzugreifen. Damit ist erst im Frequenzbereich oberhalb des Infrarot zu rechnen.

Diskutiert werden auch Veränderungen an Membranen und Rezeptoren unter dem Einfluß elektromagnetischer Felder. Eindeutige Ergebnisse fehlen jedoch bislang. Wirkungen auf die Nervenleitung konnten ebenfalls nicht festgestellt werden.

Erschwert wird die Beurteilung der biologischen Effekte dadurch, daß es offensichtlich nichtlineare Dosis-Wirkungsbeziehungen gibt mit spezifischen Frequenz-Fenstern sowie je nach Tageszeit und individuell stark wechselnder Empfindlichkeit.

Gegenüber elektromagnetischen Feldern scheint es eine große biologische Variationsbreite zu geben.

Neuere Forschungsergebnisse lassen einen Effekt niederfrequent gepulster elektromagnetischer Hochfrequenz-Felder auf biologische

Strukturen vermuten, die beispielsweise das Gehirn in seiner Funktion beeinflussen können. Wurden Versuchspersonen solchen Feldern ausgesetzt, so zeigten sie nach mehrmaliger kurzzeitiger Exposition einen deutlichen Anstieg der Aktivität im Bereich der Alpha oder Theta-Wellen des EEG.

Die klinische Bedeutung dieser Beobachtungen ist bislang unklar. Sie zeigen aber, daß die digitalen Mobiltelefone nicht nur hinsichtlich ihrer thermischen Effekte beurteilt werden dürfen. Bei diesen Geräten wird die Information durch solche niederfrequent gepulste Hochfrequenz übertragen.

Allerdings ist es fraglich, ob diese Effekte auf der Eigenschaft der elektromagnetischen Strahlung beruhen oder es sich um eine generelle Antwort des Gehirns auf rhythmisch einwirkende Reize handelt. Vielleicht liegt hier ein ähnlicher Effekt vor wie bei der Auslösung epileptischer Reaktionen durch periodische Lichtreize.

Polnische Forscher berichten jetzt (1995) von einem bis zu achtfachen Anstieg der Leukämierate unter Soldaten, die niederfrequent gepulsten Hochfrequenzfeldern ausgesetzt waren. Diese Veröffentlichung ist jedoch bisher noch nicht durch andere Untersuchungen bestätigt worden.

Allgemein kann gesagt werden, daß es zur Zeit keinen Konsens bezüglich eventueller krankmachender nicht-thermischer Wirkungen elektromagnetischer Felder gibt. Sicher sind aber einzelne Individuen hochgradig sensibel auf Felder bestimmter Frequenzen. Sie können zum Beispiel erhebliche Beschwerden in der Nähe von starken Feldern haben, wie sie etwa in der Nähe von Umspanntransformatoren, starken Motoren, starken Radiosendern sowie in der Eisenbahn oder U-Bahn auftreten. Dies darf jedoch nicht mit einer generellen Schädlichkeit elektromagnetischer Felder verwechselt werden.

Eine Sondergrupppe stellen die Träger von Herzschrittmachern dar. Sie sind in unterschiedlicher Weise durch elektrische oder magnetische Felder gefährdet. Die genaue Art der Fehlfunktion hängt von der Bauart und Funktion des jeweiligen Schrittmachers ab. Generell gilt aber, daß modernere, programmierbare Schrittmacher empfindlicher auf elektromagnetische Felder und Impulse reagieren als ältere Modelle. Hier sollten sich die entsprechenden Patienten ausführlich vom Hersteller oder implantierenden Arzt beraten lassen.

Grenzwerte

Bei der Festlegung von Grenzwerten für elektromagnetische Felder lassen sich zwei Herangehensweisen unterscheiden: In den Ländern des früheren Ostblocks wurden die zulässigen Werte für eine Dauerbelastung auf zirka 1 $\mu W/cm^2$ für die Allgemeinbevölkerung festgelegt. Dieser Entscheidung lag die Annahme von nichtthermischen Wirkungen elektromagnetischer Strahlungen zugrunde, begründet durch Ergebnisse einiger Tierversuche.

In den westlichen Ländern wurden die Grenzwerte nur auf der Basis der Wärmeeffekte im Körper festgelegt. Nicht-thermische Effekte galten dagegen als nicht bewiesen oder nicht relevant. Somit kam man zu Grenzwerten, die um den Faktor 100-1.000 höher lagen, also im Bereich von 0,2 bis 1 mW/cm².

Darüber hinaus wurden für beruflich Exponierte oder Bildschirmarbeiter weitere Grenzwerte festgelegt (☞ Tab. 10, Seite 52).

Konsequenzen für die Praxis

Die thermischen Wirkungen elektromagnetischer Strahlungen sind unumstritten und gut erforscht. Sie müssen zur Vermeidung von Schäden im Umgang mit elektromagnetischen Feldern unbedingt beachtet und die entsprechenden Grenzwerte eingehalten werden.

Als besonders empfindlich gegenüber der Erwärmung gelten hierbei die Linse des Auges und die Hoden. Nichtthermische Wirkungen werden von verschiedenen Seiten behauptet, sind aber nicht allgemein anerkannt und bewiesen. Die möglicherweise krankmachende Wirkung andauernder Belastung durch elektromagnetische Felder sollte jedoch bewußt bleiben und entsprechend die Exposition so gering wie möglich gehalten werden.

Darüberhinaus gibt es besonders empfindliche, elektrosensitive Personen, die – ähnlich einem Allergiker auf das Allergen – auf elektromagnetische Felder generell mit Befindensstörungen oder Erkrankungen reagieren. Sie müssen stärkere Felder in ihrer Umgebung meiden.

Träger von Schrittmachern oder größeren metallischen Implantaten müssen besondere Vorsicht im Umgang mit elektromagnetischen Feldern walten lassen.

Wichtigster Gesichtspunkt im Umgang mit elektromagnetischen Feldern ist das Quadrat-Abstand-Gesetz. Es besagt, daß bei Verdoppelung des Abstands zur Quelle die Intensität auf 1/4 der ursprünglichen sinkt.

Für die Praxis bedeutet dies, daß Plätze, an denen man sich lange Zeit aufhält (beispielsweise Arbeitsplatz, Schlafraum) möglichst weit von stromdurchflossenen Leitern entfernt sein sollten. Speziell das Kinderbett sollte also nicht neben der Steigleitung für das ganze Haus oder unter dem Sicherungskasten der Wohnung stehen.

Kritisch ist es weiterhin zu sehen, wenn hohe Stromstärken nahe am Körper über lange Zeit einwirken, wie zum Beispiel bei elektrischen Heizdecken oder einer elektrischen Fußbodenheizung.

Bei Fernsehern und Computerbildschirmen sollte man darauf achten, einen strahlungsarmen Monitor zu erwerben. Probleme, die dann noch auftreten, sind oft nicht durch elektromagnetische Felder bedingt. Sie entstehen dann eher durch kaum wahrnehmbares Flimmern des Bildschirms bei Bildschirmen mit niedriger Frequenz des Bildaufbaus, durch ungünstige Beleuchtungsverhältnisse oder durch nicht gut korrigierte Sehschärfe. Teilweise können auch kleinste Staubteilchen zu Augen- und Hautreizungen führen, die sich am Bildschirm aufgeladen haben und dann mit hoher Geschwindigkeit gegen das Gesicht des Betrachters fliegen.

Elektrosensible Personen benötigen oft besondere, strahlungsarme Elektroinstallationen mit Netzfreischaltung, wenn kein Verbraucher in Betrieb ist.

Ob vom Betrieb eines Funktelefons eine Gefahr ausgeht, kann zur Zeit noch nicht eindeutig beurteilt werden. Gleiches gilt für dauernden Aufenthalt in der Nähe der dafür nötigen Relaisstationen. Hier sollten neuere Forschungsergebnisse aufmerksam verfolgt werden.

Lärm

Von allen Umweltbelastungen macht Umfragen zufolge der Lärm den Deutschen am meisten zu schaffen. Mindestens 70 Prozent der Bevölkerung stören die unerwünschten Schallwellen. Die Spitzenposition unter den störenden Lärmquellen hält der Straßenverkehr.

Aus der Arbeitsmedizin ist schon lange bekannt, daß extrem hohe Schallpegel, wie sie an manchen Arbeitsplätzen oder auch bei Rockkonzerten auftreten, zu Lärmschwerhörigkeit führen können. Aber auch leisere, chronische Lärmbelastungen bergen ein Gesundheitsrisiko. Lärm kann Schlaf- und Kommunikationsstörungen und Konzentrationsprobleme auslösen.

Außerdem kann er meßbare physiologische Effekte haben. Gesteigerte Hormonproduktion, Magen- und Zwölffingerdarmgeschwüre sowie Beeinträchtigung der Herzkreislauffunktionen bis hin zum Herzinfarkt können die Folge sein.

Eintreffender Schall versetzt die Sinneshärchen im Innenohr in Wellenbewegungen, die elektrische Impulse hervorrufen. Extrem hohe Schallpegel rufen akute Effekte hervor, sie führen zu Schallüberlastungen. Bereits bei Schallpegeln über 70 Dezibel können die Härchen abbrechen.

Dies verschiebt die Hörschwelle in Richtung Lärmschwerhörigkeit. Diese Hörschwellenverschiebung ist erst meßbar, wenn bereits eine große Zahl von Zilien geschädigt ist. Jede Schallüberlastung macht das Ohr empfindlicher für die nächste und führt unbemerkt Schritt für Schritt in die Lärmschwerhörigkeit. Es gibt einen sogenannten Nullrisiko-Wert bei 85 Dezibel. Ist ein Mensch dagegen mehrere Stunden täglich über mehrere Jahre höheren Pegeln ausgesetzt, besteht ein gesundheitliches Risiko.

Aber nicht nur die extremen Spitzen erzeugen Gesundheitsschäden. Die Dauerbelastung durch den Lärm des Straßenverkehrs stört 70 bis 80 Prozent der Bevölkerung. Seit 1967 hat sich die Zahl der Lärmbelästigten beinahe verdoppelt. Grund: die Verkehrsbelastung hat insgesamt zugenommen und die positiven Effekte durch lärmdämmende Maßnahmen wieder zunichte gemacht.

Die meist relativ niedrigen Pegel des Umweltlärms haben eine Vielzahl extraaurealer Auswirkungen. Für diese ist die Belästigung der Betroffenen und nicht die gemessene Lautstärke ausschlaggebend. Lärm ist dabei definiert als unerwünschter Schall. Während Begriffe wie Schall und Schallpegel akustische Phänomene sind, ist der Begriff „Lärm" ohne eine subjektive psychologische Dimension nicht zu fassen.

Kurzfristige Schallbelastung über 60 Dezibel oder biologisch relevante Signale wie Knallen und auch Sprache lösen eine Streßreaktion aus. Ist der Magnesiumspiegel im Blut der Beschallten zusätzlich noch niedrig, verstärkt dies die Noradrenalinausschüttung und Blutdruckerhöhung weiter. Zusätzlich erhöht eine hohe, akute Lärmbelastung die Magnesiumausscheidung.

Bei Verärgerung oder Angst reichen schon sehr niedrige Lärmpegel, um die Streßreaktion auszulösen. Steht der Organismus nur kurzfristig unter Lärmstreß, beeinflußt das die Gesundheit nicht. Wirkt der Streß jedoch über längere Zeit ein, können chronische Schädigungen des Herz-Kreislauf-Systems die Folge sein.

Beim Arbeitslärm sind diese Zusammenhänge bereits endgültig gesichert: Studien ergaben ein erheblich erhöhtes Herzinfarktrisiko durch Arbeitslärmbelastungen. Es gibt eine klare Dosis-Wirkungsbeziehung zwischen Arbeitslärmexposition und Herzinfarkt-Inzidenz. Zusätzlich können einige weitere Risikoindikatoren, wie beispielsweise die Triglyzeride, unter Arbeitslärmbelastungen erhöht sein.

Tabelle 11.

Wie laut ist was?

	Lautstärke in Dezibel (A)
Überschall-Verkehrsflugzeug beim Start	150
Düsenflugzeug	130
Schmerzgrenze	
Propellerflugzeug, Signalhorn	120
Preßlufthammer, Disco	110
Metallwerkhalle, ungedämpftes Motorrad	100
Schwerer Lastwagen mit 80 Km/h, frisiertes Moped	90
Schwerhörigkeit bei Dauerbelastung	
Personenwagen mit 100 Km/h, Rasenmäher	80
Personenwagen mit 50 Km/h, Rufen	70
Radiomusik, Sprechen	60
Laufernder Wasserhahn, Schreibmaschine	50
Leise Radiomusik, starkes Blätterrauschen	40
Schlafstörungen	
Flüstern	30
Taschenuhr, feiner Landregen, Atemgeräusche	20
Raschelndes Blatt	10
Absolute Stille	0

Weniger gesichert ist die Datenlage beim Zusammenhang zwischen Verkehrslärmbelastung und Herzinfarkt. Der letzte Nachweis läßt sich bislang aufgrund biomathematischer Probleme nicht führen, da die Untersuchungsgruppe „Mensch an schallbelasteter Straße" zu heterogen ist. Wer tagsüber einer lauten Arbeit nachgeht, hat beispielsweise ein ganz anderes Risiko als jemand, dessen Ohren tagsüber geschont werden.

Die bisherigen Studien konnten ein erhöhtes Herzinfarkt-Risiko für Anwohner lärmbelasteter Straßen aber auch nicht ausschließen. In den stark belasteten Untersuchungsgruppen traten gehäuft ischämische Herzkrankheiten auf. Risikofaktoren wie Lipide und hämostatische Faktoren waren unter den Dauerbeschallten höher als in den Vergleichsgruppen, die in ruhigen Straßen wohnten.

Ein besonders hohes Risiko für lärmbedingte Herz-Kreislauf-Erkrankungen haben demnach möglicherweise Menschen, die gleichzeitig hohen Arbeitslärmpegeln und starken Verkehrslärmemissionen in ihrer Wohnung ausgesetzt sind. Eine wichtige Rolle beim Auftreten eines lärminduzierten Herzinfarktes oder anderer Störungen könnte die Magnesiumversorgung spielen.

Im Tierversuch läßt sich zeigen, daß eine optimale Magnesiumversorgung vor lärmverursachten Organschäden schützen kann. Bei Tieren mit einer guten Magnesiumversorgung rufen erst solche Lautstärken Organschäden hervor, die auch im Ohr bereits nachweisbare Spuren hinterlassen. Bei Tieren mit suboptimaler Magnesiumversorgung lassen sich dagegen bereits bei deutlich geringeren Schallpegeln bleibende Ischämien und Herz-Kreislauf-Erkrankungen feststellen.

Andere Studien zeigen außerdem, daß permanent Beschallte ein erhöhtes Risiko für allergische Hautbeschwerden, Magen- und Zwölffingerdarmgeschwüre, Struma oder Gastritis haben. Außerdem kann chronischer Arbeitslärm auch eine Lymphozytopenie auslösen und damit immunmodulierend wirken.

Neben den physiologischen Effekten des unerwünschten Schalls spielen die psychischen Auswirkungen eine große Rolle. Schlafstörungen, Konzentrations- und Kommunikationsstörungen belasten Betroffene oft erheblich. Schon leise Geräusche mit Schallpegeln von 35 Dezibel reichen aus, Menschen im Schlaf zu stören. Lautstärken um 50 Dezibel führen bei manchen schon zum Aufwachen. Geräusche mit hoher subjektiver Bedeutung, etwa der eigene Name oder Kinderschreie wecken den Schläfer schon bei sehr niedrigen Pegeln.

Permanente Geräusche wie beispielsweise Verkehrslärm führen zwar nicht zum Aufwachen, beeinträchtigen die Schlafqualität jedoch entscheidend: der Lärm kappt die wichtigen Tiefschlafphasen. Die Betroffenen können sich trotz Schlaf nicht entspannen und wachen wie gerädert am nächsten Morgen auf.

Spezielle Krankheitsbilder und Problemstellungen

Allergien

Allergien sind krankhafte Prozesse, deren Auslöser Wechselwirkungen zwischen Antigenen und humoralen Antikörpern oder sensibilisierten Lymphozyten sind. Für die Auslösung solcher Reaktionen gibt es keine Wirkungsschwellen. Die individuelle Allergiebereitschaft ist sehr unterschiedlich.

Das Verständnis von Allergien ist auch für die Umweltmedizin bedeutsam, da viele umweltmedizinische Patienten parallel zu ihren Beschwerden auch Klagen über Allergien vorbringen. Prinzipiell können Umweltnoxen das Immunsystem stimulieren und damit eine erhöhte Allergiebereitschaft begründen. Sie können es aber auch hemmen und damit die Infektabwehr schwächen.

Die Allergologie hat, nachdem sie vor knapp 30 Jahren noch den Ruf einer Außenseitermethode oder gar Hexenkunst hatte, nach ihrer offiziellen Anerkennung der Medizin einen immensen Wissenszuwachs erfahren. Eine komplette Darstellung des allergologischen Wissens sprengt den Rahmen dieses Kompendiums, so daß wir sie stark straffen.

Typ I-Reaktionen (Soforttyp, atopische bzw. anaphylaktische Reaktion, IgE-vermittelte Reaktion)

Beim Soforttyp folgt auf den Kontakt mit dem spezifischen Antigen eine Freisetzung pharmakologisch aktiver Substanzen (beispielsweise Histamin, Prostaglandine, thrombozytenaktivierender Faktor oder chemotaktisch wirksame Faktoren) aus den sensibilisierten Basophilen oder Mastzellen. Beispiele sind die allergische Rhinitis, das allergische Asthma, anaphylaktische Reaktionen auf Medikamente, Insektengifte oder Reaktionen auf Nahrungsmittel.

Wichtige Testverfahren für eine Typ I-Reaktion sind der direkte Hauttest, RAST-Test (Radio-Allergo-Sorbens-Test), die Messung der Histaminfreisetzung aus Leukozyten, Provokationstests, die Bestimmung des IgE-Spiegels und der Prick-Test.

Typ II-Reaktionen (zytotoxische Reaktion, komplementabhängige Zytotoxizität)

Zytotoxische Reaktionen treten auf, wenn Antikörper mit Antigenbestandteilen einer Zelle oder eines Gewebes reagieren. Am Ende steht die Zerstörung der Zelle durch Komplementfaktoren oder ihre Phagozytose.

Wichtige Tests sind der direkte Coombs-Test, die Fluoreszenzmikroskopie (direkt und indirekt) und Antirezeptortests. Beispiele für Typ II-Reaktionen sind die thrombozytäre Purpura, Pemphigoid oder das Goodpasture-Syndrom.

Typ III-Reaktionen (immunkomplexvermittelte Reaktion)

Bei diesem Reaktionstyp mobilisieren lösliche, zirkulierende Immunkomplexe in Geweben oder Gefäßen das Immunsystem. Dieses reagiert mit einer Komplementaktivierung, es entsteht das klinische Bild einer akuten Entzündungsreaktion. Eine Polyarthritis oder eine Vaskulitis sind eine häufige Folge.

Wichtige Tests sind direkte Immunfluoreszenz-Tests und der Nachweis zirkulierender Antikörper. Beispiele sind die Arthus-Reaktion und die Serumkrankheit. Auch der bronchopulmonalen Aspergillose soll eine IgE-vermittelte Typ III-Reaktion vorausgehen.

Typ IV-Reaktionen (zellvermittelte, verzögerte Reaktion, Tuberkulintyp)

Sensibilisierte T-Zellen (und nicht Antikörper, wie bei den anderen Reaktionen) sind Auslöser dieses Reaktionstyps. Diese können direkt zytotoxisch wirken oder durch Lymphokin-Freisetzung.

Wichtige Tests sind der Pflastertest und die Untersuchung der Blastentransformation von Lymphozyten. Beispiele sind die Kontaktdermatitis, die Transplantatabstoßung und manche Medikamentenallergien.

Pseudoallergien

Bemerkenswert ist, daß Nahrungsmittelzusätze wie Tatrazingelb, Bisulfide, Natriumbenzoyt oder Mononatriumglutamat über einen bislang unbekannten Mechanismus Symptome auslösen können, die einer allergischen Sofortreaktion ähneln, sogenannte Pseudoallergien. Eine Substanz bewirkt dabei eine direkte Freisetzung von Entzündungsmediatoren ohne Beteiligung von Antikörpern des Typs E oder G. Außerdem entstehen bei diesem Vorgang freie Radikale.

Der Hauttest hilft in solchen Fällen meist nicht weiter, so daß eine doppelblind durchgeführte Provokation bei der Nahrungsaufnahme oft die einzige Möglichkeit ist, die Reaktion einzugrenzen.

Befindlichkeitsstörungen

Für den Mediziner sind umweltbedingte Befindlichkeitsstörungen sehr wichtig, weil er differentialdiagnostisch herausfiltern muß, ob eine somatische oder eher eine psychisch orientierte Behandlung dem Patienten helfen wird. Umweltbedingte Befindlichkeitsstörungen lassen sich nach dem Streßmodell erklären: Stressoren, wie sie einige Umweltfaktoren darstellen können, werden als unangenehm erlebt und verarbeitet. Berichte über Gereiztsein, Müdigkeit oder Niedergeschlagenheit gehören zu den Klagen, die Patienten bei allgemeinen Befindlichkeitsstörungen vorbringen.

Diese eher weichen Symptome finden sich aber auch bei der Einwirkung einer Reihe von umweltmedizinisch bedeutsamen Noxen, was die Differenzierung erschwert.

Eine wichtige Rolle spielt die subjektive Wahrnehmung von Umweltreizen beispielsweise bei der Bewertung von Lärm: störend empfundene Geräusche wie beispielsweise der Straßenverkehr sind Streßfaktoren, während positiv empfundene Geräusche (beispielsweise bei einem Diskotheken-Besuch) nicht als Stressoren wirken.

Tabelle 12.
Symptome beim trockenen Auge

- ständiger Juckreiz
- Schmerzen beim Lidschlag
- permanent gerötete Augen
- Verschwommensehen
- wechselnde Sehschärfe
- Fremdkörpergefühl

Erkrankungen des Auges

Das Datenmaterial über umweltbedingte Erkrankungen des Auges ist eher rar. Und das, obwohl die Deutsche Ophthalmologische Gesellschaft schätzt, daß sich beispielsweise seit den frühen siebziger Jahren bis heute die Zahl der Menschen verdoppelt hat, die am trockenen Auge erkrankt sind. Ein trockenes Auge (auch „Sicca-Syndrom") ist mehr als eine leichte Befindlichkeitsstörung: der ständige Juckreiz und der andauernde Schmerz bei jedem Lidschlag hat schon Suizide zur Folge gehabt. Verschwommensehen, wechselnde Sehschärfe, Fremdkörpergefühl und permanent gerötete Augen sind weitere Symptome.

Ursachen sind Störungen des Tränenfilms. Einige Umweltfaktoren stehen im Verdacht, das Auge zu beeinflussen. Dazu zählen die erhöhte Inzidenz des Sicca-Syndroms bei erhöhter Strömungsgeschwindigkeit der Luft durch Klimaanlagen und bei niedriger Luftfeuchtigkeit durch Heizsysteme. Zigarettenrauch ist ein weiterer Auslöser: er verkürzt die Zeitspanne bis zum Aufbrechen des Tränenfilms um bis zu 40 Prozent. Außerdem führt die erhöhte Kohlenmonoxid-Konzentration bei Rauchern zu einer langsameren Dunkeladaptation. Bildschirmarbeit oder Augen-Make-Up können ähnliche Symptome wie beim trockenen Auge hervorrufen – hier findet sich eine verdünnte Lipidschicht, die den Tränenfilm früher aufbrechen läßt.

Auch bei Kohlearbeitern lassen sich gehäuft trockene Augen beobachten, ohne daß bislang eine auslösende Noxe nachgewiesen wäre. Ebenso steht Formaldehyd im Verdacht, ähnliche Augenreizungen auszulösen.

Bei der Entstehung eines Morbus Behçet vermuten manche Ophthalmologen die Mitwirkung von Umweltchemikalien. Bei dieser Krankheit finden sich unter anderem Aphten und Ulzera an der Mundschleimhaut und den Genitalien, Hauterytheme und Gelenkentzündungen. Eine chronisch-rezidivierende Iritis mit Hypopyon ist eines der auffälligsten Symptome. Blutungen und Gefäßentzündungen in der Netzhaut kommen hinzu. Die Krankheit zerstört schubweise die Netzhaut und führt zur Erblindung.

In Japan erkranken weltweit die meisten Menschen an dieser Krankheit – eine Kontrolluntersuchung an 216.000 Japanern auf Hawaii förderte jedoch keinen einzigen Fall zutage. Dieser Befund widerspräche der Annahme, daß die Behçet'sche Krankheit genetisch determiniert sei (90 Prozent der Erkrankten tragen das Antigen HL-A B-5). Japanische Untersuchungen stellten bei Behçet-Patienten erhöhte intrazelluläre Chlor-, Kupfer- und Phosphorkonzentrationen fest. Außerdem fanden sich im Serum erhöhte Werte von polychlorierten Biphenylen, Benzol-Hexachlorid und DDT. In Tierversuchen läßt sich ein Behçet-ähnliches Krankheitsbild bei Schweinen auslösen, wenn diese über ein Jahr Kapseln mit Benzol-Hexachlorid, Organophosphaten und Kupfer erhalten. In den Kontrollgruppen erkrankte kein einziges Tier.

Ebenfalls aus Japan kommen Berichte, daß die Belastung mit Pestiziden Kurzsichtigkeit, Degenerationen der Netzhaut und Sehnervenentzündungen auslösen soll. Eine Ursache zumindest der Kurzsichtigkeit könnte die starke cholinomimetische Reaktion im Nervensystem sein, die eine verzögerte neurotoxische Wirkung entfalten könnte – im Auge ebenso wie im Gehirn, dem Rückenmark, peripheren Nerven und Muskeln.

Noch eine andere wichtige Struktur wird von Umwelteinflüssen getroffen – die Augenlinse reagiert auf pathologische Einflüsse typischerweise mit einer Trübung, der Katarakt (grauer Star). Eine Reihe physikalischer Noxen ist schon länger identifiziert, eine Katarakt auszulösen. Dazu gehört ionisierende Strahlung ebenso wie Infrarotstrahlung. Letztere führt zu einer erhöhten Permeabilität und einer Trübung im hinteren Linsenbereich.

Diese Form des grauen Stars hat sich – berechnet auf alle operierten Fälle – fünfmal so schnell entwickelt wie die typischen altersbedingten Linsentrübungen. Die infrarotbedingte Katarakt tritt besonders bei Menschen auf, die jahrelang in großer Hitze arbeiten, beispielsweise am Hochofen oder in Glasbläsereien.

Auch UV-B-Strahlen können einen grauen Star auslösen, ebenso wie Mikrowellen in allerdings hoher Dosierung und bei langer Einwirkzeit. Allerdings wurden Kumulationseffekte beobachtet. Bei Diabetikern, die ein erhöhtes Erkrankungsrisiko für den grauen Star haben, läßt sich mit Mikrowellen die Ausbildung einer Katarakt beschleunigen.

Außerdem wurde für etliche chemische Noxen nachgewiesen, daß sie einen grauen Star hervorrufen können. Dazu gehören beispielsweise Halogenkohlenwasserstoffe, Chlorbenzol und Dichlorbenzol ebenso wie Bienen- und Wespengift. Auch Alkohol, Haarfärbemittel, Paradichlorbenzen und Fluor können Linsentrübungen auslösen.

Chemische Noxen können auch den Sehnerven schädigen. Dazu

gehört beispielsweise Methanol, dessen Metabolit Ameisensäure für die Schäden an der Netzhaut und vor allem am Sehnerven verantwortlich ist. Eine Atrophie des Sehnervens mit Gesichtsfelddefekten oder völliger Erblindung ist die Folge einer Methanolvergiftung.

Systemische Vergiftungen mit Blei, Quecksilber, Chrom, Mangan, Thallium, Arsen, Kohlenmonoxid oder Schwefelkohlenstoff können vergleichbare Schäden am Sehnerven ebenso hervorrufen wie Trichlorethylen, Benzol, Nitroverbindungen oder Tabakstaub. Auch Kohlenmonoxid-Vergiftungen gefährden das Sehvermögen: sie können eine Entzündung des Sehnerven auslösen. Chronische Bleivergiftungen führen zur Degeneration des Sehnerven.

Eine andere Erkrankung wird eventuell ausgerechnet durch den medizinischen Fortschritt gefördert: die Makulopathien. Die gesunde Augenlinse absorbiert die UV-Strahlung und schützt so das Augeninnere. Menschen, denen die Augenlinse entfernt wurde, haben möglicherweise ein höheres Risiko, daß die Stelle ihres schärfsten Sehens degeneriert.

Tierversuche lassen allerdings noch andere Auslöser für Degenerationen der Makula vermuten: Japanische Mediziner setzten Ratten ein Jahr lang einer chronischen Pestizid-Belastung aus. Sie konnten auf diese Weise bei allen Versuchstieren abnormale Elektroretinogramme auslösen und in der histologischen Untersuchung Netzhaut-Degenerationen nachweisen.

Erkrankungen des Nasen-Rachen-Raumes

Der Nasen-Rachen-Raum steht im innigen Kontakt mit der Außenwelt. Schadstoffbelastungen hinterlassen auch hier möglicherweise Spuren.

Formaldehyd soll im Tierversuch an Ratten Tumoren im Naso-Pharynx-Bereich induzieren, die Datenlage ist jedoch nicht ausreichend, um diese Wirkung sicher zu postulieren.

Angenommen wird, daß verschiedene Umweltschadstoffe sowohl eine Allergisierung als auch Infekte begünstigen können.

Rhinitis

Die Prävalenz der Rhinitis steigt in den letzten Jahrzehnten kontinuierlich. Zwar ist die Rhinitis keine lebensbedrohliche Erkrankung – trotzdem wird ihr Einfluß auf die Lebensqualität und Arbeitsfähigkeit des Patienten immer wieder unterschätzt.

Nach einem internationalen Konsensus ist die Rhinitis definiert als Entzündung der Nasenschleimhaut, charakterisiert durch ein oder mehrere der folgende Symptome:

- *nasale Sekretion,*
- *Obstruktion,*
- *Niesen*
- *Juckreiz*

Wichtigste diagnostische Maßnahme sind außer Anamneseerhebung und körperlicher Untersuchung die ausführliche Allergiediagnostik mit Prick-Tests und RAST .

Auslöser der saisonalen Rhinitis sind in erster Linie Pollen. Innenraum-Allergene lösen dagegen eher eine ganzjährige Rhinitis aus.

Außer durch Allergene provozierte Rhinitiden kommen differentialdiagnostisch sowohl bakterielle Infektionen als auch eine Pilzbesiedlung der Nase in Frage. Außerdem sollten strukturelle Anomalien wie eine Septumdeviation oder eine Polyposis ausgeschlossen sein. Hormonelle Einflüsse in der Pubertät, emotionelle Faktoren, Medikamente oder die Hypothyreose können ebenso eine Rhinitis aus-lösen wie manche seltenere Erkrankung. Die Wegenersche Sarkoidose kann beispielsweise Symptome hervorrufen, die mit einer Rhinitis zu verwechseln sind.

Bronchopulmonale Erkrankungen

Die Lunge ist das Organ, daß den schnellsten großflächigen Kontakt zwischen Umwelt und Organismus vermittelt. Dabei hängen die Wirkungen eingeatmeter Schadstoffe unter anderem ab von der Expositionszeit, der Dosis und physikalisch-chemischen Eigenschaften der Substanz. Lipophile Substanzen finden sich beispielsweise eher in den peripheren Atemwegen, während hydrophile Stoffe die dünne Barriere der Alveolen schnell überwinden können. Außerdem beeinflußt die Partikelgröße von Stäuben oder Rauch die Wirkung.

Für die Umweltmedizin sind vor allem Wirkungen interessant, die sich beim Einwirken einer oder mehrerer Substanzen im niedrigen Dosis-Bereich abspielen.

Bedeutung des Zigarettenrauchs

Rauchen ist einer der wesentlichen Faktoren für die Entstehung einiger Lungenkrankheiten. Beim Bronchialkarzinom gibt es klare Beziehungen zwischen Rauchen und der Tumorinzidenz. Raucher inhalieren ein Gemisch aus mehr als 500 verschiedenen chemischen Substanzen, unter ihnen eine Reihe klassischer Karzinogene (Benzpyren, Nitrosamin, Phenol, Teer, Schwermetalle, Formaldehyd u.v. a.m.). Auch Passivrauchen birgt ein erhöhtes Risiko für Bronchialkarzinome.

Neue Studien stellen die Wertigkeit der Karzinogene bei der Induktion eines Lungentumors in Frage. Israelische Forscher fanden heraus, daß Raucher große Mengen des alpha-Strahlers Polonium aufnehmen. Die bei einem Konsum von 20 Zigaretten pro Tag aufgenommene Strahlenmenge entspricht nach diesen Berechnungen einer Thoraxröntgenaufnahme **pro Tag**. Eine derart hohe, jahrelange Strahlenbelastung könnte die Hauptursache der Lungentumoren bei Rauchern sein.

Chronisch-obstruktive Atemwegserkrankungen

Auf Fremdstoffe in der Lunge bildet das Bronchialsystem vermehrt Schleim. Das Flimmerepithel befördert ihn nach draußen. Der begleitende Hustenreiz ist zumeist das erste Zeichen einer chronischen Bronchitis, die noch als Reinigungsmechanismus verstanden werden kann. Ist die Bronchitis eine Reaktion auf Verunreinigungen der Atemluft, so trifft der in der Arbeitsmedizin geprägte Begriff der „chemischen Bronchitis“ oder „Schadstoffemissions-Bronchitis“ zu.

Eine wesentliche Noxe ist der Tabakrauch. Raucher haben bis zu 20mal häufiger eine chronische Bronchitis als Nichtraucher. Kommen Außenluftschadstoffe hinzu, verstärkt das Rauchen deren Wirkung weiter.

Emphysem

Für die Entstehung eines Lungenemphysems wird heute ein Mangel an alpha$_1$-Trypsin als einer der wesentlichen Faktoren angesehen. Umweltbelastungen wird hier eine Rolle durch Inhibition von Proteasen zugeschrieben. Diese Zusammenhänge sind jedoch noch nicht bewiesen.

Asthma bronchiale

Die Exposition gegenüber Umweltschadstoffen kann nahezu alle Ebenen der Pathomechanismen des Asthma bronchiale beeinflussen. Außerdem gibt es eine große Zahl von Studien, die einen Einfluß der Luftverschmutzung auf die Prävalenz des Asthmas zeigen. Die Asthma-Erkrankungen in der Bundesrepublik nehmen zu, auch die asthmabedingten Todesfälle. Bleibt die Steigungsrate gleich, erwarten einige Experten, daß in wenigen Jahren die Asthmasterblichkeit vor den Verkehrsunfällen rangiert.

Für die Auslösung eines Asthma-Anfalls werden unter anderem Schwefeldioxid, Stickoxide und Ozon verantwortlich gemacht. Für die Wirkung von Schwefeldioxid liegen widersprüchliche Arbeiten vor. Einige Studien weisen darauf hin, daß Schwefeldioxid insbesondere bei körperlicher Belastung die Symptome deutlich verstärkt. Andere finden nur schwach ausgeprägte Zusammenhänge.

Im Expositionsversuch mit Stickoxiden reagieren Asthmatiker dagegen deutlich vor gesunden Menschen auf den gegebenen Reiz mit einer Bronchialkonstriktion. Ähnliches gilt für Ozon: auch hier reagieren Asthmatiker empfindlicher als Gesunde, vor allem mit einer Hyperreaktivität.

Allgemein kann verschmutzte Luft die Lungenkapazität und das Atemvolumen von Asthmatikern herabsetzen. Im Versuch läßt sich eine Verschlechterung der Peak-Flow-Werte und ein Anstieg der bronchialen Hyperreaktivität zeigen.

In Innenräumen ist vor allem Tabakrauch eine wichtige Noxe. Selbst Passivrauchen verstärkt offenbar die Hyperreaktivität. Formaldehyd erhöht auch beim Nicht-Asthmatiker die bronchiale Reaktivität und kann so beim Asthmatiker eine Rolle spielen. Darüber hinaus sind in der Arbeitsmedizin eine Reihe von Substanzen bekannt, die ein chemisch-irritatives Asthma auslösen können.

Als befriedigende kausale Erklärung für die Entstehung des Asthma bronchiale läßt sich eine Schadstoffexposition bislang nicht heranziehen.

Asbestose

Die Asbestose ist eine typische Pneumokoniose, also eine durch Staub hervorgerufene Lungenerkrankung. Schuld an der Erkrankung sind die physikalischen Eigenschaften der Asbestfasern. Die Alveolarmakrophagen können die Mineralfasern nicht resorbieren. Die beim Untergang der Makrophagen freigesetzten Proteinasen, lysosomalen Radikale und andere Mediatoren setzen eine Entzündung der Umgebung in Gang, an deren Ende eine Fibrosierung des Gewebes steht.

Die Erkrankung hat eine lange Latenzzeit von teilweise sogar bis zu zwei Jahrzehnten. Sie verläuft langsam. Im Vordergrund steht schließlich die restriktive und obstruktive Ventilationsstörung, die Lungen-Compliance und die Vitalkapazität nimmt ab. Der Gasaustausch ist zunehmend gestört. Die Schwere der Symptome korreliert nicht mit dem Röntgenbefund, auch schwach ausgeprägte Befunde können mit einer schweren Funktionseinschränkung einhergehen.

Für die Diagnosestellung wichtig ist zum einen die genaue Anamnese unter Einbeziehung aller Haupt- und Nebentätigkeiten sowie einer Erhebung der aktuellen und vergangenen Wohnsituation. An körperlichen Befunden typisch ist die Betonung der Befunde an der Pleura, da die Fasern mit Vorliebe in die Pleura weiterwandern (Pleuradrift). In der Pleura bilden sich Plaques, die im Röntgenbild sowohl ohne als auch mit Verkalkung imponieren können. Sie folgen entweder dem Rippenverlauf oder liegen dem Zwerchfell auf.

In der Biopsie oder der bronchoskopisch vorgenommenen Lavage finden sich unter dem Lichtmikroskop typische Asbestkörperchen. Die Zahl der Asbestkörperchen wird zur Einstufung herangezogen, ob eine Asbestose berufsbedingt ist oder nicht.

Benigne Pleuraerkrankungen

Die oben bereits beschriebenen Pleuraplaques können als Folge einer Asbestexposition auftreten. Deren Folge kann ebenso eine diffuse Pleurafibrose oder ein rezidivierender asbestinduzierter Pleuraerguß sein. Die Pleurafibrose tritt oft nach rezidivierenden Pleuraergüssen auf. Befunde sind vor allem Obliteration und Syndesmose des Pleuraspaltes. Pleurasepten können in das Lungengewebe einstrahlen und als typischen Befund die Rundatelektase hervorrufen.

Pleuramesotheliom

Es gibt lokale und diffuse Pleuramesotheliome. Dieser früher seltene Tumor hat als Folge der Asbestexposition stark zugenommen. Vorwiegend betroffen sind Menschen, die mit der Herstellung oder Verarbeitung asbesthaltiger Produkte zu tun hatten. Es werden Latenzzeiten von bis zu 30 Jahren nach Exposition beschrieben. Insbesondere das diffuse Pleuramesotheliom hat eine extrem schlechte Prognose.

Entscheidend für die kanzerogene Wirkung ist mit großer Wahrscheinlichkeit der Aufbau der Fasern. Liegt der Durchmesser einer Faser unter 2 µm, ist sie länger als 5 µm und beträgt ihr Längen/Durchmesserverhältnis mindestens 5:1, so ist von einer kanzerogenen Potenz der Faser auszugehen. Eine Schwellendosis gibt es vermutlich nicht, auch wenn Asbestexponierte ein deutlich höheres Risiko haben.

Der Tumor tritt meist einseitig auf und macht erst spät Symptome, so daß er häufig erst im inoperablen Stadium entdeckt wird. Die Untersuchung der Asbestkörperchen im Biopsat dient auch hier der Anerkennung als berufsbedingte Krankheit.

Therapeutisch sind oft nur noch palliative Maßnahmen möglich.

Lungenerkrankungen durch Mineralfasern

Inwiefern Mineralfasern Tumoren der Lunge und Mesotheliome anderer seröser Körperhöhlen auslösen, ist umstritten. Das Umweltbundesamt hat Faserstäube aus künstlichen Mineralfasern als krebserregende Arbeitsstoffe in die entsprechende MAK-Liste eingestuft. Die Industrie bestreitet das kanzerogene Potential der Dämmstoffe.

Allgemein ist heute wahrscheinlich von den folgenden Bedingungen auszugehen:

- *Liegt der Durchmesser einer Faser unter 2 µm, ist sie länger als 5 µm und beträgt ihr Längen/Durchmesserverhältnis mindestens 5:1, muß man von einer kanzerogenen Potenz der Faser ausgehen.*
- *Mineralfaserstoffe besitzen im Vergleich zu Asbest in der Regel nur einen geringen Anteil von Fasern mit kritischen Abmessungen.*
- *Die Stabilität einer Faser im menschlichen Körper ist von entscheidender Bedeutung.*
- *Insbesondere die Stein- und Schlackenwollen sowie Spezial(Mikro)glasfasern und Keramikfasern haben ein stärkeres kanzerogenes Potential als Glaswolle.*

Insbesondere Produktion und Verarbeitung der Dämmstoffe sind als potentiell gefährlich anzusehen. Nach sachgerecht ausgeführter Installation und gründlicher Reinigung der Räume ist nach heutigem Wissensstand nicht von einer Gefährdung auszugehen, solange keine Dämmwolle durch bauliche Maßnahmen freigesetzt wird.

Bronchialkarzinom

Wichtigster Faktor bei der Entstehung eines Bronchialkarzinoms ist das Rauchen, das für die überwiegende Mehrzahl der Bronchialkarzinome verantwortlich ist. Andere Risikofaktoren sind unter anderem:

- *Asbeststaub, insbesondere bei gleichzeitigem Tabakgenuß. Als Berufskrankheit ist das Bronchialkarzinom bei entsprechender Exposition und dem Nachweis von Asbesteffekten in der Lunge anerkannt.*
- *Inhalation von Metallstäuben, insbesondere Chrom, Kadmium und Nickel. Diese Stoffe werden zum einen bei industriellen Fertigungsprozessen frei, zum anderen finden sie sich auch im Tabakrauch.*
- *organische Verbindungen, beispielsweise VC-Gase bei der PVC-Produktion, aromatische Kohlenwasserstoffe, Formaldehyd und etliche Nitrosamine. Der endgültige Nachweis steht bei einigen der Stoffe noch aus.*
- *radioaktive Strahlung, beispielsweise durch Radonbelastung in Häusern oder im Uranbergbau, oder auch durch Tabakrauch.*
- *die allgemeine Luftverschmutzung in Ballungszentren, die eine Reihe kanzerogener Stoffe wie Benzpyrene oder Teerpartikel enthält.*

Diagnostik, Differentialdiagnostik und Therapie der Bronchialkarzinome sind in den einschlägigen Lehrbüchern ausreichend dokumentiert, so daß wir auf eine Darstellung hier verzichten.

Fertilitätsstörungen

Schätzungsweise drei Millionen Paare in der Bundesrepublik bleiben ungewollt kinderlos, etwa 20 Prozent aller Paare in den Industrienationen teilen ihr Schicksal. Einige Experten schätzen sogar, daß bis zum Jahre 2000 rund die Hälfte aller US-Amerikaner zeugungsunfähig sein wird. Den Grund für diese Entwicklung sehen immer mehr Wissenschaftler in der Belastung des Organismus mit Umweltkontaminanten. Das wissenschaftliche Dilemma ist auch hier, daß eine abschließende, sichere Bewertung erst in vielen Jahren möglich sein wird.

Die durchschnittliche Wartezeit auf eine Schwangerschaft ist in Nordeuropa länger als in Südeuropa, in der Stadt länger als auf dem Land und bei subjektiv Umweltbelasteten länger als bei subjektiv nicht-umweltbelasteten. Die Wartezeit verlängert sich außerdem bei (meist beruflicher) Belastung mit Kühlschmiermitteln, Pestiziden, Holzschutzmitteln, Hitze am Arbeitsplatz oder Schweißgasen.

Statistisch hat Kinderlosigkeit zu 30 Prozent ihre Ursache beim Mann, zu 40 Prozent bei der Frau und zu 30 Prozent bei beiden Partnern. Bei mindestens der Hälfte aller unfruchtbaren Frauen findet sich keine befriedigende Erklärung für die Infertilität, bei vielen unfruchtbaren Frauen findet sich eine erniedrigte Zahl von T-Lymphozyten. Unter anderem sind auch Chemikalien ein wichtiger Faktor, der die Funktion dieser Abwehrzellen beeinträchtigen kann.

Eine der Hauptursachen für Infertilität ist Rauchen. Bei rauchenden Frauen findet sich beispielsweise in der Gebärmutterschleimhaut bis zu 20mal mehr Nikotin als im Blut. Die beim Rauchen inhalierten Schadstoffe können bis in die Keimzellen vordringen und dort Schäden hervorrufen.

Darüber hinaus sind die Reproduktionsorgane überwiegend reich an Fett – lipophile Umweltschadstoffe lagern sich deshalb hier mit Vorliebe ab. Unter anderem finden sich gehäuft DDT und Lindan, Schwermetalle und Organochlorverbindungen. Bei einer Reihe von unfruchtbaren Frauen finden sich auch erhöhte PCP-Werte im Blut.

Eine weitere entscheidende Rolle bei der Entstehung umweltbedingter Sterilität ist möglicherweise die Belastung mit Schwermetallen, insbesondere Blei, Kadmium und Quecksilber. Diese Stoffe können offenbar sowohl die Fertilität herabsetzen als auch das Kind diaplazentar schädigen.

Einige Arbeiten machen das aus Amalgam resorbierte Quecksilber für einen Teil der unklaren Infertilitäten verantwortlich. So fanden sich in einer Untersuchung bei Patientinnen mit unerfülltem Kinderwunsch massiv erhöhte Werte bei der Quecksilberausscheidung.

Mittlerweile geraten zudem immer mehr organische Substanzen in den Verdacht, die Fruchtbarkeit zu beeinträchtigen. Pflanzenschutzmittel, PCB oder Lösungsmittel wirken östrogenähnlich, und setzen so vor allem die männliche Zeugungsfähigkeit herab. Pestizide beispielsweise stören die Spermatogenese nachhaltig. Ende der siebziger Jahre wurden nach dem Umgang mit dem Pflanzenschutzmittel Dibromchlorpropan 1500 Bananenplantagenarbeiter irreversibel steril.

Einige Arbeiten weisen darauf hin, daß auch Hodenkrebs, Hodenhochstand und andere Anomalien an den männlichen Genitalien auf östrogenartig wirkende Umweltschadstoffe zurückzuführen sein könnten. Demnach drosseln Umweltkontaminanten die Entstehung der Sertoli-Zellen im Hoden. Ist ihre Zahl vermindert, wird weniger Spermium produziert.

Die Sertoli-Zellen steuern beim männlichen Fötus auch die Wanderung der Hoden, die Ausbildung der Genitalien und der Harnröhre. Beim Hodenwachstum regulieren sie die Zellteilung. Störungen in diesem Prozeß bereiten möglicherweise einer Tumorentstehung den Weg. Auch bei der Prostata-Kanzerogenese könnte diese Störung eine Rolle spielen.

Eine weitere Substanz ist in den Verdacht geraten, die Fertilität zu stören: Nonylphenol. Englische Angler haben in der Nähe von Kläranlagen immer häufiger zweigeschlechtliche Fische gefangen.

Versuche mit zunächst normalentwickelten männlichen Fischen in diesen Gewässern zeigten, daß diese bereits nach drei Wochen große Mengen des weiblichen Eidotter-Proteins Vitellogenin produzierten, das normalerweise nur Weibchen ausbilden.

Britische Forscher fanden dieses Phänomen landesweit an 28 Kläranlagen, ohne jedoch die verantwortliche Substanz ausfindig machen zu können. Erst nach intensiver Suche stießen sie auf Nonylphenol – eine amerikanische Arbeit hatte beschrieben, daß sich Brustkrebszellen in vitro unerwartet stark wie bei Östrogenzugabe vermehrt hatten, ohne daß jedoch Hormone zugesetzt worden waren.

Nachforschungen zeigten, daß die Plastiktestschalen Nonylphenole abgaben. Diese Substanzen ließen sich auch in den Abwässern nachweisen.

Nonylphenol wird bei der Plastikverarbeitung ebenso benutzt wie für die Herstellung von Reinigungsmitteln, Farben, Düngern, Schmierölen und Kosmetikartikeln. Etwa ein Drittel gelangt unverändert in die Umwelt. Die Substanz ist schwer abbaubar und reichert sich im Fettgewebe an. Allein Großbritannien verarbeitet jährlich rund 20 000 Tonnen Nonylphenole.

Bislang existieren keine Trinkwasser-Höchstmengenregelungen für diese Substanzen. Allerdings hat die internationale Kommission für Trinkwasserqualität empfohlen, die Verwendung von Nonylphenolen bis zum Jahr 2000 zu stoppen.

Die genauen Pathomechanismen bei der Entstehung einer Infertilität durch Umweltnoxen sind zumeist noch nicht endgültig geklärt. Mehrere Studien, unter anderem auch an der Universität Heidelberg, zeigen aber deutlich, daß vor allem die Infertilität von Frauen positiv mit einer nachweisbaren Belastung durch verschiedene Schadstoffe korreliert.

Schadstoffe in der Muttermilch

Nach geltendem Lebensmittelrecht wäre die Muttermilch mancher Frauen ein nicht verkehrsfähiges Produkt – in ihr lassen sich eine Reihe von Schadstoffen in Konzentrationen nachweisen, die zu einem Vermarktungsverbot führen würden. Insbesondere lipophile Substanzen wie chlorierte Kohlenwasserstoffe (vor allem DDT, DDE, HCB), Dioxine, Furane und PCB belasten diese natürliche Säuglingsnahrung.

Der Körper speichert diese Stoffe im Fettgewebe, weshalb die Brustdrüse besonders betroffen ist. Während der Laktation geraten diese Stoffe nach Mobilisation aus den Fettreserven dann in die Muttermilch.

Erschreckend hoch ist nach wie vor beispielsweise die PCB-Belastung der Muttermilch: der Säugling nimmt so täglich bis zu 25 Mikrogramm auf – die zehnfache durchschnittliche Tagesdosis eines Erwachsenen. Die derzeitige tägliche durchschnittliche PCB-Aufnahme von Erwachsenen und Kindern liegt dennoch unter dem ADI-Wert (acceptable daily intake), den die WHO bei einem Mikrogramm pro Kilogramm Körpergewicht festgelegt hat.

Der NOEL-Wert (no observed effect level) liegt im Tierversuch bei Rhesusaffen bei 0,4 mg/kg Gesamt-PCB im Futter.

Eine abschließende, sichere toxikologische Beurteilung konnte bislang nicht vorgenommen werden. Diese wird vermutlich auch erst dann möglich sein, wenn bereits Effekte in ausreichender Menge zu beobachten sind. Die allermeisten Arbeiten kommen aber zu dem Schluß, daß die Belastung des Säuglings deutlich über den Grenzwerten liegt.

Dies ist insbesondere deshalb bedeutsam, weil der heranwachsende Organismus wesentlich empfindlicher als der eines Erwachsenen ist.

Auch erhöhte Blei-, Kadmium und Quecksilberwerte finden sich in der Muttermilch. Sie blockieren vor allem Enzyme und schädigen die Funktion von Zellmembranen.

Besonders ungünstig für die Schadstoffansammlung in der Muttermilch ist es, wenn die Mutter den Substanzen regelmäßig ausgesetzt ist, beispielsweise beruflich oder durch Schadstoffquellen im Haus. Auch der übermäßige Verzehr tierischer Fette erhöht die Belastung.

Ebenso ist eine Gewichtsreduktion während der Schwangerschaft ungünstig, da sie die im Fett gespeicherten Gifte mobilisiert. Auch ein hohes Alter der Mutter wirkt sich auf die Schadstoffkonzentration aus.

Eine pauschale Empfehlung gegen das Stillen Neugeborener läßt sich daraus aber keinesfalls ableiten. Entsprechende allgemeine Empfehlungen dienen eher der Panikmache als einer gezielten Information von fraglos vorhandenen Risikogruppen.

Stillen dient dem psychophysischen Kontakt zwischen Mutter und Kind, versorgt das Kind mit einer optimal ausgewogenen Nährstoffmischung und dient dem Aufbau eines gesunden Darmepithels und einer gesunden Darmflora. Damit leistet es einen wesentlichen Beitrag zur Stimulation des wichtigsten Immunorgans. Gestillte Kinder erkranken beispielsweise wesentlich seltener an Allergien.

Zwar gibt es Modellrechnungen, die beispielsweise eine höhere Dioxinaufnahme durch Mutter- als durch Kuhmilch zeigen – aber diese Rechnungen gehen von einer durchschnittlichen Belastung der Kuhmilch aus und haben, je nach Standort der Kuh, eine Schwankungsbreite bis zum Faktor 15. Es ist also bei entsprechender Auswahl der Quelle auch eine wesentlich höhere Belastung denkbar.

Der heute überwiegend empfohlene Kompromiß ist, nur in den ersten vier bis sechs Monaten zu stillen. Darüber hinaus sollte jede Mutter zumindest während Schwangerschaft und Stillzeit eine schadstoffarme Ernährung zu sich nehmen, am besten schon ein Jahr vor einer geplanten Schwangerschaft. Dazu gehört vor allem der Verzicht auf tierische Fette und Eiweiße. Eine Vollwertkost mit einem hohen Anteil an frischem Gemüse und Obst ist dagegen günstig.

Einige Gesundheitsämter bieten die Möglichkeit, Schadstoffbelastungen in der Muttermilch zu messen. Dies bietet sich insbesondere bei Müttern mit erhöhtem Risiko oder bei verlängerter Stillzeit an.

Zu fordern ist, daß der Eintrag insbesondere der Substanzen, die

Tabelle 13.

Beispiele für östrogenähnlich wirksame chemische Substanzen

Substanz	Verwendungszweck	Nachweisbar in
Herbizide:		
– 2,4-Dichlorphenoxyessigsäure (2,4-D)	selektives Herbizid gegen zweikeimblätterige Unkräuter, militärisches Entlaubungsmittel	Wasser, Luft, Pflanzen, Hausstaub
– 2,4,5-Trichlorphenoxyessigsäure (2,4,5-T)	Herbizid gegen holzige Unkräuter, zur Kulturvorbereitung, militärisches Entlaubungsmittel	Wasser, Pflanzen, Hausstaub
– Atrazin	Herbizid	Wasser, Luft, Niederschlag, Feststoffen, Fisch
Fungizide:		
– Hexachlorbenzol (HCB)	Fungizid zur Saatgutbehandlung, Holzschutzmittel, Zusatzstoff für PVC, Gummi, Isoliermaterial, Klebstoffe	Wasser, Luft, Niederschlag, Milchprodukten, niederen Tieren, Fleisch und Fisch, Pflanzen, Holz, Feststoffen, Hausstaub
– Tributylzinn-Verbindungen	Antifaulanstrich für Schiffsrümpfe	keine Angaben
Insektizide:		
– Methoxychlor	breites Wirkungsspektrum im Pflanzenschutz	Wasser, Luft, Obst und Gemüse, Feststoffen, Hausstaub
– Lindan (Gamma HCH)	Insektizid gegen Boden-, Forst-, Hygieneschädlinge, äußerliche Anwendung bei Hautparasiten, Bestandteil von Insektensprays und -streifen, Holzschutzmittel	Wasser, Luft, Niederschlag, Milchprodukten, niederen Tieren, Fleisch und Fisch, Pflanzen, Holz, Kaffee, Textilien, Teppichen, Hausstaub
– Beta-Hexachlorcyclohexan (Beta HCH)	Verunreinigung in technischem Hexachlorbenzol	Wasser, Luft, Milchprodukten, Fleisch und Fisch, Pflanzen, Holz, Kaffee, Eier, Hausstaub
– DDT und Metabolite DDE, DDD	Insektizid mit breitem Wirkungsspektrum, Verwendung im Anti-Malaria-Programm der WHO	Wasser, Luft, Milchprodukten niedere Tiere, Fleisch und Fisch, Pflanzen, Holz, Kaffee, Hausstaub
– Heptachlor, Heptachlorepoxide	Kontakt- und Fraßgift gegen Ameisen, Termiten und Hygieneschädlinge	Wasser, Luft, Milchprodukten, Pflanzen, Feststoffen
– Dieldrin	Kontakt- und Fraßgift gegen Termiten, Heuschrecken, Hygieneschädlinge und Überträger tropischer Krankheiten, Saatgutbeize	Wasser, Luft, Milchprodukten, Obst und Gemüse, Holz, Feststoffen, Hausstaub

Weiter Seite 73

Fortsetzung Tabelle 13.

Substanz	Verwendungszweck	Nachweisbar in
Industriechemikalien:		
– Bisphenol-A	im Lack von Nahrungsdosen	keine Angaben
– Polychlorierte Biphenyle (PCB)	Transformatorenöl, Dielektrikum von Kleinkondensatoren in Leuchtstofflampen, Hydraulikflüssigkeit, Schalöl bei Betonbauten, dauerelastisches Dichtungsmaterial, Brandschutzanstriche, Formulierungsmittel für Pestizide	Wasser, Luft, Milchprodukten, niederen Tieren, Fleisch und Fisch, Feststoffen, Hausstaub
– Pentachlorphenol (PCP)	Fungizid, Insektizid, Herbizid, Bestandteil von Holzschutzmitteln, Konservierung von: Leder, Textilienn Wollteppichen, Papier. Bestandteil von Schleimbekämpfungsmitteln in der Papierindustrie, enthalten in Dispersions- und Ölfarben sowie Kühlwassersystemen, Sanitär- und Industriereinigern, Zwischenprodukt in der Pharmaindustrie	Wasser, Luft, Niederschläge, Milchprodukte, niedere Tiere, Fleisch und Fisch, Leder, Pflanzen, Holz, Zuckerprodukten, Hausstaub

die Muttermilch belasten, dringend reduziert werden muß. Entsprechende Grenzwerte sollten sich nicht am Erwachsenen, sondern am schwächsten Glied in der Kette orientieren – dem Säugling.

Embryonaltoxikologie und Neonatologie

Nur bei einem Drittel aller angeborenen Mißbildungen läßt sich bislang definitiv sagen, wodurch sie hervorgerufen werden. Nur wenige lassen sich bislang sicher der Einwirkung von chemischen Substanzen zuordnen.

Außer Erkrankungen der Mutter, Erbanlagen etc. können eine Reihe von Faktoren die Fehlentwicklung auslösen, die keine direkte Bedeutung für die Umweltmedizin haben.

Es gibt aber auch etliche Substanzen, deren fruchtschädigende Wirkung belegt ist, oder zu denen Beobachtungen vorliegen, die eine solche Schädigung zumindest als wahrscheinlich gelten lassen müssen.

Nach den MAK-Werten ist **Methylquecksilber** sicher fruchtschädigend, selbst bei Einhaltung der vorgeschriebenen Konzentrationen. Für eine Reihe anderer Substanzen ist die Schädigung wahrscheinlich, ebenfalls auch bei Einhaltung der MAK-Werte (☞ Tabelle 14).

Tabelle 14.

Fruchtschädigende Substanzen, selbst bei Einhaltung der MAK-Werte

- **Sicher fruchtschädigend:**
  Methylquecksilber
- **wahrscheinlich fruchtschädigend:**
  Blei
  2-Brom-2-Chlor-1,1,1-Trifluorethan
  chlorierte Biphenyle
  Chlormethan
  Dimethylformamid
  2-Ethoxyethanol
  Ethoxyethylacetat
  Kohlendisulfid
  Kohlenmonoxid
  2-Methoxyethanol
  2-Methoxyethylacetat
  2-Methoxypropanol-1
  2-Methoxypropylacetat-1
  Toluol
  Trichlormethan

Für eine Reihe anderer Substanzen ist zwar ein Trend erkennbar, die Daten reichen aber für eine Einstufung noch nicht aus.

Blei beispielsweise kann die neurophysiologische und damit auch die geistige Entwicklung verzögern, wenn es während der Schwangerschaft und Stillzeit einwirkt. Dafür reicht bereits eine sehr niedrige Konzentration aus. In hoher Konzentration kann Blei auch Fehl-, Früh- oder Totgeburten auslösen – allerdings liegen diesen Berichten vor allem Beschreibungen aus dem letzten Jahrhundert zugrunde.

Moderne Arbeitsschutzvorschriften sollten solche Komplikationen durch hohe Bleikonzentrationen unmöglich machen. Über die Auswirkungen geringer Mengen Blei auf den Verlauf der Schwangerschaft gibt es widersprüchliche Angaben, die kein endgültiges Urteil zulassen – ein Risiko kann jedoch nicht ausgeschlossen werden.

Bei **PCB**-belasteten Kindern ließ sich eine herabgesetzte Funktion des Kurzzeitgedächtnisses feststellen, ohne daß die Stilldauer darauf einen Einfluß gehabt hätte. **Quecksilber** kann bei pränataler Aufnahme die Kinder ebenfalls schädigen. Im Extremfall kommt es ungefähr ein halbes Jahr nach unauffälligem postpartalen Verlauf zu einer Zerebralparese, die auch tödlich verlaufen kann. Leichte Fälle machen sich durch eine leicht herabgesetzte geistige Leistung bemerkbar.

Eine chronische **Kupferintoxikation** kann zur „German childhood zirrhosis" führen. Diese Leberzirrhose wird durch stark kupferhaltiges Wasser ausgelöst. Zumeist löst in solchen Fällen stark saures Wasser aus eigenem Brunnen das Kupfer aus den Wasserleitungen. Seit 1978 sind mindestens 13 Todesfälle durch solche Intoxikationen bekannt geworden.

Nitrat im Trinkwasser kann Säuglinge durch Methämoglobinbildung gefährden (☞ Seite 35).

Hyperaktivität bei Kindern

Auffällig an hyperaktiven Kindern ist, daß die Verhaltensstörung oft nur phasenweise auftritt. Die Ursache für dieses Phänomen ist umstritten. Die Kinder sind, obwohl oft hochintelligent, in ihrer

Entwicklungsfähigkeit stark behindert, und sie sind eine Belastung für ihr soziales Umfeld.

Kasuistik:

Ein Elfjähriger hatte etwa zweimal täglich einen völligen Stimmungsumschwung, er schrie herum, wurde aggressiv und gewalttätig. Einige Male im Jahr wurden diese Anfälle besonders schlimm, er attackierte dann seine Eltern. Er bekam Tranquilizer verschrieben, die er regelmäßig nahm. Seine Schulleistungen blieben miserabel, auch die Anfälle besserten sich nicht.

Nachdem er eines Tages ein Medikament mit einer koffeinfreien Cola eingenommen hatte, griff er seine Mutter mit dem Küchenmesser an – wie sich später herausstellte, war er auf dieses Getränk hochallergisch. Seine Eltern mußten ihn festbinden, in der Klinik konnten fünf Pfleger seine Wutausbrüche kaum bändigen.

Nach Austestung ließen sich diese Reaktionen auch mit Pollen-, Schimmel- und Hefetestlösungen provozieren, eine Allergiebehandlung linderte die Symptome schlagartig.

Diese Fallschilderung eines hyperkinetischen Syndroms stammt aus den USA von der Kinderärztin Dr. Doris Rapp. Rapp interpretiert solche Symptome als allergische Reaktion auf Nahrungsmittel, Chemikalien, Pollen oder Sporen und therapiert entsprechend.

Sie ist der Auffassung, daß auch das zentrale Nervensystem von einer allergischen Reaktion betroffen sein kann, also eine „zerebrale Allergie" vorliegt. Dieser Begriff der zerebralen oder auch „Gehirnallergie" ist umstritten (☞ Seite 80). Eine schlüssige immunologische Erklärung fehlt bislang.

Typischerweise sind die Stimmungen eines hyperaktiven Kindes extrem wechselhaft: aus einem aggressiven Wildfang wird innerhalb kürzester Zeit ein müdes, träges und weinerliches Kind. Dieses Wechselbad der Stimmungen bezeichnet Rapp als „Allergic Tension Fatigue Syndrome" (ATFS), das die Merkmale des „Attention Deficit Hyperactivity Disorder" (ADHD, ☞ Seite 81) mit einschließt. Die Symptome des ATFS reichen jedoch noch weiter. Diese Kinder leiden außerdem an Schlaf- und Durchschlafstörungen, Alpträumen, Koordinationsschwierigkeiten, Tremor und Ataxien. Diese Symptomenvielfalt überschneidet sich oft mit dem psychiatrischen Formenkreis.

Die Fahndung nach den Allergenen kann allerdings eine Suche nach der Nadel im Heuhaufen werden: typische Allergene hyperaktiver Kinder sind nur wenig beschrieben. Nahrungsmittelzusätze wie Farb- und Konservierungsstoffe sollen als Auslöser für Hyperaktivität eine Rolle spielen. Aber auch Proteine jeder Art, Zucker, Schimmel, Pollen oder Chemikalien können möglicherweise solche Reaktionen auslösen.

Zur Diagnose ist die Fremdanamnese durch die Eltern besonders wichtig, um das potentielle Allergen einzugrenzen. Die Beobachtung etwa, daß ein Kind immer nach dem Frühstück oder Mittagessen zur Nervensäge wird, ist möglicherweise ein Hinweis auf eine Nahrungsmittelallergie. Endgültige Beweise liefert jedoch erst ein Allergietest. Beschwerdefreiheit ist über Allergenkarenz zu erreichen.

Die Merkmale in Tabelle 15 sollen nach Rapp hyperaktive Kinder mit einer Allergie kennzeichnen:

Tabelle 15.

Kennzeichen einer durch Allergie ausgelösten Hyperaktivität nach Rapp

- Starkes Schwitzen, besonders nachts.
- Rote Ohrmuscheln, Wangen und Lippen, wie in kalter Luft.
- Unnatürlich glänzende Augen.
- Ausdruckslose Mimik, blasses Gesicht.
- Augenränder und geschwollene Tränensäcke, Falten um die Augen.
- Ein Strich quer über die Nase vom ständigen Nach-oben-Reiben.
- Häufige Ohrinfektionen.
- Gelenk-, Knochen-, und Bauchschmerzen (oft als „Wachstumsschmerzen" interpretiert).
- Übler Körpergeruch, vor allem an Händen und Füßen, trotz intensiver Körperpflege.
- Ein roter Ring um den Anus. Dieser ist häufig auch ein Anzeichen für eine Pilzinfektion des Kindes, eine laut Rapp typische Begleiterscheinung bei allergiekranken Kindern. Diese Kinder neigen auch dazu, wegen ihrer Infektion ständig ihre Genitalien zu berühren.

Erkrankungen durch Pyrethroide

Kasuistik einer Pyrethroidbelastung / Vorgeschichte:

1951 geborene Psychologin, ein 13jähriger Sohn, alleinerziehend. Sie bezieht im Mai 1991 eine neue Wohnung. Seither fühlt sich die vorher gesunde Frau zunehmend kränker. Die Symptome und Beschwerden sind diffus. Im Vordergrund stehen Husten, Gewichtsabnahme, Drehschwindel, Wortfindungs- und Konzentrationsschwierigkeiten sowie Neurasthenie. Die Patientin ist verzweifelt und von ihrem baldigen Tod überzeugt.

Die Symptome treten verstärkt im Herbst und Winter auf. Bei Abwesenheit aus der Wohnung tritt schon nach Stunden eine Besserung auf (dies registriert die Patientin erst relativ spät). Bleibt sie der Wohnung mehrere Tage fern, bessern sich die Beschwerden zu zirka 50 Prozent. Als klinische Psychologin reflektiert die Patientin mögliche psychosomatische Zusammenhänge, auch mit Freunden, kommt aber zu keinem Ergebnis. Der Sohn, der in der gleichen Wohnung, aber einem anderen Zimmer lebt, klagt über vermehrte Infektanfälligkeit und chronischen Husten in den Wintermonaten, ist psychisch aber unauffällig.

Befunde:

Mehrere ambulante und stationäre Abklärungsversuche werden durchgeführt, teils neurologisch/psychiatrisch, teils orthopädisch (HWS), teils internistisch. Den Abschluß der Untersuchungen bildet ein Aufenthalt in der internistischen Abteilung einer Uniklinik im November 1993. Ergebnis all dieser Untersuchungen: kein pathologischer Befund.

Mitte November untersucht Herr Böge, Umweltambulanz Schleswig-

Holstein, die Wohnung und stellt eine Belastung mit Pyrethroiden fest. Messungen: Staubprobe (Mischprobe aller Räume aus Staubsaugerbeutel) cis- und trans Permethrine 2,9 mg/kg, Methoxychlor 7,3 mg/kg, Piperonylbutoxid 0,42 mg/kg. Putzprobe: cis- und trans Permethrine 13 mg/kg. Sonstige Stoffe des Screeningprogramms (Holzschutzmittel etc.) waren nicht nachweisbar.

Diagnose:

Verdacht auf chronische Intoxikation mit Pyrethroiden.

Therapie:

Die Frau betritt ihre Wohnung nicht mehr, es geht ihr zunehmend besser. Anfang Dezember kann sie wieder lesen und schreiben. Seit dem 2.1.1994 ist sie wieder arbeitsfähig. Es bleiben Restsymptome wie schnelle Ermüdbarkeit, Sensibilitäts- und Konzentrationsstörungen.

Bemerkungen:

Bei Besichtigung der Wohnung vor dem Einzug fiel eine pilzbefallene Wand in einem Zimmer auf, der Vermieter versprach Abhilfe. Bei Einzug war die Wand „saniert“, Pilzbefall nicht mehr feststellbar. Wie sich später herausstellte, hatte der Vermieter vor die Wand eine Holzverkleidung gebaut, die er oben und unten mit Lüftungsschlitzen versah. Die Wand dahinter habe er mit „allem, was er in der Werkstatt fand“ getränkt.

Unglücklicherweise stellte die Patientin genau vor dieser Wand ihr Bett auf. Sie schlief mit dem Kopf zur Wand hin. Je schlechter es ihr ging, umso mehr Zeit verbrachte sie in ihrem Bett – ein Teufelskreis. Diese Anordnung erklärt auch die geringe Belastung des Sohnes.

Aufgrund der Symptomatik, der zeitlichen Zusammenhänge, der Meßergebnisse und des Verlaufs nach Verlassen der Wohnung erscheint eine chronische Intoxikation im Bereich der Wohnung der Patientin als Ursache der Erkrankung hoch wahrscheinlich. Allerdings sind die gemessenen Werte nur als gering erhöht anzusehen. Die Diskrepanz ist möglicherweise mit der räumlichen Nähe von Bett und Schadstoffquelle zu erklären.

Etwa 650 verschiedene Haushalts- und Stallhygienemittel waren 1991 auf dem Markt verfügbar – rund 390 davon enthielten Pyrethroide als Wirkstoffe. Mehr als die Hälfte der Innenraum-Pestizide enthalten Pyrethroide. Dies verdeutlicht die Ausmaße des Problems, wenn sich die Meldungen über Schäden bei der Anwendung dieser Wirkstoffgruppe bestätigen. Detailinformationen zu den Substanzen finden Sie im Schadstoffregister.

Mittlerweile gibt es rund 1.000 bekannte Pyrethroide, die meisten davon sind halogenierte Verbindungen. Aber nur etwa zehn Wirkstoffe haben ökonomische Bedeutung erlangt. Pyrethroide wirken auf das Nervensystem von Insekten. Sie sind in erster Linie Kontaktgifte und dringen über Sinnesorgane, Gelenkspalten und Haut in die Tiere ein.

Körper- und Krümmungsbewegungen, Erhöhung der Herzschlagfrequenz und Lähmung sind die Folge bei den Insekten. Diese Symptome treten im Vergleich zu anderen Insektiziden sehr schnell ein (knock-down-effect).

Der Tod tritt allerdings erst viel später ein, unter Umständen können Entgiftungsmechanismen im Organismus die Wirkstoffe auch unschädlich machen. Durch Kombination der Pyrethroide mit Synergisten wie Piperonylbutoxid lassen sich die Entgiftungsmechanismen offenbar ausschalten.

Für den Warmblüterorganismus galten Pyrethroide bislang als wenig giftig. Hauptgrund dafür dürfte die schlechte Resorbierbarkeit im Magen-Darm-Trakt bei oraler Aufnahme sein. Auch die gesunde Haut läßt nur wenig durch. Außerdem erfolgt die Entgiftung schneller als bei Insekten.

Gelangen die Stoffe jedoch direkt ins Blut (zum Beispiel auch bei Aufnahme über die Lunge), sind sie auch für Warmblüter giftig. Auch hier ist das Nervensystem der Hauptangriffspunkt.

Pyrethroide öffnen die Natriumkanäle und verursachen so eine Übererregung der Nervenzellen. Säugerorganismen spalten das Gift über eine Esterspaltung enzymatisch und entgiften sich so.

Bei einigen Menschen kann aber ein Enzymdefekt die Esterspaltung blockieren. Verletzungen oder Vorschäden durch Allergien können die Hautdurchlässigkeit erhöhen. Auch die Formulierung des Wirkstoffes spielt eine Rolle: im Fütterungsversuch ist bei der Aufnahme im Magen-Darm-Trakt in Maisöl gelöstes Permethrin sechsmal giftiger.

Symptome einer akuten Pyrethroidvergifung können Mißempfindungen wie Stechen, Jucken oder Brennen, Taubheitsgefühl oder Augenreizungen sein. Übelkeit, Erbrechen, Kopfschmerzen, Schwindel und Müdigkeit können hinzukommen. In schweren Fällen können Krampfanfälle, Bewußtseinsstörungen und Koma beobachtet werden.

Eine Reihe von Arbeiten beschreibt aber außer den akut toxischen, meist eher akzidentiellen Effekten auch chronische Gesundheitsschäden beim Menschen nach Pyrethroidexposition. Die chemische Industrie bestreitet diese Effekte bislang, warnt aber auch davor, bestimmte Typen von Pyrethroiden in Innenräumen einzusetzen. Je nach Wirkdauer lassen sich die Pyrethroide in zwei Gruppen einteilen:

- Typ I-Pyrethroide sind nach Angaben der Industrie zu kurzlebig für chronische Effekte
- Typ II-Pyrethroide hingegen sollten Insektengequälte besser nicht in Innenräumen verwenden, erklärten beispielsweise Mitarbeiter der Firma Bayer. Sie wirken länger und haben ein deutlich ausgeprägteres sensorisches Reizpotential als Typ I-Substanzen. Kombinationen aus beiden Typen sollen Verbraucher jedoch gefahrlos in der Wohnung benutzen können, gab die Firma bekannt.

Die Gegenposition vertritt beispielsweise Müller-Mohnsen. Seiner Ansicht nach ist die Wirkung der Pyrethroide auf den Gesamtorganismus des Säugers unberechenbar und teilweise irreversibel. Sie summierten sich und akkumulierten im Tierversuch. Erste Symptome einer chronischen Vergiftung seien allgemeine Leistungsschwäche, rheumaähnliche Gliederschmerzen und Erkrankungen des Mund- und Rachenraumes. Die inhalative Aufnahme sei am gefährlichsten.

Auch hier fällt auf, daß offensichtlich nur eine Minderheit bei Kontakt mit geringen Mengen Pyrethroiden erkrankt. Diese Menschen weisen dann zum Teil gravierende Gesundheitsstörungen auf. Möglicherweise spielt hier ein Enzymdefekt eine Rolle.

Eine abschließende Bewertung dieser Aussagen ist derzeit nicht möglich. Fest steht, daß die Symptome einer möglichen chronischen Intoxikation viel weniger exakt zu fassen sind als bei einer akuten Intoxikation. Tabelle 16 zeigt das Ergebnis einer Fragebogenaktion, die bei Ärzten, Betrieben und pyrethroidexponierten Menschen nach Klagen über Gesundheitsbeschwerden forschte.

Zur Therapie empfiehlt Rea vom Environmental Health Center in Dallas/Texas die Vermeidung des Pyrethroidkontaktes und zu allen Pestiziden. Auch der Kontakt zu Phenolen und anderen vergleichbaren Substanzen sollte eingeschränkt oder ganz vermieden werden. Vor allem die Nahrung sollte pestizidarm sein.

Zur Stärkung des Immunsystems erhalten die Patienten dort Vitamine, Mineralien und Aminosäuren in großer Menge, sowohl oral als auch intravenös. Zur Stoffwechselanregung wird die Körpertemperatur erhöht, vor allem durch regelmäßige Saunagänge. Zusätzlich erhalten die Patienten dort Immunstimulantien (☞ Seite 78, Therapie).

Tabelle 16.

Häufig mit Pyrethroiden in Verbindung gebrachte Gesundheitsbeschwerden

Abgeschlagenheit
Allgemeines Erschöpfungsgefühl
Auftreten von Hautunreinheiten
Erhöhte Blutungsneigung
Herzbeklemmung
Herzjagen
Herzrhythmusstörungen
Kurzzeitig verschwommenes Sehen
Kurzzeitige Doppelbilder
Ohrgeräusche
Raschere Ermüdbarkeit
Schwächegefühl der Körpermuskulatur
Schwindel
Spannungsgefühl an Händen und/oder Füßen
Taubheitsgefühl in Armen, Beinen oder Füßen in Ruhe
Unsicherheit beim Laufen
Verfärbung der Hände oder Füße
Wechselnde Schmerzen der Gelenke
Zeitweiliges Zittern der Hände in Ruhe
Zuckungen der Körpermuskulatur

Quelle: Umfrage des GSF-Forschungszentrum/ Zeitung für Umweltmedizin

Neurologische Störungen

Neurotoxische Effekte im Gehirn, vor allem auch durch in niedriger Dosierung einwirkende Substanzen, lassen sich mit dem heute vorhandenen Wissen und den zur Verfügung stehenden Untersuchungsmethoden noch völlig unzureichend erklären.

Vermutlich wird das Ausmaß funktioneller Störungen durch neurotoxische Substanzen heute noch stark unterschätzt.

Hinzu kommt, daß eine kaum mehr überschaubare Vielfalt neurotoxisch wirksamer Stoffe auf den Organismus einwirken können und die ausgelösten Effekte oft eher subklinisch verlaufen.

Damit entziehen sie sich in der Regel der Standarddiagnostik. Die Patienten geraten in Gefahr, wegen ihrer oft jahrelang vorgebrachten Klagen als psychisch auffällig klassifiziert zu werden.

Problem für den Arzt ist es, aus den vorgebrachten Klagen zu differenzieren, ob hinter der scheinbar psychosomatischen Befindlichkeitsstörung ein latentes neurotoxisches Syndrom steckt.

Im Anfangsstadium können die Symptome einer chronischen Vergiftung durchaus denen einer Depression ähneln, sie sind häufig schwer zu differenzieren.

Lohmann und Träder sowie Rea schlagen vor, bei den folgenden Klagen immer an ein neurotoxisches Syndrom zu denken und dieses auszuschließen:

- *vermehrtes Müdigkeitsgefühl*
- *schnelle Ermüdbarkeit*
- *Antriebsarmut*
- *allgemeines Schwächegefühl*
- *Leistungsknick*
- *Konzentrationsschwäche*
- *Ruhelosigkeit*
- *Reizbarkeit*
- *Gedächtnisschwäche*
- *herabgesetzte Auffassungsgabe*
- *Kopfschmerzen*
- *diffuse Schmerzen*
- *unspezifische gastrointestinale Beschwerden*
- *motorische Ungeschicklichkeit*
- *Infekthäufung*
- *Nebenhöhlenaffektionen*
- *Speichelfluß*
- *Augenbrennen*

Eine besonders wichtige anamnestische Frage ist, ob sich diese Beschwerden bei Umgebungswechsel verändern.

Pathophysiologisch können verschiedene Mechanismen greifen. Den peripheren Nerv kann eine axonale Degeneration oder eine segmentale Myelindegeneration treffen. Oft zu beobachten ist auch eine Mischung beider Schädigungsformen.

Eine ganze Reihe chemischer Substanzen können neurotoxische Schäden hervorrufen (☞ Symptomenkatalog ab Seite 109 sowie Noxenregister ab Seite 189).

Zerebrale Allergie

Nach Auffassung einiger Wissenschaftler kann auch das zentrale Nervensystem von einer allergischen Reaktion betroffen sein. Sie bezeichnen diese Reaktion als zerebrale Allergie. Dieser Begriff und diese Reaktionsweise sind umstritten, eine schlüssige immunologische Erklärung fehlt bislang.

Ein Erklärungsansatz könnte sein, daß Allergien sowohl eine cholinergische Überantwort als auch eine verlangsamte beta-adrenergische Antwort des autonomen Nervensystems provozieren. Ein derartiges cholinergisch/adrenergisches Mißverhältnis könnte möglicherweise eine wichtige Rolle bei manischem und depressivem Verhalten spielen und auch an der Entstehung der „Attention Deficit Hyperactivity Disorder" (ADHD) beteiligt sein.

Zur Symptomatik der ADHD gehören Überaktivität, eine sehr kurze Aufmerksamkeitsspanne, Unruhe, Konzentrationsstörungen und eine unkontrollierte Motorik. Als typisches Beispiel werden die Stimmungen eines hyperaktiven Kindes angeführt: sie sind extrem wechselhaft, aus einem aggressiven Wildfang wird innerhalb kürzester Zeit ein müdes, träges und weinerliches Kind (☞ Seite 74, Hyperaktivität).

PCP- und Lindan-Belastung durch Holzschutzmittel

PCP

PCP (Pentachlorphenol) wurde überwiegend als Fungizid eingesetzt. In Innenräumen kam es vor allem in Form von Bioziden zum Einsatz. Seit 1978 ist es kennzeichnungspflichtig, seit 1979 darf es im Innenraumbereich nicht mehr angewendet werden, seit 1989 ist die Anwendung in der Bundesrepublik generell verboten.

Immer wieder werden jedoch Fälle beschrieben, bei denen Altlasten in Wohnräumen ausgasen und Schäden hervorrufen. PCP wird über die Atemwege als Dampf oder staubgebunden über den Verdauungstrakt und über die Haut resorbiert, beispielsweise aus belasteter Kleidung. Die Ausscheidung erfolgt über Niere (80 Prozent) und Darm (20 Prozent).

In den ersten Monaten nach dem Anstrich verdampft etwa die Hälfte des PCP und verteilt sich in den Räumen. Der Gehalt in der Raumluft hängt ab von der Art des Holzes, Alter und Menge des Anstrichmittels, Raumtemperatur und -feuchtigkeit, Luftdruck und anderen physikalisch-chemischen Faktoren. Abgesehen vom behandelten Holz ist Hausstaub am stärksten kontaminiert.

Bei Verdacht auf eine akute Belastung mit PCP empfiehlt es sich, die Substanz im Serum und im Morgenurin zu bestimmen. Zum Nachweis einer Niedrigdosis-Belastung dient die Analyse einer Materialprobe des behandelten Holzes. Dazu wird eine zirka zehn Quadratzentimeter große Fläche zwei Millimeter tief abgetragen.

Die Miteinbeziehung der tieferen Holzschichten – wie es gelegentlich praktiziert wird – führt in der Regel zu einer unzulässigen Erniedrigung der Meßwerte, da die Holzschutzmittel in die tieferen Schichten des Holzes nicht eindringen.

Tabelle 17.

Angegebene Symptome und Befunde bei PCP-Belastung

Abmagerung	
Akneförmige Hautveränderungen	
Akrozyanose	eher akute Intoxikation
Alkoholunverträglichkeit	bei chronischer Belastung
Anämie	nur einzelne Berichte, meist kein zweifelsfreier Zusammenhang
Angstzustände	
Antriebsschwäche	
Apathie	eher akute Intoxikation
Appetitlosigkeit	
Atemnot	akut
Atmung beschleunigt	eher akut
Augenbrennen	
Bewußtlosigkeit	bei akuter Vergiftung
Bilirubin im Serum erhöht	bei chronischer Belastung
Blutdruckanstieg	eher akute Intoxikation
Chlorakne	
Chromosomenabbrüche in Lymphozyten	vermehrt bei Arbeitern in der PCP-Herstellung
Depressionen	
Diarrhoe	
Durstgefühl	eher akute Intoxikation
Eosinophilie	bei chronischer Belastung
Erbrechen	
Erythropoese gestört	
Fieber	bei akuter Vergiftung
Gelenkschmerzen	bei chronischer Belastung
Gewichtsabnahme	bei chronischer Belastung
GLDH-Aktivität erhöht	bei chronischer Belastung
Gleichgewichtsstörungen	bei chronischer Belastung
Gliederschmerzen	eher akute Intoxikation
Haarausfall	bei chronischer Belastung
Hautausschläge	bei chronischer Belastung
Heiserkeit	
Herzrhythmusstörungen	
Herzversagen	bei akuter Vergiftung
Hyperpigmentierungen im Gesicht	
Hyperpyrexie	bei akuter Vergiftung

weiter Seite 83

Fortsetzung Tabelle 17.

Hyperthermie	eher akute Intoxikation
IgA erhöht	bei chronischer Belastung
IgM erhöht	bei chronischer Belastung
Infektanfälligkeit	
Iritis	chronische Exposition gegenüber Stäuben und Dämpfen
Kaffeeunverträglichkeit	bei chronischer Belastung
Knochenschmerzen	
Koma	bei akuter Vergiftung
Konjunktivitis	chronische Exposition gegenüber Stäuben und Dämpfen
Konzentrationsstörungen	
Kopfschmerzen	
Kreatin-Phosphokinase erhöht	bei chronischer Belastung
Leberschäden	
Leukämie	
Leukozytose	bei chronischer Belastung
Lungenödem	bei akuter Vergiftung
Lymphknotenschwellung	
Lymphome	
Lymphozytose	bei chronischer Belasttung
Mattigkeit	
Morbus Hodkin	nur einzelne Berichte, meist kein zweifelsfreier Zusammenhang
Müdigkeit, chronische	
Muskelschmerzen	bei chronischer Belastung
Muskelschwäche	eher bei akuter Vergiftung
Muskelspasmen	eher bei akuter Vergiftung
Mydriasis	chronische Exposition gegenüber Stäuben und Dämpfen
Myokarditis, toxische	bei chronischer Belastung
Nervenschmerzen	bei chronischer Belastung
Neuralgie	bei chronischer Belastung
neurasthenisches Syndrom	bei chronischer Belastung
Neuropathie, periphere	
Nierenfunktionsstörungen	bei chronischer Belastung
Parästhesien	eher akute Intoxikation
Pharyngitis	chronische Exposition gegenüber Stäuben und Dämpfen

weiter Seite 84

Fortsetzung Tabelle 17.

Porphyria cutanea tarda	bei chronischer Belastung
Reizbarkeit	bei chronischer Belastung
Reizbeschwerden, gastroenteritische	
Reizung der Haut	
Reizung der Schleimhäute	
Schlafstörungen	
Schweißausbrüche	eher akute Intoxikation
Schweißausbrüche, nächtliche	
Schwindel	eher akut
Sehschwäche	chronische Exposition gegenüber Stäuben und Dämpfen
Sinusitis	chronische Exposition gegenüber Stäuben und Dämpfen
Skotome	chronische Exposition gegenüber Stäuben und Dämpfen
Stimmverlust	
Tachykardie	eher akute Intoxikation
Tachypnoe	bei akuter Vergiftung
Temperaturerhöhung	bei chronischer Belastung
Tonsillenrötung	bei chronischer Belastung
Übelkeit	eher akute Intoxikation
Zerschlagenheit	bei chronischer Belastung

Entscheidend für die Ausgasung ist die Konzentration im Bereich der Holzoberfläche.

Das Probengewicht liegt bei etwa 0,5 g Holzspänen. Analyseergebnisse von bis zu 5 mg PCP pro kg Holz findet man bei unbehandeltem Holz, belastetes Holz zeigt Werte von bis über 10.000 mg/kg.

Lindan

Lindan (Gamma-Hexachlorcyclohexan = Gamma-HCH) hatte ein ähnliches Anwendungsgebiet wie PCP. Es wird über die Haut, aber auch inhalativ und durch orale Ingestion aufgenommen. Die Speicherung im menschlichen Organismus erfolgt hauptsächlich im Fettgewebe.

Lindan ist neurotoxisch, im Tierversuch ist es kanzerogen und hat eine chromosomenschädigende Wirkung. Wegen seiner Lipophilie kann es die Blut-Hirn-Schranke überwinden. Die Ausscheidung seiner Metabolite erfolgt hauptsächlich über die Nieren. Häufig genannte Symptome finden Sie in Tabelle 18.

Blutanalyse und Messung des Lindan-Spiegels im Morgenurin sollten vor allem im Fall des Verdachtes auf eine akute Intoxikation durchgeführt werden. Bei chronischer Exposition im Niedrigdosisbereich gibt es die Möglichkeit, eine Hausstaub-Analyse durchzuführen (Staubsauger-Inhalt einer Woche in Aluminium verpackt an das Labor einsenden).

Tabelle 18.

Häufig genannte Symptome bei HCH-Belastung

zerebrale Erregbarkeit erhöht	gamma-HCH (Lindan)	
Fallneigung	beta-HCH	
Hepatopathie	gamma-HCH (Lindan)	eher chronisch
Herzrhythmusstörungen	gamma-HCH (Lindan)	eher chronisch
Hyperthermie	gamma-HCH (Lindan)	eher akut
Koma	gamma-HCH (Lindan)	eher akut
Kopfschmerzen	gamma-HCH (Lindan)	eher akut
Lähmungserscheinungen	gamma-HCH (Lindan)	eher akut
Müdigkeit	gamma-HCH (Lindan)	eher akut
Muskelkrämpfe	delta-HCH	
Muskelzuckungen	delta-HCH	
Schlafstörungen	gamma-HCH (Lindan)	chronisch
Schwanken	beta-HCH	
Schwindel	beta-HCH	
Schwindel	gamma-HCH (Lindan)	eher akut
Übelkeit	gamma-HCH (Lindan)	eher akut
Ungeschicklichkeit	beta-HCH	
Zittern der Arme und Beine	alpha-HCH	
Zittern des ganzen Körpers	alpha-HCH	
Zittern des Kopfes	alpha-HCH	

Es empfiehlt sich wie bei PCP die direkte Holzprobenanalyse. Werte bis 2 mg Lindan pro Kilogramm der Holzprobe können als unbedenklich angesehen werden, belastete Hölzer liegen um den Faktor 10, manchmal sogar bis zum Faktor 100 über diesem Wert.

Mögliche Schädigungsmechanismen

Immer wieder diskutiert wird die Frage, ob in den Holzschutzmitteln enthaltene Substanzen an der Wirkung mit beteiligt sind. PCP enthält als Verunreinigung beispielsweise geringe Mengen chlorierte Diphenylether, aus denen sich in Innenräumen unter Einfluß von Sauerstoff und UV-C-Strahlung biologisch hochaktive Ether-Peroxyde bilden. Diese können als freie Radikale Zellmembranen angreifen und sogar die Blut-Hirn-Schranke überwinden.

Auf die neurotoxische Wirkung von organischen Peroxiden gibt es mehrere Hinweise in der Literatur. Da solche freien Radikale auch aus anderen Stoffen im Wohnraum oder auch im Straßenverkehr freigesetzt werden können, könnte dies ein Erklärungsansatz sein, warum Holzschutzmittelgeschädigte auch nach der Sanierung überempfindlich bleiben.

Ebenfalls sind in technischem PCP immer wieder Spuren von Dioxinen und Furanen zu finden.

Darüber hinaus blockiert PCP die oxidative Phosphoryllierung und kann die Verfügbarkeit der NADPH als Redoxsystem einschränken, das antioxidativ wirksame Glutathion ist dann nicht mehr ausreichend vorhanden. Das Redoxsystem GSH-GSSG (Glutathion-Gluthathiondisulfid) wird so geschwächt.

Dies könnte ein Erklärungsansatz für die oft beschriebene muskuläre Erschöpfung bei Holzschutzmittelgeschädigten sein und könnte eine antioxidative Therapie rechtfertigen.

Vielfache Chemikalien-Unverträglichkeit – Multiple Chemical Sensitivity (MCS)

Die vielfache Chemikalien-Unverträglichkeit (multiple chemical sensitivity, MCS) ist keine Allergie im herkömmlichen Sinne. Der Patient reagiert auf Exposition mit vielen, nicht miteinander verwandten Substanzen mit unterschiedlichen Symptomen verschiedener Organsysteme.

Tabelle 19.

Häufig genannte Beschwerden bei MCS

- Abgeschlagenheit und Erschöpfung
- Affektionen des Hals-Nasen-Rachenraumes
- Atemwegssymptome
- Depressionen
- Gelenkschmerzen
- Grippeartige Symptome
- Hauterkrankungen
- Kopfschmerzen
- Magen-Darm-Beschwerden
- Muskelschmerzen
- Reizbarkeit
- Verwirrtheit

Dabei kommen der Hals-Nasen-Rachenraum, das Herzkreislaufsystem und die Lungen genauso in Frage, wie die Ohren, die Gelenke und die Skelettmuskulatur oder der Verdauungstrakt, Uro-Genitalsystem und ZNS. Die Symptome sind reproduzierbar.

Besonderes Zeichen der MCS ist, daß diese Symptome schon bei Stoffkonzentrationen auftreten, die der Normalbürger teilweise gar nicht wahrnimmt beziehungsweise die beim Gesunden keine Schäden hervorrufen. Einer MCS geht in aller Regel eine einmalig hohe, meist akzidentielle Chemikalienexposition voraus, oder die Patienten waren über Jahre chronisch Schadstoffen in geringer Menge ausgesetzt. Besonders Holzschutzmittel werden als potentielle Auslöser einer MCS verdächtigt.

Charakteristisch ist weiterhin, daß die Zahl der nicht tolerierten Stoffe im Laufe der Erkrankung zunimmt. Auch die Empfindlichkeit nimmt zu, immer geringere Konzentrationen lösen die Beschwerden aus. Dies führt mit der Zeit zum zunehmenden Rückzug und sozialer Isolation. Die Patienten haben oft einen hohen Leidensdruck und meiden die Öffentlichkeit, um sich keiner Reizsituation auszusetzen.

Eine Hypothese zur Erklärung der MCS-Pathogenese stammt von Rea: er vermutet, daß eine Exposition mit Organochlorverbindungen wie Pestiziden oder Holzschutzmitteln sowie mit Schwermetallen der MCS den Weg bereitet. Die Exposition soll die Fähigkeit des Körpers schwächen, mit winzigen Schadstoffmengen umzugehen, bis er schließlich schon auf geringste Mengen von Chemikalien hochsensibel reagiert. Rea vermutet, daß durch die ursprüngliche Chemikalienbelastung einige Enzyme nicht mehr oder nur noch unzureichend arbeiten, die der Organismus dringend zur Entgiftung bräuchte.

Die Existenz der MCS ist gelegentlich noch strittig. Die Mehrzahl der Allergologen beispielsweise ist der Meinung, daß eine Substanz in so geringen Konzentrationen keine Gesundheitsstörung auslösen kann, da sie im Epikutantest keine allergische Reaktion hervorruft.

Insbesondere die klinischen Ökologen halten dagegen, werden aber vor allem wegen ihrer nicht allgemein anerkannten Methoden nicht ernst genommen. Von denen, die die Relevanz der MCS bestreiten, werden die Patienten zumeist als psychosomatisch oder psychiatrisch krank eingestuft. Eine entsprechende Behandlung zeigt aber meist keine Erfolge.

Aus der Auswertung der zur Verfügung stehenden Literatur und eigener Erfahrung sollte man unserer Ansicht nach die Existenz dieses Krankheitsbildes zunächst akzeptieren, wenn auch manche Diagnosekriterien noch unscharf definiert sein mögen.

Differentialdiagnostisch auszuschließen sind psychosomatische Erkrankungen, Konversionsneurosen und depressive Erkrankungen.

Sick-Building-Syndrom

Das Sick-Building-Syndrom (SBS) ist ein Symptomenkomplex, der bei übermäßiger Belastung von Innenräumen mit einer oder mehreren Substanzen oder auch biologischen Stoffen wie Pilzsporen auftreten kann. Es tritt gehäuft in klimatisierten Gebäuden auf, da die zentrale Luftversorgung dieser Häuser Schadstoffe gegebenenfalls weit verteilt und Luftaustausch durch die geschlossenen Fenster nicht stattfindet.

Die Diagnose bedeutet detektivische Kleinarbeit. Denn auch wenn mehrere Bewohner oder Nutzer eines krankmachenden Gebäudes an SBS leiden, kann jeder anders reagieren. Häufigste Beschwerden sind Reizungen der Atemwege und der Augen (☞ Seite 61), aber es können auch Kopfschmerzen, Abgeschlagenheit, Allergien, Hautreizungen und andere Symptome auftreten.

Anders als beim trockenen Auge (☞ Seite 61) sind bei den Augenbeschwerden des Sick-Building-Syndroms einige Molekülgruppen identifiziert, die den Beschwerdekomplex auslösen.

Dazu gehören beispielsweise erhöhte Konzentrationen von Aminen oder Ammonium- und Sulfhydrylgruppen. Auch organische Kohlenwasserstoffe aus Farben, Formaldehyd, Kohlenmonoxid und -dioxid sowie Pilze und Bakterien aus Klimaanlagen gehören zu den Auslösern.

Bei der zum Sick-Building-Syndrom gehörenden „verschmutzungs-

Tabelle 20.

Eingrenzung eines möglichen Sick-Building-Syndroms

Häufig genannte Symptome

Klagt ein größerer Teil der Nutzer eines Gebäudes über eines oder mehrere der folgenden unspezifischen Symptome:

- ☐ Reizung von Augen, Nase und Rachen, Nebenhöhlenaffektionen?
- ☐ Trockene Haut und Schleimhäute?
- ☐ Durst (mehr und häufiger als normalerweise)?
- ☐ Kopfschmerzen, Müdigkeit, Antriebsarmut?
- ☐ Konzentrationsschwierigkeiten, erschwerte Auffassung und fehlender Überblick bei komplexen Aufgaben?
- ☐ erhöhte Häufigkeit von Atemwegsinfektionen und Husten?
- ☐ Schwindelgefühle und Übelkeit?
- ☐ Erythem?
- ☐ Leistungsknick?
- ☐ Allgemeine Ruhelosigkeit, innere Unruhe, Reizbarkeit?
- ☐ Heiserkeit, Juckreiz und unspezifische Überempfindlichkeit?
- ☐ Geruchs- und Geschmackswahrnehmungen?
- ☐ Gehen die Beschwerden im Urlaub zurück? Oder am Wochenende?
- ☐ Gehen die Zimmerpflanzen in dem betreffenden Gebäude trotz guter Pflege immer wieder ein?

Mögliche Ursachen

- ☐ Lebt oder arbeitet ein starker Raucher im selben Raum?
- ☐ Lebt oder arbeitet der Patient in einem Neubau?
- ☐ Ist der Patient kürzlich umgezogen oder hat er renoviert?
- ☐ Wurde in unmittelbarer Nachbarschaft renoviert?
- ☐ Hat das Gebäude eine Klimaanlage?
- ☐ Wurden neue Möbel, neue Teppichböden oder neue Geräte angeschafft (und traten die Beschwerden erst danach auf oder wurden schlimmer?)
- ☐ Wurden in der Wohnung oder am Arbeitsplatz Holzschutzmittel, Dichtungsmaterialien oder Isolierschäume für Hohlräume, verklebte Teppichböden oder PVC-Böden, Isoliertapeten oder Anti-Schimmel-Farben verwendet, vielleicht sogar erst vor kurzer Zeit?
- ☐ Arbeitet der Patient in der Nähe von Laserdruckern oder Kopiergeräten?
- ☐ Stehen neue elektrische Geräte (z.B. Fernseher) in seiner Nähe?
- ☐ Steht ein Gasherd ohne Abzug in den Räumen, hat er eine Ofenheizung oder einen offenen Kamin?
- ☐ Sind die betreffenden Räume nur unzureichend gereinigt?
- ☐ Werden scharfe, stark riechende Reinigungsmittel verwendet?
- ☐ Werden andere Chemikalien verwendet, zum Beispiel Möbelpolitur, Pflanzenschutzmittel, Duftspray oder -steine?
- ☐ War ein Kammerjäger in den Räumen im Einsatz? Wurden Insektizide in Form von Spray, Pulver, Mottenkugeln etc. verwendet?

Tabelle 21.

Schadstoffe, die möglicherweise ein SBS auslösen können

(ohne Anspruch auf Vollständigkeit)

Quelle	Substanzen
Beton	PCB, Chrom, Stabilisationsmittel
Ziegelsteine	Dioxine, Furane etc.
Leichtbausteine	Dioxine, Schwermetalle
Isolierungen, Dichtungsmassen	Asbest, Mineralwolle, PCB und andere Weichmacher, Flammschutzmittel (beispielsweise chlorierte Diphenylester, Konservierungsmittel, Formaldehyd)
Farben, Anstriche, Tapeten	z. B. Chlornaphtalin
Holzschutzmittel an Türen, Fenstern, Täfelungen, Möbeln	Biozide (PCP, Lindan ...), Hexachlorbenzol
Preßspanmöbel	Formaldehyd, Lösemittel, Isocyanate
Ledermöbel	PCP, Chromverbindungen
Teppichböden, PVC–Böden	Lösemittel (Kleber), Biozide, Weichmacher wie Hexachlorbenzol, PCB, Allergene (Staub, Schimmel)
Heizöfen, Gasherde, Kaminfeuer	NO_2, SO_2, CO, Dioxine, polyzyklische Aromate
Klimaanlagen	Asbest, Mineralfasern, Mikroorganismen, Staub, eventuell Abgase von außen
Drucker, Kopierer	Ozon
Fernseher, Video	Weichmacher, Flammschutz (wie Monobromdibenzofuran)
Reinigungs–, Desinfektionsmittel	Aldehyde, Lösungsmittel, Biozide
Raumbefeuchter	Mikroorganismen, Pilze
Haushaltsmittel wie Lederspray, Pflanzenschutz-, Insektensprays	Lösemittel, FCKW, Insektizide (auch Pyrethroide)
Tiefgaragen	Benzol, Toluol, Xylol

bedingten Keratokonjunktivitis" findet sich ebenfalls eine verdünnte Lipidschicht des Tränenfilms. Die Eliminierung der auslösenden Substanzen ist die einzige Abhilfe.

Charakteristisch für alle Erscheinungsformen des Sick-Building-Syndroms ist, daß sie in ihrer Intensität zunehmen, solange der Kranke sich in dem Gebäude aufhält, nach Verlassen des Gebäudes aber verschwinden oder zumindest nachlassen.

Der Patient sollte deshalb versuchen, sich zu erinnern, wann und wo es ihm erstmals schlechter ging, ob es zu diesem Zeitpunkt Veränderungen in seiner Umgebung gab (wie einen Umzug, eine Renovierung oder auch nur ein neues Möbelstück, neuen Teppichboden, neue elektronische Geräte usw.), und er sollte sich Notizen machen über den Aufenthalt in verdächtigen Räumen und die Intensität der Krankheitssymptome.

Die Konzentration vieler Schadstoffe wie beispielsweise Formaldehyd, Holzschutz- oder Lösungsmittel sowie Pilzsporen messen spezialisierte Unternehmen. Solche Messungen sollten aus Kostengründen möglichst erst gezielt nach genauer Anamnese veranlaßt werden, da sehr schnell große Kosten auflaufen können.

Läßt sich die Schadstoffquelle genau lokalisieren, so sollte sie saniert (zum Beispiel eine mit Pilzsporen verunreinigte Klimaanlage) oder entfernt werden (beispielsweise ein mit Holzschutzmitteln kontaminiertes Möbelstück). In leichten Fällen können leichtflüchtige Substanzen durch intensives Lüften und Heizen reduziert werden.

Auch regelmäßige, gründliche Reinigung der Räume hilft, zumindest einen Teil der Schadstoffe loszuwerden. Wichtig ist dabei, keine scharfen oder stark riechenden Putzmittel zu verwenden. Auch sie tragen zum SBS mit bei, ebenso wie Chemikalien in Möbelpolitur, Pflanzenschutzmitteln oder den ohnehin überflüssigen Raumluftsprays und „Duftsteinen". Die sollte der SBS-Patient konsequent aus seiner Umgebung verbannen.

Zahnärztliche Materialien

Vor allem quecksilberhaltige Zahnfüllungen sind in Verruf gekommen. Aber auch andere Materialien stehen im Verdacht, auf den Organismus ungünstig zu wirken. Mit dem Ersatz des Amalgams durch andere Substanzen allein ist es nicht getan: Ersatzmaterialien sind noch nicht ausreichend erforscht, erreichen nicht die Haltbarkeit herkömmlicher Füllstoffe oder sind toxikologisch fast ebenso fragwürdig wie Quecksilber.

Steht der Zahnarzt vor dem Dilemma, dem Patienten zu einem Material zu raten, dessen Effekte er nicht genau einschätzen kann, so steht auch der Arzt vor einem Dilemma, der eine echte oder vermeintliche Quecksilberbelastung durch Amalgam abklären soll.

Nicht nur eine oft verwaschene Symptomatik, sondern auch eine offensichtlich individuell unterschiedliche Empfindlichkeit machen die Einschätzung sehr schwierig.

Eine vernünftige Vorbeugung, zuckerärmere Ernährung oder eine konsequente Fluor-Prophylaxe könnte dieses Problem zumindest für die Zukunft zu einem uninteressanten Randthema machen. Es ist heute viel zu selbstverständlich geworden, daß Zähne eben irgendwann gefüllt werden müssen.

Amalgam

Die Aufsichtsbehörden haben die Verwendung von Amalgam mittlerweile stark eingeschränkt. Zwar sind die durch Amalgam möglichen Gesundheitsschäden im wissenschaftlichen Sinne zum Teil noch strittig.

Aber aus medizinischen Erwägungen erscheint es nicht wünschenswert, dem Organismus eine toxisch wirksame Substanz wie Quecksilber zuzuführen.

Daß Amalgam-Plomben den Organismus mit Quecksilber in nennenswerter Konzentration belasten, ist inzwischen unumstritten. Das Ausmaß der Belastung hängt dabei wesentlich von der Zahl der Füllungen und der Qualität der zahnärztlichen Arbeit ab.

Amalgam ist eine Legierung aus elementarem Quecksilber, Kupfer, Silber, Zinn und Zink. Zur Zeit wird nur noch Gamma-2-Phase-freies Amalgam verwendet, das weniger Quecksilber freisetzt als alte Legierungstypen. Aber insbesondere bei nicht sachgerecht verlegten Füllungen kann auch aus diesem Amalgam Quecksilber in den Organismus gelangen.

Aus Tierversuchen und Sektionsergebnissen ist bekannt, daß sich Quecksilber vor allem im Gehirn, dem gastrointestinalen System und den Nieren ansammelt. Bei Schafen und Affen, die als Versuch Amalgamplomben erhielten, ging zudem die Inulin-Clearance als Maß für die Nierenfunktion um 50 Prozent zurück.

In einer Amalgamplombe können bis zu 1.000 Milligramm Quecksilber stecken. Das Schwermetall wird zum einen durch Korrosion und Abrieb, zum anderen durch Verdampfen frei. Außerdem führen zahnärztliche Eingriffe – wie insbesondere das Entfernen von Plomben – zur Freisetzung von Quecksilber. Schwangere sollten auf Eingriffe während der Gravidität nach Möglichkeit verzichten.

Verschlucktes, metallisches Quecksilber wird wenig resorbiert und größtenteils mit den Faezes wieder ausgeschieden. Das dampfförmige Quecksilber dagegen wird zu rund 80 Prozent in der Lunge resorbiert und physikalisch im Blut gelöst.

Hier wird es erst langsam oxidiert, so daß es im elementaren Zustand auch die Blut-Hirn-Schranke erreicht. Das Quecksilber, das die Barriere passiert hat, wird in der Folge im Gehirn oxidiert und kann in dieser Form schlechter zurückdiffundieren.

Insbesondere in den Gehirnen von Zahnärzten und deren Assistenzpersonal finden sich hohe Konzentrationen von Quecksilber. Auch in der Plazenta reichert sich Quecksilber an, es ist außerdem plazentagängig. Weitere Zielorgane sind Niere und Leber.

Wie weit Quecksilber aus Amalgam zur Gesamtbelastung des Menschen beiträgt ist strittig: einige Autoren halten Amalgam für die bedeutendste Quelle, andere für vernachlässigbar, verglichen mit der Quecksilberaufnahme durch Nahrungsmittel, wie insbesondere manche Seefische.

Das Metall verursacht Zell- und Gewebeschäden, indem es freie Sauerstoffradikale induziert. Die Läsionen ähneln denen einer Vitamin-E-armen Ernährung.

Außerdem bildet Quecksilber feste Komplexe mit den SH-Gruppen vieler Enzyme und löst so eine Enzymhemmung aus.

Tabelle 22.

Häufig mit einer Amalgambelastung in Verbindung gebrachte Beschwerden oder Befunde

Anämie
Aphten in der Mundhöhle
Aufbrausen
Bronchitis
Depressionen
Empfindungsstörungen
Gelenkschmerzen
Gesichtsneuralgie
Gewichtsverlust
Haarausfall
Hautausschläge
Hörstörungen
Hyperthyreose
Hyperventilationstetanie
Hypotonie
kupferfarbene Mundschleimhaut
Lähmungen
Mundgeruch
Mundzuckungen
Nasennebenhöhlenentzündung, eitrige
Parodontitis
Psychose
Rachenschmerzen
Schlafstörungen
Schreckhaftigkeit
Schüchternheit
Sehstörungen
Sinusitiden
Tetanie
Trigeminusneuralgie
Unentschlossenheit
Wahnvorstellungen
Zitterschrift

Die möglichen Symptome einer Vergiftung mit Quecksilber sind in Tabelle 22 zusammengefaßt.

Mit den zur Diagnostik vorhandenen Verfahren läßt sich eine Quecksilberbelastung weder endgültig absichern noch sicher ausschließen. Die Testergebnisse sollten deshalb immer im Kontext mit den vorgebrachten Beschwerden und den Befunden der körperlichen Untersuchung bewertet werden.

Die Messungen im Urin und Blut können nur Aussagen über die akute Belastung liefern. Im Gehirn hat Quecksilber eine Halbwertszeit von 18 Jahren – aus diesem Organ mobilisieren die vorhandenen Tests keine nennenswerten und diagnostisch verwertbaren Substanzmengen.

Therapeutisch kommen bei akuter Quecksilbervergiftung Chelatbildner wie Dimercaptopropansulfonsäure (DMPS) in Frage. Ihr Wert bei chronischer Vergiftung ist schwer einzuschätzen. Zu beachten ist dabei, daß die Niere durch die Quecksilbermobilisation sehr belastet werden kann.

Im Gehirn gebundenes Quecksilber wird durch DMPS nicht beeinflußt, da die Substanz die Blut-Hirn-Schranke nicht passiert. Außerdem schwemmt DMPS unkontrolliert auch andere zweiwertige Metallionen wie Kupfer, Zink, Selen und andere aus.

Eine Alternative oder Ergänzung kann die langfristige Gabe von Selen und Zink sein. Beide Substanzen sollen auch im Gehirn gebundenes Quecksilber mobilisieren können, der Effekt ist jedoch noch nicht endgültig bewiesen. Darüber hinaus geht Quecksilber mit Selen eine chemische Verbindung zum biologisch inaktiveren Quecksilberselenit ein.

Bei unzureichender Selenzufuhr mit der Nahrung soll die Quecksilberempfindlichkeit steigen. Unbedingt zu beachten ist die geringe therapeutische Breite des Selens, um Überdosierungen zu vermeiden.

Bei der Entfernung von Amalgamplomben ist streng darauf zu achten, daß möglichst wenig dampfförmiges Quecksilber freigesetzt wird (Bohren mit niedriger Tourenzahl, Ausbrechen der Plomben, Absaugung etc.).

Andere zahnärztliche Materialien

Komposit-Kunststoff findet zunehmend Einsatz in der Zahnheilkunde. Er besteht unter anderem aus Kunstharzen und Verbundstoffen. Eine Polymer-Reaktion gibt ihm die Festigkeit – aber auch nach dem Erhärten können noch verschiedene Verbindungen entweichen oder bei Umwandlungsreaktionen entstehen, darunter auch Formaldehyd.

Außerdem ist seine Belastbarkeit im Backenzahnbereich offensichtlich schlechter als die der herkömmlichen Legierungen.

Durch Versprödung des Materials oder unsachgemäße Verarbeitung des im Vergleich mit Amalgam wesentlich schwieriger zu handhabenden Materials ist die Haltbarkeit begrenzt. Mutagene Potenz, lichenoide Reaktionen oder chronische Entzündungsreaktionen gehören zu den Eigenschaften, die bei Kunststoffen diskutiert werden.

Eine abschließende Bewertung ist derzeit nicht möglich.

In der Diskussion steht auch das **Palladium**. Einzelfallberichte schildern Allergien und neurotoxische Einflüsse mit teilweise dramatischen Fallverläufen. Andere halten Palladium für harmlos. Auch hier gibt es höchstwahrscheinlich eine individuell sehr unterschiedlich ausgeprägte Disposition, auf dieses Zahnmetall zu reagieren.

Auch gibt es Spekulationen darüber, daß Patienten mit einer Nickelallergie verstärkt auf Palladium reagieren.

Es gibt noch eine Vielzahl anderer Substanzen, die in zahnärztlichen Füllstoffen Verwendung finden. Dazu gehören auch Gallium, Kupfer oder Indium, die toxikologisch ebenfalls problematisch sind.

Auch Gold kann in sehr seltenen Fällen Allergien hervorrufen. Dieses Edelmetall ist aber im allgemeinen unproblematisch, zumindest als Reinsubstanz. Oft jedoch sind Goldplomben Legierungen aus verschiedenen Metallen, darunter oft auch Palladium. Bei Risikopatienten sollte deshalb auf einer exakten Deklaration der verwendeten Zahnmetalle bestanden werden.

Prinzipien umweltmedizinischer Therapie

Es gibt bislang wenige gesicherte Methoden, nach einer Schadstoffexposition gezielt therapeutisch einzugreifen. Wichtigste Maxime nach erfolgter Belastung ist es deshalb, die Exposition zu beenden und die Schadstoffquelle zu beseitigen. Außerdem soll der Körper angeregt werden, den Schadstoff und seine Folgeprodukte wieder auszuscheiden.

Umstritten sind bislang die verschiedenen Ausleitverfahren, die Schadstoffe aus dem Körper schleusen sollen. Sie sind auch nicht immer unproblematisch und haben zum Teil unklare Folgewirkungen. Alternativen gibt es aber derzeit noch nicht. Ein gangbarer Weg scheint uns in einigen Fällen die kurmedizinische Entgiftung zu sein, der wir deshalb ein eigenes Unterkapitel gewidmet haben.

Patentlösungen nach erfolgter Exposition stehen aber nicht zur Verfügung, alle Verfahren sind entweder mit möglichen Nebenwirkungen belastet oder sind in ihrer Wirksamkeit noch nicht endgültig wissenschaftlich kontrolliert.

Die beste Therapie ist es deshalb, Belastungen von vornherein zu vermeiden. Die Prävention ist die schärfste Waffe des Umweltmediziners. An ihr müssen sich vor allem auch künftige Grenzwerte für medizinisch relevante Umweltbelastungen ausrichten. Diese sollten sich grundsätzlich am Wohl der schwächsten Glieder in der Kette orientieren, den Säuglingen und Kleinkindern – und nicht am 70 Kilogramm schweren Durchschnittserwachsenen mit voll entwickelten Organsystemen.

Ausleitverfahren, Entgiftung, Expositionsminderung

Herdsanierung

Schadstoffherde im Körper müssen bei nachgewiesener oder wahrscheinlicher Kausalität aus dem Organismus beseitigt werden. Das gilt beispielsweise für Amalgamplomben oder anderes Zahnmaterial, auf das der Patient reagiert.

Der Nutzen des Eingriffs sollte stets sorgfältig abgewogen werden. Weder kritikloses Zuraten noch undifferenziertes Abwiegeln nützen dem Patienten.

Entgiftung der Umwelt

Bei nachgewiesener oder wahrscheinlicher Kausalität ist eine aus der Umwelt erfolgende Exposition nach Möglichkeit völlig auszuschalten. Das gilt beispielsweise für Schadstoffquellen im Haushalt oder am Arbeitsplatz.

Auch hier gilt es, sorgfältig abzuwägen: kritikloses Zuraten zu einer umfangreichen Sanierung kann im Extremfall Kosten von mehreren hunderttausend Mark zur Folge haben, wenn etwa ein Haus aufgegeben wird, ohne daß die Erkrankung sich dadurch bessert. Ungerechtfertigtes Abwiegeln dagegen blockiert eventuell den einzigen Weg zur Gesundung des Patienten.

Die Suche nach Schadstoffquellen kann zur detektivischen Puzzlearbeit werden. Schadstoffe können versteckt sein in Holzverschalungen und anderen Baustoffen, in Möbeln, in der Nahrung, in Kleidung und Kosmetika oder in Reinigungs- und Toilettenartikeln.

Die wichtigste Hilfe ist hier die sorgfältige umweltmedizinische Anamnese (☞ Seite 19), die zuerst die Quelle einkreist, bevor die teilweise sehr teure Analytik einsetzt.

Pharmakologische Entgiftung

Eine Reihe von Pharmaka sind auf dem Markt, die Schadstoffe aus dem Körper entfernen können. Oft sind diese Medikamente vornehmlich für akute Vergiftungen entwickelt worden. Nutzen und Risiken einer solchen Behandlung sind stets sorgfältig abzuwägen.

Zu diesen Pharmaka gehören Komplexbildner, die Metalle aus dem Körper entfernen können. Dimercaptopropansulfonsäure (DMPS) beispielsweise kann Quecksilber im Körper mobilisieren – aber auch lebenswichtige Spurenelemente ausschwemmen.

Als weitere Indikationen werden die chronische Bleivergiftung sowie eine Steigerung der Elimination von Arsen, Kupfer, Antimon, Chrom und Kobalt angegeben. Eine Alternative kann bei einer Quecksilberintoxikation beispielsweise die Substitution von Zink und Selen sein.

Natriumthiosulfat findet Einsatz bei der Intoxikation mit einer ganzen Reihe von Substanzen. Als Anwendungsgebiete sind angegeben:

Anwendungsgebiete von Natriumthiosulfat

Vergiftungen durch

- *Gase (Blausäure, Rauchgas, Auspuffgase, Kokerei- und Gichtgas)*
- *Dämpfe (Chlor, Brom, Jod, Stickstoffoxide, aliphatische, aromatische Nitroverbindungen und Kunststoffbrände)*
- *chemische Grundstoffe (Cyanide, Nitrile (Acrylnitril, Acetoncyanhydrin), Nitrite, aromatische Amine (Anilin, Toluidin)*
- *Alkylantien (S-Lost, N-Lost, Überdosierung von Alkylanzien, die als Zytostatika eingesetzt wurden)*
- *Schwermetalle*
- *Thallium*

Soweit spezifische Pharmaka gegen spezielle Schadstoffe vorhanden sind, finden sich diese im Schadstoffregister zur Substanz zugeordnet. Meist sind diese Therapiemöglichkeiten jedoch eher akuten Intoxikationen vorbehalten.

Für eine chronische Bleivergiftung empfiehlt Daunderer auch $CaNa_2$-EDTA, das als Chelatbildner

Blei im Austausch gegen das Kalzium aus dem Gewebe lösen soll.

Ernährungsumstellung

Eine Ernährungsumstellung hat zwei Ziele: zum einen soll sie potentielle Schadstoffquellen entfernen, zum anderen soll sie über die Elimination minderwertiger Nahrungsmittel den Organismus unterstützen. Anzustreben ist eine ausgewogene, schmackhafte Vollwerternährung.

Essen ist für die meisten Menschen eine lustbesetzte Tätigkeit. Restriktive, einseitige Diätvorschriften nützen den Patienten deshalb in der Regel wenig. Sie werden zumeist nach wenigen Wochen aufgegeben, um wieder in die alten Gewohnheiten zu verfallen.

Anzustreben ist bei einer notwendigen dauerhaften Ernährungsumstellung die Unterstützung durch einen Ernährungsberater, um langfristige Effekte zu erreichen und abzusichern.

Unspezifische Maßnahmen

Stoffwechselsteigerung und eine Erhöhung der Ausscheidung sind die zwei Ziele der unspezifischen Maßnahmen. Zur Stoffwechselsteigerung lassen sich von Fall zu Fall Niacin oder Jod einsetzen, ebenso physikalische Maßnahmen (s.u.).

Bei nierengängigen Substanzen kann eine forcierte Diurese nach Abwägung sinnvoll sein. In erster Linie kommen hier Trinkkuren und gegebenenfalls auch milde Diuretika in Frage. Auch Abführmittel in geringer Dosierung werden gelegentlich empfohlen. Die Risiken solcher Maßnahmen (Volumenbelastung, Volumenmangel, Elektrolytverluste etc.) sollten stets individuell sorgfältig abgewogen werden.

Beim „Ölspülen“ sollen fettlösliche Schadstoffe in ein Speiseöl diffundieren und so aus dem Körper gelangen. Dafür soll der Patient mehrmals täglich für zehn Minuten Speiseöl in den Mund nehmen und die Flüssigkeit durch die Zähne ziehen oder mit Kaubewegungen durchmischen.

Anschließend wird die Flüssigkeit ausgespuckt. Ein wissenschaftlich anerkannter Wirksamkeitsnachweis steht noch aus.

Physikalische Therapie zur Entgiftungsförderung

Zu den verfügbaren Ansätzen gehört zum einen die Erhöhung der Körpertemperatur durch Saunagänge, zum anderen Kneipp-Verfahren und Massagen sowie vermehrte körperliche Anstrengungen.

Ziel dieser unspezifischen Maßnahmen ist es, den Stoffwechsel anzuregen und so die Entgiftung oder Schadstoffausscheidung zu beschleunigen.

Ungesicherte Methoden

Es kursieren noch einige ungesicherte Therapieempfehlungen, über die sich auch bei intensiver Suche keine gesicherten Studien zur effektiven Entgiftung bei Umweltbelastungen finden lassen. Dazu gehören Heilfasten, Obstfasten und andere Fastenkuren, Symbioselenkung, Entsäuerung, Elektroakupunktur nach Voll (EAV), Phytotherapie gegen Schadstoffbelastung oder homöopathische Entgiftungsverfahren.

Einige mögen als zusätzliche Maßnahmen eine Behandlung unterstützen, andere erscheinen eher von fragwürdigem Wert bei dieser Indikation.

Kurmedizinische Entgiftung

Die Kurortbehandlung als Rehabilitationsbehandlung mit kurmedizinischen Entgiftungsverfahren gewinnt zunehmend an Bedeutung. Kurmedizinische Entgiftungskonzepte können die Schadstoffausleitung aus dem Körper unterstützen.

Die Erfolge sind unterschiedlich, abhängig vor allem von der zu entgiftenden Substanz. Positiv erscheint vor allem, daß bei diesem Ansatz alle einigermaßen wirkungsvoll erscheinenden Therapieansätze sinnvoll kombiniert werden.

Wichtig ist aber auch die konsequent überwachte Anwendung dieser Methoden im Kurbetrieb. Nach Weber, Chefarzt der umweltmedizinischen Abteilung der Kurklinik Waldeck in Bad Wildungen, ruht die kurmedizinische Entgiftung auf zehn Säulen: Dazu gehört die Stoffwechselbeschleunigung durch Erhöhung der Körpertemperatur, beispielsweise durch regelmäßige Saunagänge.

Eine zusätzliche Stoffwechselbeschleunigung soll die Gabe von Vitamin B_3 bringen, das in mehr als 200 Enzymen des menschlichen Körpers vorkommt. Zusätzlich soll die Substitution anderer Vitamine und Spurenelemente die Entgiftungsfunktionen des Organismus ankurbeln.

Auch wenn Vitamine und Spurenelemente in der Medizin oft noch als Bagatellsubstanzen minderer Wichtigkeit angesehen werden, gewinnen sie im Zusammenhang mit Umweltschadstoffbelastung mehr und mehr therapeutischen und präventiven Wert. Besonders wichtig sind dabei Stoffe mit antioxidativer Wirkung, wie beispielsweise die Vitamine C und E oder Selen und Glutathion.

Dritter wichtiger Bestandteil einer kurmedizinischen Entgiftung soll die Trinkkur sein. Den Patienten wird eine Trinkmenge von rund drei Litern pro Tag verordnet, um die Diurese entsprechend zu steigern und Schadstoffe auszuleiten.

Mineral-Thermal-Bäder sollen den Nierenplasmastrom steigern. Spülungen der Mundhöhle mit Speiseölen sollen den Austausch fettlöslicher Substanzen fördern (☞ auch Seite 97).

Eine begleitende Bewegungstherapie dient der Steigerung der Stoffwechselleistung durch Aktivierung des Kreislaufs und damit der Durchblutung insbesondere von Leber und Nieren. Gleichzeitig soll sie auch das Körpergefühl und damit die seelische Situation der Patienten verbessern.

Um die Patienten mit ihren Problemen nach der Entlassung aus der Behandlung nicht allein zu lassen, sollten begleitende Schulungsprogramme Kenntnisse über die Giftsanierung und -vermeidung in der Wohnung und am Arbeitsplatz oder auch im Hobbybereich vermitteln.

Ein weiterer wichtiger Bestandteil der Schulung sind Informationen über eine schadstoffarme Ernährung sowie über die Möglichkeit, den Auslösern von Schimmelpilz- oder Nahrungsmittelallergien aus dem Weg zu gehen.

Auch die psychologische Betreuung sollte zur kurmedizinischen Behandlung von umweltmedizinischen Patienten gehören. In einigen Fällen stehen Umweltängste im Vordergrund, oder durch die Erkrankung sind Ängste ausgelöst worden. Hier ist eine psychologische Exploration und Betreuung der betroffenen Patienten nötig.

Den Bedarf für eine Hyposensibilisierungsbehandlung schließlich kann eine Intrakutantestung auf Allergien und die Bestimmung spezifischer Immunglobuline im Blut abklären. Ziel dieser Behandlung ist es, Belastungen des Körpers zu reduzieren.

Eine vollständige Elimination ist oft nicht möglich. Eine effektive Vermeidung von Belastungen des Körpers ist deshalb als Prävention in jedem Fall besser als Behandlungsversuche nach erfolgter Exposition.

Nährstoffsubstitution

Es gibt bislang wenige gesicherte Möglichkeiten, den Stoffwechsel von schadstoffbelasteten Menschen positiv zu beeinflussen. Einige Ansätze wollen wir hier dennoch vorstellen. Die meisten der Substanzen setzen bei der Reduzierung der freien Radikale an, die in den Pathomechanismen zumeist eine sehr wichtige Rolle spielen. Die freien Radikale werden aber auch in Verbindung mit der Entstehung von Tumoren gebracht.

Bei den Dosierungen gibt es unterschiedliche Ansätze. Insbesondere die orthomolekulare Schule gibt etliche Substanzen in recht hoher Dosierung unter der Vorstellung, ausreichend Substrat für verschiedene biochemische Prozesse zur Verfügung zu stellen.

Zu beachten ist in jedem Fall, daß einige Substanzen eine relativ geringe therapeutische Breite besitzen, wie beispielsweise Selen oder die Vitamine A und B_6.

Vitamin A / Provitamin A (Beta-Karotin)

Provitamin A ist der wichtigste Vitamin A-Vorläufer und für die Substitution besser geeignet als reines Vitamin A, da dieses leicht überdosiert werden könnte.

Vitamin A wirkt im Organismus unter anderem als wichtiges lipophiles Antioxidans, das die Zellmembranen vor Oxidation schützt.

Vitamin C (Ascorbinsäure)

Ascorbinsäure hat eine Reihe direkter Wirkungen im Organismus. So wirkt es stark antioxidativ, indem es direkt und schnell mit

Tabelle 23.

Gegenüberstellung: Orthomolekulare Dosierungen und Nährstoffempfehlungen zur Vorbeugung von Mangelerscheinungen

Substanz	Orthomolekulare Dosierung	Dosis zur Vorbeugung von Mangelerscheinungen
1. Vitamine		
Vitamin C (Ascorbinsäure)	1-2 Gramm	75 Milligramm
Vitamin B_1 (Thiamin)	7,5-40 Milligramm	1,3 Milligramm
Vitamin B_2 (Riboflavin)	7,5-40 Milligramm	1,6 Milligramm
Vitamin B_3 (Nicotinsäure/Nicotinamid)	50-300 Milligramm	18 Milligramm
Vitamin B_6 (Pyridoxin)	7,5-40 Milligramm	1,8 Milligramm
Vitamin B_{12} (Cyanocobalamin)	5-15 Mikrogramm	3 Mikrogramm
Folsäure	0,4-1 Milligramm	0,3 Milligramm
Panthotensäure	10-30 Milligramm	6 Milligramm
Biotin	100-500 Mikrogramm	30-100 Mikrogramm
Vitamin A (Retinol)	ca. 100 Mikrogramm	30-100 Mikrogramm
Vitamin E (Tocopherol)	100-200 Milligramm	12 Milligramm
Vitamin D (Cholecalciferol)	3-10 Mikrogramm	5 Mikrogramm
Vitamin K (Phyllochinon)	30-120 Mikrogramm	60-80 Mikrogramm
2. Vitaminoide		
Beta-Karotin	10-20 Milligramm	1,0 Milligramm

Eigenschaften aus Sicht der Orthomolekularmedizin

Potenter Radikalenfänger, steigert die Leistung des Immunsystems, senkt den Cholesterinspiegel, vermindert Risiko von Herz-Kreislauf-Erkrankungen und von Krebs, beugt der Katarakt vor

Wirkt gegen Müdigkeit und Leistungsschwäche, Leberschutz

Wahrscheinlich antioxidative Wirkung

Senkt den Cholesterinspiegel, beugt Herz-Kreislauf-Erkrankungen und Krebs vor, Orthomolekularmediziner setzen es gegen Depressionen, Schizophrenie und psychische Störungen ein

Leberschutz, beugt Krebs und Herzerkrankungen vor, wird zur Behandlung von Depressionen eingesetzt

Vorbeugung gegen Herzerkrankungen und Nervenschäden, Depressionen und psychische Störungen

Vorbeugung gegen Herzerkrankungen, orthomolekulare Substanz gegen Depressionen und psychische Störungen

Senkt den Cholesterinspiegel, steigert das Immunsystem, Anti-Streß-Vitamin

Wirkt gegen Hautunreinheiten und Haarausfall, Orthomolekularmediziner setzen es gegen psychische Störungen ein

Potenter Radikalenfänger, reduziert Langzeitschäden durch Alkohol, beugt der Katarakt vor, verringert das Risiko von Herz-Kreislauf-Erkrankungen, von Krebs, Schlaganfall und gilt allgemein als „Jugendvitamin", d.h. beugt dem Altern vor

Potenter Radikalenfänger, wird in der Rheumatherapie eingesetzt und verringert das Risiko von Herz-Kreislauf-Erkrankungen, von Krebs, und gilt allgemein als „Jugendvitamin", d.h. beugt dem Altern vor, verringert die Langzeitschäden der Zuckerkrankheit

Vorbeugung und Behandlung von Osteoporose und wahrscheinlich von Herzerkrankungen

Wahrscheinlich Krebsvorbeugung, wichtig für die Knochenbildung

Wird im Körper zu Vitamin A umgebaut, potenter Radikalenfänger, verringert das Risiko von Herz-Kreislauf-Erkrankungen, von Krebs, Schlaganfall und gilt allgemein als „Jugendvitamin"

weiter Seite 102

Fortsetzung Tabelle 23:

Substanz	Orthomolekulare Dosierung	Dosis zur Vorbeugung von Mangelerscheinungen
L-Carnitin	0,2-0,8 Gramm	–
Co-Enzym Q10 (Ubichinon)	5-20 Milligramm	–
Liponsäure	0,2-0,4 Gramm	–
3. Mineralstoffe		
Magnesium	0,1-0,2 Gramm	180 Milligramm
Kalzium	0,1-0,6 Gramm	600 Milligramm
Kalium	1,5 Gramm	2-3 Gramm
4. Spurenelemente		
Eisen	8-30 Milligramm	10-12 Milligramm
Zink	10-20 Milligramm	12-15 Milligramm
Mangan	2-5 Milligramm	2-4 Milligramm
Kupfer	0-4 Milligramm	1,5-3,0 Milligramm
Chrom	30-150 Mikrogramm	50-200 Mikrogramm
Molybdän	60-300 Mikrogramm	75-250 Mikrogramm
Jod	150-300 Mikrogramm	180-200 Mikrogramm
Fluor	50-100 Mikrogramm	1,5-4,0 Milligramm
Selen	50-100 Mikrogramm	20-100 Mikrogramm
Omega-3-Fettsäuren (Fischöl)	0,5-3 Gramm	–

Eigenschaften aus Sicht der Orthomolekularmedizin

Wichtig für die Fettverbrennung in den Zellen, Orthomolekularmediziner setzen die Substanz deshalb bei der Behandlung von Herzkrankheiten ein, um die Energiegewinnung des Herzens zu verbessern

Wichtig für die Zellatmung, Orthomolekularmediziner setzen die Substanz deshalb bei der Behandlung von Herzkrankheiten ein, um die Energiegewinnung des Herzens zu verbessern

Leberschutz, Vorbeugung von Herz-Kreislauf-Erkrankungen, verringert die Langzeitschäden durch die Zuckerkrankheit, verringert die Schwermetallaufnahme im Körper

Vorbeugung und Behandlung von Herz-Kreislauf-Erkrankungen und Herzrhythmusstörungen, wirkt gegen Nervosität und Schlaflosigkeit und gegen Muskelkrämpfe

Vorbeugung und Behandlung der Osteoporose

Senkt zu hohen Blutdruck

Unentbehrlich für die Blutbildung

Stärkt das Immunsystem, reduziert Entzündungen an Haut und Schleimhäuten

Anti-Streß-Element, Orthomolekularmediziner setzen es zur Behandlung von Depressionen ein

Knochen- und Knorpelaufbau

Hält den Blutzuckerspiegel konstant, beugt wahrscheinlich der Gefäßverkalkung vor. Orthomolekularmediziner setzen es zur ergänzenden Behandlung bei der Zuckerkrankheit ein

Enyzmbestandteil, genaue Wirkungen noch nicht bekannt

Allgemeine Leistungssteigerung, Kropf-Vorbeugung,wahrscheinlich Radikalenfänger

Karies-Vorbeugung, Osteoporosebehandlung

Potenter Radikalenfänger, stärkt das Immunsystem, beugt Krebs und Herz-Kreislauf-Erkrankungen vor, gut gegen Rheuma, Diabetes, Augenerkrankungen, schützt Leber und Bauchspeicheldrüse

Senken hohen Blutfettspiegel, hemmen Entzündungen und sind deshalb günstig bei Rheuma, Schuppenflechte, Asthma, beugen Krebs vor freien Radikalen reagiert, so mit Hydroxyl-Radikalen und Superoxid. Es schützt zelluläre Polymere, auch die DNS und wirkt synergistisch mit Vitamin E. Außerdem kann es im Magen die Umwandlung von Nitrat in Nitrosamine verhindern – in hoher Dosierung fast vollständig.

Zur Dosierung von Vitamin C gibt es sehr unterschiedliche Empfehlungen bis hin zur hochdosierten Gabe nach Linus Pauling. Abschließende Bewertungen der einzelnen Standpunkte sind derzeit noch nicht möglich.

Wegen der großen Bedeutung der Ascorbinsäure für den Organismus sind jedoch bei Schadstoffbelastung eher höhere Dosierungen anzustreben.

Vitamin E (Tocopherol)

Tocopherol wirkt hauptsächlich als Radikalenfänger in der Zellmembran und schützt die Membran-Lipide so vor oxidativen Einflüssen. Für den Umweltmediziner ist auch hier in erster Linie die antioxidative Wirkung interessant.

Vitamin E-Mangel wird unter anderem mit einem höheren Risiko für verschiedene Tumorerkrankungen in Verbindung gebracht.

Vitamin B-Komplex

Die wasserlöslichen Vitamine Thiamin, Riboflavin, Pyridoxin, Cobalamin, Biotin, Folsäure, Pantothensäure und Niacin werden unter dem Begriff „Vitamin B-Komplex" zusammengefaßt. Sie spielen vor allem bei der Energiegewinnung im Körper eine maßgebliche Rolle. Deshalb wird ihnen auch bei den energetisch teilweise sehr aufwendigen Detoxifikationsprozessen eine wichtige Rolle eingeräumt.

Bei der Belastung mit einigen Umweltschadstoffen sinken die B-Vitamin Nährstoffprofile teilweise deutlich. Dies könnte eine Erklärung für das unspezifische „Müdigkeitssymptom" von Umweltpatienten sein, deren Energiegewinnung durch den Vitamin-B-Mangel gestört ist. Auch Konzentrationsstörungen könnten hier eine Ursache haben.

Das Gehirn ist für die Energiegewinnung allein auf die Verbrennung von Glukose angewiesen. Für diese Verbrennung benötigt es B-Vitamine. Vitamin-B-Mangelzustände betreffen häufig den gesamten Vitamin B-Komplex.

Es gibt Beobachtungen die besagen, daß ein Vitamin-B-Mangel – insbesondere ein B_6-Defizit – die Toxizität von PCB deutlich steigert.

Vitamin B_1 (Thiamin)

Die Thiaminversorgung in Deutschland ist allgemein kritisch. In der Umweltmedizin kommt ihm neben seiner Funktion bei der Energiegewinnung vor allem eine Bedeutung bei neurologischen Prozessen zu, dies vermutlich in der Co-Enzymform Thiamintriphosphat (TTP).

In dieser Form ist es am Um- und Abbau von Aldehydgruppen beteiligt. Deshalb fehlt Thiamin formaldehydbelasteten Patienten häufig. Außerdem ist Thiamin an der Gluthation-Synthese und dessen Rückführung in die reduzierte Form beteiligt.

Vitamin B_{12} (Cobalamin)

Cobalamin ist neben der Energiegewinnung an der Fettsäurensynthese beteiligt. Es gibt Beobachtungen, daß ein langandauernder Vitamin B_{12}-Mangel zu einer Degeneration der Myelinscheiden und so zu neurologischen Dysfunktionen führen kann.

Ein Vitamin B_{12}-Mangel ist bei Vegetariern häufig, da dieses Vitamin in pflanzlichen Nahrungsmitteln nicht vorkommt. Auslöser eines Cobalamin-Mangels ist sehr häufig eine gestörte intestinale Flora. Klassisches Beispiel eines B_{12}-Mangels ist die perniziöse Anämie.

Folsäure

Die Folsäureversorgung ist genau wie beim Thiamin ohnehin allgemein kritisch. Umweltbelastete zeigen eine besonders schlechte Versorgung, die klinische Symptomatik ist vor allem die Megaloblastenanämie.

Niacin/Nicotinsäure

Niacin ist vor allem an der Sauerstoffoxidation und an der NAD-Synthese beteiligt, es kommt vermehrt in den Mitochondrien vor.

Glutathion

Für die ausreichende redoxkatalytische Funktion der Glutathionperoxidase ist eine ausreichende Menge an reduziertem Glutathion erforderlich. Es wirkt als Protonendonator für die Glutathionperoxidase. Es schützt die Erythrozytenmembran vor oxidierenden Stoffen und stabilisiert Sulfhydrylgruppen.

Glutathion steht derzeit in Form von Nahrungsergänzungsmitteln zur Verfügung.

Jod

Es wird immer wieder übersehen, daß ganz Deutschland Jodmangelgebiet ist. Eine Jodsubstitution kann deshalb auch nicht-umweltbelasteten Patienten helfen. Es läßt sich beim umweltmedizinischen Patienten zum einen zur unspezifischen Stoffwechsel-Stimulation einsetzen. Bei PCB-Belastung ist die Substitution besonders wichtig, da PCB mit Thyroxin konkurriert.

Die Dosierungsempfehlungen der Deutschen Gesellschaft für Ernährung (Gesamtjodaufnahme 200 µg/die) sind umstritten, da sie nur knapp über der Kropfgrenze liegen. Andere Empfehlungen gehen bis zu 400 µg/die. Die WHO hält sogar eine tägliche Aufnahme von bis zu 1.000 µg/die für unbedenklich.

Die oft gefürchtete Zunahme von Adenomen ist in der Regel offenbar nur dann zu erwarten, wenn vorher eine deutliche Unterversorgung bestanden hat.

Selen

Selen ist ein essentieller Bestandteil der Glutathion-Peroxidase, die insbesondere bei antioxidativen Prozessen eine wichtige Funktion übernimmt, indem sie freie Radikale eliminiert. Darüber hinaus reagiert Selen mit Quecksilber zum biologisch inaktiveren Quecksilberselenit. Es soll auch bei der Entgiftung von Kadmium und Blei eine Rolle spielen. Als Bestandteil der Jodthyronin-5'-Deiodase wirkt es an der Produktion des T_3 mit.

Bei unzureichender Selenzuhr mit der Nahrung soll die Quecksilberempfindlichkeit steigen, darüber hinaus steigt der oxidative Streß durch nachlassende Leistungsfähigkeit der Glutathion-Peroxidase. Bei Selenmangel werden unter anderem beschrieben: Nachlassen der Immunabwehr, Zunahme von Infektionskrankheiten, Autoimmunerkrankungen und Tumoren.

Deutschland zählt eher zu den Selen-Mangelgebieten, so daß eine Substitution auch bei nicht umweltbelasteten Patienten sinnvoll sein kann. Zu beachten ist die relative enge therapeutische Breite der Substanz. Außerdem darf Selen nie zusammen mit Vitamin C eingenommen werden, da es sonst im Verdauungstrakt ein unlösliches, nicht verwertbares Salz bildet.

Zink

Zink ist an einer Vielzahl von Enzymreaktionen beteiligt, beispielsweise bei der Superoxid-Dismutase und Methallothionein. Außerdem hat es eine antioxidative Wirkung, sowohl direkt als freies Zink als auch über seine Beteiligung an antioxidativen Proteinen. Es stabilisiert darüber hinaus Zellmembranen.

Langdauernde Nahrungsreduktion, Malabsorption, aber auch die Entleerung der Zinkspeicher des Körpers beispielsweise durch oxidative Prozesse kann zu immunologischen Veränderungen führen, die lange subklinisch verlaufen und schwer zu erkennen sind. Antikörperreaktion, Komplementsystem und die Phagozytoseaktivität sind herabgesetzt.

Tabelle 24.

Dosierungsbeispiel für Vitamine und Selen (Erwachsene)

Die nutritive Dosis soll Mangelerkrankungen verhindern, während präventive und therapeutische Gaben bei zusätzlicher Belastung beziehungsweise bei Erkrankungen sinnvoll sein können.

	nutritiv (täglich)	präventiv	therapeutische Dosierung
Beta-Karotin (Provit. A)*)	2-6 mg	ca. 25 mg	25-75 mg
Vitamin E*)	6-30 IE (mg)	60-100 IE (mg)	100-1.000 IE (mg)
Vitamin C*)	50-100 mg	250-1.000 mg	1.000-2.000 mg
Thiamin-B_1	1-2 mg	5-25 mg	25-500 mg
Riboflavin-B_2	1-2 mg	5-25 mg	
Niacin-B_3	10-20 mg	25-50 mg	50-250 mg
Vitamin B_6*)	1,5-2,5 mg	5-25 mg	10-250 mg
Selen*)**)	ca. 50 µg	ca. 100 µg	100-300 µg

*) antioxidative Wirkung
**) geringe therapeutische Breite, siehe Text

Nach Weber/Zeitung für Umweltmedizin

Sozialmedizinische und juristische Aspekte der Umweltmedizin

Rechtsfragen

Die Betreuung und Beratung vermeintlich oder wirklich umweltbedingt Erkrankter ist für den behandelnden Arzt eine Gratwanderung, die sich in einigem von der sonstigen Patientenführung unterscheidet. Der Therapeut bewegt sich zwischen den Antipoden „überschießende Beratung“ und „ungerechtfertiges Abwiegeln“. Aus beidem ergeben sich sowohl medizinische Konsequenzen für den Patienten als auch juristische Komplikationen für den Arzt.

Rät dieser einem nur vermeintlich umweltbedingt Erkrankten beispielsweise zu umfangreichen, teuren Sanierungsmaßnahmen in dessen Haus, so können umfangreiche Schadensersatzforderungen die Folge sein, wenn die Diagnose „umweltbedingt erkrankt“ widerlegt wird. Dabei können leicht Summen in sechsstelliger Höhe zusammenkommen.

Umgekehrt kann ungerechtfertigtes Abwiegeln ebenfalls Schadensersatzansprüche nach sich ziehen, wenn bei einem Patienten später eine entsprechende Diagnose gestellt wird und dieser geltend macht, daß der abwiegelnde Untersucher die Erkrankung hätte erkennen müssen. Auch wenn solche Verfahren einen unsicheren Ausgang haben, belasten sie doch den Arzt und führen möglicherweise zu finanziellen Verlusten – abgesehen von der medizinischen und menschlichen Konsequenz einer solchen falschen Beratung.

Ein solcher Konflikt läßt sich nie ganz ausschließen, aber doch weitgehend vermeiden durch die Beachtung der folgenden Punkte:

- *genaue Anamnese*
- *gezielte Untersuchungen*
- *Diagnosebestätigung oder -ausschluß durch Hinzuziehen von Spezialisten*
- *penible Dokumentation der angeordneten Maßnahmen und der Inhalte der Beratungsgespräche*

Diese Punkte gelten natürlich für alle medizinischen Maßnahmen, haben aber in der umweltmedizinischen Praxis einen besonders hohen Stellenwert.

Screeningraster: Symptome mit möglicher umweltmedizinischer Relevanz

Die nachfolgenden Screeningraster enthalten Symptome, die in der gesichteten Literatur mit verschiedenen Schadstoffbelastungen in Verbindung gebracht werden. Wir haben dabei bewußt auf eine kritische Wertung verzichtet, da dafür in den überwiegenden Fällen die entsprechenden exakten Kriterien fehlen. Vor der Diagnose „umweltbezogenes Symptom" sollte nicht zuletzt deshalb immer der differentialdiagnostische Ausschluß einer anderen Erkrankung stehen.

Wir haben es auch vermieden, Umkehrschlüsse zu ziehen. Wenn in der Literatur beispielsweise unter dem Stichwort „Kadmium" nur die Proteinurie, nicht aber die Albuminurie genannt wird, so haben wir diese eigentlich logische Zuordnung trotzdem nicht selbst vorgenommen. Grund dafür ist, daß wir keine Quelle fanden, die die Albuminurie eindeutig nennt.

Ferner ist zu bedenken, daß die genannten Symptome nicht immer durch breitangelegte Studien definitiv in Form einer Syndromdefinition den einzelnen Krankheitsbildern zugeordnet sind. Etliche können wie bei den Holzschutzmittelbelastungen durchaus auch von Begleiterkrankungen mit hoher Prävalenz stammen, die durch die Schadstoffbelastung getriggert werden.

Ein weiteres Problem ist die geringe Spezifität von Beschwerden wie beispielsweise „Abgeschlagenheit" oder „Müdigkeit" – diese können eine Vielzahl von Erkrankungen begleiten, die mit Umweltmedizin nichts zu tun haben, oder aber zu Befindlichkeitsstörungen ohne somatischen Krankheitswert gehören.

Die Screeningraster liefern deshalb nur eine erste Übersicht und geben Anregungen. Sie sind eine Hilfe zur Differentialdiagnostik und zur Eingrenzung einer eventuellen Belastung. **Sie sind aber ausdrücklich nicht dazu bestimmt, neue Syndrome zu definieren!**

Prinzip der Screeningraster

Zum Einzelsymptom zugeordnet finden Sie im symptombezogenen Screeningraster die Substanzen, die das Symptom möglicherweise auslösen können (☞ Seite 110 ff). Im schadstoffbezogenen Screeningraster (☞ Seite 157 ff) finden Sie die Substanz und gegebenenfalls weitere Symptome, die dieser Substanz zugeschrieben werden.

Dieses Screeningsystem dient nur der ersten Orientierung. Daraus abgeleitete Verdachtsdiagnosen sind unbedingt mit Spezialliteratur und weitergehenden Untersuchungen abzusichern oder zu entkräften. Vor allem aber muß eine Korrelation mit dem Beschwerdebild erfolgen.

Symptombezogenes Screening-Raster

Auge

Akkomodationslähmung	Isocyanate?	nicht bewiesen
Amblyopia saturna	Blei	bei chronischer Vergiftung
Augenbrennen	Formaldehyd Ozon PCP	
Augenentzündungen	Styrol	bei akuter Vergiftung
Augenflimmern	Benzol	
Augenreizungen	Pyrethroide	akute Vergiftung
Blindheit, kortikale	Kohlenmonoxid	bei schwerer Vergiftung; ab CO-Hb-Gehalt von 20 Prozent bereits Veränderung der visuellen evozierten Potentiale
Dunkeladaptation verzögert	Kohlenmonoxid	vor allem bei Rauchern
Gesichtsfeld, eingeengtes	Quecksilber	
grau-schwarze Verfärbung der Konjunktiva im Karunkelbereich	Silber	bei systemischer Argyrose
Iritis	PCP	chronische Exposition gegenüber Stäuben und Dämpfen
Katarakt	Alkohol Chlorbenzol Dichlorbenzol Fluor Halogenkohlenwasserstoffe Paradichlorbenzen	
Kayser-Fleischer-Kornealring	Kupfer	DD: Morbus Wilson (hereditärer Coeruloplasminmangel)
Konjunktivale Reizung	Schwefeldioxid	typisches Symptom bei Wintersmog
Konjunktivitis	Kupfer	bei akuter Vergiftung
	lösliche Platinverbindungen	
	PCB	eher bei chronischer Vergiftung
	PCP	chronische Exposition gegenüber Stäuben und Dämpfen
Kornea, Trübung der	Kupfer	bei akuter Vergiftung
Kornea, Verätzungen der	Silber	bei lokaler Argyrose
Kornea-Ulzeration	Kupfer	bei akuter Vergiftung
Lidödeme	Arsen	bei chronischer Vergiftung
	Kupfer	bei akuter Vergiftung
	PCB	eher bei chronischer Vergiftung
Lidschwellungen	PCB	eher akute Intoxikation
Makula-Degeneration	Pestizide?	bislang nur im Tierversuch!
Meibohmsche Drüsen: Schwellung und Hypersekretion	PCB	

Auge (Fortsetzung)

Mydriasis	PCP	chronische Exposition gegenüber Stäuben und Dämpfen
Mydriasis, reversible	Isocyanate?	noch nicht bewiesen
Myopie	Pestizide?	nicht bewiesen; Ursache der Kurzsichtigkeit soll die starke cholinomimetische Reaktion im Nervensystem sein
Nystagmus	Methanol	Vergiftungen meist durch orale Aufnahme, aber auch systemische Resorption über Lunge und Haut
	Quecksilber	
Opsoklonus	Chlordecone	unregelmäßige schnelle Muskelkrämpfe beider Augen
Opticus-Degeneration	Arsen	
	Benzol	
	Blei	
	Chrom	
	Kohlenmonoxid	
	Mangan	
	Methanol	Vergiftungen meist durch orale Aufnahme, aber auch systemische Resorption über Lunge und Haut
	Nitroverbindungen	
	Quecksilber	
	Schwefelkohlenstoff	
	Tabakstaub	
	Thallium	
	Trichlorethylen	
Opticus-Neuritis	Pestizide?	nicht bewiesen
Pterygium	UV-B-Strahlung	übermäßige UV-B-Exposition in den ersten Lebensjahren
Ptosis	Methanol	Vergiftungssymptome beruhen vermutlich auf der Ameisensäure, die bei der Metabolisierung entsteht; Vergiftungen meist durch orale Aufnahme, aber auch systemische Resorption über Lunge und Haut
Reizung der Augenschleimhaut	Isocyanate	bei akuter Vergiftung
Retrobulbärneuritis	Kohlenmonoxid	bei schwerer Vergiftung; ab CO-Hb-Gehalt von 20 Prozent bereits Veränderung der visuellen evozierten Potentiale
Sehnerv	siehe Opticus	
Sehschwäche	PCP	chronische Exposition gegenüber Stäuben und Dämpfen
Sehstörungen	Amalgam	bei chronischer Belastung
	Benzol	die Sehstörungen können bis zur kurzzeitigen Erblindung führen

Auge (Fortsetzung)

Sehstörungen (Fortsetzung)	Bleitetraethyl	bei akuter Vergiftung
	PCB	eher akute Intoxikation
	Quecksilber	bei chronischer Belastung
	Xylol	bei chronischer Vergiftung
Skotome	PCP	chronische Exposition gegenüber Stäuben und Dämpfen
Tränende Augen	Kupfer	bei akuter Vergiftung
	PCB	eher bei akuter Intoxikation
	Pyrethroide	bei akuter Vergiftung
	Schwefeldioxid	typisches Symptom bei Wintersmog
Tränenfluß, verstärkter	Formaldehyd	bei akuter Vergiftung
Tränenreiz	Ozon	bei akuter Vergiftung
Visuell-evozierte Potentiale, von der Norm abweichend	Aluminium	
Visus-Beeinträchtigung	Methanol	Vergiftungen meist durch orale Aufnahme, aber auch systemische Resorption über Lunge und Haut
	n-Hexan	
	Quecksilber	
Zentralskotom	Blei	bei chronischer Vergiftung

Bewußtseinsstörungen

Apathie	Benzol	
	Kupfer	bei akuter Vergiftung
	organische Quecksilberverbindungen	bei chronischer Belastung
	PCP	eher akute Intoxikation
Benommenheit	Benzol	
	DDT	bei akuter Vergiftung
	gamma-HCH, gamma-Hexachlorcyclohexan, Lindan	bei akuter Vergiftung
Bewußtlosigkeit	Anilin	bei akuter Vergiftung
	PCP	bei akuter Vergiftung
	Styrol	bei akuter Vergiftung
	Xylol	bei akuter Vergiftung
Bewußtseinseinschränkungen	Anilin	bei akuter Vergiftung
Bewußtseinsstörungen	Pyrethroide	bei akuter Vergiftung
Koma	Anilin	bei akuter Vergiftung
	Blei	bei akuter Vergiftung durch Bleitetraethyl und chronischer Bleivergiftung
	gamma-HCH, gamma-Hexachlorcyclohexan, Lindan	akute Vergiftung
	Kupfer	bei akuter Vergiftung

Bewußtseinsstörungen (Fortsetzung)

Koma (Fortsetzung)	Nitrobenzol	bei akuter Vergiftung
	PCP	bei akuter Vergiftung
	Pyrethroide	bei akuter Vergiftung
Lethargie	Zink	
Narkose	Formaldehyd	bei akuter Vergiftung
	Toluol	bei akuter Vergiftung
Schock	Silbernitrat	bei akuter, oraler Vergiftung

Blutbildendes System

Agranulozytose	Arsen	bei chronischer Vergiftung
Anämie	Amalgam	bei chronischer Belastung
	Benzol	
	Kadmium	
	Kupfer	bei chronischer Vergiftung
	Nitrobenzol	bei akuter Vergiftung und chronischer Belastung
	PCP	nur einzelne Berichte, meist kein zweifelsfreier Zusammenhang
	Quecksilber	bei chronischer Belastung
Anämie, aplastische	Arsen	bei chronischer Vergiftung
	chlorierte Kohlenwasserstoffe	chronische Toxizität
	DDT	bei chronischer Belastung
	PCB	
Anämie, hyperchrome	Arsen	bei chronischer Vergiftung
Anämie, hypochrome	Arsen	bei chronischer Vergiftung
Anämie, hypochrome mit basophilen Einschlüssen	Blei	bei akuter und chronischer Vergiftung
Anämie, mikrozytäre	Aluminium	
Anämie mit Heinzkörperbildung	Anilin	bei chronischer Vergiftung
Anämien, sekundäre	Nitrat, Nitrit	bei chronischer Vergiftung
Bilirubin im Serum erhöht	PCB	
Blutbildveränderungen	Gold	
Eosinophilie	PCP	bei chronischer Belastung
Erythropoese, Störung der	PCP	
Erythrozytenzahl verringert	PCB	eher bei chronischer Vergiftung
Granulozytopenie	Gold	
hämatopoetisches System gestört	Gold	
hämatotoxische Schäden	Toluol	bei chronischer Belastung mit toluolhaltigen Gemischen
Hämoglobin vermindert	PCB	eher bei chronischer Vergiftung
Hämolyse	Kupfer	bei akuter Vergiftung
Hämolyse mit Methämoglobinbildung	Chrom	
hämorrhagische Diathese	Chrom	

Blutbildendes System (Fortsetzung)

Knochenmarknekrosen	Silber	bei intravenöser Injektion
Knochenmarksschäden	gamma-HCH, gamma-Hexachlorcyclohexan, Lindan	eher bei chronischer Belastung
Leukämie	PCP	
Leukämie, akute myeloische	Benzol	
Leukämie, chronisch lymphatische	Benzol	
Leukämie, chronisch myeloische	Benzol	
Leukozytopenie	Benzol	
Leukozytose	Arsen	
	Kupfer	bei akuter Vergiftung
	PCB	eher bei chronischer Vergiftung
	PCP	bei chronischer Belastung
	Thallium	in der einwertigen Form kann Thallium wie Kalium als Epithelgift in der Niere wirken
Lymphozytose	Benzol	
	PCP	bei chronischer Belastung
Methämoglobinämie	Nitrat	besonders gefährlich für Säuglinge
Methämoglobinbildung	Nitrobenzol	bei akuter Vergiftung
Panmyelophthise	chlorierte Kohlenwasserstoffe	chronische Toxizität
	PCB	
	DDT	bei chronischer Belastung
Panzytopenie	Benzol	
	Gold	
Porphyria cutanea tarda	chlorierte Kohlenwasserstoffe	chronische Toxizität
	PCB	
	DDT	bei chronischer Belastung
	PCP	bei chronischer Belastung
Porphyrie	Hexachlorbenzol, HCB	bei akuter Vergiftung und vermutlich auch bei chronischer Exposition
Porphyrie, hepatische	PCB	eher bei chronischer Vergiftung
Schädigung des blutbildenden Systems	Phenol	bei chronischer Belastung
	Xylol	vermutlich durch chronische Belastung
Thrombozytopenie	Arsen	bei chronischer Vergiftung
	Benzol	
	Gold	

Gynäkologische Beschwerden

Geschwüre in der Vagina	Arsen	bei chronischer Vergiftung
Libidoverlust	Arsen	bei chronischer Vergiftung
Menstruation stark und verlängert	Benzol	
Zyklusstörungen	PCB	

Haut, Schleimhäute und Hautanhangsgebilde

Akne	Formaldehyd	bei chronischer Belastung
Akneförmige Hautveränderungen	PCP	
Blässe	Benzol	
	Kadmium	bei chronischer Vergiftung
Blässe ("Bleiblässe")	Blei	bei chronischer Vergiftung
Blaufärbung der Schleimhäute	Nitrat, Nitrit	bei akuter Vergiftung
Chlorakne	chlorierte Kohlenwasserstoffe	bei chronischer Vergiftung
	DDT	bei chronischer Belastung
	Dioxin (2,3,7,8-TCDD)	
	PCB	
	PCP	
Dermatitis	Chrom	bei chronischer Belastung
	Formaldehyd	bei chronisch-rezidivierender Exposition, auch Jahre nach Erstkontakt als allergische Hauterkrankung; auch nach ausschließlicher Inhalation
	Gold	
Dermatitis, exfoliative	Arsen	Spätfolge einer akuten Vergiftung
Dermatitis, Kupferdermatitis	Kupfer	bei chronischer Vergiftung; die Dermatitis manifestiert sich insbesondere als Keratitis der Handflächen und Fußsohlen
Dermatitis, toxische	chlorierte Kohlenwasserstoffe	bei chronischer Vergiftung
	DDT	bei chronischer Belastung
	PCB	
Ekzem	chlorierte Kohlenwasserstoffe	bei chronischer Vergiftung
	Chrom	
	DDT	bei chronischer Belastung
	PCB	
Ekzem, chronisch	Arsen	bei chronischer Vergiftung
Ekzem, degeneratives	Formaldehyd	bei chronisch-rezidivierender Exposition, auch Jahre nach Erstkontakt als allergische Hauterkrankung; auch nach ausschließlicher Inhalation
Ekzem, juckend und papulovesikulär	Kupfer	bei akuter Vergiftung
Ekzem, Zementekzem	Chrom	bei chronischer Belastung
Entzündung, lokale	Palladium	bei chronischer Belastung laut Patientenberichten
Epidermolyse	Hexachlorbenzol, HCB	bei akuter Vergiftung
Erytheme der Extremitäten	PCB	eher akute Vergiftung
Fingernägel brüchig	Arsen	bei chronischer Vergiftung
	Thallium	
Fingernägel gebändert	Arsen	bei chronischer Vergiftung, Synonym: Mees´sche Nagelbänder
grau-schwarze Verfärbung der Haut	Silber	bei systemischer Argyrose

Haut, Schleimhäute und Hautanhangsgebilde (Fortsetzung)

Grünfärbung der Haut, Haare und Zähne	Kupfer	bei chronischer Vergiftung
Haarausfall	Arsen	bei chronischer Vergiftung
	Formaldehyd	bei chronischer Belastung
	Gold	
	Palladium	bei chronischer Belastung
	PCP	bei chronischer Belastung
	Quecksilber	bei chronischer Belastung
	Thallium	Betroffenen fallen zuerst die Kopfhaare, anschließend Augenbrauen- und Körperhaare aus.
Hämatome	Pyrethroide	bei akuter Vergiftung
Halsschmerzen	Formaldehyd	bei chronischer Belastung
Haut rissig	Styrol	bei akuter Vergiftung nach Kontakt mit flüssigem Styrol
Hautausschläge	Amalgam	bei chronischer Belastung
	PCP	bei chronischer Belastung
	Quecksilber	bei chronischer Belastung
Hautentzündungen	Styrol	akute Vergiftung bei Kontakt mit flüssigem Styrol
Hautgeschwüre	Chrom	bei akuter Vergiftung
Hautpigmentierung erhöht	Hexachlorbenzol, HCB	bei akuter Vergiftung
Hautreizung	Pyrethroide	bei akuter Vergiftung
Hautrötung	Nitrat, Nitrit	bei akuter Vergiftung
	Styrol	bei akuter Vergiftung nach Kontakt mit flüssigem Styrol
Hautschäden	Nitrobenzol	bei chronischer Belastung
Hyperkeratose	PCB	
Hyperkeratose mit Verhornungen	Arsen	bei chronischer Vergiftung, Synonym: Arsenwarzen
Hyperpigmentierung	PCB	eher akute Vergiftung
Hyperpigmentierungen im Gesicht	PCP	
Juckreiz der Haut	Gold	
	PCB	eher akute Vergiftung
Kontaktallergie	Nickel	bei chronischer Exposition, neben dem Hautkontakt können auch die Inhalation von Nickeldämpfen und die orale Nickel-Aufnahme allergieauslösend sein
Kontaktdermatitis	Formaldehyd	Typ IV-Reaktion
	lösliche Platinverbindungen	
	Palladium	
Kontaktmukositis	Palladium	
Kupferdermatitis	Kupfer	bei chronischer Vergiftung; die Dermatitis manifestiert sich insbesondere als Keratitis der Handflächen und Fußsohlen

Haut, Schleimhäute und Hautanhangsgebilde (Fortsetzung)

kupferfarbene Mundschleimhaut	Amalgam	bei chronischer Belastung
Lichen planus	Palladium	
Mees´sche Nagelbänder	Arsen	bei chronischer Vergiftung, Fingernägel erscheinen gebändert
Melanosen	Arsen	bei chronischer Vergiftung; typische Arsenmelanosen sind graubraune Flecken an Augenlidern, Schläfen, Achselhöhlen und Brustwarzen
Photosensibilisierung	Gold	
Pigmenteinlagerungen in der Haarwurzel	Thallium	Synonym für die dunklen Pigmenteinlagerungen: Widy´sche Streifen
Pigmentierung der Nägel	PCB	
Pigmentierung der Schleimhäute	PCB	
Pigmentstörungen	Dioxin (2,3,7,8-TCDD)	
Pophyria cutanea tarda	chlorierte Kohlenwasserstoffe	chronische Toxizität
	PCB	
	DDT	bei chronischer Belastung
	PCP	bei chronischer Belastung
Porphyrie, hepatische	PCB	eher bei chronischer Vergiftung
Quincke-Ödem	lösliche Platinverbindungen	
Reizung der Haut	PCP	
Reizung der Schleimhäute	Formaldehyd	
	PCP	
	Pyrethroide	bei akuter Vergiftung
	Toluol	bei akuter Vergiftung
	Xylol	bei akuter Vergiftung
Rhagaden an Händen und Füßen	Arsen	bei chronischer Vergiftung, an Handinnenflächen und Fußsohlen
Schleimhautatrophie	Nickel	bei chronischer Inhalation von Nickeldampf
Schleimhautblutungen, spontane	Benzol	
Schleimhautirritationen, unspezifische	Formaldehyd	bei chronisch-rezidivierender Exposition
Schleimhautreizung	Hexachlorbenzol, HCB	bei akuter Vergiftung
Schwellung der Mund- und Rachenschleimhaut	Chrom	bei akuter Vergiftung
Stomatitis mercurialis	Quecksilber	mit Quecksilbersaum am Zahnfleischrand
Urtikaria	Formaldehyd	bei chronisch-rezidivierender Exposition, auch Jahre nach Erstkontakt als allergische Hauterkrankung; auch nach ausschließlicher Inhalation
	lösliche Platinverbindungen	
Verätzungen	Chrom	bei akuter Vergiftung

Haut, Schleimhäute und Hautanhangsgebilde (Fortsetzung)

Verätzungen der Haut	Silber	bei lokaler Argyrose
Verfärbung der Mund- und Rachenschleimhaut	Chrom	bei akuter Vergiftung
Warzen, -Arsenwarzen	Arsen	bei chronischer Vergiftung, Arsenwarzen sind Hyperkeratosen mit Verhornungen
Widy'sche Streifen	Thallium	Widy'sche Streifen sind dunkle Pigmenteinlagerungen in der Haarwurzel
Zementekzem	Chrom	bei chronischer Belastung

Herz-Kreislauf-System

Atemnot	Arsen	bei akuter Vergiftung durch Inhalation
	Kadmium	24 bis 36 Stunden nach Expositionsende, bei akuter inhalativer Vergiftung
	Nickelkarbonyl	12 Stunden bis fünf Tage nach akuter, inhalativer Vergiftung
	PCP	bei akuter Vergiftung
	Quecksilberdampf	bei akuter Vergiftung
Atmung beschleunigt	Anilin	bei akuter Vergiftung
	PCP	eher bei akuter Vergiftung
Auswurf, blutig-schleimig	Kadmium	24 bis 36 Stunden nach Expositionsende, bei akuter inhalativer Vergiftung
Beklemmungsgefühl in der Brust	Nickelkarbonyl	12 Stunden bis fünf Tage nach akuter, inhalativer Vergiftung
Blutdruckanstieg	PCP	eher akute Vergiftung
Bradykardie	Nickel	bei akuter, oraler Vergiftung
	Nitrat, Nitrit	bei akuter Vergiftung
Durchblutungsstörungen	Pyrethroide	chronischer Effekt?
Dyspnoe	Formaldehyd	bei akuter Vergiftung
	Isocyanate	
	lösliche Platinverbindungen	
Gefäßlähmungen	Kupfer	bei akuter Vergiftung
Gefäßmuskulatur: Erschlaffung der venösen und arteriellen	Nitrat, Nitrit	bei akuter Vergiftung
Gefäßspasmen	Arsen	bei akuter Vergiftung
Herzjagen	Pyrethroide	bei akuter Vergiftung
Herzrhythmusstörungen	Benzol	
	gamma-HCH, gamma-Hexachlorcyclohexan, Lindan	eher chronisch
	Palladium	bei chronischer Belastung
	PCB	eher bei chronischer Vergiftung
	PCP	
	Phenol	bei chronischer Vergiftung
	Quecksilber	bei chronischer Belastung
Herzschwäche, zunehmende	Kupfer	bei akuter Vergiftung

Herz-Kreislauf-System (Fortsetzung)

Herzstillstand	Nickel	bei akuter, oraler Vergiftung
Herzversagen	PCP	bei akuter Vergiftung
Husten	Arsen	bei akuter Vergiftung durch Inhalation
	Ozon	bei akuter Vergiftung
Husten, schmerzhafter	Nickelkarbonyl	12 Stunden bis fünf Tage nach akuter, inhalativer Vergiftung
Husten, starker	Kadmium	24 bis 36 Stunden nach Expositionsende, bei akuten inhalativen Vergiftungen
Hustenanfälle	Formaldehyd	bei chronischer Belastung
Hypertonie	Blei	bei akuter und chronischer Vergiftung
Hypotonie	Amalgam	bei chronischer Belastung
	DDT	bei akuter Vergiftung
	gamma-HCH, gamma-Hexachlorcyclohexan, Lindan	bei akuter Vergiftung
	Nitrat, Nitrit	bei akuter Vergiftung
	Quecksilber	bei chronischer Belastung
kalte Extremitäten	Nitrat, Nitrit	bei akuter Vergiftung
Knöchelödem	Arsen	bei chronischer Vergiftung
Kollabs	Phenol	bei akuter Vergiftung
Kurzatmigkeit	Isocyanate	bei Isocyanatüberempfindlichkeit
	Kadmium	bei akuter, inhalativer Vergiftung
Lungenödem	Chrom	bei akuter Vergiftung nach Inhalation
	Formaldehyd	bei längerer Einwirkung hoher Konzentrationen
	Isocyanate	bei akuter Belastung
	Kadmium	24 bis 36 Stunden nach Expositionsende, bei akuten inhalativen Vergiftungen
	Nickelkarbonyl	12 Stunden bis fünf Tage nach akuter, inhalativer Vergiftung
	Nitrosegase	bei akuter Vergiftung
	PCP	bei akuter Vergiftung
	Silber	bei intravenöser Injektion
	Xylol	bei akuter Vergiftung
Myokarditis, toxische	PCP	bei chronischer Belastung
Ödeme der Extremitäten	PCB	eher akute Vergiftung
Pulsbeschleunigung	Anilin	bei akuter Vergiftung
	Benzol	
	Schwefeldioxid	typisches Symptom bei Wintersmog
retrosternales Brennen	Kadmium	bei akuter, inhalativer Vergiftung
Schock	Arsen	bei akuten Vergiftungen; je nach Dosis kann der Kreislaufschock innerhalb einer Stunde oder erst nach 12 bis 48 Stunden eintreten
	Chrom	bei akuter Vergiftung
	Kadmium	bei akuter, oraler und inhalativer Vergiftung

Herz-Kreislauf-System (Fortsetzung)

Schock (Fortsetzung)	Kupfer	bei akuter Vergiftung
	Quecksilber	bei akuter Vergiftung
Tachykardie	Benzol	Tachykardien bei geringer Belastung sind ein Leitsymptom für eine chronische Benzolintoxikation
	PCP	eher akute Intoxikation
	Quecksilber	bei akuter Vergiftung
	Xylol	bei chronischer Vergiftung
Tachypnoe	PCP	bei akuter Vergiftung
thorakale Schmerzen	Arsen	bei akuter Vergiftung durch Inhalation
thorakale Schmerzen, für einige Stunden	Nickelkarbonyl	bei akuter, inhalativer Vergiftung
Zyanose	Anilin	bei akuter und chronischer Vergiftung
	Isocyanate	bei akuter Vergiftung
	lösliche Platinverbindungen	
	Nickelkarbonyl	12 Stunden bis fünf Tage nach akuter, inhalativer Vergiftung
	Nitrobenzol	bei akuter Vergiftung

Hals-Nasen-Ohren

Anosmie	Chrom	bei chronischer Belastung
	Kadmium	bei chronischer Vergiftung
	Nickel	bei chronischer Inhalation von Nickeldampf
Aphten in der Mundhöhle	Quecksilber	bei chronischer Belastung
Auswurf, blutig-schleimig	Kadmium	24 bis 36 Stunden nach Expositionsende, bei akuter inhalativer Vergiftung
Blaufärbung der Schleimhäute	Nitrat, Nitrit	bei akuter Vergiftung
blauvioletter Saum an den Zahnhälsen	Quecksilber	bei chronischer Belastung
Bleisaum (grauschwärzliche anuläre Verfärbung am Zahnfleischrand)	Blei	
Entzündungen im Nasen-Rachenraum	Arsen	bei chronischer Vergiftung
gelber Ring an den Zähnen (Kadmiumring)	Kadmium	erstes Anzeichen einer chronischen Vergiftung
Geschwüre im Rachenraum	Arsen	bei chronischer Vergiftung
Gleichgewichtsstörungen	PCP	bei chronischer Belastung
	Pyrethroide	chronischer Effekt?
	Xylol	bei chronischer Vergiftung
Heiserkeit	Arsen	
	PCP	
Hörstörungen	Amalgam	bei chronischer Belastung
	PCB	eher akute Intoxikation
	Quecksilber	bei chronischer Belastung

Hals-Nasen-Ohren (Fortsetzung)

Hörverlust	Platinzytostatika	
Kadmiumring (gelber Ring an den Zähnen)	Kadmium	erstes Anzeichen einer chronischen Vergiftung
kupferfarbene Mundschleimhaut	Quecksilber	bei chronischer Belastung
Mundgeruch	Quecksilber	bei chronischer Belastung
Mundreizung, schmerzhafte	Pyrethroide	akute Vergiftung
Nasenbrennen	Formaldehyd	bei akuter Vergiftung
Nasenlaufen	Pyrethroide	bei akuter Vergiftung
Nasennebenhöhlenentzündung, eitrige	Amalgam	bei chronischer Belastung
Nasenseptum, Perforation des	Chrom	bei chronischer Belastung
Niesreiz	Schwefeldioxid	typisches Symptom bei Wintersmog
Nystagmus	Methanol	Vergiftungssymptome beruhen vermutlich auf der Ameisensäure, die bei der Metabolisierung entsteht; Vergiftungen meist durch orale Aufnahme, aber auch systemische Resorption über Lunge und Haut
	Quecksilber	
Parodontitis	Amalgam	bei chronischer Belastung
	Quecksilber	bei chronischer Belastung
Pharyngitis	Isocyanate	nach Inhalation von mehr als 0,02ppm Isocyanat
	PCP	chronische Exposition gegenüber Stäuben und Dämpfen
Pigmentierung der Schleimhäute	PCB	
Rachenreizung	Schwefeldioxid	typisches Symptom bei Wintersmog
Rachenreizung, schmerzhafte	Pyrethroide	bei akuter Vergiftung
Rachenschmerzen	Amalgam	bei chronischer Belastung
	Arsen	bei akuter Vergiftung
	Quecksilber	bei chronischer Belastung
Reizhusten	Quecksilberdampf	bei akuter Vergiftung
Reizung der Schleimhäute	Formaldehyd	
	PCP	
	Pyrethroide	bei akuter Vergiftung
	Toluol	bei akuter Vergiftung
	Xylol	bei akuter Vergiftung
Rhinitis	Isocyanate	nach Inhalation von mehr als 0,02ppm Isocyanat
	lösliche Platinverbindungen	
Rhinitis atrophicans mit wässrigem Ausfluß	Kadmium	bei chronischer Vergiftung
Salivation	Arsen	bei chronischer Vergiftung
	Quecksilber	bei akuter und chronischer Vergiftung
Schleimhautatrophie	Nickel	bei chronischer Inhalation von Nickeldampf
Schleimhautblutungen, spontane	Benzol	

Hals-Nasen-Ohren (Fortsetzung)

Schleimhautirritationen, unspezifische	Formaldehyd	bei chronisch-rezidivierender Exposition
Schleimhautreizung	Hexachlorbenzol, HCB	bei akuter Vergiftung
Schluckbeschwerden	Arsen	bei akuter Vergiftung
Schmerzen in der Mundhöhle	Quecksilber	bei akuter Vergiftung mit anorganischen oder organischen Verbindungen
Schnupfen	Kadmium	bei akuter, inhalativer Vergiftung
Schnupfen, chronischer	Formaldehyd	bei chronischer Belastung
	Nickel	bei chronischer Exposition gegenüber löslichen, nickelsalzhaltigen Aerosolen
Schwanken	beta-HCH	
Schwellung der Mund- und Rachenschleimhaut	Chrom	bei akuter Vergiftung
Schwerhörigkeit	Organische Quecksilberverbindungen	
Schwindel	Anilin	bei akuter und chronischer Vergiftung
	Benzol	
	beta-HCH	
	Blei	bei akuter Vergiftung mit Bleitetraethyl und chronischer Bleivergiftung
	gamma-HCH, gamma-Hexachlorcyclohexan, Lindan	eher akuter Effekt
	Nitrat, Nitrit	bei akuter Vergiftung
	PCP	eher akuter Effekt
	Phenol	bei akuter Vergiftung
	Pyrethroide	bei akuter Vergiftung
	Quecksilber	Mikromerkurialismus, milde ausgeprägte chronische Quecksilberintoxikation
	Toluol	bei akuter Vergiftung
Schwindel, für einige Stunden	Nickelkarbonyl	bei akuter, inhalativer Vergiftung
Sinusitiden	Amalgam	bei chronischer Belastung
	Nickel	bei chronischer Exposition gegenüber löslichen, nickelsalzhaltigen Aerosolen
	Quecksilber	bei chronischer Belastung
	PCP	chronische Exposition gegenüber Stäuben und Dämpfen
Stimmverlust	PCP	
Stomatitis	Gold	
Stomatitis mercurialis	Quecksilber	mit Quecksilbersaum am Zahnfleischrand
Tinnitus	Platinzytostatika	
Tonsillenrötung	PCP	bei chronischer Belastung
Tracheitis	Schwefeldioxid	
trockener Rachen	Kadmium	bei chronischer Vergiftung

Hals-Nasen-Ohren (Fortsetzung)

Verfärbung der Mund- und Rachenschleimhaut	Chrom	bei akuter Vergiftung
Zunge rot und zerklüftet	Palladium	

Immunsystem

Agranulozytose	Arsen	bei chronischer Vergiftung
Chromosomenschäden in den Lymphozyten	Toluol	bei chronischer Belastung; bei exponierten Rauchern gehäuft
Gammaglobuline erniedrigt	PCB	eher bei chronischer Vergiftung
humorale Immunabwehr supprimiert	DDT	bei chronischer Belastung
IgA erhöht	PCP	bei chronischer Belastung
IgM erhöht	PCP	bei chronischer Belastung
Immundefizienz	Zink	
Infektanfälligkeit	PCB	
	PCP	
	Quecksilber	bei chronischer Belastung
Leukozytopenie	Benzol	
Leukozytose	Arsen	
	Kupfer	bei akuter Vergiftung
	PCB	eher bei chronischer Vergiftung
	PCP	bei chronischer Belastung
lymphatisches Gewebe hypertrophiert	lösliche Platinverbindungen	
Lymphknotenschwellung	Formaldehyd	bei chronischer Belastung
	PCP	
Lymphome	PCP	
Lymphozytopenie	PCB	eher bei chronischer Vergiftung
Lymphozytose	Benzol	
	lösliche Platinverbindungen	
	PCP	bei chronischer Belastung
Milzschäden	Phenol	bei chronischer Vergiftung
Morbus Hodkin	PCP	nur einzelne Berichte, meist kein zweifelsfreier Zusammenhang
Nachtschweiß	Isocyanat	nach Inhalation von mehr als 0,02ppm Isocyanat
	PCP	
Schweißausbrüche	Kupfer	bei akuter Vergiftung
	PCP	eher akute Intoxikation
	Pyrethroide	akute Vergiftung
zelluläre Immunabwehr supprimiert	DDT	bei chronischer Belastung

Laborbefunde

Agranulozytose	Arsen	bei chronischer Vergiftung
Albuminurie	Arsen	

Laborbefunde (Fortsetzung)

Albuminurie (Fortsetzung)	Thallium	in der einwertigen Form kann Thallium wie Kalium als Epithelgift in der Niere wirken
Aminoazidurie	Blei	akut belastete Kinder, siehe auch Fanconi-Syndrom
	Kadmium	fortgeschrittenes Stadium der Kadmium-Nephropathie
Anämie	Benzol	
	Kadmium	
	Kupfer	bei chronischer Vergiftung
	PCP	nur einzelne Berichte, meist kein zweifelsfreier Zusammenhang
	Quecksilber	bei chronischer Belastung
Anämie, aplastische	Arsen	bei chronischer Vergiftung
	chlorierte Kohlenwasserstoffe	chronische Toxizität
	PCB	
Anämie, hyperchrome	Arsen	bei chronischer Vergiftung
Anämie, hypochrome	Arsen	bei chronische Vergiftung
Anämie, hypochrome mit basophilen Einschlüssen	Blei	bei akuter und chronischer Vergiftung
Anämie, mikrozytäre	Aluminium	
Bilirubin im Serum erhöht	PCB	
	PCP	bei chronischer Belastung
Chromosomenabbrüche in Lymphozyten erhöht	PCP	bei Arbeitern in der PCP-Herstellung
Chromosomenschäden in den Lymphozyten	Toluol	bei chronischer Belastung; bei exponierten Rauchern gehäuft
Delta-Aminolaevulinsäure in Harn und Blut erhöht	Blei	bei chronischer Vergiftung
Enzymurie	Arsen	Schäden am proximalen Tubulus
	Glykole	Schäden am proximalen Tubulus
	Quecksilbersalze	Schäden am proximalen Tubulus
	Tetrachlorkohlenstoff	Schäden am proximalen Tubulus
Eosinophilie	PCP	bei chronischer Belastung
Erythrozytenzahl verringert	PCB	eher bei chronischer Vergiftung
Gammaglobuline erniedrigt	PCB	eher bei chronischer Vergiftung
GLDH-Aktivität erhöht	PCP	bei chronischer Belastung
Glukosurie	Arsen	
	Blei	akut belastete Kinder, siehe auch Fanconi-Syndrom
	Glykole	
	Kadmium	fortgeschrittenes Stadium der Kadmium-Nephropathie
	Quecksilbersalze	
	Tetrachlorkohlenstoff	

Laborbefunde (Fortsetzung)

Granulozytopenie	Gold	
Hämaturie	Arsen	
	Chrom	bei akuter Vergiftung
	Thallium	in der einwertigen Form kann Thallium wie Kalium als Epithelgift in der Niere wirken
Hämoglobin vermindert	PCB	eher bei chronischer Vergiftung
Hämoglobinurie	Kupfer	bei akuter Vergiftung
Hämolyse	Kupfer	bei akuter Vergiftung
Hämolyse mit Methämoglobinbildung	Chrom	
Harnsäureverlust, renaler	Kadmium	fortgeschrittenes Stadium der Kadmium-Nephropathie
Hyperglykämie	Nickelkarbonyl	12 Stunden bis fünf Tage nach akuter, inhalativer Vergiftung
Hyperkalzämie	Nickel	bei akuter, oraler Vergiftung
Hyperlipidämie	Dioxin (2,3,7,8-TCDD)	bei akuter Vergiftung
	PCB	bei Kindern, eher nach chronischer Vergiftung
IgA erhöht	PCP	bei chronischer Belastung
IgM erhöht	PCP	bei chronischer Belastung
Kalziumverlust, renaler	Kadmium	fortgeschrittenes Stadium der Kadmium-Nephropathie
Konzentrationsfähigkeit der Niere vermindert	Kadmium	fortgeschrittenes Stadium der Kadmium-Nephropathie
Kreatin-Phosphokinase erhöht	PCP	bei chronischer Belastung
Kupfermangel	Zink	
Leberglykogen vermindert	Nickelkarbonyl	12 Stunden bis fünf Tage nach akuter, inhalativer Vergiftung
Leukozytopenie	Benzol	
Leukozytose	Arsen	
	Kupfer	bei akuter Vergiftung
	PCB	eher bei chronischer Vergiftung
	PCP	bei chronischer Belastung
Leukozyturie	Thallium	in der einwertigen Form kann Thallium wie Kalium als Epithelgift in der Niere wirken
Lymphozytopenie	PCB	eher bei chronischer Vergiftung
Lymphozytose	Benzol	
	PCP	bei chronischer Belastung
Methämoglobinämie	Nitrat	besonders gefährlich für Säuglinge
Methämoglobinbildung	Nitrobenzol	bei akuter Vergiftung
Muskelglykogen erhöht	Nickelkarbonyl	12 Stunden bis fünf Tage nach akuter, inhalativer Vergiftung
Myoglobinämie	Kupfer	bei akuter Vergiftung
Panzytopenie	Gold	
Parathormon erniedrigt	Aluminium	

Laborbefunde (Fortsetzung)

Phosphatverlust, renaler	Blei	akut belastete Kinder, siehe auch Fanconi-Syndrom
	Kadmium	fortgeschrittenes Stadium der Kadmium-Nephropathie
Proteinurie	Arsen	Schäden am proximalen Tubulus
	Glykole	Schäden am proximalen Tubulus
	Kadmium	
	Quecksilber	Schäden am proximalen Tubulus, Nephritis
	Tetrachlorkohlenstoff	Schäden am proximalen Tubulus
Thrombozytopenie	Arsen	bei chronischer Vergiftung
	Benzol	
	Gold	
Transaminasen erhöht	PCB	
Triglyzeride im Serum erhöht	PCB	
Urin grün gefärbt	Nickel	bei akuter, oraler Vergiftung
Zinkmangel	Kupfer	bei chronischem Kupferüberschuß

Leber

Alkalische Phosphatase erhöht	PCB	
Alkalische Phosphatase erniedrigt	Aluminium	
Alkoholunverträglichkeit	Formaldehyd	bei chronischer Belastung
Bilirubin im Serum erhöht	PCB	
	PCP	bei chronischer Belastung
Cholestase	Gold	
Enzyminduktion	chlorierte Kohlenwasserstoffe	chronische Toxizität
	DDT	bei chronischer Belastung
	PCB	
Fettleber	chlorierte Kohlenwasserstoffe	bei chronischer Vergiftung
	DDT	bei chronischer Belastung
GLDH-Aktivität erhöht	PCP	bei chronischer Belastung
Hepatome	DDT	bei chronischer Belastung
Hepatomegalie	chlorierte Kohlenwasserstoffe	chronische Toxizität
	DDT	bei chronischer Belastung
	PCB	
Hepatopathie	gamma-HCH, gamma-Hexachlorcyclohexan, Lindan	eher bei chronischer Exposition
Hepatorenales Syndrom	Tetrachlorkohlenstoff	kann nach symptomfreien Intervall auftreten nach akuter Inhalationsintoxikation
Hyperlipidämie	Dioxin (2,3,7,8-TCDD)	bei akuter Vergiftung
	PCB	bei Kindern, eher nach chronischer Vergiftung
Hypertrophie der Leberzellen	PCB	eher bei chronischer Vergiftung
Ikterus	Chrom	bei akuter Vergiftung
	PCB	eher akute Intoxikation

Leber (Fortsetzung)

Leberathrophie	Arsen	bei chronischer Vergiftung
Leberfibrose	chlorierte Kohlenwasserstoffe	chronische Toxizität
	DDT	bei chronischer Belastung
	PCB	
Leberglykogen vermindert	Nickelkarbonyl	12 Stunden bis fünf Tage nach akuter Vergiftung
Lebernekrosen	Arsen	bei chronischer Vergiftung
	Silber	bei intravenöser Injektion
Leberschäden	Anilin	bei akuter Vergiftung
	Arsen	Spätfolge einer akuten Vergiftung
	Chrom	
	Formaldehyd	bei akuter Vergiftung
	gamma-HCH, gamma-Hexachlorcyclohexan, Lindan	eher bei chronischer Belastung
	Kadmium	bei chronischer Vergiftung
	Nitrobenzol	bei akuter Vergiftung und chronischer Belastung
	organische Quecksilberverbindungen	bei chronischer Belastung
	PCP	
	Phenol	bei akuter und chronischer Vergiftung
	Styrol	vermutlich nach chronischer Belastung
	Thallium	
	Toluol	akute Vergiftungen mit hohen Konzentrationen
	Xylol	vermutlich durch chronische Belastung
Leberverfettung	Arsen	bei chronischer Vergiftung
	PCB	eher bei chronischer Vergiftung
Lebervergrößerung	Hexachlorbenzol, HCB	bei akuter Vergiftung
Leberzirrhose	Arsen	Spätfolge einer chronischen Vergiftung
	chlorierte Kohlenwasserstoffe	bei chronischer Vergiftung
	DDT	bei chronischer Vergiftung
	Kupfer	bei chronischer Vergiftung
	PCB	
Leberzirrhose bei Säuglingen und Kleinkindern	Kupfer	bislang in der norddeutschen Tiefebene und im Bayerischen Wald beobachtet
pathologische Leberwerte	Gold	
Porphyrie, hepatische	PCB	eher bei chronischer Vergiftung
Splenomegalie beim Säugling	Blei	
Transaminasen erhöht	PCB	
Triglyzeride im Serum erhöht	PCB	

Lunge und Atemwege

Asthma bronchiale	Chrom	bei chronischer Belastung
	Formaldehyd	bei chronisch-rezidivierender Exposition
	Isocyanate	
	lösliche Platinverbindungen	
	Quecksilber	bei chronischer Belastung
Asthma, chemisch-irritatives	Acetaldehyd	
	Acrolein	
	Ammoniak	
	Brom	
	Chlor	
	Chlorameisensäuremethylester	
	Chlorwasserstoff	
	Dichloräthyläther	
	Dimethylsulfat	
	Ethylenimin	
	Formaldehyd	
	Isocyanate (einige)	
	Jod	
	Kobaltstaub	
	Lösungsmittel	
	Metallstäube	
	Naphthalin	
	Nickelstaub	
	Nitrosegase	
	Phosgen	
	Phosphortrichlorid	
	Platinstaub	
	Schwefeldioxid	
	Schwefelwasserstoff	
	Sulfurylchlorid	
	Zinkstaub	
Asthmaanfälle, zunehmende Häufigkeit	Ozon	bei akuter Vergiftung
Atembeschwerden	Ozon	bei akuter Vergiftung
Atemlähmung	Phenol	bei akuter Vergiftung
Atemnot	Arsen	bei akuter Vergiftung durch Inhalation
	Kadmium	24 bis 36 Stunden nach Expositionsende, bei akuter inhalativer Vergiftung
	Nickelkarbonyl	12 Stunden bis fünf Tage nach akuter, inhalativer Vergiftung
	PCP	bei akuter Vergiftung
	Quecksilberdampf	bei akuter Vergiftung
Atemwegsreizung	Isocyanate	bei akuter Vergiftung und chronischer Belastung
	Ozon	bei akuter Vergiftung

Lunge und Atemwege (Fortsetzung)

Atemwegsschäden, chronische	Nickel	bei chronischer Inhalation von Nickeldampf
Atmung beschleunigt	Anilin	bei akuter Vergiftung
	PCP	eher bei akuter Vergiftung
Auswurf, blutig-schleimig	Kadmium	24 bis 36 Stunden nach Expositionsende, bei akuter inhalativer Vergiftung
Blaufärbung der Lunge	Kupfer	bei chronischer Vergiftung
Brennen in der Kehle	Formaldehyd	bei akuter Vergiftung
Bronchialkonstriktion	Acetylcholinesterasehemmer wie E 605	
Bronchitis	Amalgam	bei chronischer Belastung
	Arsen	bei chronischer Vergiftung
	Formaldehyd	bei chronischer Belastung
	Isocyanate	nach Inhalation von mehr als 0,02 ppm Isocyanat
	Quecksilber	bei chronischer Belastung
	Schwefeldioxid	
Bronchitis, chronisch-obstruktive	Isocyanate	
Bronchitis, chronische	PCB	
Bronchospasmus	Schwefeldioxid	
Dyspnoe	Formaldehyd	bei akuter Vergiftung
	Isocyanate	
	lösliche Platinverbindungen	
Emphysem	Kadmium	bei chronischer Vergiftung
Entzündung der oberen Atemwege	Styrol	bei akuter Vergiftung
Husten	Arsen	bei akuter Vergiftung durch Inhalation
	Ozon	bei akuter Vergiftung
Husten, schmerzhafter	Nickelkarbonyl	12 Stunden bis fünf Tage nach akuter, inhalativer Vergiftung
Husten, starker	Kadmium	24 bis 36 Stunden nach Expositionsende, bei akuten inhalativen Vergiftungen
Hustenanfälle	Formaldehyd	bei chronischer Belastung
Hustenreiz	Isocyanate	bei Isocyanatüberempfindlichkeit
Hyperreagibilität, bronchiale	Schwefeldioxid	
Hyperventilationstetanie	Amalgam	bei chronischer Belastung
	Quecksilber	bei chronischer Belastung
Inhalationsallergie	lösliche Platinverbindungen	
Insuffizienz, respiratorische	Kadmium	24 bis 36 Stunden nach Expositionsende, bei akuter inhalativer Vergiftung
Irritationen des oberen Atemtrakts	Kupfer	bei akuter Vergiftung
Kurzatmigkeit	Isocyanate	bei Isocyanatüberempfindlichkeit
	Kadmium	bei akuter, inhalativer Vergiftung
Lunge, Kupferablagerungen in der	Kupfer	bei chronischer Vergiftung
Lungenfibrose	Aluminium	bei chronischer Vergiftung
	Kupfer	bei chronischer Vergiftung

Lunge und Atemwege (Fortsetzung)

Lungenfibrose (Fortsetzung)	Nickelkarbonyl	bei Überlebenden einer akuten, inhalativen Vergiftung
Lungenfunktionsänderungen	Ozon	bei akuter Vergiftung und körperlicher Aktivität im Freien
Lungengewebe, entzündliche Reaktionen	Ozon	bei akuter Vergiftung
Lungengewebe, morphologische Veränderungen	Ozon	bei chronischer Vergiftung möglich
Lungenödem	Chrom	bei akuter Vergiftung nach Inhalation
	Formaldehyd	bei längerer Einwirkung hoher Konzentrationen
	Isocyanate	bei akuter Belastung
	Kadmium	24 bis 36 Stunden nach Expositionsende, bei akuten inhalativen Vergiftungen
	Nickelkarbonyl	12 Stunden bis fünf Tage nach akuter, inhalativer Vergiftung
	Nitrosegase	bei akuter Vergiftung
	PCP	bei akuter Vergiftung
	Pyrethroide	akute Vergiftung
	Silber	bei intravenöser Injektion
	Xylol	bei akuter Vergiftung
Lungenschäden	Chrom	bei chronischer Belastung
Pleuraspalt, Obliteration	Asbest	Symptom der diffusen Pleurafibrose
Pleuraspalt, Syndesmose	Asbest	Symptom der diffusen Pleurafibrose
Pneumonie	Formaldehyd	bei längerer Einwirkung hoher Konzentrationen
	Quecksilber	bei chronischer Belastung
	Chrom	bei akuter Vergiftung nach Inhalation
Pneumonie,interstitielle	Nickelkarbonyl	12 Stunden bis fünf Tage nach akuter, inhalativer Vergiftung
Reizhusten	Quecksilberdampf	bei akuter Vergiftung
Rundatelektase	Asbest	Symptom der diffusen Pleurafibrose
Schäden an den Lungenbläschen	Isocyanate	bei akuter Vergiftung
Strömungswiderstand erhöht in den Atemwegen	Schwefeldioxid	
Tachypnoe	PCP	bei akuter Vergiftung
Verätzung der Schleimhäute des Atemtraktes	Silber	bei lokaler Argyrose
Zyanose	Anilin	bei akuter und chronischer Vergiftung
	Isocyanate	bei akuter Vergiftung
	lösliche Platinverbindungen	
	Nickelkarbonyl	12 Stunden bis fünf Tage nach akuter, inhalativer Vergiftung
	Nitrobenzol	bei akuter Vergiftung
Alkalische Phosphatase erhöht	PCB	

Muskel- und Skelettsystem

Arthritis	Hexachlorbenzol, HCB	bei akuter Vergiftung
Bänderschwäche	Silber	eher bei chronischer Belastung
Bewegungsstörungen	gamma-HCH, gamma-Hexachlorcyclohexan, Lindan	bei akuter Vergiftung
Bleilinien an den Wachstumszonen der Epiphysen	Blei	durch chronische Vergiftungen bei Kindern
Gelenkschmerzen	Amalgam	bei chronischer Belastung
	PCB	eher bei chronischer Vergiftung
	PCP	bei chronischer Belastung
	Quecksilber	chronische Belastung
Gliederschmerzen	PCP	eher akute Intoxikation
	Thallium	
Kalziumverlust, renaler	Kadmium	fortgeschrittenes Stadium der Kadmium-Nephropathie
Knochendegeneration im Kieferbereich	Palladium	bei chronischer Belastung laut Patientenberichten
Knochenmarknekrosen	Silber	bei intravenöser Injektion
Knochenmarksschäden	gamma-HCH, gamma-Hexachlorcyclohexan, Lindan	eher bei chronischer Belastung
Knochenschmerzen	Aluminium	
	PCP	
Knorpelschwellung	Silber	eher bei chronischer Belastung
Mineralhaushalt der Knochen gestört	Kadmium	bei chronischer Vergiftung
motorische Störungen	Bleitetraethyl	bei akuter Vergiftung
Muskelatrophie	Hexachlorbenzol, HCB	bei akuter Vergiftung
	Arsen	bei chronischer Vergiftung
Muskeldystrophie	Palladium	bei chronischer Belastung laut Patientenberichten
Muskelglykogen erhöht	Nickelkarbonyl	12 Stunden bis fünf Tage nach akuter, inhalativer Vergiftung
Muskelkrämpfe	Arsen	bei akuter und chronischer Vergiftung
	delta-HCH	
	Hexachlorbenzol, HCB	
	Quecksilber	
Muskelschmerzen	Aluminium	
	PCP	bei chronischer Belastung
Muskelschwäche	PCP	eher bei akuter Vergiftung
	Quecksilber	Mikromerkurialismus, milde ausgeprägte chronische Quecksilberintoxikation
	Silber	eher bei chronischer Belastung

Muskel- und Skelettsystem (Fortsetzung)

Muskelspasmen	PCP	eher bei akuter Vergiftung
Muskelzuckungen	delta-HCH	
Myoglobinämie	Kupfer	bei akuter Vergiftung
Osteomalazie	Aluminium	
	Kadmium	bei chronischer Vergiftung
Osteopathie	Aluminium	bei chronischer Vergiftung
Phosphatverlust, renaler	Blei	akut belastete Kinder, siehe auch Fanconi-Syndrom
	Kadmium	fortgeschrittenes Stadium der Kadmium-Nephropathie
Rheumatische Beschwerden	Silber	eher bei chronischer Belastung
Rückenschmerzen	Quecksilber	Mikromerkurialismus, milde ausgeprägte chronische Quecksilberintoxikation
	Silber	eher bei chronischer Belastung
tonische Krämpfe	Benzol	
Zittern der Extremitäten	Benzol	

Nervensystem

Akkomodationslähmung	Isocyanate?	nicht bewiesen
Amblyopia saturna	Blei	bei chronischer Vergiftung
Anosmie	Chrom	bei chronischer Belastung
	Kadmium	bei chronischer Vergiftung
	Nickel	bei chronischer Inhalation von Nickeldampf
Antriebsschwäche	PCP	
	Pyrethroide	chronischer Effekt?
Apathie	Benzol	
	Kupfer	bei akuter Vergiftung
	organische Quecksilberverbindungen	bei chronischer Belastung
	PCP	eher akute Vergiftung
Areflexie	PCB	im Rahmen einer sensiblen Neuropathie
Ataxie	DDT	
	Mangan	
	Methyl-n-butyl-Ketone	
	n-Hexan	
	Quecksilber	
	Toluol	
Atemlähmung	Phenol	bei akuter Vergiftung
Aufbrausen	Quecksilber	bei chronischer Belastung
Aufmerksamkeit verringert	Xylol	bei chronischer Vergiftung
Beeinträchtigung der intellektuellen Leistungsfähigkeit	Pyrethroide	chronischer Effekt?
Benommenheit	Benzol	
	DDT	bei akuter Vergiftung

Nervensystem (Fortsetzung)

Benommenheit (Fortsetzung)	gamma-HCH, gamma-Hexachlorcyclohexan, Lindan	bei akuter Vergiftung
Bewegungsstörungen	DDT	bei akuter Vergiftung
	gamma-HCH, gamma-Hexachlorcyclohexan, Lindan	bei akuter Vergiftung
Bewußtseinseinschränkungen	Anilin	bei akuter Vergiftung
Bewußtseinsstörungen	Pyrethroide	bei akuter Vergiftung
Bleifallhand	Blei	bei chronischer Vergiftung
Blindheit, kortikale	Kohlenmonoxid	bei schwerer Vergiftung; ab CO-Hb-Gehalt von 20 Prozent bereits Veränderung der visuellen evozierten Potentiale
choreaähnliche Bewegungen	Nickel	bei akuter, oraler Vergiftung
Choreoathetose	Pyrethroide mit alfa-Zyanogruppe	akuter Vergiftung
Delirium	Blei	bei akuter Vergiftung durch Bleitetraethyl und chronischer Bleivergiftung
Denkstörungen	Silber	eher bei chronischer Belastung
Depressionen	Amalgam	bei chronischer Belastung
	Formaldehyd	bei chronischer Belastung
	Palladium	bei chronischer Belastung
	PCP	
	Quecksilber	bei chronischer Belastung
	Styrol	bei akuter Vergiftung
depressive Verstimmung	Anilin	bei chronischer Vergiftung
	Pyrethroide	bei akuter Vergiftung
Dunkeladaptation verzögert	Kohlenmonoxid	vor allem bei Rauchern
Dysfunktionen des kindlichen Hirns	Blei	die Hirnschädigung äußert sich durch Hyperaktivität, Minderung der psychomotorischen Fähigkeiten und Störungen in der Feinmotorik
Empfindungsstörungen	Amalgam	bei chronischer Belastung
	Quecksilber	chronische Belastung
Energielosigkeit	Quecksilber	Mikromerkurialismus, milde ausgeprägte chronische Quecksilberintoxikation
Enzephalitis	Blei	bei chronischer Vergiftung
Enzephalopathia saturnia	Blei	bei chronischer Vergiftung
Enzephalopathie	Aluminium	
	Arsen	bei chronischer Vergiftung
	Blei	bei akuter Vergiftung

Nervensystem (Fortsetzung)

Enzephalopathie, leichte chronische toxische	Lösungsmittel	
Enzephalopatie, Arsen-	Arsen	bei chronischer Vergiftung
Epileptische Anfälle	Blei	vor allem durch akute Bleitetramethyl- und Bleitetraethylvergiftungen
	Organische Quecksilberverbindungen	
	Organo-Zinn-Verbindungen	
Erethismus mercurialis	Quecksilber	Persönlichkeitsveränderungen, Befangenheit, Stimmungsschwankungen, Schreckhaftigkeit, Gedächtnisschwund
erhöhte Reizbarkeit	Thallium	
Erregung	DDT	bei akuter Vergiftung
Erregungszustände	Bleitetraethyl	bei akuter Vergiftung
Fallneigung	beta-HCH	
Gedächtnisstörungen	Arsen	
	Blei	
	Formaldehyd	bei chronischer Vergiftung
	Kohlenstoffdisulfid	
	Mangan	
	Quecksilber	Mikromerkurialismus, milde ausgeprägte chronische Quecksilberintoxikation
Gefäßlähmungen	Kupfer	bei akuter Vergiftung
Gehirnschäden	Kupfer	bei chronischer Vergiftung
Gesichtsfeld, eingeengtes	Quecksilber	
Gesichtslähmungen	Palladium	bei chronischer Belastung
Gesichtsneuralgie	Amalgam	bei chronischer Belastung
	Quecksilber	chronische Belastung
Gleichgewichtsstörungen	PCP	bei chronischer Belastung
	Pyrethroide	chronischer Effekt?
	Xylol	bei chronischer Vergiftung
Halluzinationen, akustische und optische	Bleitetraethyl	bei akuter Vergiftung
Hirnatrophie	chlorierte Kohlenwasserstoffe	chronische Toxizität
	DDT	bei chronischer Belastung
	PCB	
Hirndrucksteigerung	Blei	bei chronischer Vergiftung
Hirnödem	Nickelkarbonyl	12 Stunden bis fünf Tage nach akuter, inhalativer Vergiftung
Hörstörungen	Quecksilber	bei chronischer Belastung
Hörverlust	Platinzytostatika	
Hypaesthesie	PCB	im Rahmen einer sensiblen Neuropathie
Konzentrationsschwäche	Formaldehyd	bei chronisch-rezidivierender Exposition

Nervensystem (Fortsetzung)

Konzentrationsschwäche (Fortsetzung)	PCP	
	Pyrethroide	chronischer Effekt?
Krämpfe, zerebrale	Nickel	bei akuter, oraler Vergiftung
Krampfanfälle	Chlordane	bei intensivem Kontakt
	chloroorganische Pestizide	bei intensivem Kontakt
	DDT	bei akuter Vergiftung
	Pyrethroide	bei akuter Vergiftung
Krampfanfälle, zerebrale beim Säugling	Blei	
Kurzzeitgedächtnis gestört	Pyrethroide	chronischer Effekt?
Lähmungen	Amalgam	bei chronischer Belastung
	gamma-HCH, gamma-Hexachlorcyclohexan, Lindan	eher akuter Effekt
	Nickel	bei akuter, oraler Vergiftung
	Quecksilber	bei chronischer Belastung
Mattigkeit	Anilin	bei chronischer Belastung
	Benzol	
	PCP	
Merkfähigkeit reduziert	Quecksilber	Mikromerkurialismus, milde ausgeprägte chronische Quecksilberintoxikation
Merkfähigkeitsstörungen	Thallium	Merkfähigkeitsstörungen als Spätfolgen einer akuten Thalliumvergiftung können irreversibel sein
Minamata-Krankheit	Methyl-Quecksilber	Symptome der Minamata-Krankheit: Seh- und Hörstörungen, Störungen des Tastempfindens und abnorme Bewegungen
Mißempfindungen (Stechen, Jucken, Brennen)	Pyrethroide	akute Vergiftung
Morbus Alzheimer	Aluminium	der Zusammenhang zwischen einer chronischen Aluminiumvergiftung und Morbus Alzheimer ist nicht eindeutig gesichert
Motivationsverlust	Pyrethroide	chronischer Effekt?
motorische Störungen	Bleitetraethyl	bei akuter Vergiftung
Mundzuckungen	Amalgam	bei chronischer Belastung
	Quecksilber	bei chronischer Belastung
Muskelatrophie	Hexachlorbenzol, HCB	bei akuter Vergiftung
Muskeldystrophie	Palladium	bei chronischer Belastung laut Patientenberichten
Muskelschwäche	Quecksilber	Mikromerkurialismus, milde ausgeprägte chronische Quecksilberintoxikation
	Silber	eher bei chronischer Belastung
Muskelspasmen	PCP	eher bei akuter Vergiftung
Mydriasis, reversible	Isocyanate?	noch nicht bewiesen

Nervensystem (Fortsetzung)

Nervenkrankheiten, degenerative	Thallium	
Nervenschmerzen	PCP	bei chronischer Belastung
Nervosität	Formaldehyd	bei chronischer Belastung
	Quecksilber	Mikromerkurialismus, milde ausgeprägte chronische Quecksilberintoxikation
Neuralgie	PCP	bei chronischer Belastung
neurasthenisches Syndrom	Acrylamid	
	Arsen	
	Blei	
	Mangan	
	Methyl-n-butyl-Ketone	
	PCP	bei chronischer Belastung
	Quecksilber	
	Toluol	
neurologische Störungen	Aluminium	
Neuropathie der Hirnnerven	Kohlenstoffdisulfid	
	Trichlorethylen	
Neuropathie	Platinzytostatika	
Neuropathie, motorische	Blei	vor allem Streckmuskeln der Unterarme betroffen
Neuropathie, periphere	PCP	
Neuropathie, sensible mit Taubheit	PCB	im Rahmen einer sensiblen Neuropathie
Neuropathie, sensible und motorische gemischt	Acrylamid	
	Arsen	
	DDT	nur bei Aufnahme mit der Nahrung beobachtet
	Kohlenmonoxid	nur bei schwerer Vergiftung
	Quecksilber	sensible Defizite, vor allem distal
neuropsychiatrische Störungen	Phenol	bei akuter Vergiftung
neurotoxische Schäden	Styrol	vermutlich nach chronischer Belastung
	Toluol	bei chronischer Belastung mit toluolhaltigen Gemischen
Nystagmus	Methanol	Vergiftungssymptome beruhen vermutlich auf der Ameisensäure, die bei der Metabolisierung entsteht; Vergiftungen meist durch orale Aufnahme, aber auch systemische Resorption über Lunge und Haut
	Quecksilber	
Opsoklonus	Chlordecone	unregelmäßige schnelle Muskelkrämpfe beider Augen
Opticus-Degeneration	Arsen	
	Benzol	
	Blei	

Nervensystem (Fortsetzung)

Opticus-Degeneration (Fortsetzung)	Chrom	
	Kohlenmonoxid	
	Mangan	
	Methanol	Vergiftungen meist durch orale Aufnahme, aber auch systemische Resorption über Lunge und Haut
	Nitroverbindungen	
	Quecksilber	
	Schwefelkohlenstoff	
	Tabakstaub	
	Thallium	
	Trichlorethylen	
Opticus-Neuritis	Pestizide?	nicht bewiesen
Orientierungsstörungen	Thallium	Orientierungsstörungen als Spätfolge einer Thalliumvergiftung können irreversibel sein
Parästhesien	Arsen	bei chronischer Vergiftung
	gamma-HCH, gamma-Hexachlorcyclohexan, Lindan	eher bei chronischer Belastung
	organische Quecksilberverbindungen	bei chronischer Belastung
	PCP	eher akute Intoxikation
Parkinson-Syndrom	Kohlenmonoxid	
	Kohlenstoffdisulfid	
	Mangan	
Persönlichkeitsveränderungen	Quecksilber	chronische Vergiftungen mit niedriger Dosis elementarem und anorganischen Quecksilber
Polyneuritis	Arsen	nach ungefähr drei Wochen bei Menschen, die das Akutstadium überlebt haben
	Thallium	die Polyneuritis kann bis zur Lähmung führen
Polyneuropathie	chlorierte Kohlenwasserstoffe	
	PCB	
Polyneuropathie mit Schwäche und Gefühllosigkeit	Dioxin (2,3,7,8-TCDD)	
psychomotorische Funktionen beeinträchtigt	Blei	
	Kohlenstoffdisulfid	
	Organophosphate	
	Perchlorethylen	
	Quecksilber	
Psychose	Amalgam	bei chronischer Belastung
	Kohlenstoffdisulfid	
	Mangan	
	Quecksilber	bei chronischer Belastung
	Toluol	

Nervensystem (Fortsetzung)

Psychosyndrom, leichtes organisches	Lösungsmittel	Lösungsmittelfolgeschaden Typ I; Reizbarkeit, schnelle Ermüdbarkeit, Konzentrationsstörungen, Interesselosigkeit
psychovegetative Verstimmung	Palladium	bei chronischer Belastung laut Patientenberichten
Querschnittslähmung	Organo-Zinn-Verbindungen	
Reaktionszeit verlängert	Xylol	bei chronischer Vergiftung
Reizbarkeit	PCP	bei chronischer Belastung
	Quecksilber	Mikromerkurialismus, milde ausgeprägte chronische Quecksilberintoxikation
	Xylol	bei chronischer Vergiftung
Retrobulbärneuritis	Kohlenmonoxid	bei schwerer Vergiftung; ab CO-Hb-Gehalt von 20 Prozent aber bereits Veränderung der visuellen evozierten Potentiale
Salivation	Pyrethroide mit alfa-Zyanogruppe	bei akuter Vergiftung
	Quecksilber	bei akuter und chronischer Vergiftung
Schäden an den Gehirnzellen	Toluol	bei akuter Vergiftung mit hohen Konzentrationen
Schizophrenie	Bleitetraethyl	bei akuter Vergiftung
Schreckhaftigkeit	Quecksilber	bei chronischer Belastung
Schüchternheit	Quecksilber	bei chronischer Belastung
Schüttelfrost	Kadmium	bei akuter, inhalativer Vergiftung
Schwanken	beta-HCH	
Schwerhörigkeit	Organische Quecksilberverbindungen	
Schwindel	Anilin	bei akuter und chronischer Vergiftung
	Benzol	
	beta-HCH	
	Blei	bei akuter Vergiftung mit Bleitetraethyl und chronischer Bleivergiftung
	Formaldehyd	bei chronischer Belastung
	gamma-HCH, gamma-Hexachlorcyclohexan, Lindan	eher akuter Effekt
	Nitrat, Nitrit	bei akuter Vergiftung
	PCP	eher akuter Effekt
	Phenol	bei akuter Vergiftung
	Pyrethroide	bei akuter Vergiftung
	Quecksilber	Mikromerkurialismus, milde ausgeprägte chronische Quecksilberintoxikation
	Silber	eher bei chronischer Belastung
	Styrol	bei akuter Vergiftung

Nervensystem (Fortsetzung)

Schwindel (Fortsetzung)	Toluol	bei akuter Vergiftung
Schwindel, für einige Stunden	Nickelkarbonyl	bei akuter, inhalativer Vergiftung
Schwitzen, starkes	Arsen	bei chronischer Vergiftung
Sehschwäche	PCP	chronische Exposition gegenüber Stäuben und Dämpfen
Sehstörungen	Amalgam	bei chronischer Belastung
	Benzol	die Sehstörungen können bis zur kurzzeitigen Erblindung führen
	Bleitetraethyl	bei akuter Vergiftung
	PCB	eher akute Intoxikation
	Quecksilber	bei chronischer Belastung
	Xylol	bei chronischer Vergiftung
Sensibilitätsstörungen an unteren und oberen Extremitäten	Thallium	
Silbenverdreher	Pyrethroide	chronischer Effekt?
Skotome	PCP	chronische Exposition gegenüber Stäuben und Dämpfen
Sprachstörungen	Bleitetraethyl	bei akuter Vergiftung
	Quecksilber	verwaschene Sprache; auch „Psellismus mercurialis"
Stimmungsschwankungen	Quecksilber	chronische Vergiftungen mit niedriger Dosis von elementarem und anorganischem Quecksilber
Störungen des ZNS	Toluol	bei akuter Vergiftung
	Xylol	bei akuter Vergiftung
Taubheitsgefühl	Pyrethroide	bei akuter Vergiftung
Tremor	Blei	bei chronischer Vergiftung
	Pyrethroide ohne alfa-Zyanogruppe	bei akuter Vergiftung
Tremor mercurialis	Quecksilber	chronische Vergiftungen mit niedriger Dosis elementarem und anorganischen Quecksilber; feinschlägiger Intentionstremor der Finger, Augenlider und Lippen
Trigeminus-Neuropathie	Trichloraethylen	
Trigeminusneuralgie	Amalgam	bei chronischer Belastung
	Quecksilber	bei chronischer Belastung
Unentschlossenheit	Quecksilber	bei chronischer Belastung
Ungeschicklichkeit	beta-HCH	
Vergeßlichkeit	Silber	eher bei chronischer Belastung
Verhaltensstörungen	Formaldehyd	bei chronischer Belastung
Verwirrtheit	Pyrethroide	chronischer Effekt?
Visuell-evozierte Potentiale, von der Norm abweichend	Aluminium	
Visus-Beeinträchtigung	n-Hexan	
	Quecksilber	

Nervensystem (Fortsetzung)

Wahnvorstellungen	Amalgam	bei chronischer Belastung
	Quecksilber	bei chronischer Belastung
Wortfindungsstörungen	Pyrethroide	chronischer Effekt?
Zentralskotom	Blei	bei chronischer Vergiftung
zerebrale Erregbarkeit erhöht	gamma-HCH, gamma-Hexachlorcyclohexan, Lindan	
Zittern	DDT	bei akuter Vergiftung
	gamma-HCH, gamma-Hexachlorcyclohexan, Lindan	bei akuter Vergiftung
Zittern der Arme und Beine	alpha-HCH	
Zittern der Extremitäten	Benzol	
Zittern des ganzen Körpers	alpha-HCH	
Zittern des Kopfes	alpha-HCH	
Zitterschrift	Quecksilber	bei chronischer Belastung
ZNS-Schäden	Chrom	
	Nitrobenzol	bei akuter Vergiftung

Oro-Gastro-Intestinaltrakt

Abdominalschmerzen	Kadmium	bei akuter, oraler Vergiftung
Abdominalschmerzen, chronisch-rezidivierend	Blei	bei chronischer Vergiftung
Absterben der Zähne	Palladium	bei chronischer Belastung
Aphten in der Mundhöhle	Amalgam	bei chronischer Belastung
	Quecksilber	bei chronischer Belastung
Bauchschmerzen	Chrom	bei akuter Vergiftung
	Nitrat, Nitrit	bei akuter Vergiftung
	Silbernitrat	bei akuter, oraler Vergiftung
Bauchschmerzen, krampfartige	Pyrethroide	bei akuter Vergiftung
Blaufärbung der Schleimhäute	Nitrat, Nitrit	bei akuter Vergiftung
blauvioletter Saum an den Zahnhälsen	Quecksilber	bei chronischer Belastung
Bleisaum, grauschwärzliche anuläre Verfärbung am Zahnfleischrand	Blei	
blutiger Stuhl	Arsen	bei akuter Vergiftung
Brechdurchfälle, beides grüngefärbt	Nickel	bei akuter Vergiftung
Brechreiz	Benzol	
Brennen in der Kehle	Formaldehyd	bei akuter Vergiftung
Darmblutungen	Chrom	bei akuter Vergiftung
Diarrhoe	Arsen	bei akuter Vergiftung/wässrige Durchfälle
	Chrom	bei akuter Vergiftung
	Formaldehyd	bei chronisch-rezidivierender Exposition
	Kadmium	bei akuter, oraler Vergiftung

Oro-Gastro-Intestinaltrakt (Fortsetzung)

Diarrhoe (Fortsetzung)	Kupfer	bei akuter Vergiftung
	PCB	eher akute Vergiftung
	PCP	
	Pyrethroide	bei akuter Vergiftung
	Quecksilber	bei akuter Vergiftung
	Silbernitrat	bei akuter, oraler Vergiftung
	Thallium	
Duodenalulzera	Blei	bei chronischer Vergiftung
Entzündungen im Nasen-Rachenraum	Arsen	bei chronischer Vergiftung
Erbrechen	Aluminium	bei akuter Vergiftung
	Anilin	bei akuter Vergiftung
	Arsen	bei akuten und chronischen Vergiftungen im Akutfall sehr starkes Erbrechen
	Blei	bei akuter Vergiftung
	Formaldehyd	bei chronisch-rezidivierender Exposition
	Kadmium	bei akuter, oraler Vergiftung
	Nitrobenzol	bei akuter Vergiftung
	PCP	
	Phenol	bei akuter Vergiftung
	Platinzytostatika	
	Pyrethroide	bei akuter Vergiftung
	Quecksilber	bei akuter Vergiftung
	Silbernitrat	bei akuter, oraler Vergiftung
	Thallium	
	Zink	bei akuten und chronischen Vergiftungen
Erbrechen, blaugrün	Kupfer	bei akuter Vergiftung
Erbrechen, blutiges	Nitrat, Nitrit	bei akuter Vergiftung
Erbrechen, für einige Stunden	Nickelkarbonyl	bei akuter, inhalativer Vergiftung
Erbrechen, gelbgrünes oder blutiges	Chrom	bei akuter Vergiftung
Gastritis	Arsen	
Gastroenteritis	Arsen	bei akuten Vergiftungen
	Kadmium	bei akuter, oraler Vergiftung
	organische Quecksilberverbindungen	bei chronischer Belastung
Gastroenteritis mit Koliken	Thallium	
gastrointestinale Beschwerden	gamma-HCH, gamma-Hexachlorcyclohexan, Lindan	eher bei chronischer Belastung
gelber Ring an den Zähnen (Kadmiumring)	Kadmium	erstes Anzeichen einer chronischen Vergiftung
Geschwüre im Rachenraum	Arsen	bei chronischer Vergiftung
Geschwüre, Rektum	Arsen	bei chronischer Vergiftung
Gewichtsverlust	Amalgam	
Halsschmerzen	Formaldehyd	bei chronischer Belastung

Oro-Gastro-Intestinaltrakt (Fortsetzung)

Kadmiumring (gelber Ring an den Zähnen)	Kadmium	erstes Anzeichen einer chronischen Vergiftung
kupferfarbene Mundschleimhaut	Amalgam	bei chronischer Belastung
	Quecksilber	bei chronischer Belastung
Magen-Darm-Beschwerden	Palladium	
Magenbeschwerden	Anilin	bei chronischer Vergiftung
	Formaldehyd	bei chronisch-rezidivierender Exposition
Magenblutungen	Chrom	bei akuter Vergiftung
Magenkrämpfe	Zink	
Magenschmerzen	Arsen	bei akuten und chronische Vergiftungen
	Quecksilber	Mikromerkurialismus, milde ausgeprägte chronische Quecksilberintoxikation
Magenulzera	Arsen	bei chronischer Vergiftung
	Blei	bei chronischer Vergiftung
Mundgeruch	Quecksilber	chronische Belastung
Mundreizung, schmerzhafte	Pyrethroide	bei akuter Vergiftung
Obstipation	Aluminium	
	Arsen	bei chronischer Vergiftung
	Blei	bei akuter Vergiftung
	Pyrethroide	chronisch?
	Thallium	
Paradontose	Palladium	bei chronischer Belastung laut Patientenberichten
Parodontitis	Quecksilber	bei chronischer Belastung
Pharyngitis	Isocyanate	nach Inhalation von mehr als 0,02ppm Isocyanat
	PCP	chronische Exposition gegenüber Stäuben und Dämpfen
Pigmentierung der Schleimhäute	PCB	
Rachenreizung	Schwefeldioxid	typisches Symptom bei Wintersmog
Rachenreizung, schmerzhafte	Pyrethroide	bei akuter Vergiftung
Rachenschmerzen	Amalgam	bei chronischer Belastung
	Arsen	bei akuter Vergiftung
	Quecksilber	chronische Belastung
Reizbeschwerden, gastroenteritische	Chrom	bei akuter Vergiftung
	PCP	
retrosternales Brennen	Kadmium	bei akuter, inhalativer Vergiftung
Salivation	Arsen	bei chronischer Vergiftung
	Pyrethroide mit alfa-Zyanogruppe	akute Vergiftung
	Quecksilber	bei akuter und chronischer Vergiftung
Schleimhautatrophie	Nickel	bei chronischer Inhalation von Nickeldampf

Oro-Gastro-Intestinaltrakt (Fortsetzung)

Schleimhautblutungen, spontane	Benzol	
Schleimhautirritationen, unspezifische	Formaldehyd	bei chronisch-rezidivierender Exposition
Schleimhautreizung	Formaldehyd	
	Hexachlorbenzol, HCB	bei akuter Vergiftung
	PCP	
	Pyrethroide	bei akuter Vergiftung
	Toluol	bei akuter Vergiftung
	Xylol	bei akuter Vergiftung
Schluckbeschwerden	Arsen	bei akuter Vergiftung
Schmerzen in der Mundhöhle	Quecksilber	bei akuter Vergiftung mit anorganischen oder organischen Verbindungen
Schwellung der Mund- und Rachenschleimhaut	Chrom	bei akuter Vergiftung
Stomatitis	Gold	
Stomatitis mercurialis	Quecksilber	mit Quecksilbersaum am Zahnfleischrand
Stuhlgang vermindert	Palladium	bei chronischer Belastung
Tenesmen	Kadmium	bei akuter, oraler Vergiftung
Tonsillenrötung	PCP	bei chronischer Belastung
trockener Rachen	Kadmium	bei chronischer Vergiftung
Übelkeit	Anilin	bei akuter Vergiftung
	Arsen	
	Benzol	
	Blei	bei chronischer Vergiftung
	Formaldehyd	bei chronisch-rezidivierender Exposition
	gamma-HCH, gamma-Hexachlorcyclohexan, Lindan	eher akuter Effekt
	Kadmium	bei akuter, oraler Vergiftung
	Kupfer	bei akuter Vergiftung
	PCB	eher bei akuter Vergiftung
	PCP	eher bei akuter Vergiftung
	Phenol	bei akuter Vergiftung
	Platinzytostatika	
	Pyrethroide	bei akuter Vergiftung
	Styrol	bei akuter Vergiftung
	Thallium	
	Zink	bei akuter und chronischer Vergiftung
Verätzung der Schleimhäute des Verdauungstraktes	Silber	bei lokaler Argyrose
Verdauungsstörungen	PCB	eher akute Intoxikation
	Xylol	bei chronischer Vergiftung
Verfärbung der Mund- und Rachenschleimhaut	Chrom	bei akuter Vergiftung
Zunge rot und zerklüftet	Palladium	

Schmerzen

Abdominalschmerzen	Kadmium	bei akuter, oraler Vergiftung
abdominelle Schmerzen, chronisch-rezidivierend	Blei	bei chronischer Vergiftung
Gelenkschmerzen	PCB	eher bei chronischer Vergiftung
	PCP	bei chronischer Belastung
	Quecksilber	bei chronischer Belastung
Gliederschmerzen	PCP	eher akute Intoxikation
	Thallium	
Halsschmerzen	Formaldehyd	bei chronischer Belastung
Husten, schmerzhafter	Nickelkarbonyl	12 Stunden bis fünf Tage nach akuter, inhalativer Vergiftung
Itai-Itai-Krankheit	Kadmium	chronische Vergiftung durch orale Aufnahme, nur in Japan bekannt
Knochenschmerzen	PCP	
Kopfschmerzen	Anilin	bei akuter Vergiftung
	Arsen	bei akuter Vergiftung
	Benzol	
	Blei	
	DDT	bei akuter Vergiftung
	Formaldehyd	bei chronisch-rezidivierender Exposition
	gamma-HCH, gamma-Hexachlorcyclohexan, Lindan	eher akuter Effekt
	Kadmium	bei akuter oraler und inhalativer Vergiftung
	Kupfer	bei akuter Vergiftung
	Nickel	
	Nitrat, Nitrit	bei akuter Vergiftung
	Nitrobenzol	bei akuter Vergiftung
	Ozon	
	Palladium	bei chronischer Belastung laut Patientenberichten
	PCB	eher akute Intoxikation
	PCP	
	Phenol	bei chronischen Vergiftungen
	Pyrethroide	bei akuter Vergiftung
	Quecksilber	Mikromerkurialismus, milde ausgeprägte chronische Quecksilberintoxikation
	Silber	eher bei chronischer Belastung
	Styrol	bei akuter Vergiftung
	Toluol	
	Xylol	bei chronischer Vergiftung
	Zink	eher akute Vergiftung
Kopfschmerzen, für einige Stunden	Nickelkarbonyl	bei akuter, inhalativer Vergiftung

Schmerzen (Fortsetzung)

Kopfschmerzen, nach etwa 30 Minuten	Schwefeldioxid	typisches Symptom bei Wintersmog
Kopfschmerzen, periodisch auftretend	Thallium	
Mundreizung, schmerzhafte	Pyrethroide	bei akuter Vergiftung
Neuralgie	PCP	bei chronischer Belastung
Rachenreizung, schmerzhafte	Pyrethroide	akute Vergiftung
Rachenschmerzen	Amalgam	bei chronischer Belastung
	Arsen	bei akuter Vergiftung
	Quecksilber	bei chronischer Belastung
Rückenschmerzen	Quecksilber	Mikromerkurialismus, milde ausgeprägte chronische Quecksilberintoxikation
	Silber	eher bei chronischer Belastung
Schmerzen in der Mundhöhle	Palladium	bei chronischer Belastung
	Quecksilber	bei akuter Vergiftung mit anorganischen oder organischen Verbindungen
Tenesmen	Kadmium	bei akuter, oraler Vergiftung
thorakale Schmerzen	Arsen	bei akuter Vergiftung durch Inhalation
thorakale Schmerzen, für einige Stunden	Nickelkarbonyl	bei akuter, inhalativer Vergiftung

Stoffwechsel

Abmagerung	Benzol	
	PCP	
Appetitlosigkeit	Anilin	bei chronischer Vergiftung
	Arsen	bei chronischer Vergiftung
	Bleitetraethyl	bei akuter Vergiftung
	gamma-HCH, gamma-Hexachlorcyclohexan, Lindan	eher bei chronischer Belastung
	PCP	
	Phenol	bei chronischen Vergiftungen
	Quecksilber	Mikromerkurialismus, milde ausgeprägte chronische Quecksilberintoxikation
Diabetes mellitus	Chrom	bei chronischer Belastung
Durst	Anilin	bei akuter Vergiftung
	Formaldehyd	bei chronisch-rezidivierender Exposition
	PCP	eher akute Intoxikation
Enzymurie	Arsen	Schäden am proximalen Tubulus
	Glykole	Schäden am proximalen Tubulus
	Quecksilbersalze	Schäden am proximalen Tubulus
	Tetrachlorkohlenstoff	Schäden am proximalen Tubulus
Erbrechen	Formaldehyd	bei chronisch-rezidivierender Exposition
	Phenol	bei akuter Vergiftung
Erstickung, innere	Anilin	bei akuter Vergiftung

Stoffwechsel (Fortsetzung)

Exsikkose	Arsen	bei akuter Vergiftung
Flüssigkeitsaufnahme, verminderte	Palladium	
Gewichtsverlust	Arsen	bei chronischer Vergiftung
	Benzol	
	Formaldehyd	bei chronischer Vergiftung
	Kadmium	bei chronischer Vergiftung
	Palladium	beichronischer Belastung
	PCP	bei chronischer Belastung
	Quecksilber	bei chronischer Belastung
Gicht	Blei	bei akuter und chronischer Vergiftung, im Rahmen einer Nephropathie
Glukosurie	Arsen	
	Blei	akut belastete Kinder, siehe auch Fanconi-Syndrom
	Glykole	
	Kadmium	fortgeschrittenes Stadium der Kadmium-Nephropathie
	Quecksilbersalze	
	Tetrachlorkohlenstoff	
Harnsäureverlust, renaler	Kadmium	fortgeschrittenes Stadium der Kadmium-Nephropathie
Hyperglykämie	Nickelkarbonyl	12 Stunden bis fünf Tage nach akuter, inhalativer Vergiftung
Hyperkalzämie	Nickel	bei akuter, oraler Vergiftung
Hyperthyreose	Amalgam	bei chronischer Vergiftung
	Quecksilber	bei chronischer Belastung
Hyperventilationstetanie	Quecksilber	bei chronischer Belastung
Kalziumverlust, renaler	Kadmium	fortgeschrittenes Stadium der Kadmium-Nephropathie
Kropfbildung	Nitrat	Nitrat verdrängt Jod bei der Aufnahme durch den Organismus; Folge: Jodmangel und endogene Kropfbildung
Kupfermangel	Zink	
Marasmus	Phenol	bei chronischen Vergiftungen
Methämoglobinämie	Nitrat	besonders gefährlich für Säuglinge
Methämoglobinbildung	Nitrobenzol	bei akuter Vergiftung
Nahrungsaufnahme vermindert	Palladium	bei chronischer Belastung
Parathormon erniedrigt	Aluminium	
Phosphatverlust, renaler	Blei	akut belastete Kinder, siehe auch Fanconi-Syndrom
	Kadmium	fortgeschrittenes Stadium der Kadmium-Nephropathie
Tetanie	Amalgam	bei chronischer Belastung

Stoffwechsel (Fortsetzung)

Tetanie (Fortsetzung)	Formaldehyd	bei chronischer Belastung
	Quecksilber	bei chronischer Belastung
Urämie	Anilin	bei chronischer Vergiftung
Zinkmangel	Kupfer	bei chronischem Kupferüberschuß

Temperaturregulation

Fieber	Arsen	bei akuter Vergiftung durch Inhalation
	Benzol	
	Kupfer	bei akuter Vergiftung, Synonym: Metalldampffieber
	PCP	bei akuter Vergiftung
	Zinkoxydrauch	Synonym: Metalldampffieber
Frösteln	Quecksilberdampf	bei akuter Vergiftung
Hyperpyrexie	PCP	bei akuter Vergiftung
Hyperthermie	gamma-HCH, gamma-Hexachlorcyclohexan, Lindan	eher akuter Effekt
	PCP	eher akute Vergiftung
Kältegefühl	Kadmium	bei akuter, inhalativer Vergiftung
kalte Extremitäten	Nitrat, Nitrit	bei akuter Vergiftung
Nachtschweiß	Isocyanat	nach Inhalation von mehr als 0,02ppm Isocyanat
	PCP	
Schüttelfrost	Kadmium	bei akuter, inhalativer Vergiftung
Schweißausbrüche	Kupfer	bei akuter Vergiftung
	PCP	eher akute Intoxikation
	Pyrethroide	akute Vergiftung
Schwitzen, starkes	Arsen	bei chronischer Vergiftung
Schwitzen, übermäßiges	Thallium	
Temperaturabfall	Phenol	bei akuter Vergiftung
Temperaturerhöhung	PCP	bei chronischer Belastung

Urogenitalsystem

Albuminurie	Arsen	
	Thallium	in der einwertigen Form kann Thallium wie Kalium als Epithelgift in der Niere wirken
Alkalische Phosphatase erhöht	PCB	
Aminoazidurie	Blei	akut belastete Kinder, siehe auch Fanconi-Syndrom
	Kadmium	fortgeschrittenes Stadium der Kadmium-Nephropathie
Atrophie, tubuläre	Blei	bei chronischer Exposition
Blasenleiden	Formaldehyd	bei chronischer Belastung
Enzymurie	Arsen	Schäden am proximalen Tubulus

Urogenitalsystem (Fortsetzung)

Enzymurie (Fortsetzung)	Glykole	Schäden am proximalen Tubulus
	Quecksilbersalze	Schäden am proximalen Tubulus
	Tetrachlorkohlenstoff	Schäden am proximalen Tubulus
Exsikkose	Arsen	bei akuter Vergiftung
Fanconi-Syndrom	Blei	akut belastete Kinder, Symptome sind ähnlich wie bei Fanconi-Syndrom
	Kadmium	fortgeschrittenes Stadium der Kadmium-Nephropathie
Fibrose, interstitielle	Blei	bei chronischer Exposition
Gicht	Blei	bei akuter und chronischer Vergiftung, im Rahmen einer Nephropathie
Glomerulonephritis, perimembranöse	Gold	
Glomerulonephritis, tubuläre	Quecksilber	Quecksilber-Nephropathie bei niedriger chronischer Exposition durch Anlagerung von Immunkomplexen an der glomerulären Basalmembran
Glomerulosklerose	Blei	bei chronischer Exposition
Glukosurie	Arsen	
	Blei	akut belastete Kinder, siehe auch Fanconi-Syndrom
	Glykole	
	Kadmium	fortgeschrittenes Stadium der Kadmium-Nephropathie
	Quecksilbersalze	
	Tetrachlorkohlenstoff	
Hämaturie	Arsen	
	Chrom	bei akuter Vergiftung
	Thallium	in der einwertigen Form kann Thallium wie Kalium als Epithelgift in der Niere wirken
Hämoglobinurie	Kupfer	bei akuter Vergiftung
Harn, blutiger	Pyrethroide	bei akuter Vergiftung
Harnsäureverlust, renaler	Kadmium	fortgeschrittenes Stadium der Kadmium-Nephropathie
Hepatorenales Syndrom	Tetrachlorkohlenstoff	kann nach symptomfreien Intervall auftreten nach akuter Inhalationsintoxikation
Hodenzerstörung, totale	Kadmium	nach Kadmiuminjektion
Kalziumverlust, renaler	Kadmium	fortgeschrittenes Stadium der Kadmium-Nephropathie
Knöchelödem	Arsen	bei chronischer Vergiftung
Konzentrationsfähigkeit der Niere vermindert	Kadmium	fortgeschrittenes Stadium der Kadmium-Nephropathie
Kreatin-Phosphokinase erhöht	PCP	bei chronischer Belastung

Urogenitalsystem (Fortsetzung)

Leukozytose	Arsen	
Leukozyturie	Thallium	in der einwertigen Form kann Thallium wie Kalium als Epithelgift in der Niere wirken
Libidoverlust	Arsen	bei chronischer Vergiftung
Lidödeme	Arsen	bei chronischer Vergiftung
	Kupfer	bei akuter Vergiftung
	PCB	eher bei chronischer Vergiftung
Mikrohämaturie	Gold	
Nekrose, tubuläre	Chrom	bei akuter Vergiftung
Nephritis	Quecksilber	siehe auch Proteinurie
Nephrolithiasis	Kadmium	bei chronischer Vergiftung
Nephropathie	Blei	bei akuter und chronischer Vergiftung
Nierenfunktionsstörungen	organische Quecksilberverbindungen	bei chronischer Belastung
	PCP	bei chronischer Belastung
	Thallium	
	Toluol	bei akuter Vergiftung
Nierennekrosen	Silber	bei intravenöser Injektion
Nierenparenchymdestruktion	Blei	langandauernde chronische Belastung
	Kadmium	langandauernde chronische Belastung
Nierenschäden	Anilin	bei akuter Vergiftung
	Formaldehyd	bei akuter Vergiftung und chronischer Belastung
	Nitrobenzol	bei akuter Vergiftung
	Styrol	vermutlich nach chronischer Belastung
	Toluol	akute Vergiftung mit hohen Konzentrationen
	Xylol	vermutlich durch chronische Belastung
Nierenschäden, systemisch	Phenol	bei akuter und chronischer Vergiftung
Nierenversagen, akut	Arsen	bei akuter Vergiftung
	Kupfer	bei akuter Vergiftung
Nierenversagen, akut mit Anurie	Chrom	bei akuter Vergiftung
Phosphatverlust, renaler	Blei	akut belastete Kinder, siehe auch Fanconi-Syndrom
	Kadmium	fortgeschrittenes Stadium der Kadmium-Nephropathie
Polyurie	Quecksilber	bei akuter Vergiftung
Proteinurie	Arsen	Schäden am proximalen Tubulus
	Glykole	Schäden am proximalen Tubulus
	Gold	
	Kadmium	
	Palladium	bei chronischer Belastung
	Quecksilber	Schäden am proximalen Tubulus, Nephritis
	Tetrachlorkohlenstoff	Schäden am proximalen Tubulus
Schrumpfniere	Blei	bei chronischer Vergiftung
Urämie	Anilin	bei chronischer Vergiftung

Zähne

Urin grün gefärbt	Nickel	bei akuter, oraler Vergiftung
Urinausscheidung vermindert	Palladium	bei chronischer Belastung
Absterben der Zähne	Palladium	bei chronischer Belastung
Aphten in der Mundhöhle	Amalgam	bei chronischer Belastung
	Quecksilber	bei chronischer Belastung
Blaufärbung der Schleimhäute	Nitrat, Nitrit	bei akuter Vergiftung
blauvioletter Saum an den Zahnhälsen	Quecksilber	bei chronischer Belastung
Bleisaum, grauschwärzliche anuläre Verfärbung am Zahnfleischrand	Blei	
gelber Ring an den Zähnen (Kadmiumring)	Kadmium	erstes Anzeichen einer chronischen Vergiftung
Geschwüre im Rachenraum	Arsen	bei chronischer Vergiftung
Kadmiumring (gelber Ring an den Zähnen)	Kadmium	erstes Anzeichen einer chronischen Vergiftung
kupferfarbene Mundschleimhaut	Amalgam	bei chronischer Belastung
	Quecksilber	chronische Belastung
Mundgeruch	Amalgam	bei chronischer Belastung
	Quecksilber	chronische Belastung
Mundreizung, schmerzhafte	Pyrethroide	bei akuter Vergiftung
Paradontose	Palladium	bei chronischer Belastung laut Patientenberichten
Parodontitis	Quecksilber	bei chronischer Belastung
Pigmentierung der Schleimhäute	PCB	
Salivation	Arsen	bei chronischer Vergiftung
	Pyrethroide mit alfa-Zyanogruppe	bei akuter Vergiftung
	Quecksilber	bei akuter und chronischer Vergiftung
Schmerzen in der Mundhöhle	Palladium	bei chronischer Belastung
	Quecksilber	bei akuter Vergiftung mit anorganischen oder organischen Verbindungen
Stomatitis	Gold	
Stomatitis mercurialis	Quecksilber	mit Quecksilbersaum am Zahnfleischrand
Tonsillenrötung	PCP	bei chronischer Belastung
Verfärbung der Mund- und Rachenschleimhaut	Chrom	bei akuter Vergiftung
Zunge, rot und zerklüftet	Palladium	

Sonstige

Abgeschlagenheit	Formaldehyd	bei chronisch-rezidivierender Belastung
	Quecksilber	Mikromerkurialismus, milde ausgeprägte chronische Quecksilberintoxikation
Abmagerung	Benzol	

Sonstige (Fortsetzung)

Abmagerung (Fortsetzung)	PCP	
Akrozyanose	PCP	eher akute Vergiftung
Alkoholunverträglichkeit	Formaldehyd	bei chronischer Belastung
	PCP	bei chronischer Belastung
Angstzustände	Bleitetraethyl	bei akuter Vergiftung
	PCP	
	Silber	eher bei chronischer Belastung
Antibiotikaresistenzen	Quecksilber	bei chronischer Belastung
Antriebsschwäche	PCP	
	Pyrethroide	chronischer Effekt?
Antriebsverlust	Formaldehyd	bei chronischer Belastung
Apathie	Benzol	
	Kupfer	bei akuter Vergiftung
	organische Quecksilberverbindungen	bei chronischer Belastung
	PCP	eher akute Intoxikation
Appetitlosigkeit	Arsen	bei chronischer Vergiftung
	Bleitetraethyl	bei akuter Vergiftung
	gamma-HCH, gamma-Hexachlorcyclohexan, Lindan	eher bei chronischer Belastung
	PCP	
	Phenol	bei chronischen Vergiftungen
Appetitmangel	Anilin	bei chronischer Vergiftung
	Formaldehyd	bei chronischer Belastung
	Quecksilber	Mikromerkurialismus, milde ausgeprägte chronische Quecksilberintoxikation
Arbeitsunlust	Quecksilber	Mikromerkurialismus, milde ausgeprägte chronische Quecksilberintoxikation
Aufbrausen	Amalgam	bei chronischer Belastung
Aufmerksamkeit verringert	Xylol	bei chronischer Vergiftung
Bauchschmerzen	Chrom	bei akuter Vergiftung
Beeinträchtigung der intellektuellen Leistungsfähigkeit	Pyrethroide	chronisch?
Beklemmungsgefühl in der Brust	Nickelkarbonyl	12 Stunden bis fünf Tage nach akuter, inhalativer Vergiftung
Benommenheit	Benzol	
	gamma-HCH, gamma-Hexachlorcyclohexan, Lindan	bei akuter Vergiftung
Blässe	Benzol	
	Blei	bei chronischer Vergiftung („Bleiblässe")
	Kadmium	bei chronischer Vergiftung
Blutungen	Silber	bei intravenöser Injektion
Denkstörungen	Silber	eher bei chronischer Belastung

Sonstige (Fortsetzung)

Durchblutungsstörungen	Pyrethroide	chronischer Effekt?
Durst	Anilin	bei akuter Vergiftung
	Formaldehyd	bei chronisch-rezidivierender Belastung
Durstgefühl	PCP	eher akute Intoxikation
Empfindungsstörungen	Amalgam	bei chronischer Belastung
Energielosigkeit	Quecksilber	Mikromerkurialismus, milde ausgeprägte chronische Quecksilberintoxikation
erhöhte Reizbarkeit	Thallium	
Ermüdbarkeit, schnelle	Quecksilber	Mikromerkurialismus, milde ausgeprägte chronische Quecksilberintoxikation
Erregungszustände	DDT	bei akuter Vergiftung
Erregungszustände	Bleitetraethyl	bei akuter Vergiftung
Erschöpfung	Palladium	bei chronischer Belastung laut Patientenberichten
	Phenol	bei chronischen Vergiftungen
Flüssigkeitsaufnahme, verminderte	Palladium	
Frösteln	Quecksilberdampf	bei akuter Vergiftung
Geburtsgewicht verringert	PCB	bei chronischer Belastung der Mütter
Gedächtnisstörungen	Formaldehyd	bei chronischer Vergiftung
	Quecksilber	Mikromerkurialismus, milde ausgeprägte chronische Quecksilberintoxikation
Gewichtsverlust	Arsen	bei chronischer Vergiftung
	Amalgam	bei chronischer Belastung
	Benzol	
	Formaldehyd	bei chronischer Vergiftung
	Formaldehyd	bei chronischer Belastung
	Kadmium	bei chronischer Vergiftung
	Palladium	beichronischer Belastung
	PCP	bei chronischer Belastung
	Quecksilber	bei chronischer Belastung
Gliederschmerzen	PCP	eher akute Intoxikation
	Thallium	
Haarausfall	Amalgam	bei chronischer Belastung
	Formaldehyd	bei chronischer Belastung
	Gold	
	Palladium	bei chronischer Belastung
Hämatome	Pyrethroide	bei akuter Vergiftung
hämorrhagische Diathese	Chrom	
Halsschmerzen	Formaldehyd	bei chronischer Belastung
Hyperventilationstetanie	Amalgam	bei chronischer Belastung
	Quecksilber	bei chronischer Belastung
Isozyanatüberempfindlichkeit	Isozyanate	bei Konzentrationen zwischen zehn und zwanzig ppb, bei manchen Menschen auch schon bei einem ppb

Sonstige (Fortsetzung)

Itai-Itai-Krankheit	Kadmium	Chronische Vergiftung durch orale Aufnahme, nur in Japan bekannt
Kältegefühl	Kadmium	bei akuter, inhalativer Vergiftung
Kaffeeunverträglichkeit	PCP	bei chronischer Belastung
kalte Extremitäten	Nitrat, Nitrit	bei akuter Vergiftung
Konzentrationsschwäche	Formaldehyd	bei chronisch-rezidivierender Exposition
	PCP	
	Pyrethroide	chronischer Effekt?
Kurzzeitgedächtnis gestört	Pyrethroide	chronischer Effekt?
Leistungsminderung	Benzol	
	Ozon	bei akuter Vergiftung
Lethargie	Zink	
Libidoverlust	Arsen	bei chronischer Vergiftung
Magen-Darm-Beschwerden	Palladium	
Marasmus	Phenol	bei chronischen Vergiftungen
Mattigkeit	Anilin	bei chronischer Belastung
	Benzol	
	PCP	
Merkfähigkeit reduziert	Quecksilber	Mikromerkurialismus, milde ausgeprägte chronische Quecksilberintoxikation
Metallgeschmack im Mund	Gold	
	Kadmium	bei akuter, inhalativer Vergiftung
	Kupfer	bei akuter und chronischer Vergiftung
	Quecksilber	Mikromerkurialismus, milde ausgeprägte chronische Quecksilberintoxikation
	Styrol	bei akuter Vergiftung
Motivationsverlust	Pyrethroide	chronischer Effekt?
Müdigkeit	Anilin	bei chronischer Vergiftung
	Benzol	
	Formaldehyd	bei chronisch-rezidivierender Exposition
	gamma-HCH, gamma-Hexachlorcyclohexan, Lindan	eher akut
	Isocyanat	
	Kadmium	bei chronischer Vergiftung
	PCB	eher akute Intoxikation
	Pyrethroide	bei akuter Vergiftung
	Thallium	
	Zink	
Müdigkeit, chronische	PCP	
Mundgeruch	Amalgam	bei chronischer Belastung
	Quecksilber	bei chronischer Belastung
Nahrungsaufnahme vermindert	Palladium	bei chronischer Belastung
Nervosität	Formaldehyd	bei chronischer Belastung

Sonstige (Fortsetzung)

Nervosität (Fortsetzung)	Quecksilber	Mikromerkurialismus, milde ausgeprägte chronische Quecksilberintoxikation
Niedergeschlagenheit	Pyrethroide	bei akuter Vergiftung
Ödeme der Extremitäten	PCB	eher akute Intoxikation
Orientierungsstörungen	Thallium	Orientierungsstörungen als Spätfolge einer Thalliumvergiftung können irreversibel sein
psychovegetative Verstimmung	Palladium	bei chronischer Belastung laut Patientenberichten
Quincke-Ödem	lösliche Platinverbindungen	
Rauschzustände	Anilin	bei akuter Vergiftung
	Benzol	
	Phenol	bei akuter Vergiftung
Reaktionszeit verlängert	Xylol	bei chronischer Vergiftung
Reizbarkeit	PCP	bei chronischer Belastung
	Quecksilber	Mikromerkurialismus, milde ausgeprägte chronische Quecksilberintoxikation
	Xylol	bei chronischer Vergiftung
Rheumatische Beschwerden	Silber	eher bei chronischer Belastung
Schlaflosigkeit	Benzol	
	Bleitetraethyl	bei akuter Vergiftung
Schlafstörungen	Amalgam	bei chronischer Belastung
	Formaldehyd	bei chronisch-rezidivierender Exposition
	gamma-HCH, gamma-Hexachlorcyclohexan, Lindan	chronisch
	PCP	
	Quecksilber	bei chronischer Belastung
	Thallium	
	Xylol	bei chronischer Vergiftung
Schlafstörungen, chronische	Phenol	bei chronischen Vergiftungen
Schlappheit	Palladium	bei chronischer Belastung laut Patientenberichten
Schnupfen	Kadmium	bei akuter, inhalativer Vergiftung
Schreckhaftigkeit	Amalgam	bei chronischer Belastung
	Quecksilber	bei chronischer Belastung
Schüchternheit	Amalgam	bei chronischer Vergiftung
	Quecksilber	bei chronischer Belastung
Schwächegefühl	Anilin	bei chronischer Vergiftung
	Arsen	
	Blei	bei chronischer Vergiftung
	gamma-HCH, gamma-Hexachlorcyclohexan, Lindan	eher bei chronischer Belastung
	Kadmium	bei akuter, inhalativer Vergiftung
	Kadmium	bei chronischer Vergiftung

Sonstige (Fortsetzung)

Schwächegefühl (Fortsetzung)	PCB	eher akute Intoxikation
		chronische Quecksilberintoxikation
	Styrol	bei akuter Vergiftung
Schwanken	beta-HCH	
Schweißausbrüche	Kupfer	bei akuter Vergiftung
	PCP	eher akute Intoxikation
	Pyrethroide	bei akuter Vergiftung
Schweißausbrüche, nächtliche	PCP	
Schwindel	Anilin	bei akuter und chronischer Vergiftung
	Benzol	
	beta-HCH	
	Blei	bei akuter Vergiftung mit Bleitetraethyl und chronischer Bleivergiftung
	Formaldehyd	bei chronischer Belastung
	gamma-HCH, gamma-Hexachlorcyclohexan, Lindan	eher akuter Effekt
	Nitrat, Nitrit	bei akuter Vergiftung
	PCP	eher akuter Effekt
	Phenol	bei akuter Vergiftung
	Pyrethroide	bei akuter Vergiftung
	Quecksilber	Mikromerkurialismus, milde ausgeprägte chronische Quecksilberintoxikation
	Silber	eher bei chronischer Belastung
	Styrol	bei akuter Vergiftung
	Toluol	bei akuter Vergiftung
Schwindel, für einige Stunden	Nickelkarbonyl	bei akuter, inhalativer Vergiftung
Schwitzen, starkes	Arsen	bei chronischer Vergiftung
Schwitzen, übermäßiges	Thallium	
Sprachstörungen	Quecksilber	verwaschene Sprache; auch „Psellismus mercurialis“
Stimmungsschwankungen	Quecksilber	chronische Vergiftungen mit niedriger Dosis von elementarem und anorganischen Quecksilber
Stuhlgang vermindert	Palladium	bei chronischer Belastung
Tetanie	Amalgam	bei chronischer Belastung
	Formaldehyd	bei chronischer Belastung
	Quecksilber	bei chronischer Belastung
Tremor mercurialis	Quecksilber	chronische Vergiftungen mit niedriger Dosis elementarem und anorganischen Quecksilber; feinschlägiger Intentionstremor der Finger, Augenlider und Lippen
Übelkeit	Anilin	bei akuter Vergiftung
	Arsen	

Sonstige (Fortsetzung)

Übelkeit (Fortsetzung)	Benzol	
	Blei	bei chronischer Vergiftung
	Formaldehyd	bei chronisch-rezidivierender Exposition
	gamma-HCH, gamma-Hexachlorcyclohexan, Lindan	eher akut
	Kadmium	bei akuter, oraler Vergiftung
	Kupfer	bei akuter Vergiftung
	PCB	eher akute Intoxikation
	PCP	eher akute Intoxikation
	Phenol	bei akuter Vergiftung
	Platinzytostatika	
	Pyrethroide	bei akuter Vergiftung
	Styrol	bei akuter Vergiftung
	Thallium	
	Zink	akute und chronische Vergiftung
Unbehagen	Formaldehyd	bei akuter Vergiftung
Unentschlossenheit	Amalgam	bei chronischer Belastung
	Quecksilber	bei chronischer Belastung
Ungeschicklichkeit	beta-HCH	
Verdauungsstörungen	PCB	eher akute Vergiftung
	Xylol	bei chronischer Vergiftung
Verfallserscheinungen, allgemeine	Nitrat, Nitrit	bei chronischer Vergiftung
Vergeßlichkeit	Silber	eher bei chronischer Belastung
Verhaltensstörungen	Formaldehyd	bei chronischer Belastung
Verlust der Lebensfreude	Pyrethroide	chronischer Effekt?
Verwirrtheit	Pyrethroide	chronischer Effekt?
Wachstumsverzögerung	PCB	bei Kindern, eher nach chronischer Vergiftung
Zerschlagenheit	PCP	bei chronischer Belastung
Zittern	DDT	bei akuter Vergiftung
	alpha-HCH	
	gamma-HCH, gamma-Hexachlorcyclohexan, Lindan	bei akuter Vergiftung
Zitterschrift	Quecksilber	bei chronischer Belastung

Schadstoffbezogenes Screening-Raster

Acetaldehyd	Asthma, chemisch-irritatives	
Acetylcholinesterasehemmer wie E 605	Bronchialkonstriktion	
Acrolein	Asthma, chemisch-irritatives	
Acrylamid	neurasthenisches Syndrom	
Acrylamid	Neuropathie, sensible und motorische gemischt	
Alkohol	Katarakt	
alpha-HCH	Zittern der Arme und Beine	
	Zittern des ganzen Körpers	
	Zittern des Kopfes	
Aluminium	Alkalische Phosphatase erniedrigt	
	Anämie, mikrozytäre	
	Enzephalopathie	
	Erbrechen	bei akuter Vergiftung
	Knochenschmerzen	
	Lungenfibrose	bei chronischer Vergiftung
	Morbus Alzheimer	der Zusammenhang zwischen einer chronischen Aluminiumvergiftung und Morbus Alzheimer ist nicht eindeutig gesichert
	Muskelschmerzen	
	neurologische Störungen	
	Obstipation	
	Osteomalazie	
	Osteopathie	bei chronischer Vergiftung
	Parathormon erniedrigt	
	Visuell-evozierte Potentiale, von der Norm abweichend	
Amalgam	Anämie	bei chronischer Belastung
	Aphten in der Mundhöhle	bei chronischer Belastung
	Aufbrausen	bei chronischer Belastung
	Bronchitis	bei chronischer Belastung
	Depressionen	bei chronischer Belastung
	Empfindungsstörungen	bei chronischer Belastung
	Gelenkschmerzen	bei chronischer Belastung
	Gesichtsneuralgie	bei chronischer Belastung
	Gewichtsverlust	bei chronischer Belastung
	Haarausfall	bei chronischer Belastung
	Hautausschläge	bei chronischer Belastung
	Hörstörungen	bei chronischer Belastung
	Hyperthyreose	bei chronischer Vergiftung
	Hyperventilationstetanie	bei chronischer Belastung
	Hypotonie	bei chronischer Belastung

Amalgan (Fortsetzung)	kupferfarbene Mundschleimhaut	bei chronischer Belastung
	Lähmungen	bei chronischer Belastung
	Mundgeruch	bei chronischer Belastung
	Mundzuckungen	bei chronischer Belastung
	Nasennebenhöhlenentzündung, eitrige	bei chronischer Belastung
	Parodontitis	bei chronischer Belastung
	Psychose	bei chronischer Belastung
	Rachenschmerzen	bei chronischer Belastung
	Schlafstörungen	bei chronischer Belastung
	Schreckhaftigkeit	bei chronischer Belastung
	Schüchternheit	bei chronischer Vergiftung
	Sehstörungen	bei chronischer Belastung
	Sinusitiden	bei chronischer Belastung
	Tetanie	bei chronischer Belastung
	Trigeminusneuralgie	bei chronischer Belastung
	Unentschlossenheit	bei chronischer Belastung
	Wahnvorstellungen	bei chronischer Belastung
	Zitterschrift	bei chronischer Vergiftung
Ammoniak	Asthma, chemisch-irritatives	
Anilin	Anämie mit Heinzkörperbildung	bei chronischer Vergiftung
	Appetitmangel	bei chronischer Vergiftung
	Atmung beschleunigt	bei akuter Vergiftung
	Bewußtlosigkeit	bei akuter Vergiftung
	Bewußtseinseinschränkungen	bei akuter Vergiftung
	depressive Verstimmung	bei chronischer Vergiftung
	Durst	bei akuter Vergiftung
	Erbrechen	bei akuter Vergiftung
	Erstickung, innere	bei akuter Vergiftung
	Koma	bei akuter Vergiftung
	Kopfschmerzen	bei akuter Vergiftung
	Leberschäden	bei akuter Vergiftung
	Magenbeschwerden	bei chronischer Vergiftung
	Mattigkeit	bei chronischer Belastung
	Müdigkeit	bei chronischer Vergiftung
	Nierenschäden	bei akuter Vergiftung
	Pulsbeschleunigung	bei akuter Vergiftung
	Rauschzustände	bei akuter Vergiftung
	Schwäche, allgemeine	bei chronischer Vergiftung
	Schwindel	bei akuter und chronischer Vergiftung
	Übelkeit	bei akuter Vergiftung
	Urämie	bei chronischer Vergiftung
	Zyanose	bei akuter und chronischer Vergiftung
Arsen	Agranulozytose	bei chronischer Vergiftung
	Albuminurie	
	Anämie, aplastische	bei chronischer Vergiftung

Arsen (Fortsetzung=	Anämie, hyperchrome	bei chronischer Vergiftung
	Anämie, hypochrome	bei chronische Vergiftung
	Appetitlosigkeit	bei chronischer Vergiftung
	Atemnot	bei akuter Vergiftung durch Inhalation
	blutiger Stuhl	bei akuten Vergiftungen
	Bronchitis	bei chronischer Vergiftung
	Dermatitis, exfoliative	Spätfolge einer akuten Vergiftung
	Diarrhoe, wässrige	bei akuter Vergiftung
	Ekzem, chronisch	bei chronischer Vergiftung
	Entzündungen im Nasen-Rachenraum	bei chronischer Vergiftung
	Enzephalopatie, Arsen-	bei chronischer Vergiftung
	Enzymurie	Schäden am proximalen Tubulus
	Erbrechen	bei akuten und chronischen Vergiftungen. Im Akutfall sehr starkes Erbrechen
	Exsikkose	bei akuter Vergiftung
	Fieber	bei akuter Vergiftung durch Inhalation
	Fingernägel brüchig	bei chronischer Vergiftung
	Fingernägel gebändert	bei chronischer Vergiftung, Synonym: Mees´sche Nagelbänder
	Gastritis	
	Gastroenteritis	bei akuten Vergiftungen
	Gedächtnisstörungen	
	Gefäßspasmen	bei akuten Vergiftungen
	Geschwüre im Rachenraum	bei chronischer Vergiftung
	Geschwüre in der Vagina	bei chronischer Vergiftung
	Geschwüre, Rektum	bei chronischer Vergiftung
	Gewichtsabnahme	bei chronischer Vergiftung
	Glukosurie	
	Haarausfall	bei chronischer Vergiftung
	Hämaturie	
	Heiserkeit	
	Husten	bei akuter Vergiftung durch Inhalation
	Hyperkeratose mit Verhornungen	bei chronischer Vergiftung, Synonym: Arsenwarzen
	Knöchelödem	bei chronischer Vergiftung
	Kopfschmerzen	bei akuter Vergiftung
	Leberathrophie	bei chronischer Vergiftung
	Lebernekrosen	bei chronischer Vergiftung
	Leberschäden	Spätfolge einer akuten Vergiftung
	Leberverfettung	bei chronischer Vergiftung
	Leberzirrhose	Spätfolge einer chronischen Vergiftung
	Leukozytose	
	Libidoverlust	bei chronischer Vergiftung
	Lidödeme	bei chronischer Vergiftung
	Magenschmerzen	bei akuten und chronische Vergiftungen

Arsen (Fortsetzung)	Magenulzera	bei chronischer Vergiftung
	Mees´sche Nagelbänder	bei chronischer Vergiftung, Fingernägel erscheinen gebändert
	Melanosen	bei chronischer Vergiftung; typische Arsenmelanosen sind graubraune Flecken an Augenlidern, Schläfen, Achselhöhlen und Brustwarzen
	Muskelatrophie	bei chronischer Vergiftung
	Muskelkrämpfe	bei akuter und chronischer Vergiftung
	neurasthenisches Syndrom	
	Neuropathie, sensible und motorische gemischt	
	Nierenversagen, akut	bei akuter Vergiftung
	Obstipation	bei chronischer Vergiftung
	Opticus-Degeneration	systemische Vergiftung
	Parästhesien	bei chronischer Vergiftung
	Polyneuritis	nach ungefähr drei Wochen bei Menschen, die das Akutstadium überlebt haben
	Proteinurie	Schäden am proximalen Tubulus
	Rachenschmerzen	bei akuter Vergiftung
	Rhagaden an Händen und Füßen	bei chronischer Vergiftung, an Handinnenflächen und Fußsohlen
	Salivation	bei chronischer Vergiftung
	Schluckbeschwerden	bei akuter Vergiftung
	Schock	bei akuten Vergiftungen je nach Dosis kann der Kreislaufschock innerhalb einer Stunde oder erst nach 12 bis 48 Stunden eintreten
	Schwächegefühl	
	Schwitzen, starkes	bei chronischer Vergiftung
	thorakale Schmerzen	bei akuter Vergiftung durch Inhalation
	Thrombozytopenie	bei chronischer Vergiftung
	Übelkeit	
	Warzen, -Arsenwarzen	bei chronischer Vergiftung, Arsenwarzen sind Hyperkeratosen mit Verhornungen
Asbest	Pleuraspalt, Obliteration	Symptom der diffusen Pleurafibrose
	Pleuraspalt, Syndesmose	Symptom der diffusen Pleurafibrose
	Rundatelektase	Symptom der diffusen Pleurafibrose
Benzol	Abmagerung	
	Anämie	
	Apathie	
	Augenflimmern	
	Benommenheit	
	Blässe	
	Brechreiz	

Benzol (Fortsetzung)	Fieber	
	Gewichtsverlust	
	Herzrhythmusstörungen	
	Kopfschmerzen	
	Leistungsminderung	
	Leukämie, akute myeloische	
	Leukämie, chronisch lymphatische	
	Leukämie, chronisch myeloische	
	Leukozytopenie	
	Lymphozytose	
	Mattigkeit	
	Menstruation stark und verlängert	
	Müdigkeit	
	Opticus-Degeneration	systemische Vergiftung
	Panzytopenie	
	Pulsbeschleunigung	
	Rauschzustände	
	Schlaflosigkeit	
	Schleimhautblutungen, spontane	
	Schwindel	
	Sehstörungen	die Sehstörungen können bis zur kurzzeitigen Erblindung führen
	Tachykardie	Tachykardien bei geringer Belastung sind ein Leitsymptom für eine chronische Benzolintoxikation
	Thrombozytopenie	
	tonische Krämpfe	
	Übelkeit	
	Zittern der Extremitäten	
beta-HCH	Fallneigung	
	Schwanken	
	Schwindel	
	Ungeschicklichkeit	
Blei	abdominelle Schmerzen, chronisch-rezidivierend	bei chronischer Vergiftung
	Amblyopia saturna	bei chronischer Vergiftung
	Aminoazidurie	akut belastete Kinder, siehe auch Fanconi-Syndrom
	Anämie, hypochrome mit basophilen Einschlüssen	bei akuter und chronischer Vergiftung
	Atrophie, tubuläre	bei chronischer Exposition
	Blässe („Bleiblässe")	bei chronischer Vergiftung
	Bleifallhand	bei chronischer Vergiftung
	Bleilinien an den Wachstumszonen der Epiphysen	durch chronische Vergiftungen bei Kindern

Blei (Fortsetzung)	Bleisaum, grauschwärzliche anuläre Verfärbung am Zahnfleischrand	
	Delirium	bei akuter Vergiftung durch Bleitetraethyl und chronischer Bleivergiftung
	Delta-Aminolaevulinsäure in Harn und Blut erhöht	bei chronischer Vergiftung
	Duodenalulzera	bei chronischer Vergiftung
	Dysfunktionen des kindlichen Hirns	die Hirnschädigung äußert sich durch Hyperaktivität, Minderung der psychomotorischen Fähigkeiten und Störungen in der Feinmotorik
	Enzephalitis	bei chronischer Vergiftung
	Enzephalopathia saturnia	bei chronischer Vergiftung
	Enzephalopathie	bei akuter Vergiftung
	Epileptische Anfälle	vor allem durch akute Bleitetramethyl- und Bleitetraethylvergiftungen.
	Erbrechen	akute Vergiftung
	Fanconi-Syndrom	akut belastete Kinder, Symptome sind ähnlich wie bei Fanconi-Syndrom
	Fibrose, interstitielle	bei chronischer Exposition
	Gedächtnisstörungen	
	Gicht	bei akuter und chronischer Vergiftung, im Rahmen einer Nephropathie
	Glomerulosklerose	bei chronischer Exposition
	Glukosurie	akut belastete Kinder, siehe auch Fanconi-Syndrom
	Hirndrucksteigerung	bei chronischer Vergiftung
	Hypertonie	bei akuter und chronischer Vergiftung
	Koma	bei akuter Vergiftung durch Bleitetraethyl und chronischer Bleivergiftung
	Kopfschmerzen	
	Krampfanfälle, zerebrale beim Säugling	
	Magenulzera	bei chronischer Vergiftung
	Nephropathie	bei akuter und chronischer Vergiftung
	neurasthenisches Syndrom	
	Neuropathie, motorische	vor allem Streckmuskeln der Unterarme betroffen
	Nierenparenchymdestruktion	langandauernde chronische Exposition
	Obstipation	bei akuter Vergiftung
	Opticus-Degeneration	systemische Vergiftung
	Phosphatverlust, renaler	akut belastete Kinder, siehe auch Fanconi-Syndrom
	psychomotorische Funktionen beeinträchtigt	

Blei (Fortsetzung)	Schrumpfniere	bei chronischer Vergiftung
	Schwächegefühl	bei chronischer Vergiftung
	Schwindel	bei akuter Vergiftung mit Bleitetraethyl und chronischer Bleivergiftung
	Splenomegalie beim Säugling	
	Tremor	bei chronischer Vergiftung
	Übelkeit	bei chronischer Vergiftung
	Zentralskotom	bei chronischer Vergiftung
Bleitetraethyl	Angstzustände	bei akuter Vergiftung
	Appetitlosigkeit	bei akuter Vergiftung
	Erregungszustände	bei akuter Vergiftung
	Halluzinationen, akustische und optische	bei akuter Vergiftung
	motorische Störungen	bei akuter Vergiftung
	Schizophrenie	bei akuter Vergiftung
	Schlaflosigkeit	bei akuter Vergiftung
	Sehstörungen	bei akuter Vergiftung
	Sprachstörungen	bei akuter Vergiftung
Brom	Asthma, chemisch-irritatives	
Chlor	Asthma, chemisch-irritatives	
Chlorameisensäuremethylester	Asthma, chemisch-irritatives	
Chlorbenzol	Katarakt	
Chlordane	Krampfanfälle	bei intensivem Kontakt
Chlordecone	Opsoklonus	unregelmäßige schnelle Muskelkrämpfe beider Augen
chlorierte Kohlenwasserstoffe	Anämie, aplastische	
	Chlorakne	
	Dermatitis, toxische	
	Ekzem	
	Enzyminduktion	
	Fettleber	
	Hepatomegalie	
	Hirnatrophie	
	Leberfibrose	
	Leberzirrhose	
	Panmyelophthise	
	Polyneuropathie	
	Porphyria cutanea tarda	
chloroorganische Pestizide	Krampfanfälle	bei intensivem Kontakt
Chlorwasserstoff	Asthma, chemisch-irritatives	
Chrom	Anosmie	bei chronischer Belastung
	Asthma bronchiale	bei chronischer Belastung
	Bauchschmerzen	bei akuter Vergiftung
	Darmblutungen	bei akuter Vergiftung
	Dermatitis	bei chronischer Belastung
	Diabetes mellitus	bei chronischer Belastung

Chrom (Fortsetzung)	Diarrhoe	bei akuter Vergiftung
	Ekzem	
	Ekzem, Zementekzem	bei chronischer Belastung
	Erbrechen, gelbgrünes oder blutiges	bei akuter Vergiftung
	Hämaturie	bei akuter Vergiftung
	Hämolyse mit Methämoglobinbildung	
	hämorrhagische Diathese	
	Hautgeschwüre	bei akuter Vergiftung
	Ikterus	bei akuter Vergiftung
	Leberschäden	
	Lungenödem	bei akuter Vergiftung nach Inhalation
	Lungenschäden	bei chronischer Belastung
	Magenblutungen	bei akuter Vergiftung
	Nasenseptum, Perforation des	bei chronischer Belastung
	Nekrose, tubuläre	bei akuter Vergiftung
	Nierenversagen, akut mit Anurie	bei akuter Vergiftung
	Opticus-Degeneration	systemische Vergiftung
	Pneumonie	bei akuter Vergiftung nach Inhalation
	Reizbeschwerden, gastroenteritische	bei akuter Vergiftung
	Schock	bei akuter Vergiftung
	Schwellung der Mund- und Rachenschleimhaut	bei akuter Vergiftung
	Verätzungen	bei akuter Vergiftung
	Verfärbung der Mund- und Rachenschleimhaut	bei akuter Vergiftung
	Zementekzem	bei chronischer Belastung
	ZNS-Schäden	
DDT	Anämie, aplastische	bei chronischer Belastung
	Ataxie	
	Benommenheit	bei akuter Vergiftung
	Bewegungsstörungen	bei akuter Vergiftung
	Chlorakne	bei chronischer Belastung
	Dermatitis, toxische	bei chronischer Belastung
	Ekzem	bei chronischer Belastung
	Enzyminduktion	bei chronischer Belastung
	Erregung	bei akuter Vergiftung
	Fettleber	bei chronischer Belastung
	Hepatome	bei chronischer Belastung
	Hepatomegalie	bei chronischer Belastung
	Hirnatrophie	bei chronischer Belastung
	humorale Immunabwehr supprimiert	bei chronischer Belastung
	Hypotonie	bei akuter Vergiftung
	Kopfschmerzen	bei akuter Vergiftung
	Krampfanfälle	bei akuter Vergiftung
	Leberfibrose	bei chronischer Belastung
	Leberzirrhose	bei chronischer Belastung

DDT (Fortsetzung)	Neuropathie, sensible und motorische gemischt	nur bei Aufnahme mit der Nahrung beobachtet
	Panmyelopthise	bei chronischer Belastung
	Porphyria cutanea tarda	bei chronischer Belastung
	zelluläre Immunabwehr supprimiert	bei chronischer Belastung
	Zittern	bei akuter Vergiftung
delta-HCH	Muskelkrämpfe	
	Muskelzuckungen	
Dichloräthyläther	Asthma, chemisch-irritatives	
Dichlorbenzol	Katarakt	
Dimethylsulfat	Asthma, chemisch-irritatives	
Dioxin (2,3,7,8-TCDD)	Chlorakne	
	Hyperlipidämie	
	Pigmentstörungen	
	Polyneuropathie mit Schwäche und Gefühllosigkeit	
Ethylenimin	Asthma, chemisch-irritatives	
Fluor	Katarakt	
Formaldehyd	Abgeschlagenheit	bei chronisch-rezidivierender Exposition
	Akne	bei chronischer Belastung
	Alkoholunverträglichkeit	bei chronischer Belastung
	Antriebsverlust	bei chronischer Belastung
	Appetitmangel	bei chronischer Belastung
	Asthma bronchiale	bei chronisch-rezidivierender Exposition
	Asthma, chemisch-irritatives	
	Augenbrennen	bei akuter Vergiftung
	Blasenleiden	bei chronischer Belastung
	Brennen in der Kehle	bei akuter Vergiftung
	Bronchitis	bei chronischer Belastung
	Depressionen	bei chronischer Belastung
	Dermatitis	bei chronisch-rezidivierender Exposition, auch Jahre nach Erstkontakt als allergische Hauterkrankung; auch nach ausschließlicher Inhalation
	Diarrhoe	bei chronisch-rezidivierender Exposition
	Durst	bei chronisch-rezidivierender Exposition
	Dyspnoe	bei akuter Vergiftung
	Ekzem, degeneratives	bei chronisch-rezidivierender Exposition, auch Jahre nach Erstkontakt als allergische Hauterkrankung; auch nach ausschließlicher Inhalation
	Erbrechen	bei chronisch-rezidivierender Exposition
	Gedächtnisstörungen	bei chronischer Vergiftung
	Gewichtsverlust	bei chronischer Vergiftung
	Haarausfall	bei chronischer Belastung

Formaldehyd (Fortsetzung)	Halsschmerzen	bei chronischer Belastung
	Hustenanfälle	bei chronischer Belastung
	Kontaktdermatitis	Typ IV-Reaktion
	Konzentrationsschwäche	bei chronisch-rezidivierender Exposition
	Kopfschmerzen	bei chronisch-rezidivierender Exposition
	Leberschäden	bei akuter Vergiftung
	Lungenödem	bei längerer Einwirkung hoher Konzentrationen
	Lymphknotenschwellung	bei chronischer Belastung
	Magenbeschwerden	bei chronisch-rezidivierender Exposition
	Müdigkeit	bei chronisch-rezidivierender Exposition
	Narkose	bei akuter Vergiftung
	Nasenbrennen	bei akuter Vergiftung
	Nervosität	bei chronischer Belastung
	Nierenschäden	bei akuter Vergiftung und chronischer Belastung
	Pneumonie	bei längerer Einwirkung hoher Konzentrationen
	Reizung der Schleimhäute	
	Schlafstörungen	bei chronisch-rezidivierender Exposition
	Schleimhautirritationen, unspezifische	bei chronisch-rezidivierender Exposition
	Schnupfen, chronischer	bei chronischer Belastung
	Schwindel	bei chronischer Belastung
	Tetanie	bei chronischer Belastung
	Tränenfluß, verstärkter	bei akuter Vergiftung
	Übelkeit	bei chronisch-rezidivierender Exposition
	Unbehagen	bei akuter Vergiftung
	Urtikaria	bei chronisch-rezidivierender Exposition, auch Jahre nach Erstkontakt als allergische Hauterkrankung; auch nach ausschließlicher Inhalation
	Verhaltensstörungen	bei chronischer Belastung
gamma-HCH, gamma-Hexachlorcyclohexan, Lindan	Appetitlosigkeit	eher bei chronischer Belastung
	Benommenheit	bei akuter Vergiftung
	Bewegungsstörungen	bei akuter Vergiftung
	gastrointestinale Beschwerden	eher bei chronischer Belastung
	Hepatopathie	eher chronischer Effekt
	Herzrhythmusstörungen	eher chronischer Effekt
	Hyperthermie	eher akuter Effekt
	Hypotonie	bei akuter Vergiftung
	Knochenmarksschäden	eher bei chronischer Belastung
	Koma	eher akuter Effekt
	Kopfschmerzen	eher akuter Effekt

Lindan (Fortsetzung)	Lähmungserscheinungen	eher akuter Effekt
	Leberschäden	eher bei chronischer Belastung
	Müdigkeit	eher akuter Effekt
	Parästhesien	eher bei chronischer Belastung
	Schlafstörungen	chronisch
	Schwächegefühl	eher bei chronischer Belastung
	Schwindel	eher akuter Effekt
	Übelkeit	eher akuter Effekt
	zerebrale Erregbarkeit erhöht	
	Zittern	bei akuter Vergiftung
Glykole	Enzymurie	Schäden am proximalen Tubulus
	Glukosurie	
	Proteinurie	Schäden am proximalen Tubulus
Gold	Blutbildveränderungen	
	Cholestase	
	Dermatitis	
	Glomerulonephritis, perimembranöse	
	Granulozytopenie	
	Haarausfall	
	hämatopoetisches System gestört	
	Juckreiz der Haut	
	Metallgeschmack im Mund	
	Mikrohämaturie	
	Panzytopenie	
	pathologische Leberwerte	
	Photosensibilisierung	
	Proteinurie	
	Stomatitis	
	Thrombozytopenie	
Halogenkohlenwasserstoffe	Katarakt	
Hexachlorbenzol, HCB	Arthritis	bei akuter Vergiftung
	Epidermolyse	bei akuter Vergiftung
	Hautpigmentierung erhöht	bei akuter Vergiftung
	Lebervergrößerung	bei akuter Vergiftung
	Muskelatrophie	bei akuter Vergiftung
	Muskelkrämpfe	
	Porphyrie	bei akuter Vergiftung und vermutlich auch bei chronischer Exposition
	Schleimhautreizung	bei akuter Vergiftung
Isocyanate	Akkomodationslähmung	nicht bewiesen
	Asthma bronchiale	
	Atemwegsreizung	bei akuter Vergiftung und chronischer Belastung
	Bronchitis	nach Inhalation von mehr als 0,02 ppm Isocyanat
	Bronchitis, chronisch-obstruktive	

Isocyanate (Fortsetzung)	Dyspnoe	
	Hustenreiz	bei Isocyanatüberempfindlichkeit
	Isozyanatüberempfindlichkeit	bei Konzentrationen zwischen 10-20 ppb, bei manchen Menschen auch schon bei 1 ppb
	Kurzatmigkeit	bei Isocyanatüberempfindlichkeit
	Lungenödem	bei akuter Belastung
	Müdigkeit	
	Nachtschweiß	nach Inhalation von mehr als 0,02ppm Isocyanat
	Mydriasis, reversible	nicht bewiesen
	Pharyngitis	nach Inhalation von mehr als 0,02ppm Isocyanat
	Reizung der Augenschleimhaut	bei akuter Vergiftung
	Rhinitis	nach Inhalation von mehr als 0,02ppm Isocyanat
	Schäden an den Lungenbläschen	bei akuter Vergiftung
	Zyanose	bei akuter Vergiftung
Jod	Asthma, chemisch-irritatives	
Kadmium	Abdominalschmerzen	bei akuter, oraler Vergiftung
	Aminoazidurie	fortgeschrittenes Stadium der Kadmium-Nephropathie
	Anämie	
	Anosmie	bei chronischer Vergiftung
	Atemnot	24 bis 36 Stunden nach Expositionsende, bei akuter inhalativer Vergiftung
	Auswurf, blutig-schleimig	24 bis 36 Stunden nach Expositionsende, bei akuter inhalativer Vergiftung
	Blässe	bei chronischer Vergiftung
	Diarrhoe	bei akuter, oraler Vergiftung
	Emphysem	bei chronischer Vergiftung
	Erbrechen	bei akuter, oraler Vergiftung
	Fanconi-Syndrom	fortgeschrittenes Stadium der Kadmium-Nephropathie
	Gastroenteritis	bei akuter, oraler Vergiftung
	gelber Ring an den Zähnen (Kadmiumring)	erstes Anzeichen einer chronischen Vergiftung
	Gewichtsverlust	bei chronischer Vergiftung
	Glukosurie	fortgeschrittenes Stadium der Kadmium-Nephropathie
	Harnsäureverlust, renaler	fortgeschrittenes Stadium der Kadmium-Nephropathie
	Hodenzerstörung, totale	nach Kadmiuminjektion

Kadmium (Fortsetzung)	Husten, starker	24 bis 36 Stunden nach Expositionsende, bei akuten inhalativen Vergiftungen
	Insuffizienz, respiratorische	24 bis 36 Stunden nach Expositionsende, bei akuter inhalativer Vergiftung
	Itai-Itai-Krankheit	chronische Vergiftung durch orale Aufnahme, nur in Japan bekannt
	Kadmiumring (gelber Ring an den Zähnen)	erstes Anzeichen einer chronischen Vergiftung
	Kältegefühl	bei akuter, inhalativer Vergiftung
	Kalziumverlust, renaler	fortgeschrittenes Stadium der Kadmium-Nephropathie
	Konzentrationsfähigkeit der Niere vermindert	fortgeschrittenes Stadium der Kadmium-Nephropathie
	Kopfschmerzen	bei akuter oraler und inhalativer Vergiftung
	Kurzatmigkeit	bei akuter, inhalativer Vergiftung
	Leberschäden	bei chronischer Vergiftung
	Lungenödem	24 bis 36 Stunden nach Expositionsende, bei akuten inhalativen Vergiftungen
	Metallgeschmack im Mund	bei akuter, inhalativer Vergiftung
	Mineralhaushalt der Knochen gestört	bei chronischer Vergiftung
	Müdigkeit	bei chronischer Vergiftung
	Nephrolithiasis	bei chronischer Vergiftung
	Nierenparenchymdestruktion	langandauernde chronische Exposition
	Osteomalazie	bei chronischer Vergiftung
	Phosphatverlust, renaler	fortgeschrittenes Stadium der Kadmium-Nephropathie
	Proteinurie	
	retrosternales Brennen	bei akuter, inhalativer Vergiftung
	Rhinitis atrophicans mit wässrigem Ausfluß	bei chronischer Vergiftung
	Schnupfen	bei akuter, inhalativer Vergiftung
	Schock	bei akuter, oraler und inhalativer Vergiftung
	Schüttelfrost	bei akuter, inhalativer Vergiftung
	Schwächegefühl	bei akuter, inhalativer Vergiftung
	Schwächegefühl	bei chronischer Vergiftung
	Tenesmen	bei akuter, oraler Vergiftung
	trockener Rachen	bei chronischer Vergiftung
	Übelkeit	bei akuter, oraler Vergiftung

Kobaltstaub	Asthma, chemisch-irritatives	
Kohlenmonoxid	Blindheit, kortikale	bei schwerer Vergiftung; ab CO-Hb-Gehalt von 20 Prozent bereits Veränderung der visuellen evozierten Potentiale
	Dunkeladaptation verzögert	vor allem bei Rauchern
	Neuropathie, sensible und motorische gemischt	nur bei schwerer Vergiftung
	Opticus-Degeneration	systemische Vergiftung
	Parkinson-Syndrom	
	Retrobulbärneuritis	bei schwerer Vergiftung; ab CO-Hb-Gehalt von 20 Prozent bereits Veränderung der visuellen evozierten Potentiale
Kohlenstoffdisulfid	Gedächtnisstörungen	
	Neuropathie der Hirnnerven	
	Parkinson-Syndrom	
	psychomotorische Funktionen beeinträchtigt	
	Psychose	
Kupfer	Anämie	bei chronischer Vergiftung
	Apathie	bei akuter Vergiftung
	Blaufärbung der Lunge	bei chronischer Vergiftung
	Dermatitis, Kupferdermatitis	bei chronischer Vergiftung die Dermatitis manifestiert sich insbesondere als Keratitis der Handflächen und Fußsohlen
	Diarrhoe	bei akuter Vergiftung
	Ekzem, juckend und papuloveskulär	bei akuter Vergiftung
	Erbrechen, blaugrün	bei akuter Vergiftung
	Fieber	bei akuter Vergiftung, Synonym: Metalldampffieber
	Gefäßlähmungen	bei akuter Vergiftung
	Gehirnschäden	bei chronischer Vergiftung
	Grünfärbung der Haut, Haare und Zähne	bei chronischer Vergiftung
	Hämoglobinurie	bei akuter Vergiftung
	Hämolyse	bei akuter Vergiftung
	Herzschwäche, zunehmende	bei akuter Vergiftung
	Irritationen des oberen Atemtrakts	bei akuter Vergiftung
	Kayser-Fleischer-Kornealring	DD: Morbus Wilson (hereditärer Coeruloplasminmangel)
	Koma	bei akuter Vergiftung
	Konjunktivitis	bei akuter Vergiftung
	Kopfschmerzen	bei akuter Vergiftung
	Kornea, Trübung der	bei akuter Vergiftung
	Kornea-Ulzeration	bei akuter Vergiftung

Kupfer (Fortsetzung)	Kupferdermatitis	bei chronischer Vergiftung, die Dermatitis manifestiert sich insbesondere als Keratitis der Handflächen und Fußsohlen
	Leberzirrhose	bei chronischer Vergiftung
	Leberzirrhose bei Säuglingen und Kleinkindern	bislang in der norddeutschen Tiefebene und im Bayrischen Wald beobachtet
	Leukozytose	bei akuter Vergiftung
	Lidödeme	bei akuter Vergiftung
	Lunge, Kupferablagerungen in der	bei chronischer Vergiftung
	Lungenfibrose	bei chronischer Vergiftung
	Metallischer Geschmack im Mund	bei akuter und chronischer Vergiftung
	Myoglobinämie	bei akuter Vergiftung
	Nierenversagen, akut	bei akuter Vergiftung
	Schock	bei akuter Vergiftung
	Schweißausbrüche	bei akuter Vergiftung
	Tränende Augen	bei akuter Vergiftung
	Übelkeit	bei akuter Vergiftung
	Zinkmangel	bei chronischem Kupferüberschuß
Lindan	siehe gamma-HCH	
lösliche Platinverbindungen	Asthma bronchiale	
	Dyspnoe	
	Inhalationsallergie	
	Konjunktivitis	
	Kontaktdermatitis	
	Lymphatisches Gewebe hypertrophiert	
	Lymphozytose	
	Quincke-Ödem	
	Rhinitis	
	Urtikaria	
	Zyanose	
Lösungsmittel	Asthma, chemisch-irritatives	
	Enzephalopathie, leichte chronische toxische	
	Psychosyndrom, leichtes organisches	Lösungsmittelfolgeschaden Typ I; Reizbarkeit, schnelle Ermüdbarkeit, Konzentrationsstörungen, Interesselosigkeit
Mangan	Ataxie	
	Gedächtnisstörungen	
	neurasthenisches Syndrom	
	Opticus-Degeneration	systemische Vergiftung
	Parkinson-Syndrom	
	Psychose	
Metallstäube	Asthma, chemisch-irritatives	

Methanol	Nystagmus	Vergiftungen meist durch orale Aufnahme, aber auch systemische Resorption über Lunge und Haut
	Opticus-Degeneration	
	Ptosis	
	Visus-Beeinträchtigung	
Methyl-n-butyl-Ketone	Ataxie	
	neurasthenisches Syndrom	
Methyl-Quecksilber	Minamata-Krankheit	Symptome der Minamata-Krankheit: Seh- und Hörstörungen, Störungen des Tastempfindens und abnorme Bewegungen
n-Hexan	Ataxie	
	Visus-Beeinträchtigung	
Naphthalin	Asthma, chemisch-irritatives	
Nickel	Anosmie	bei chronischer Inhalation von Nickeldampf
	Atemwegsschäden, chronische	bei chronischer Inhalation von Nickeldampf
	Bradykardie	bei akuter, oraler Vergiftung
	Brechdurchfälle, beides grüngefärbt	bei akuter Vergiftung
	choreaähnliche Bewegungen	bei akuter, oraler Vergiftung
	Herzstillstand	bei akuter, oraler Vergiftung
	Hyperkalzämie	bei akuter, oraler Vergiftung
	Kontaktallergie	bei chronischer Exposition, neben dem Hautkontakt können auch die Inhalation von Nickeldämpfen und die orale Nickel-Aufnahme allergieauslösend sein
	Kopfschmerzen	
	Krämpfe, zerebrale	bei akuter, oraler Vergiftung
	Lähmungen	bei akuter, oraler Vergiftung
	Schleimhautatrophie	bei chronischer Inhalation von Nickeldampf
	Schnupfen, chronischer	bei chronischer Exposition gegenüber löslicher, nickelsalzhaltiger Aerosolen
	Sinusitiden	bei chronischer Exposition gegenüber löslichen, nickelsalzhaltigen Aerosolen
	Urin grün gefärbt	bei akuter, oraler Vergiftung
Nickelkarbonyl	Atemnot	12 Stunden bis fünf Tage nach akuter, inhalativer Vergiftung
	Beklemmungsgefühl in der Brust	12 Stunden bis fünf Tage nach akuter, inhalativer Vergiftung
	Erbrechen, für einige Stunden	bei akuter, inhalativer Vergiftung
	Hirnödem	12 Stunden bis fünf Tage nach akuter, inhalativer Vergiftung

Nickelkarbonyl (Fortsetzung)	Husten, schmerzhafter	12 Stunden bis fünf Tage nach akuter, inhalativer Vergiftung
	Hyperglykämie	12 Stunden bis fünf Tage nach akuter, inhalativer Vergiftung
	Kopfschmerzen, für einige Stunden	bei akuter, inhalativer Vergiftung
	Leberglykogen vermindert	12 Stunden bis fünf Tage nach akuter, inhalativer Vergiftung
	Lungenfibrose	bei Überlebenden einer akuten, inhalativen Vergiftung
	Lungenödem	12 Stunden bis fünf Tage nach akuter, inhalativer Vergiftung
	Muskelglykogen erhöht	12 Stunden bis fünf Tage nach akuter, inhalativer Vergiftung
	Pneumonie, interstitielle	12 Stunden bis fünf Tage nach akuter, inhalativer Vergiftung
	Schwindel, für einige Stunden	bei akuter, inhalativer Vergiftung
	thorakale Schmerzen, für einige Stunden	bei akuter, inhalativer Vergiftung
	Zyanose	12 Stunden bis fünf Tage nach akuter, inhalativer Vergiftung
Nickelstaub	Asthma, chemisch-irritatives	
Nitrat	Kropfbildung	Nitrat verdrängt Jod bei der Aufnahme durch den Organismus; Folge: Jodmangel und endogene Kropfbildung
	Methämoglobinämie	besonders gefährlich für Säuglinge
Nitrat, Nitrit	Anämien, sekundäre	bei chronischer Vergiftung
	Bauchschmerzen	bei akuter Vergiftung
	Blaufärbung der Schleimhäute	bei akuter Vergiftung
	Bradykardie	bei akuter Vergiftung
	Diarrhoe	bei akuter Vergiftung
	Erbrechen, blutiges	bei akuter Vergiftung
	Gefäßmuskulatur: Erschlaffung der venösen und arteriellen …	bei akuter Vergiftung
	Hautrötung	bei akuter Vergiftung
	Hypotonie	bei akuter Vergiftung
	kalte Extremitäten	bei akuter Vergiftung
	Kopfschmerzen	bei akuter Vergiftung
	Schwindel	bei akuter Vergiftung
	Verfallserscheinungen, allgemeine	bei chronischer Vergiftung
Nitrobenzol	Anämie	bei akuter Vergiftung und chronischer Belastung
	Erbrechen	bei akuter Vergiftung
	Hautschäden	bei chronischer Belastung
	Koma	bei akuter Vergiftung
	Kopfschmerzen	bei akuter Vergiftung

Nitrobenzol (Fortsetzung)	Leberschäden	bei akuter Vergiftung und chronischer Belastung
	Methämoglobinbildung	bei akuter Vergiftung
	Nierenschäden	bei akuter Vergiftung
	ZNS-Schäden	bei akuter Vergiftung
	Zyanose	bei akuter Vergiftung
Nitrosegase	Asthma, chemisch-irritatives	
	Lungenödem	bei akuter Vergiftung
Nitroverbindungen	Opticus-Degeneration	systemische Vergiftung
organische Quecksilberverbindungen	Apathie	bei chronischer Belastung
	Epileptische Anfälle	
	Gastroenteritis	bei chronischer Belastung
	Leberschäden	bei chronischer Belastung
	Nierenfunktionsstörungen	bei chronischer Belastung
	Parästhesien	bei chronischer Belastung
	Schwerhörigkeit	
Organo-Zinn-Verbindungen	Epileptische Anfälle	
	Querschnittslähmung	
Organophosphate	psychomotorische Funktionen beeinträchtigt	
Ozon	Asthmaanfälle, zunehmende Häufigkeit	bei akuter Vergiftung
	Atembeschwerden	bei akuter Vergiftung
	Atemwegsreizung	bei akuter Vergiftung
	Augenbrennen	
	Husten	bei akuter Vergiftung
	Kopfschmerzen	
	Leistungsfähigkeit reduziert	bei akuter Vergiftung
	Lungenfunktionsänderungen	bei akuter Vergiftung und körperlicher Aktivität im Freien
	Lungengewebe, entzündliche Reaktionen	bei akuter Vergiftung
	Lungengewebe, morphologische Veränderungen	bei chronischer Vergiftung möglich
	Tränenreiz	bei akuter Vergiftung
Palladium	Absterben der Zähne	bei chronischer Belastung
	Depressionen	bei chronischer Belastung
	Entzündung, lokale	bei chronischer Belastung laut Patientenberichten
	Erschöpfung	bei chronischer Belastung laut Patientenberichten
	Flüssigkeitsaufnahme, verminderte	
	Gesichtslähmungen	bei chronischer Belastung
	Gewichtsverlust	bei chronischer Belastung
	Haarausfall	bei chronischer Belastung
	Herzrhythmusstörungen	bei chronischer Belastung

Palladium (Fortsetzung)	Knochendegeneration im Kieferbereich	bei chronischer Belastung laut Patientenberichten
	Kontaktdermatitis	
	Kontaktmukositis	
	Kopfschmerzen	bei chronischer Belastung laut Patientenberichten
	Lichen planus	
	Magen-Darm-Beschwerden	
	Muskeldystrophie	bei chronischer Belastung laut Patientenberichten
	Nahrungsaufnahme vermindert	bei chronischer Belastung
	Paradontose	bei chronischer Belastung laut Patientenberichten
	Proteinurie	bei chronischer Belastung
	psychovegetative Verstimmung	bei chronischer Belastung laut Patientenberichten
	Schlappheit	bei chronischer Belastung laut Patientenberichten
	Schmerzen in der Mundhöhle	bei chronischer Belastung
	Stuhlgang vermindert	bei chronischer Belastung
	Urinausscheidung, vermindert	bei chronischer Belastung
	Zunge, rot und zerklüftet	
Paradichlorbenzen	Katarakt	
PCB	Alkalische Phosphatase erhöht	
	Anämie, aplastische	
	Areflexie	im Rahmen einer sensiblen Neuropathie
	Bilirubin im Serum erhöht	
	Bronchitis, chronische	
	Chlorakne	
	Dermatitis, toxische	
	Diarrhoe	eher akute Intoxikation
	Ekzem	
	Enzyminduktion	
	Erytheme der Extremitäten	eher akute Intoxikation
	Erythrozytenzahl verringert	eher bei chronischer Vergiftung
	Gammaglobuline erniedrigt	eher bei chronischer Vergiftung
	Geburtsgewicht verringert	bei chronischer Belastung der Mütter
	Gelenkschmerzen	eher bei chronischer Vergiftung
	Hämoglobin vermindert	eher bei chronischer Vergiftung
	Hautpigmentationen	eher akute Intoxikation
	Hepatomegalie	
	Herzrhythmusstörungen	eher bei chronischer Vergiftung
	Hirnatrophie	
	Hörstörungen	eher akute Intoxikation
	Hypaesthesie	im Rahmen einer sensiblen Neuropathie

PCB (Fortsetzung)	Hyperkeratose	
	Hyperlipidämie	bei Kindern, eher nach chronischer Vergiftung
	Hyperpigmentierung	
	Hypertrophie der Leberzellen	eher bei chronischer Vergiftung
	Ikterus	eher akute Intoxikation
	Infektanfälligkeit	
	Juckreiz der Haut	eher akute Intoxikation
	Konjunktivitis	eher bei chronischer Vergiftung
	Kopfschmerzen	eher akute Intoxikation
	Leberfibrose	
	Leberverfettung	eher bei chronischer Vergiftung
	Leberzirrhose	
	Leukozytose	eher bei chronischer Vergiftung
	Lidödeme	eher bei chronischer Vergiftung
	Lidschwellungen	eher akute Intoxikation
	Lymphozytopenie	eher bei chronischer Vergiftung
	Meibohmsche Drüsen: Schwellung und Hypersekretion	
	Müdigkeit	eher akute Intoxikation
	Neuropathie, sensible mit Taubheit	im Rahmen einer sensiblen Neuropathie
	Ödeme der Extremitäten	eher akute Intoxikation
	Panmyelophthise	
	Pigmentierung der Nägel	
	Pigmentierung der Schleimhäute	
	Polyneuropathie	
	Pophyria cutanea tarda	
	Porphyrie, hepatische	eher bei chronischer Vergiftung
	Schwächegefühl	eher akute Intoxikation
	Sehstörungen	eher akute Intoxikation
	Tränende Augen	eher akute Intoxikation
	Transaminasen erhöht	
	Triglyzeride im Serum erhöht	
	Übelkeit	eher akute Intoxikation
	Verdauungsstörungen	eher akute Intoxikation
	Wachstumsverzögerung	bei Kindern, eher nach chronischer Vergiftung
	Zyklusstörungen	
PCP	Abmagerung	
	Akneförmige Hautveränderungen	
	Akrozyanose	eher akute Intoxikation
	Alkoholunverträglichkeit	bei chronischer Belastung
	Anämie	nur einzelne Berichte, meist kein zweifelsfreier Zusammenhang
	Angstzustände	
	Antriebsschwäche	

PCP (Fortsetzung)	Apathie	eher akute Intoxikation
	Appetitlosigkeit	
	Atemnot	bei akuter Vergiftung
	Atmung beschleunigt	eher akuter Effekt
	Augenbrennen	
	Bewußtlosigkeit	bei akuter Vergiftung
	Bilirubin im Serum erhöht	bei chronischer Belastung
	Blutdruckanstieg	eher akute Intoxikation
	Chlorakne	
	Chromosomenabbrüche in Lymphozyten erhöht	bei Arbeitern in der PCP-Herstellung
	Depressionen	
	Diarrhoe	
	Durstgefühl	eher akute Intoxikation
	Eosinophilie	bei chronischer Belastung
	Erbrechen	
	Erythropoese, Störung der	
	Fieber	bei akuter Vergiftung
	Gelenkschmerzen	bei chronischer Belastung
	Gewichtsabnahme	bei chronischer Belastung
	GLDH-Aktivität erhöht	bei chronischer Belastung
	Gleichgewichtsstörungen	bei chronischer Belastung
	Gliederschmerzen	eher akute Intoxikation
	Haarausfall	bei chronischer Belastung
	Hautausschläge	bei chronischer Belastung
	Heiserkeit	
	Herzrhythmusstörungen	
	Herzversagen	bei akuter Vergiftung
	Hyperpigmentierungen im Gesicht	
	Hyperpyrexie	bei akuter Vergiftung
	Hyperthermie	eher akute Intoxikation
	IgA erhöht	bei chronischer Belastung
	IgM erhöht	bei chronischer Belastung
	Infektanfälligkeit	
	Iritis	chronische Exposition gegenüber Stäuben und Dämpfen
	Kaffeeunverträglichkeit	bei chronischer Belastung
	Knochenschmerzen	
	Koma	bei akuter Vergiftung
	Konjunktivitis	chronische Exposition gegenüber Stäuben und Dämpfen
	Konzentrationsstörungen	
	Kopfschmerzen	
	Kreatin-Phosphokinase erhöht	bei chronischer Belastung
	Leberschäden	

PCP (Fortsetzung)	Leukämie	
	Leukozytose	bei chronischer Belastung
	Lungenödem	bei akuter Vergiftung
	Lymphknotenschwellung	
	Lymphome	
	Lymphozytose	bei chronischer Belastung
	Mattigkeit	
	Morbus Hodkin	nur einzelne Berichte, meist kein zweifelsfreier Zusammenhang
	Müdigkeit, chronische	
	Muskelschmerzen	bei chronischer Belastung
	Muskelschwäche	eher bei akuter Vergiftung
	Muskelspasmen	eher bei akuter Vergiftung
	Mydriasis	chronische Exposition gegenüber Stäuben und Dämpfen
	Myokarditis, toxische	bei chronischer Belastung
	Nervenschmerzen	bei chronischer Belastung
	Neuralgie	bei chronischer Belastung
	neurasthenisches Syndrom	bei chronischer Belastung
	Neuropathie, periphere	
	Nierenfunktionsstörungen	bei chronischer Belasttung
	Parästhesien	eher akute Intoxikation
	Pharyngitis	chronische Exposition gegenüber Stäuben und Dämpfen
	Porphyria cutanea tarda	bei chronischer Belastung
	Reizbarkeit	bei chronischer Belastung
	Reizbeschwerden, gastroenteritische	
	Reizung der Haut	
	Reizung der Schleimhäute	
	Schlafstörungen	
	Schweißausbrüche	eher akute Intoxikation
	Schweißausbrüche, nächtliche	
	Schwindel	eher akuter Effekt
	Sehschwäche	chronische Exposition gegenüber Stäuben und Dämpfen
	Sinusitis	chronische Exposition gegenüber Stäuben und Dämpfen
	Skotome	chronische Exposition gegenüber Stäuben und Dämpfen
	Stimmverlust	
	Tachykardie	eher akute Intoxikation
	Tachypnoe	bei akuter Vergiftung
	Temperaturerhöhung	bei chronischer Belastung
	Tonsillenrötung	bei chronischer Belastung
	Übelkeit	eher akute Intoxikation
	Zerschlagenheit	bei chronischer Belastung

Perchlorethylen	psychomotorische Funktionen beeinträchtigt	
Pestizide	Makula-Degeneration	bislang nur im Tierversuch
	Myopie	nicht bewiesen Ursache der Kurzsichtigkeit soll die starke cholinomimetische Reaktion im Nervensystem sein
	Opticus-Neuritis	nicht bewiesen
Phenol	Appetitlosigkeit	bei chronischen Vergiftungen
	Atemlähmung	bei akuter Vergiftung
	Erbrechen	bei akuter Vergiftung
	Erschöpfung	bei chronischen Vergiftungen
	Herzrhythmusstörungen	bei chronischer Vergiftung
	Kopfschmerzen	bei chronischen Vergiftungen
	Leberschäden	bei akuter und chronischer Vergiftung
	Kollabs	bei akuter Vergiftung
	Marasmus	bei chronischen Vergiftungen
	Milzschäden	bei chronischer Vergiftung
	neuropsychiatrische Störungen	bei akuter Vergiftung
	Nierenschäden, systemisch	bei akuter und chronischer Vergiftung
	Rauschzustände	bei akuter Vergiftung
	Schädigung des blutbildenden Systems	bei chronischer Belastung
	Schlafstörungen, chronische	bei chronischen Vergiftungen
	Schwindel	bei akuter Vergiftung
	Temperaturabfall	bei akuter Vergiftung
	Übelkeit	bei akuter Vergiftung
Phosgen	Asthma, chemisch-irritatives	
Phosphortrichlorid	Asthma, chemisch-irritatives	
Platinstaub	Asthma, chemisch-irritatives	
Platinzytostatika	Erbrechen	
	Hörverlust	
	Neuropathien	
	Tinnitus	
	Übelkeit	
Pyrethroide	Antriebsschwäche	chronisch?
	Augenreizungen	akute Vergiftung
	Bauchschmerzen, krampfartige	akute Vergiftung
	Beeinträchtigung der intellektuellen Leistungsfähigkeit	chronisch?
	Bewußtseinsstörungen	akute Vergiftung
	depressive Lebenseinstellung	chronisch?
	depressive Verstimmung	akute Vergiftung
	Diarrhoe	akute Vergiftung
	Durchblutungsstörungen	chronisch?
	Erbrechen	akute Vergiftung
	Gleichgewichtsstörungen	chronisch?

Pyrethroide (Fortsetzung)	Hämatome	akute Vergiftung
	Harn, blutiger	akute Vergiftung
	Hautreizung	akute Vergiftung
	Herzjagen	akute Vergiftung
	Koma	akute Vergiftung
	Konzentrationsstörungen	chronisch?
	Kopfschmerzen	akute Vergiftung
	Krampfanfälle	akute Vergiftung
	Kurzzeitgedächtnis gestört	chronisch?
	Lungenödem	akute Vergiftung
	Mißempfindungen (Stechen, Jucken, Brennen)	akute Vergiftung
	Motivationsverlust	chronisch?
	Müdigkeit	akute Vergiftung
	Mundreizung, schmerzhafte	akute Vergiftung
	Nasenlaufen	akute Vergiftung
	Niedergeschlagenheit	akute Vergiftung
	Obstipation	chronisch?
	Rachenreizung, schmerzhafte	akute Vergiftung
	Reizung der Schleimhäute	akute Vergiftung
	Schweißausbrüche	akute Vergiftung
	Schwindel	akute Vergiftung
	Silbenverdreher	chronisch?
	Taubheitsgefühl	akute Vergiftung
	Tränende Augen	akute Vergiftung
	Übelkeit	akute Vergiftung
	Verlust der Lebensfreude	chronisch?
	Verwirrtheit	chronisch?
	Wortfindungsstörungen	chronisch?
Pyrethroide mit alfa-Zyanogruppe	Choreoathetose	akute Vergiftung
	Salivation	akute Vergiftung
Pyrethroide ohne alfa-Zyanogruppe	Tremor	akute Vergiftung
Quecksilber	Abgeschlagenheit	Mikromerkurialismus, milde ausgeprägte chronische Quecksilberintoxikation
	Anämie	bei chronischer Belastung
	Antibiotikaresistenzen	bei chronischer Belastung
	Aphten in der Mundhöhle	bei chronischer Belastung
	Appetitmangel	Mikromerkurialismus, milde ausgeprägte chronische Quecksilberintoxikation
	Arbeitsunlust	Mikromerkurialismus, milde ausgeprägte chronische Quecksilberintoxikation
	Asthma bronchiale	bei chronischer Belastung
	Ataxie	

Quecksilber (Fortsetzung)	Aufbrausen	bei chronischer Belastung
	blauvioletter Saum an den Zahnhälsen	bei chronischer Belastung
	Bronchitis	bei chronischer Belastung
	Depressionen	bei chronischer Belastung
	Diarrhoe	bei akuter Vergiftung
	Empfindungsstörungen	bei chronischer Belastung
	Energielosigkeit	Mikromerkurialismus, milde ausgeprägte chronische Quecksilberintoxikation
	Erbrechen	bei akuter Vergiftung
	Erethismus mercurialis	Persönlichkeitsveränderungen, Befangenheit, Stimmungsschwankungen, Schreckhaftigkeit, Gedächtnisschwund
	Ermüdbarkeit, schnelle	Mikromerkurialismus, milde ausgeprägte chronische Quecksilberintoxikation
	Gedächtnisstörungen	Mikromerkurialismus, milde ausgeprägte chronische Quecksilberintoxikation
	Gelenkschmerzen	bei chronischer Belastung
	Gesichtsfeld, eingeengtes	
	Gesichtsneuralgien	chronische Belastung durch Quecksilberdampf und -ionen aus Amalgamfüllungen
	Gewichtsverlust	bei chronischer Belastung
	Glomerulonephritis, tubuläre	Quecksilber-Nephropathie bei niedriger chronischer Exposition durch Anlagerung von Immunkomplexen an der glomerulären Basalmembran
	Haarausfall	bei chronischer Belastung
	Hautaussschläge	bei chronischer Belastung
	Herzrhythmusstörungen	bei chronischer Belastung
	Hörstörungen	bei chronischer Belastung
	Hyperthyreose	bei chronischer Belastung
	Hyperventilationstetanie	bei chronischer Belastung
	Hypotonie	bei chronischer Belastung
	Infektanfälligkeit erhöht	bei chronischer Belastung
	Kopfschmerzen	Mikromerkurialismus, milde ausgeprägte chronische Quecksilberintoxikation
	kupferfarbene Mundschleimhaut	bei chronischer Belastung
	Lähmungen	bei chronischer Belastung
	Magenschmerzen	Mikromerkurialismus, milde ausgeprägte chronische Quecksilberintoxikation

Quecksilber (Fortsetzung)	Merkfähigkeit reduziert	Mikromerkurialismus, milde ausgeprägte chronische Quecksilberintoxikation
	Metallgeschmack im Mund	Mikromerkurialismus, milde ausgeprägte chronische Quecksilberintoxikation
	Mundgeruch	bei chronischer Belastung
	Mundzuckungen	bei chronischer Belastung
	Muskelkrämpfe	
	Muskelschwäche	Mikromerkurialismus, milde ausgeprägte chronische Quecksilberintoxikation
	Nephritis	siehe auch Proteinurie
	Nervosität	Mikromerkurialismus, milde ausgeprägte chronische Quecksilberintoxikation
	neurasthenisches Syndrom	
	Neuropathie, sensible und motorische gemischt	sensible Defizite, vor allem distal
	Nystagmus	
	Opticus-Degeneration	systemische Vergiftung
	Parodontitis	chronische Belastung aus Amalgamfüllungen
	Persönlichkeitsveränderungen	chronische Vergiftungen mit niedriger Dosis elementarem und anorganischen Quecksilber
	Pneumonie	chronische Belastung aus Amalgamfüllungen
	Polyurie	bei akuter Vergiftung
	Proteinurie	Schäden am proximalen Tubulus, Nephritis
	psychomotorische Funktionen beeinträchtigt	
	Psychose	bei chronischer Belastung
	Rachenschmerzen	bei chronischer Belastung
	Reizbarkeit	Mikromerkurialismus, milde ausgeprägte chronische Quecksilberintoxikation
	Rückenschmerzen	Mikromerkurialismus, milde ausgeprägte chronische Quecksilberintoxikation
	Salivation	bei akuter und chronischer Vergiftung
	Schlafstörungen	bei chronischer Belastung
	Schmerzen in der Mundhöhle	bei akuter Vergiftung mit anorganischen oder organischen Verbindungen
	Schock	bei akuter Vergiftung

Quecksilber (Fortsetzung)	Schreckhaftigkeit	bei chronischer Belastung
	Schüchternheit	bei chronischer Belastung
	Schwächegefühl	Mikromerkurialismus, milde ausgeprägte chronische Quecksilberintoxikation
	Schwindel	Mikromerkurialismus, milde ausgeprägte chronische Quecksilberintoxikation
	Sehstörungen	bei chronischer Belastung
	Sinusitiden	bei chronischer Belastung
	Sinusitis, eitrig	bei chronischer Belastung
	Sprachstörungen	verwaschene Sprache; auch „Psellismus mercurialis"
	Stimmungsschwankungen	chronische Vergiftungen mit niedriger Dosis elementarem und anorganischen Quecksilber
	Stomatitis mercurialis	mit Quecksilbersaum am Zahnfleischrand
	Tachykardie	bei akuter Vergiftung
	Tetanie	bei chronischer Belastung
	Tremor mercurialis	chronische Vergiftungen mit niedriger Dosis elementarem und anorganischen Quecksilber; feinschlägiger Intentionstremor der Finger, Augenlider und Lippen
	Trigeminusneuralgie	bei chronischer Belastung
	Unentschlossenheit	bei chronischer Belastung
	Visus-Beeinträchtigung	
	Wahnvorstellungen	bei chronischer Belastung
	Zitterschrift	bei chronischer Belastung
Quecksilberdampf	Atemnot	bei akuter Vergiftung
	Frösteln	bei akuter Vergiftung
	Reizhusten	bei akuter Vergiftung
Quecksilbersalze	Enzymurie	Schäden am proximalen Tubulus
	Glukosurie	
Schwefeldioxid	Asthma, chemisch-irritatives	
	Bronchitis	
	Bronchospasmus	
	Hyperreagibilität, bronchiale	
	Konjunktivale Reizung	typisches Symptom bei Wintersmog
	Niesreiz	typisches Symptom bei Wintersmog
	Pulsbeschleunigung	typisches Symptom bei Wintersmog
	Rachenreizung	typisches Symptom bei Wintersmog
	Strömungswiderstand erhöht in den Atemwegen	
	Tracheitis	
	Tränende Augen	typisches Symptom bei Wintersmog

Schwefelkohlenstoff	Opticus-Degeneration	systemische Vergiftung
	Asthma, chemisch-irritatives	
Schwefeldioxid	Kopfschmerzen	typisches Symptom bei Wintersmog
Silber	Angst	eher bei chronischer Belastung
	Bänderschwäche	eher bei chronischer Belastung
	Blutungen	bei intravenöser Injektion
	Denkstörungen	eher bei chronischer Belastung
	grau-schwarze Verfärbung der Haut	bei systemischer Argyrose
	grau-schwarze Verfärbung der Konjunktiva im Karunkelbereich	bei systemischer Argyrose
	Knochenmarknekrosen	bei intravenöser Injektion
	Knorpelschwellung	eher bei chronischer Belastung
	Kopfschmerzen	eher bei chronischer Belastung
	Kornea, Verätzungen der	bei lokaler Argyrose
	Lebernekrosen	bei intravenöser Injektion
	Lungenödem	bei intravenöser Injektion
	Muskelschwäche	eher bei chronischer Belastung
	Nierennekrosen	bei intravenöser Injektion
	Rheumatische Beschwerden	eher bei chronischer Belastung
	Rückenschmerzen	eher bei chronischer Belastung
	Schwindel	eher bei chronischer Belastung
	Verätzung der Schleimhäute des Atemtraktes	bei lokaler Argyrose
	Verätzung der Schleimhäute des Verdauungstraktes	bei lokaler Argyrose
	Verätzungen der Haut	bei lokaler Argyrose
	Vergeßlichkeit	eher bei chronischer Belastung
Silbernitrat	Bauchschmerzen	bei akuter, oraler Vergiftung
	Durchfälle	bei akuter, oraler Vergiftung
	Erbrechen	bei akuter, oraler Vergiftung
	Schock	bei akuter, oraler Vergiftung
Styrol	Augenentzündungen	bei akuter Vergiftung
	Bewußtlosigkeit	bei akuter Vergiftung
	Depressionen	bei akuter Vergiftung
	Entzündung der oberen Atemwege	bei akuter Vergiftung
	Haut rissig	bei akuter Vergiftung nach Kontakt mit flüssigem Styrol
	Hautentzündungen	akute Vergiftung bei Kontakt mit flüssigem Styrol
	Hautrötung	bei akuter Vergiftung nach Kontakt mit flüssigem Styrol
	Kopfschmerzen	bei akuter Vergiftung
	Leberschäden	vermutlich nach chronischer Belastung
	Metallgeschmack im Mund	bei akuter Vergiftung

Styrol (Fortsetzung)	neurotoxische Dauerschäden	vermutlich nach chronischer Belastung
	Nierenschäden	vermutlich nach chronischer Belastung
	Schwächegefühl	bei akuter Vergiftung
	Schwindel	bei akuter Vergiftung
	Übelkeit	bei akuter Vergiftung
Sulfurylchlorid	Asthma, chemisch-irritatives	
Tabakstaub	Opticus-Degeneration	systemische Vergiftung
Tetrachlorkohlenstoff	Enzymurie	Schäden am proximalen Tubulus
	Glukosurie	
	hepatorenales Syndrom	kann nach symptomfreien Intervall auftreten nach akuter Inhalationsintoxikation
	Proteinurie	Schäden am proximalen Tubulus
Thallium	Albuminurie	in der einwertigen Form kann Thallium wie Kalium als Epithelgift in der Niere wirken
	Diarrhoe	
	Erbrechen	
	erhöhte Reizbarkeit	
	Fingernägel brüchig	
	Gastroenteritis mit Koliken	
	Gliederschmerzen	
	Haarausfall	Betroffenen fallen zuerst die Kopfhaare, anschließend Augenbrauen- und Körperhaare aus
	Hämaturie	in der einwertigen Form kann Thallium wie Kalium als Epithelgift in der Niere wirken
	Kopfschmerzen, periodisch auftretend	
	Leberschäden	
	Leukozyturie	In der einwertigen Form kann Thallium wie Kalium als Epithelgift in der Niere wirken
	Merkfähigkeitsstörungen	Merkfähigkeitsstörungen als Spätfolgen einer akuten Thalliumvergiftung können irreversibel sein
	Müdigkeit	
	Nervenkrankheiten, degenerative	
	Nierenfunktionsstörungen	
	Obstipation	
	Opticus-Degeneration	systemische Vergiftung
	Orientierungsstörungen	Orientierungsstörungen als Spätfolge einer Thalliumvergiftung können irreversibel sein

Thallium (Fortsetzung)	Pigmenteinlagerungen in der Haarwurzel	Synonym für die dunklen Pigmenteinlagerungen: Widy´sche Streifen
	Polyneuritis	die Polyneuritis kann bis zur Lähmung führen
	Schlafstörungen	
	Schwitzen, übermäßiges	
	Sensibilitätsstörungen an unteren und oberen Extremitäten	
	Übelkeit	
	Widy´sche Streifen	Widy´sche Streifen sind dunkle Pigmenteinlagerungen in der Haarwurzel
Toluol	Ataxie	
	Chromosomenschäden in den Lymphozyten	bei chronischer Belastung; bei exponierten Rauchern gehäuft
	hämatotoxische Schäden	bei chronischer Belastung mit toluolhaltigen Gemischen
	Kopfschmerzen	
	Leberschäden	akute Vergiftungen mit hohen Konzentrationen
	Narkose	bei akuter Vergiftung
	neurasthenisches Syndrom	
	neurotoxische Schäden	bei chronischer Belastung mit toluolhaltigen Gemischen
	Nierenfunktionsstörungen	bei akuter Vergiftung
	Nierenschäden	akute Vergiftung mit hohen Konzentrationen
	Psychose	
	Reizung der Schleimhäute	bei akuter Vergiftung
	Schäden an den Gehirnzellen	bei akuter Vergiftung mit hohen Konzentrationen
	Schwindel	bei akuter Vergiftung
	Störungen des ZNS	bei akuter Vergiftung
Trichloraethylen	Trigeminus-Neuropathie	
	Neuropathie der Hirnnerven	
	Opticus-Degeneration	systemische Vergiftung
UV-B-Strahlung	Pterygium	übermäßige UV-B-Exposition in den ersten Lebensjahren
Xylol	Aufmerksamkeit verringert	bei chronischer Vergiftung
	Bewußtlosigkeit	bei akuter Vergiftung
	Gleichgewichtsstörungen	bei chronischer Vergiftung
	Kopfschmerzen	bei chronischer Vergiftung
	Leberschäden	vermutlich durch chronische Belastung

Xylol (Fortsetzung)	Lungenödem	bei akuter Vergiftung
	Nierenschäden	vermutlich durch chronische Belastung
	Reaktionszeit verlängert	bei chronischer Vergiftung
	Reizbarkeit	bei chronischer Vergiftung
	Reizung der Schleimhäute	bei akuter Vergiftung
	Schädigung des blutbildenden Systems	vermutlich durch chronische Belastung
	Schlafstörungen	bei chronischer Vergiftung
	Sehstörungen	bei chronischer Vergiftung
	Störungen des ZNS	bei akuter Vergiftung
	Tachykardie	bei chronischer Vergiftung
	Verdauungsstörungen	bei chronischer Vergiftung
Zink	Erbrechen	bei akuten und chronischen Vergiftungen
	Immundefizienz	
	Kopfschmerzen	eher akute Vergiftung
	Kupfermangel	
	Lethargie	
	Magenkrämpfe	
	Müdigkeit	
	Übelkeit	akute und chronische Vergiftung
Zinkoxydrauch	Fieber	Synonym: Metalldampffieber
Zinkstaub	Asthma, chemisch-irritatives	

Noxenregister

Aluminium (Al)

Vorkommen

Aluminium ist mit einer Weltjahresproduktion von > 20 x 10^6 t nach Stahl der zweithäufigste metallische Werkstoff. Es kommt in Medikamenten, Kosmetikprodukten und Nahrungsmitteln vor. Neben einer Vielzahl von industriellen Anwendungen für das Metall ist es auch in aluminiumhaltigen Kochgefäßen und manchen zahnkeramischen Produkten enthalten.

Medikamente: Antazida, Phosphatbinder, Antidiarrhoika, Lipidsenker, Adsorbentien für Impfstoffe und Adstringenzien können Aluminium enthalten. Aluminium kommt außerdem vor in Styptika wie beispielsweise Alaun oder essigsaurer Tonerde, Antiseptika und Verbandsstoffen.

Kosmetikprodukte: Aluminium ist in desodorierenden Sprays, Stiften und Seifen enthalten. Einige Zahnpasten enthalten Aluminium als Schleifmittel.

Nahrungsmittel: Getränke wie Bier, Wein oder Säfte können große Mengen Aluminium durch Zusatz von Bentonit zur Auflockerung enthalten. Andere Aluminiumquellen können beispielsweise sein: Gewürze, Teeblätter, Getränke aus Dosen, Zitronensaft im Beutel und Bärlappgewächse. Aluminium-Sulfate finden sich in: Backpulvern, Pökelsalzen, Emulgatoren und Nahrungsmittelzusätzen. Außerdem wird das Metall dem Trinkwasser zur Aufbereitung zugegeben.

Industrie: Die Industrie verwendet Aluminium als Leichtmetall im Flugzeug-, Fahrzeug-, Maschinen- und Hochbau. Das Metall ist enthalten in: Drähten, Folien, Sprengstoffen, Schleifscheiben, Rostschutzanstrichen, Textilbeizen, Schaumlöschern und Lackbindemitteln.

Aufnahmewege

Erwachsene: Die durchschnittliche Aluminiumaufnahme eines Erwachsenen in Deutschland liegt unter 5mg/d. Die Nahrung ist der wichtigste Aufnahmeweg beim Erwachsenen. Pflanzliche Kost wie Trockengemüse, Gemüsekonserven und Karotten sind reich an Aluminium. Gewürze und Teeblätter enthalten besonders viel.

Medikamente auf Aluminiumbasis wie beispielsweise Antazida oder Phosphatbinder stellen einen weiteren wichtigen Aufnahmeweg dar. In diesem Zusammenhang sind außerdem Impfstoffe und allergene Extrakte, die Aluminium als Adsorbens enthalten sowie verunreinigte Infusionslösungen von Bedeutung.

Saure Lebensmittel lösen Al-Ionen aus aluminiumhaltigen Folien, Behältern und Geschirr. Einige Zahnpasten enthalten Aluminium als Schleifmittel. Die Hersteller verwenden bis zu 50 mg Aluminium pro Gramm Paste.

Kleinkinder: Kleinkinder sind einer besonders hohen Aluminiumbelastung durch Verschlucken von Staub und Bodenpartikeln ausgesetzt.

Säuglinge: Milchersatznahrung auf Sojabasis stellt bei Säuglingen einen zusätzlichen Aufnahmeweg dar.

Toxikokinetik: Aufnahme

Der Körper resorbiert weniger als fünf Prozent des aufgenommenen Aluminiums im Gastrointestinaltrakt. Sind Komplexbildner anwesend, beispielsweise saure Fruchtsäfte, erhöht sich die Absorption beträchtlich.

Toxikokinetik: Verteilung und Speicherung

Der Organismus speichert Aluminium, indem er es an bestimmte Eiweißmoleküle des Blutes bindet, beispielsweise an das Transferrin. Möglicherweise lagert er das Metall in die Knochen ein. Die Halbwertszeit im Plasma liegt unter einer Stunde.

Toxikokinetik: Metabolismus

Der Metabolismus ist nicht genau bekannt, da sich Aluminium-Ionen in biologischen Systemen äußerst komplex verhalten. Im Blut gelöste Ionen binden sich an Stelle von Eisen an das Transferrin. Experten nehmen an, daß das Metall auf diesem Wege in Knochen, Knochenmark und Gehirn gelangen kann. Möglicherweise verdrängt es das Kalziumphosphat aus den Knochen und regt die Osteoplasten zum Abbau der Knochensubstanz an. Da Aluminium ein Zellgift ist, glauben einige Experten, daß das Metall im Knochenmark die Bildung der Erythrozyten hemmen kann.

Toxikokinetik: Ausscheidung

Der Körper eliminiert Aluminium schnell und vollständig über die Nieren. Mit dem Stuhl scheidet er das Metall als Aluminiumphosphat aus.

Symptome akute Vergiftung

Akute Vergiftungen sind sehr selten. Normalerweise spielen sie nur im klinischen Bereich bei Dialysepatienten eine Rolle. Akute Vergiftungen sind durch gastrointestinale Störungen mit Erbrechen und Verstopfung gekennzeichnet.

Symptome chronische Vergiftung

Chronische Belastungen können sich durch verunreinigte Dialyselösungen oder aluminiumhaltigen Medikamente ergeben. Mögliche Folgen sind Osteopathie,Osteomalazie, Enzephalopathie. Die Lungenfibrose ist seit 1943 bei beruflich exponierten Arbeitern eine anerkannte Berufskrankheit.

Möglicherweise besteht ein Zusammenhang zwischen chronischer Aluminiumexposition und Morbus Alzheimer, dieser ist jedoch umstritten.

Diagnose

Klinische Symptome: Betroffene leiden unter neurologischen Störungen, klagen über Muskel- und Knochenschmerzen. Ihre EEG-Befunde sind anormal.

Auffällige Laborparameter sind niedrige Werte der alkalischen Phosphatase und des Parathormons, mikrozytäre Anämie und ein erhöhter Aluminiumgehalt im Serum.

Subklinische Symptome: Belastete Personen weichen in ihren visuell evozierten Potentialen von der Norm ab. Auch die Ergebnisse psychometrischer Tests sind unnormal. Außerdem kommen Anämien und erniedrigte Knochenumsatzraten vor.

Risikogruppen

Besonders gefährdet sind Menschen mit Niereninsuffizienz, insbesondere solche in der Dialysebehandlung, ältere Menschen mit physiologisch eingeschränkter renaler Funktion und Kleinkinder, die mit einer Formuladiät auf Milch- und besonders auf Sojabasis ernährt werden. Auch Patienten, die aluminiumhaltige Medikamente einnehmen, sind gefährdet. Aluminium kommt auch in nicht-verschreibungspflichtigen Substanzen vor.

Probenmaterial und Normalwerte

Harn:	< 15 µg/l
Trinkwasser:	200 µg/l
Serum:	< 5 µg/l
Lebensmittel:	< 100 mg/Kg Pflanzenmaterial
Hausstaub:	< 7,8 g/Kg
Zähne:	< 84,9 mg/Kg
Haare:	< 10 µg/g
Knochen:	< 10 µg/g

Prävention

Besonders gefährdete Personen sollten nicht in Aluminiumgeschirr kochen. Saure Nahrungsmittel sollten nicht in Aluminiumfolie verpackt werden oder lagern. Menschen aus der Risikogruppe sollten den Verzehr von aluminiumreichen Lebens- und Genußmitteln wie Kräuter, Tee, Käse, Karotten, Gemüsekonserven, Trockengemüse und sauren Fruchtsäften in aluminiumbeschichtetem Verbundkarton einschränken.

Aluminiumhaltige Lebensmittel sollten möglichst nicht zusammen mit zitrathaltigen Getränken genossen werden. Auf Zahnpasta mit hohem Aluminiumgehalt sollte man verzichten. Magenkranke sollten Antazida nicht mit zitrathaltigen Fruchtsäften einnehmen.

MAK-Werte

MAK-Wert: 10 mg/m³ Luft.

Kanzerogenität: MAK-Kategorie I, die Kanzerogenität von Aluminium bei der Aluminiumproduktion gilt als hinreichend bewiesen.

Risikofaktor in der Schwangerschaft: Es gibt keine Hinweise auf ein Risiko während der Schwangerschaft. Aluminium ist nicht plazentagängig und gelangt nicht in die Muttermilch.

Sensibilisierende Stoffe: In der MAK-Liste für sensibilisierende Substanzen taucht Aluminium nicht auf. Es gibt jedoch Fälle von Kontaktallergien nach der Verwendung von aluminiumhaltigen Desodorantien.

Resorption über die Haut: Der Organismus resorbiert Aluminium nicht über die Haut.

Amalgam

Vorkommen

Amalgam ist eine Legierung aus Quecksilber und einigen anderen Metallen wie Kupfer, Silber und Zinn. Die Legierung besteht zu etwa 50 Prozent aus Quecksilber.

Amalgam dient seit Jahrzehnten als Zahnfüllwerkstoff. Die Legierung eignet sich gut für diese Aufgabe, weil sie sehr hart ist und somit dem Kaudruck standhalten kann. Außerdem ist Amalgam korrosionsfest. Die Entwickler setzten im Laufe der Zeit den Anteil der korrosionsanfälligen Gamma-2-Phase, eine Zinn-Quecksilberphase, an der Legierung herab. Gamma-2-Phasen-freie Amalgame enthalten deshalb höhere Kupfer- und Silberanteile. Nach einer Feststellung des Bundesgesundheitsamtes setzen Gamma-2-freie Amalgam Füllungen genauso Quecksilber frei wie Legierungen ohne die Zinn-Quecksilberphase.

Laut Bescheid des Bundesinstitutes für Arzneimittel und Medizinprodukte vom 31. März 1995 dürfen Zahnärzte Amalgam nur noch für okklusionstragende Füllungen im Seitenzahnbereich einsetzten. Auch dann dürfen sie Amalgam nur verwenden, wenn andere Füllungswerkstoffe nicht indiziert sind und andere Restaurationstechniken nicht in Frage kommen.

Aufnahmewege

Amalgamfüllungen setzen beim Verarbeiten, Tragen oder Entfernen Quecksilber frei. Dabei handelt es sich um metallisches Quecksilber in flüssiger oder gasförmiger Form sowie um ionisiertes Metall. Beim Legen und in den ersten Tagen danach sowie beim Entfernen einer Amalgamfüllung werden besonders große Mengen Quecksilberdampf freigesetzt.

Neben Quecksilber geben die Füllungen eine Vielzahl anderer Verbindungen wie SnO, Cu_6Sn_5, $Sn(OH)Cl$, $CuCl_2$ und $3Cu(OH)_2$ an den Organismus ab. Zähneputzen und Kaugummikauen erhöhen die freigesetzte Quecksilbermenge sowie die Konzentration des Metalls in Atemluft und Speichel. Außerdem begünstigen saure oder zu heiße Speisen und Getränke die Freisetzung von Quecksilber aus den Füllungen.

Amalgampartikel oder Korrosionsprodukte verursachen sogenannte Amalgamtätowierungen der Mundschleimhaut sowie der Gingiva. In Abhängigkeit von der Größe der Partikel sollen sie Quecksilber freisetzen können.

Die durchschnittliche täglich aufgenommene Quecksilbermenge aus Amalgamfüllungen liegt laut WHO zwischen 3,8 und 21 Mikrogramm. Über Seefische und andere Meerestiere nimmt der Mensch pro Tag zusätzlich etwa 2,3 Mikrogramm, über andere Nahrungsmittel weitere 4,2 Mikrogramm Quecksilber auf. Trotz gleichen Amalgambestandes im Mund gibt es individuelle Unterschiede bezüglich der Quecksilberfreisetzung und -resorption. Die Gründe hierfür sind bislang noch nicht eindeutig geklärt.

Toxikokinetik: Aufnahme

Der Organismus resorbiert freigesetztes Quecksilber im Gastrointestinaltrakt und der Lunge. Ausführliche Informationen siehe Quecksilber.

Toxikokinetik: Verteilung und Speicherung

Ausführliche Daten zur Verteilung und Speicherung siehe Quecksilber.

Amalgamfüllungsträger haben in der Mundschleimhaut, den Wurzeln amalgamgefüllter Zähne, im zugehörigen Periost sowie in den Alveolarwänden des umliegenden Kiefernknochens Metalldepots.

Toxikokinetik: Metabolismus und Ausscheidung

Informationen zum Quecksilbermetabolismus und zur Ausscheidung des Metalls finden sie im Noxenregister unter Quecksilber.

Symptome akute Vergiftung

Die im Zusammenhang mit Amalgamfüllungen auftretenden Quecksilberkonzentrationen sind zu niedrig, um akute Vergiftungen auszulösen.

Symptome chronische Vergiftung

Chronisch Vergiftete klagen über Gedächtnisstörungen, Sprachstörungen, Tremor, Kopfschmerzen, Schwindel, Muskelschwäche, Energielosigkeit, Rückenschmerzen und Nervosität. Andere Symptome einer chronischen Belastung sind Magenschmerzen, Metallgeschmack, Stomatitis, Speichelfluß sowie neurologische Störungen.

Die Patienten klagen über Schlafstörungen, Mundgeruch, Hautausschläge, Haarausfall und Empfindungsstörungen. Sie können unter Asthma, Tetanie, Anämie, Herzrhythmusstörungen, Gesichtsneuralgien, Zahnfleischentzündungen und Kiefernhöhlenentzündungen leiden. Die Betroffenen sind erhöht infektanfällig, sollen meist eine Immunschwäche haben und Aphten im Mund entwickeln. Chronische Quecksilberbelastungen aus Amalgamplomben sollen außerdem Sehstörungen, Lähmungen, Pelzigkeitsgefühl, Depressionen, Apathie und Ataxie auslösen können.

Einige Toxikologen machen Amalgamfüllungen außerdem für folgende Symptome verantwortlich: allgemeine Schwäche, verwaschene Aussprache, Aufbrausen, Bauchschmerzen, blauvioletter Saum an den Zahnhälsen, hyperchrome Blutarmut, niedriger Blutdruck, Bronchitis, Durchfälle, Empfindungsstörungen, Epilepsie, Frösteln, Gelenkschmerzen, Gewichtsverlust, Herzrhythmusstörungen, Hörstörungen, Leberschäden, Lungenentzündung, reduzierte Merkfähigkeit, Mund- und Rachenschmerzen, kupferfarbene Mundschleimhaut, Mundzuckungen, eitrige Nasennebenhöhlenentzündungen, Psychosen, Schilddrüsenüberfunktion, Schlaflosigkeit, Schreckhaftigkeit, Schüchternheit, stammelndes Sprechen, Stimmungslabilität, Hyperventilationstetanie, Trigeminusneuralgie, Unentschlossenheit, Wahnvorstellungen und Zitterschrift.

Das intrazelluläre Trägerprotein für Zink ist Metallothionein. Quecksilber bindet deutlich fester an das Molekül und verdrängt Zink daher leicht aus der Zelle. Zink ist Bestandteil von etwa 200 Metalloenzymen im Organismus und spielt eine entscheidende Rolle bei der Reifung und für die Funktion der Gonaden. Einige Experten vermuten deshalb einen negativen Effekt des Schwermetalls auf die Fruchtbarkeit und die Kinetik anderer Enzymprozesse.

Quecksilber aus Zahnamalgam kann Allergien wie toxisch irritative Dermatiden oder eine allergische Kontaktdermatitis auslösen. Die einer Kontaktdermatitis vorausgehende Sensibilisierung kann jederzeit erfolgen. Daher kann die Allergie auch nach jahrelangem Vorhandensein von Amalgamfüllungen plötzlich auftreten. Außerdem beeinflussen Quecksilberionen immunkompetente Zellen. Sie unterdrücken die zelluläre Immunantwort und schwächen so das gesamte Immunsystem. Zudem erhöht der schwermetallverursachte Spurenelementemangel die Infektanfälligkeit. Auch die anderen Metalle einer Amalgamlegierung können Allergien oder Pseudoallergien auslösen.

Chronische Quecksilberbelastungen können in der Darmflora Quecksilberresistenzen auslösen. Resistente Darmbakterien sind in der Lage, organische Verbindungen des Schwermetalls und Ionen in weniger giftiges elementares Quecksilber umzuwandeln. Es gibt Hinweise, daß Menschen mit einer Resistenzentwicklung in der Darmflora auch vermehrt antibiotikaresistente Keime aufweisen. Einige Experten gehen davon aus, daß eine chronische Amalgambelastung die toxische Wirkung von Formaldehyd und Lindan um den Faktor 25 steigern kann.

Diagnose

Wegen der unspezifischen Symptomatik läßt sich eine chronische Quecksilber-Intoxikation nur schwer diagnostizieren. Erste Verdachtsmomente liefert die Anamnese. Mit verschiedenen Testmethoden, wie beispielsweise dem Kaugummitest oder dem DMPS-Test, lassen sich Quecksilberkonzentrationen in Körperflüssigkeiten mit relativ geringem Aufwand nachweisen. Der Metallallergietest gibt über eine mögliche Quecksilberallergie Auskunft.

Alle zur Zeit benutzten Nachweisverfahren einer chronischen Quecksilberbelastung sind bislang jedoch nicht wissenschaftlich allgemein anerkannt.

Therapie

Prinzipiell steht die Therapie auf zwei Säulen: Zuerst muß der Zahnarzt sämtliche Amalgamfüllungen entfernen und durch andere Materialien ersetzen. Anschließend muß der Therapeut spezielle Entgiftungsmaßnahmen einleiten.

Chelatoren wie das DMPS bilden mit dem Metall stabile Komplexe und beschleunigen so die Ausscheidung des Quecksilbers. Mit Hilfe der Chelatoren lassen sich ferner Quecksilberdepots vor allem aus den Nieren, aber auch aus anderen Organen abbauen. Das Quecksilber im ZNS, insbesondere im Gehirn, ist auf diesem Weg kaum zu erreichen. Eine therapeutische Möglichkeit liegt hier in der Verwendung von Selenpräparaten. Selen entgiftet das Metall über die Bildung von inaktivem Quecksilber-Selenid und erreicht zudem die Depots im Gehirn.

Durch die hohe Affinität zu Sulfhydrylgruppen hemmt Quecksilber die Aktivität einiger Enzyme. Außerdem regt das Schwermetall die Bildung freier Radikale an, die ihrerseits wieder von Enzymen abgefangen werden. Mit Substanzen wie Selen, Vitamin C und E sowie Zink läßt sich die Enzymaktivität günstig beeinflussen. Die Zinksubstitution ist zudem wichtig, weil es durch die Konkurrenz um das Metallothionein zu einem Zinkmangel kommt.

Risikogruppen

Weil das wichtigste Zielorgan des Quecksilbers die Nieren sind, gehören Menschen mit eingeschränkter Nierenfunktion zur Risikogruppe. Weiterhin rechnen einige Experten Kinder bis zum sechsten Lebensjahr zur Gruppe der besonders Gefährdeten, weil die Kinder eine höhere Resorptionsrate als Erwachsene haben sollen und sie möglicherweise empfindlicher sind.

Da das Metall plazentagängig ist, zählen außerdem Schwangere zur Risikogruppe. Auch stillende Mütter sind betroffen, weil Quecksilber in die Muttermilch übergehen kann.

Das Bundesinstitut für Arzneimittel und Medizinprodukte empfiehlt, bei Kindern bis zum sechsten Lebensjahr, bei werdenden Müttern und bei Patienten mit eingeschränkter Nierenfunktion keine Amalgamfüllungen zu legen. Bereits vorhandene Amalgamfüllungen sollten zudem nicht durch andere Füllwerkstoffe ersetzt werden.

Besonders gefährdet sind außerdem Zahnärzte und das Praxispersonal. Bei vielen zahnärztlichen Handlungen überschreitet die Quecksilberdampfkonzentration den MAK-Wert von 0,1 mg/m³ Luft deutlich. Zudem liegt die Temperatur in der Mundhöhle zwischen 32 und 34 Grad Celsius, den MAK-Wert bestimmen Wissenschaftler jedoch bei 20 Grad.

Probenmaterial und Normalwerte

Die Daten finden sie im Noxenregister unter Quecksilber.

Prävention

Laut Bescheid des Bundesinstitutes für Arzneimittel und Medizinprodukte sollte die Zahl der Amalgamfüllungen aus Gründen des vorbeugenden Gesundheitsschutzes für den einzelnen Menschen so gering wie möglich sein, da jede Amalgamfüllung zur Quecksilberbelastung des Menschen beiträgt.

Weiter heißt es: Durch entsprechende Vorsichtsmaßnahmen bei der Entfernung von Amalgamfüllungen, wie den Einsatz eines Absauggerätes, eines Kofferdams, ausreichende Sprayzufuhr, Lüften der Praxisräume, vorschriftsmäßige Entsorgung von Amalgamresten und anderes kann die Belastung für Patienten und das Personal reduziert werden.

Zur Zeit gibt es kein dem Amalgam vergleichbares Füllmaterial. Alternativen wie Goldgußinlays, galvanische Inlays, oder Kunststoffinlays sind immer mit erhöhtem Zeit- und Kostenaufwand für den Patienten verbunden. Metallinlays bergen zudem ihrerseits ein gesundheitliches Risiko. Billiggoldlegierungen enthalten beispielsweise oft das allergene und toxische Palladium (siehe auch Palladium und andere Substanzen zahnärztlicher Legierungen).

Die beste Möglichkeit, eine Quecksilberbelastung durch Amalgam zu vermeiden, ist die Vorbeugung. Regelmäßige, richtige Zahnpflege und Ernährung erspart den Gang zum Zahnarzt und die Füllung.

Solange noch Amalgamfüllungen im Mund vorhanden sind, sollten ihre Träger keine stark essig- beziehungsweise zitronensäure-haltigen Speisen essen. Sie sollten keine Kaugummis oder ähnliches kauen und beim Essen feste, mahlende Kaubewegungen vermeiden. Belastete sollten keine zu heißen Getränke oder Speisen zu sich nehmen.

MAK-Werte

Die MAK-Werte für Quecksilber finden Sie im Noxenregister unter Quecksilber.

Risikofaktor in der Schwangerschaft: Keine Form des Quecksilbers ist in der MAK-Liste für Substanzen mit erhöhtem Risiko während der Schwangerschaft gelistet. Quecksilberionen und Quecksilberdampf können jedoch die Plazentaschranke überwinden. Geringe Mengen sollen auch in die Muttermilch übergehen.

Die Quecksilberkonzentration in Organen von Föten

und Neugeborenen läßt sich mit der Zahl der Amalgamfüllungen der Mutter korrelieren. Andere Untersucher bestreiten jedoch solche Zusammenhänge.

Obwohl sich auf Grund von Tierversuchen und epidemiologischen Untersuchungen weder eine pränatale noch eine postnatale Gesundheitsschädigung durch Amalgambelastungen der Mutter eindeutig belegen läßt, heißt es im Bescheid des Bundesinstitutes für Arzneimittel und Medizinprodukte vom 31. März 1995: Aus Gründen des vorbeugenden Gesundheitsschutzes sollte möglichst keine Amalgamanwendung während der Schwangerschaft erfolgen. Aus den gleichen Gründen sollten klinisch intakte Füllungen in dieser Zeit nicht entfernt werden.

Anilin (Aminobenzol, Phenylamin)

Vorkommen

Weltweit produziert die chemische Industrie rund 600.000 Tonnen Anilin pro Jahr.

Die aromatische Aminosäure findet sich in Isocyanatkunststoffen, Kautschukchemikalien sowie in Vulkanisationshilfsmitteln und Stabilisatoren für Gummi.

Anilin ist außerdem Ausgangsstoff für die Synthese von Farbstoffen, Pharmazeutika, Photochemikalien, Sulfonamiden, Isocyanaten, Hydrochinon, Herbiziden und Fasern.

Die Verbindung entsteht zudem durch mikrobiologischen Abbau von N-Phenylharnstoff sowie N-Phenylcarbamat-Herbiziden und im aeroben und anaeroben Kläranlagenauslauf aus Nitrobenzol.

Aufnahmewege

Der wichtigste Aufnahmeweg verläuft über die Haut.

Toxikokinetik: Aufnahme

Der Organismus kann Anilin über die Lunge, den Gastrointestinaltrakt und die Haut resorbieren.

Toxikokinetik: Verteilung und Speicherung

Die Verbindung verteilt sich schnell im gesamten Organismus und akkumuliert nicht.

Toxikokinetik: Metabolismus

Der Körper metabolisiert Anilin zu N-Acetylanilin, N-Acetyl-p-amino-phenol und Phenylhydroxylamin. Das Phenylhydroxylamin löst die Bildung von Methämoglobin aus und wird dabei in Nitrobenzol umgewandelt.

Toxikokinetik: Ausscheidung

Etwa zwei Prozent des resorbierten Anilins eliminiert der Organismus über den Stuhl, den verbleibenden Rest scheidet er mit dem Urin aus.

Symptome akute Vergiftung

Anilin ist ein starkes Blut- und Nervengift.

Akut Vergiftete klagen über Mattigkeit, Übelkeit, Durst, Erbrechen, Kopfschmerzen und Schwindel.

Weitere Symptome sind Blässe, euphorische oder rauschartige Zustände, Methämoglobinbildung, Zyanose, Bewußtseinseinschränkungen sowie eine Beschleunigung von Atem und Puls.

Im Extremfall kommt es zu Leber- und Nierenschäden, Bewußtlosigkeit, Koma und innerer Erstickung.

Symptome chronische Vergiftung

Chronische Anilinbelastungen können zu allgemeiner Schwäche, Müdigkeit, Appetitmangel, Magenbeschwerden, Schwindel und depressiven Verstimmungen führen.

Eine leichte bis mäßige Zyanose, Anämie mit Heinz-Körper-Bildung und Urämie sind weitere Folgen.

Gleichzeitiger Alkoholgenuß kann die Giftwirkung um das Sieben- bis Zwanzigfache steigern.

Die Anilinbelastung kann zu Blasentumoren, dem sogenannten Aminokrebs führen. Die Karzinogenität von technischem Anilin ist jedoch auch auf Verunreinigungen mit 2-Naphtylamin und 4-Aminodiphenyl zurückzuführen.

Probenmaterial und Normalwerte

Harn:	< 0,5 µg/l, der Biologische Arbeitsstoff Toleranzwert (BAT) für ungebundenes Anilin im Harn beträgt 1 mg/l.
Hämolysat:	< 1,0 % Methämoglobin für einen Milliliter EDTA, Heparin- oder frischentnommenen Blutes gemischt mit fünf Millilitern destilliertem Wasser.
Trinkwasser:	0,1 mg/l.

MAK-Werte

MAK-Wert: 2ml Anilin/m^3 Luft oder 8 mg Anilin/m^3 Luft

Kanzerogenität: Die Senatskomission zur Prüfung gesundheitsschädlicher Arbeitsstoffe hat Anilin in die MAK- Kategorie III B eingeordnet. Bei Substanzen dieser Gruppe besteht begründeter Verdacht auf ein krebserzeugendes Potential.

Risiko für Schwangere: Anilin ist in der MAK- Liste für Substanzen mit einem Risiko während der Schwangerschaft in der Kategorie D aufgeführt. Bei Substanzen dieser Kategorie ist die Datenbasis bisher zu dünn, um konkrete Aussagen machen zu können.

Sensibilisierende Stoffe: Nach der MAK-Liste hat Anilin keine sensibilisierenden Eigenschaften und löst keine Allergien aus.

Resorption über die Haut: Anilin ist in der MAK-Liste mit dem dem Buchstaben H gekennzeichnet. Das heißt, daß bei Anilin ein Risiko der Hautresorption besteht.

Arsen (As)

Vorkommen

Die jährliche Arsenfördermenge liegt bei 48.000 t weltweit. 8.000 t Arsen gelangen jedes Jahr durch natürliche Emissionen, wie beispielsweise Vulkanausbrüche ins Freie. Anthropogene Quellen wie Metallhütten emittieren 25.000 t pro Jahr. Arsen ist weit verbreitet. Das Metalloid kommt im Boden, in der Luft, in fossilen Brennstoffen wie Kohle oder Erdöl, Wasser und Lebensmitteln vor. Die durchschnittliche Arsenkonzentration im Boden beträgt 0,1 bis 20 mg/kg Boden.

Arsen ist Bestandteil einiger Mineralien und Metalle. Wichtigstes arsenhaltiges Mineral ist der Arsenkies, arsenreiche Metalle sind Eisen- und Nickelarsenide. Hersteller gewinnen das Metalloid als Nebenprodukt bei der Kupfer-, Blei- und Goldschmelze.

Die Industrie setzt Arsen hauptsächlich als Arsentrioxid ein. Arsentrioxid findet als Bestandteil von Legierungen, Halbleitern, Fluoridierungsmittel und Lösungsmitteln sowie als Oxidans in der Glas- und Keramikindustrie Verwendung. Außerdem ist Arsentrioxid ein weit verbreitetes Mäuse- und Rattengift.

Früher hatten Kupfer-, Blei- und Kalziumarsenate weltweit große Bedeutung als Pestizide. Besonders Tabakpflanzer und Weinbauern verwendeten die arsenhaltigen Schädlingsbekämpfungsmittel. In Deutschland sind sie seit 1974 verboten.

Kaliumarsenat nutzten Ärzte noch vor einigen Jahrzehnten zur Therapie von Syphilis, Schuppenflechte, Asthma, Protozoenerkrankungen und Leukämien. Militärs setzten organische Arsenverbindungen als Kampfstoff ein. Den hochgiftigen Arsenwasserstoff verwenden Hersteller beim Dotieren von Halbleitern.

In der Zahnheilkunde diente Arsen bis vor wenigen Jahren zur Behandlung von Wurzelkanälen toter Zähne. In unmittelbarer Nachbarschaft der Behandlungsstelle speichert der Knochen das Arsen irreversibel. Unter Umständen bildet sich ein Tumor.

Aufnahmewege

Arsen kann über die Haut, Lunge und den Gastrointestinaltrakt in den Organismus gelangen. Entscheidend für die vom Körper aufgenommene Arsenmenge ist der Anteil von Seefisch und Meeresfrüchten an der Nahrung.

Aufnahmewege über die Luft

Stadtluft enthält zwischen 0,01 µg und 0,16 µg Arsen pro Kubikmeter Luft. Die höchsten Arsenkonzentrationen kommen in der Umgebung von Kupferhütten oder Kohlekraftwerken vor. Die Atemluft kann hier bis zu 160 µg Arsen pro Kubikmeter enthalten. Angestellte in Kupferhütten sind besonders stark belastet.

Aufnahmewege über die Nahrung

Wegen seiner phytotoxischen Wirkung kommt Arsen in Pflanzenprodukten in vergleichsweise geringen Mengen vor. Wurzelgemüse enthält durchschnittlich 0,08 mg, Getreide 0,18 mg, Obst und Konserven 0,07 mg Arsen pro Kilogramm. Besonders hoch belastet sind Rote Rüben und Auberginen mit bis zu 20 mg pro Kilogramm Trockenmasse.

Fleisch enthält durchschnittlich 0,03 µg, Süßwasserfisch 0,152 bis 0,38 µg Arsen pro Kilogramm Frischgewicht. Verwenden Züchter arsenhaltige Futterzusatzstoffe, kann das Kilogramm Fleisch jedoch bis zu einem Milligramm Arsen enthalten. Muskelfleisch und Innereien wie Leber oder Nieren weisen dabei gleich hohe Arsenkonzentrationen auf.

Die höchsten Konzentrationen kommen in Seefisch und Meeresfrüchten wie Muscheln, Krebsen oder Algen vor. Seefisch enthält 43 bis 188 mg, Muscheln 14 bis 17mg, Garnelen 63 bis 80mg und Algen teilweise über 100 mg Arsen pro Kilogramm Trockensubstanz.

Der Arsengehalt des Trinkwassers schwankt je nach Herkunft zwischen < 1 µg und 3,4 mg pro Liter Trinkwasser. Die zur Trinkwassergewinnung genutzten Grundwässer in Deutschland enthalten durchschnittlich unter zehn µg Arsen im Liter.

Wein enthält je nach Herkunft unterschiedlich viel Arsen. Der Durchschnittswert liegt unter 0,1 mg pro Liter.

Toxikokinetik: Aufnahme

Lösliche inhalierte Arsenverbindungen kann der Organismus über Jahre im Respirationstrakt deponieren. Andere resorbiert er bereits innerhalb weniger Tage zu 80 Prozent. Über den Gastrointestinaltrakt gelangen ungefähr 80 Prozent der aufgenommen anorganischen und organischen Arsenverbindungen in den Körper. Über die Haut kann der Organismus Arsenchlorid und Arsensäure resorbieren.

Toxikokinetik: Verteilung und Speicherung

Das Arsen verteilt sich schnell über alle Gewebe und Organe einschließlich der Plazenta. Hauptspeicherorte sind Haare, Nägel und Haut. Ob sich Arsen im Gehirn anreichert, ist umstritten.

Toxikokinetik: Metabolismus

Anorganisches, dreiwertiges Arsen oxidiert der Körper teilweise zu dem weniger giftigen fünfwertigen. Fünfwertiges Arsen kann er jedoch auch zu dreiwertigem reduzieren. Außerdem kann der Organismus dreiwertiges Arsen zu Dimethylarsinsäure und Methylarsonsäure metabolisieren.

Toxikokinetik: Ausscheidung

Bis 80 Prozent des dreiwertigen und 40 bis 50 Prozent des fünfwertigen Arsens eliminiert der Organismus innerhalb einiger Tage renal als Dimethylarsinsäure und Methylarsonsäure. Einen anderen Teil des Arsens scheidet der Körper über die Haare, Nägel, Haut und den Schweiß aus. Geringe Arsenmengen eliminiert er außerdem billiär.

Vergiftungssymptome

Arsen ist ein starkes Kapillar- und Zellgift. Die anorganischen Verbindungen haben zusätzlich noch teratogene, mutagene, kanzerogene und immunsuppressive Eigenschaften.

Bereits fünf Milligramm drei- und fünfwertiger Arsenverbindungen pro Kilogramm Körpergewicht können beim Menschen zum Tode führen. Die letale Dosis des weitverbreiteten Arsentrioxids liegt bei 15 mg/kg Körpergewicht.

Die wichtigsten Arsenverbindungen nach abnehmender Giftigkeit geordnet sind:

Arsenwasserstoff, anorganische dreiwertige Arsenverbindungen, organische dreiwertige Arsenverbindungen, anorganische fünfwertige Arsenverbindungen, Arsoniumverbindungen, metallisches Arsen.

Vergiftungssymptome akut, nach oraler Aufnahme

Im Extremfall tritt bereits innerhalb einer Stunde der Tod durch Kreislaufschock ein. Während dieser Zeit leiden die Vergifteten unter starkem Erbrechen und Kopfschmerzen.

Geringere Dosierungen führen erst nach 12 bis 48 Stunden zum Kreislaufschock. Vorher klagen die Betroffenen über Magenschmerzen, Erbrechen, wässrige Durchfälle, blutige Stühle, Schluckbeschwerden, Rachenschmerzen, Muskelkrämpfe und Exsikkose.

Weitere Symptome einer akuten Intoxikation sind Hämaturie, Albuminurie, akutes Nierenversagen und neurologische Ausfälle.

Einige Menschen überleben das Akutstadium der Vergiftung. Nach ungefähr drei Wochen tritt häufig eine Polyneuritis auf. Andere Folgeerscheinungen sind beispielsweise eine exfoliative Dermatitis oder Leberschäden.

Vergiftungssymptome akut, nach inhalativer Aufnahme

Akute Vergiftungen durch Arseninhalation sind sehr selten. Die Symptome einer inhalativen Arsenintoxikation sind Husten, Atemnot, Brustschmerzen, Übelkeit, Fieber, Schwäche, Leukozytose, Gastroenteritis, Gefäßspasmen und neurologische Defekte.

Vergiftungssymptome chronisch

Chronische Arsenintoxikationen betreffen neben allgemeinen Symptomen vor allem die Haut und das periphere Nervensystem. Erste Symptome sind meist Lid- und Knöchelödeme. Es kommt zu Appetitlosigkeit, Gewichtsabnahme, Durchfällen, Übelkeit, Erbrechen, Obstipation, Gastritis, Schwächegefühlen, gesteigerter Speichelabsonderung, nachlassendem Spaß am Sex, Bronchitis und Krämpfen.

Chronisch Vergiftete schwitzen stark, haben Haarausfall und brüchige Fingernägel. Oft erscheinen ihre Fingernägel gebändert. Der Grund: An den betroffenen Stellen hat der Nagel besonders viel Arsen eingelagert. (Mees´sche Nagelbänder). Ihr Blutbild ist verändert und die Leber geschädigt. Typische Änderungen am Blutbild sind hypo- und hyperchrome Anämien, Thrombopenien, aplastische Anämien und Agranulozytosen. An der Leber sind degenerative Schäden wie Athropie, Verfettung und Nekrose die Folgen einer chronischen Vergiftung. Es kommt zu Glukose-, Enzym- und Proteinurie. Häufige Spätfolge einer Intoxikation ist außerdem die Leberzirrhose.

Vergiftungssymptome : typische Hautveränderungen

Es bildet sich eine systemische Hyperkeratose mit Verhornungen, die Arsenwarzen. An Handinnenflächen und Fußsohlen treten Rhagaden auf. Die Augenlider, Schläfen, Achselhöhlen und Brustwarzen der Vergifteten weisen kleine, graubraune Flecken auf, die typischen Arsenmelanosen. Außerdem leiden Vergiftete häufig an einer Dermatitis oder einem chronischen Ekzem.

Es kommt zu Entzündungen im Nasen- Rachen-Raum mit Heiserkeit und Husten. Chronische Arsenvergiftungen verursachen Geschwüre an Vagina und Rektum sowie im Magen und Rachenraum.

Vergiftungssymptome: typische Symptome am peripheren Nervensystem

Auch chronische Arsenbelastungen verursachen eine Polyneuritis mit starken Schmerzen, motorischen Lähmungen, Parästhesien, Muskelatropien und Kontrakturen. Die Entzündung befällt zuerst die Beine, dann die Arme, um sich schließlich immer mehr in Richtung Körperzentrum auszubreiten.

Koma, Kopfschmerzen, Krampfanfälle und Fieber sind die Folgen einer Arsenenzephalopatie durch chronische Exposition. Andere Symptome am Nervensystem sind Opticus-Degenerationen, neurasthenisches Syndrom, Gedächtnisstörungen sowie gemischte sensible und motorische Neuropathien.

Vergiftungsfolgen: Karzinome

Chronische Arsenbelastungen über das Trinkwasser, medizinische Anwendungen oder Belastungen am Arbeitsplatz können mit einer Latenzzeit von bis zu 50 Jahren die unterschiedlichsten Tumore auslösen. Besonders häufig sind Karzinome der Atemwege und Haut. Manche Experten bringen jedoch auch Blasenkrebs,

Leberangiosarkome, Meningiome, Nierenkrebs, Darmkrebs und Lymphome mit dem Metalloid in Verbindung.

Diagnose und Therapie: Akute Intoxikation

Hinweise auf eine akute Vergiftung geben Symptome wie Kopfschmerzen und Lähmungen, Leibschmerzen, starke wässerige Durchfälle, Erbrechen, Kreislaufschwäche und Wadenkrämpfe.

Vergifteten kann der Arzt mit Magenspülungen, der Instillation von Natriumsulfat und Kohle sowie mit der Chelatbildnertherapie helfen. Der Chelatbildner Dimaval (DMPS) bildet zusammen mit Arsen einen leicht dialysierbaren, nierengängigen Komplex. Eine Hämodialyse ist in diesem Fall angezeigt. Auch die Provokation eines Brechreizes ist sinnvoll. Sollten sich beim Röntgen des Magens sogenannte Metallschatten zeigen, reicht eine Magenspülung gelegentlich nicht mehr aus.Eine operative Magenentfernung kann nötig sein.

Diagnose und Therapie: chronische Intoxikationen

Die Leitsymptome einer chronischen Arsenvergiftung sind Hyperkeratosen an Händen und Füßen, das Mees´sche Nagelband, akneartige Gesichtsfloreszenzen und graubraune Arsenmelanosen.

Auch bei chronischen Vergiftungen ist eine Chelatbildnertherapie mit Dimaval empfehlenswert.

Probenmaterial und Normalwerte

Harn:	< 25 µg/l
Trinkwasser:	50 µ/l, zulässige Höchstkonzentration laut EG Richtlinie
Serum:	< 10 µg/l
Haustaub:	< 7,8 mg/kg
Haare:	< 2 µg/g

MAK-Werte

MAK-Wert: Ein MAK-Wert liegt nur für das Gas Arsenwasserstoff vor. Er beträgt 0,05 Milliliter oder 0,2 Milligramm Arsenwasserstoff pro Kubikmeter Luft. Die technische Richtkonzentration für Arsenverbindungen liegt bei 0,2 mg/m³ Luft.

Kanzerogenität: Viele Arsenverbindungen wie Arsentrioxid, Arsenpentoxid, arsenige Säuren sowie Arsensäuren und ihre Salze sind in der MAK- Kategorie A I eingestuft. Substanzen der Kategorie A I sind eindeutig krebserregend und können beim Menschen erfahrungsgemäß bösartige Geschwulste auslösen.

Risikofaktor in der Schwangerschaft: Obwohl Arsen in der MAK-Liste für fruchtschädigende Substanzen nicht aufgeführt ist, kann es leicht die Plazenta durchdringen. Im Verlauf der Schwangerschaft reichert sich immer mehr Arsen im Fötus an. Für einen Übertritt des Metalloids in die Muttermilch gibt es bislang keine Hinweise.

Sensibilisierende Stoffe: Die MAK-Liste enthält keinen Hinweis auf ein allergenes Potential des Arsens.

Resorption über die Haut: Obwohl Arsen in der betreffenden MAK-Liste nicht aufgeführt ist, kann der Organismus Verbindungen wie Arsenchlorid und Arsensäure gut über die Haut resorbieren.

Benzol (C_6H_6)

Vorkommen

Die chemische Industrie gewinnt Benzol durch fraktionierte Destillation aus Rohöl. Andere Möglichkeiten sind die Steinkohlenverkokung und die Dealkylierung von Toluol. Die jährliche Produktionsmenge liegt bei 15 Millionen Tonnen Benzol weltweit.

Benzol entsteht außerdem bei der Herstellung von Treibstoffen aus Rohöl, wobei der Benzolgehalt vom jeweiligen Rohöl abhängt. Der Aromat bildet sich während chemischer Prozesse, die die Klopffestigkeit des Treibstoffs erhöhen. Nach Schätzungen liegt der Benzolgehalt europäischer Treibstoffe zwischen 2,3 und fünf Prozent.

In der Natur kommt Benzol relativ selten vor. Die Substanz bildet sich bei unvollständigen Verbrennungen organischer Substanzen, wie beispielsweise Waldbränden. Außerdem ist die Verbindung ein Bestandteil von Vulkangasen.

Benzol ist eine der am meisten verwendeten organischen Chemikalien überhaupt. Es ist Ausgangsbasis für viele andere organische Chemikalien, von denen wiederum viele Zwischenstufen für die unterschiedlichsten Handelserzeugnisse sind.

Die chemische Industrie verwendet Benzol zur Herstellung von Anilinfarbstoffen, Chlorbenzolen, Nitrobenzolen, Styrol, Phenol, Alkylbenzol, Insektiziden, Nylon und anderen Kunststoffen. Die Gummiindustrie nutzt Benzol als Lösungsmittel für Harze, Öle und Wachse. Der Aromat ist außerdem ein Zwischenprodukt bei der Produktion von Kunstleder, Linoleum, Farbstoffen und Pharmaka. Zigarettenrauch enthält hohe Benzolkonzentrationen.

Aufnahmewege

Benzol kann über die Haut, Lunge und den Gastrointestinaltrakt in den Organismus gelangen, wobei die pulmonale Resorption der wichtigste Aufnahmeweg ist.

Hauptquelle von Benzolemissionen sind die Autoabgase. Der leicht flüchtige Aromat gelangt jedoch auch mit dem Abgas von Großfeuerungsanlagen, Kokereien und Raffinerien ins Freie. Außerdem verflüchtigt sich Benzol beim Betanken von Fahrzeugen, an Kraftstofflagern und bei Kraftstofftransporten. In unmittelbarer Umgebung solcher Emittenten nimmt der Mensch zwischen 14 und 60 µg Benzol pro Tag auf. In Innenräumen gelangen durchschnittlich 150 µg Benzol täglich in den Organismus.

Besonders hoch sind die Benzolkonzentrationen im Inneren von Autos und im Zigarettenrauch. Im Fahrgastraum konnten Wissenschaftler bis zu 200 µg Benzol pro Kubikmeter Luft nachweisen. Wer täglich 20 Zigaretten raucht, nimmt dabei 400µg Benzol auf. Auch die Erhitzung von verpackten Nahrungsmitteln in der Mikrowelle kann zu einer Benzolbelastung der Lebensmittel führen.

Beim Zusatz der Konservierungsmittel Kalium- oder Natriumbenzoat kann eine Benzolbelastung der Lebensmittel entstehen. Vor allem in Fruchtsaftgetränken, die gleichzeitig mit Ascorbinsäure versetzt sind, läßt sich die Substanz nachweisen.

Toxikokinetik: Aufnahme

In der Lunge resorbiert der Organismus zunächst 80 Prozent des gesamten inhalierten Benzols. Nach ungefähr 15 Minuten sinkt die Resorptionsrate bis auf 40 Prozent ab. Über die Haut resorbiert der Organismus Benzol nur zu 0,2 Prozent. Zur Resorption über den Gastrointestinaltrakt gibt es keine sicheren Angaben. Experten gehen jedoch davon aus, daß der Körper in der Nahrung enthaltenes Benzol zu 100 Prozent im Magen-Darm-Trakt resorbiert.

Toxikokinetik: Verteilung und Speicherung

Aufgenommenes Benzol gelangt zuerst in stark durchblutete Organe wie Gehirn, Leber und Herz. Nach einigen Umverteilungsschritten speichert der Organismus 55 Prozent der aufgenommenen Benzolmenge im Fettgewebe, 15 Prozent im Knochen und sechs Prozent im Blut. Benzol ist sehr lipophil und kann daher leicht die Zellmembranen überwinden. Im Zellinneren bindet es sich an Lipoproteine aus dem Zellplasma.

Toxikokinetik: Metabolismus

Oxidasen des Leberparenchyms epoxydieren den Benzolkern. Der größte Teil des entstandenen Benzolepoxids bildet sich anschließend spontan in den Hauptmetaboliten um, das Phenol. Andere Oxidasen lassen Hydrochinon, Hydroxyhydrochinon und Brenzkatechin aus dem Epoxid entstehen.

Weitere vom Epoxid ausgehende Metabolite sind die Muconsäure, das Katechin und die S-Phenylmercaptursäure. Benzolepoxid kann außerdem spontan mit Nukleinsäuren reagieren und so DNA- oder RNA-Adukte bilden.

Toxikokinetik: Ausscheidung

Noch ehe der Organismus aufgenommenes Benzol epoxydiert, eliminiert er bis zu 40 Prozent wieder über die Atemluft. 28 bis 87 Prozent des Benzols eliminiert der Körper renal als Phenolsulfat mit einer Halbwertszeit von vier bis acht Stunden. Weniger als zehn Prozent des aufgenommenen Benzols eliminiert der Organismus über die anderen Metabolite und ihre Endprodukte.

Eine billiäre Elimination des Benzols oder eines seiner Metabolite ist nicht bekannt.

Vergiftungssymptome

65.000 mg Benzol pro Kubikmeter Atemluft über einen Zeitraum von fünf bis zehn Minuten eingeatmet führen zum Tod. Ernste Lebensgefahr besteht bereits bei Benzolkonzentrationen von 25.000 mg pro Kubikmeter und 30 Minuten Exposition. Wer 30 bis 60 Minuten lang Konzentrationen von 2.300 mg pro Kubikmeter Atemluft inhaliert, wird bewußtlos.

Symptome akute Vergiftung

Bei schweren Vergiftungen leiden Betroffene unter Fieber, Pulsbeschleunigungen, absoluten Arhythmien, Brechreiz, Zittern der Extremitäten, tonischen Krämpfen und Sehstörungen bis hin zu kurzzeitiger Erblindung.

Leicht Vergiftete klagen über Kopfschmerzen, Schwindelgefühle, Übelkeit, Apathie, Benommenheit und Rauschzustände. Alle akuten Symptome einer Benzolintoxikation sind reversibel.

Symptome chronische Vergiftung

Chronische Benzolbelastungen führen zu schweren Schäden am hämatopoetischen System im Knochenmark. Die typischen Symptome einer chronischen Benzolintoxikation sind Sekundäreffekte der Schädigung des blutbildenden Systems.

Charakteristische Symptome sind Mattigkeit, Schwindel, Augenflimmern, Schlaflosigkeit, Kopfschmerzen, Blässe, Abmagerung und Tachykardien bei geringen Belastungen. Oft treten spontan schwere Schleimhautblutungen auf. Bei betroffenen Frauen fallen die Monatsblutungen stärker aus als üblich.

Im Knochenmark schädigt Benzol gleich dreifach. Es unterdrückt das erythropoetische, leukopoetische und thrombopoetische System. Die proliferierenden erythropoetischen Stammzellen reagieren am empfindlichsten auf eine Benzolintoxikation. Zu Beginn der Vergiftung ist das Knochenmark hyperplastisch verändert, im Endstadium hat das Fettmark oder die Retikulinfasern das Markparenchym fast vollständig verdrängt. Im Knochenmark befinden sich jetzt nur noch einige wenige proliferierende Markinseln. Da gleich drei Säulen des blutbildenden Systems betroffen sind, können die myeloischen Schäden individuell sehr unterschiedlich ausfallen.

Im Blutbild zeigt sich die Knochenmarksschädigung zuerst durch eine Thrombozytopenie, Leukozytopenie und Lymphozytose. Wegen der langen Lebensdauer der Erythrozyten tritt eine Anämie erst später auf. Außerdem kommt es zu Makrozytosen. Die Erythrozyten nehmen um das Vier- bis Fünffache ihres Volumens zu.

Typisch für eine chronische Benzolintoxikation ist außerdem die akute myeloische Leukämie. Wissenschaftler beobachteten jedoch auch chronisch myeloische und chronisch lymphatische Leukämien sowie akute Erythroleukämien, Monozytenleukämien, Promyelozytenleukämie und akute Lymphoblastenleukämien.

Lymphozyten von beruflich stark exponierten Menschen zeigen außerdem gehäuft stabile sowie instabile numerische und strukturelle Chromosomenabberationen.

Diagnose akute Vergiftung

Die typischen Symptome einer akuten Benzolvergiftung treten nur bei sehr hohen Benzolkonzentrationen auf. Hohe Konzentrationen in der Atemluft kommen beispielsweise bei Unfällen mit Treibstoffen, Mineralölen und Reinbenzol vor. Außerdem gibt es akute Vergiftungen unter Benzinschnüfflern, die den Treibstoff wegen seiner berauschenden Wirkung inhalieren.

Diagnose chronische Vergiftung

Die ersten Symptome einer chronischen Benzolvergiftung sind recht unspezifisch. Leitsymptome sind die Tachykardie bei Belastung, Augenflimmern und die verstärkten Monatsblutungen bei Frauen.

Die Reifungsstörungen der Blutzellen machen sich durch eine Linksverschiebung und das Auftreten von Megaloblasten bemerkbar. Die Thrombozyten sinken unter 150.000/µl und der Rumpel-Leede-Test fällt positiv aus. Nach einigen Wochen läßt sich eine überwiegend hyperchrome, makrozytäre Anämie diagnostizieren.

Als Monitor für Benzolbelastungen bieten sich die Metabolite Phenol und S-Phenylmercaptursäure an. Beide lassen sich im Harn nachweisen, wobei das Phenol jedoch auch aus anderen Quellen stammen kann.

Risikogruppen

Zur Risikogruppe zählen alle beruflich exponierten Menschen wie Beschäftigte in der Chemieindustrie, Tanklagern, Tankstellen, Raffinerien und Laboratorien. Kraftfahrzeugabgase sind die größte Expositionsquelle für die Bevölkerung. Menschen in Großstädten sind daher stärker belastet als die Bewohner ländlicher Regionen.

Probenmaterial und Normalwerte

Harn:

a) als Phenol:	<15 mg/l,
b) als Muconsäure:	< 0,5 mg/l

Trinkwasser:

Der Trinkwassergrenzwert der WHO liegt bei 10µg/l

Oxalat-Blut:

für Nichtraucher:	< 19µg/l,
für Raucher:	< 49 µg/l
Lebensmittel:	bis zu 250 µg/kg
Luft:	< 17,3 µg/m³ Luft

Prävention

Sogenannte Tankrüssel senken die Benzolbelastung beim Betanken von Fahrzeugen beträchtlich. Am günstigsten wäre jedoch eine Verringerung der Benzolkonzentration im Treibstoff selbst, da sich das Abdampfen des Benzols an Tankstellen und im Fahrzeug selbst nicht vollständig vermeiden läßt.

Im Gegensatz zur Benzolbelastung durch Treibstoffe und Verkehrsabgase kann sich jeder Mensch eine weitere Benzolquelle selbst vom Leibe halten: das Rauchen. Blut von Rauchern enthält ungefähr 2,5 mal mehr Benzol pro Liter als bei Nichtrauchern.

MAK-Werte

MAK-Wert: 5 ml/m³ Luft oder 16 mg/m³ Luft

Kanzerogenität: MAK-Kategorie: III A 1, eindeutig krebserzeugend bei Menschen.

Die kanzerogene und genotoxische Wirkung von Benzol ist auch auf die Bildung freier Radikale unter anderem im Knochenmark zurückzuführen. Wissenschaftler beobachteten, daß das Knochenmark verschiedene Peroxidasen enthält, eine der wichtigsten sei die Myeloperoxidase. Die Peroxidation der Benzol-Metaboliten Phenol und Hydrochinon resultierten in einer Arachidonperoxidation und einer Sauerstoffaktivierung beziehungsweise einer Bildung von Superoxid-Radikalen.

Risikofaktor in der Schwangerschaft: Tierversuche ergaben keine Hinweise auf fruchtschädigende Eigenschaften des Benzols.

Sensibilisierende Stoffe: Es gibt keine Hinweise auf ein allergenes Potential des Benzols.

Resorption über die Haut: Der Organismus kann Benzol über die Haut resorbieren.

Blei (Pb)

Vorkommen

Der Bleiverbrauch in Deutschland liegt bei etwa 350.000 Tonnen pro Jahr. 50 Prozent davon benötigen die Hersteller zur Produktion von Akkumulatoren und Batterien. 80 000 Tonnen verarbeitet die chemische Industrie zu Pigmenten, Stabilisatoren für PVC, Mennige und Antiklopfmitteln.

Das Schwermetall findet sich in Gläsern, keramischen Erzeugnissen, Bleiloten und Bleimunition. Hersteller nutzen es außerdem als Additiv in Ölfarben. Als Antiklopfmittel im Benzin dienen die Verbindungen Bleitetramethyl und Bleitetraethyl. Sie erhöhen die Oktanzahl des Treibstoffs. Im zweiten Weltkrieg versuchte Deutschland Bleitetraethyl außerdem militärisch als Nervengift zu nutzen. Bleisalze wie etwa Bleisulfat oder Bleichromate sind die Grundlage vieler Farben und Pigmente.

Die wichtigste Quelle für atmosphärische Emissionen ist noch immer der Straßenverkehr. 1989 gelangten auf diesem Wege 2.000 Tonnen Blei in die Atmosphäre. Mit der Abnahme des Bleianteils im Benzin sinkt auch die emittierte Menge durch den Straßenverkehr.

50 bis 75 Prozent des Bleianteils im Benzin gelangen in die Atmosphäre, 75 Prozent davon in Form von Feinstaub. Ein Auto mit einem durchschnittlichen Verbrauch von 10 Litern auf 100 Kilometern emittiert zur Zeit etwa zehn Milligramm Blei pro Fahrkilometer. Die Bleiemission ist von der Fahrgeschwindigkeit abhängig. Bei geringem Tempo, beispielsweise in der Stadt ist auch der Bleiausstoß relativ niedrig.

Andere Bleiemittenten sind die Metallgewinnung und Verarbeitung, die Stahlindustrie, die chemische und Glasindustrie sowie Abfallverbrennungsanlagen und Kohlekraftwerke.

Aufnahmewege

Blei kann über den Magen-Darm-Trakt, die Haut und die Lunge in den Organismus gelangen. Die wichtigste Bleiquelle für den Menschen ist die Nahrung. Besonders hohe Bleikonzentrationen lassen sich in pflanzlichen Nahrungsmitteln wie Kartoffeln, Gemüse oder Getreideerzeugnissen nachweisen. Das Metall akkumuliert besonders gut in blattreichen Pflanzen, reichert sich jedoch hauptsächlich in den Wurzeln an.

Trinkwasser und Luft haben als Bleiquelle in der Regel nur eine geringe Bedeutung. Hausinstallationen aus Blei können jedoch zu hohen Konzentrationen des Metalls im Trinkwasser führen. Bei saurem pH-Wert des Trinkwassers sind im Standwasser Werte von bis zu 400 µg Blei pro Liter Wasser möglich.

Toxikokinetik: Aufnahme

Die Resorptionsrate für Blei im Gastrointestinaltrakt beträgt bei Erwachsenen fünf bis zehn Prozent. Kinder können bis zu 50 Prozent des aufgenommenen Metalls im Magen-Darm-Trakt resorbieren. Lungengängige Aerosole der Bleioxide oder -salze kann der Organismus abhängig von der Partikelgröße zu 50 bis 80 Prozent in der Lunge resorbieren.

Die Hautresorption ist für Blei und die meisten Verbindungen niedrig. Antiklopfmittel wie Bleitetraethyl und -tetramethyl gelangen dagegen gut durch die Haut in den Körper.

Toxikokinetik: Verteilung und Speicherung

Das Metall verteilt sich im gesamten Organismus und reichert sich bevorzugt in Leber, Niere, Hirn, Lunge , Herz, Knochen und Erythrozyten an. Etwa 90 Prozent des Blutbleis sind an die roten Blutkörperchen gebunden. Aus dem Plasma diffundierendes Blei akkumuliert hauptsächlich als schwerlösliches Bleiphosphat in den Knochen.

Toxikokinetik: Metabolismus

Blei inhibiert die δ-Aminolävulinsäure-Dehydratase und über eine enzyminduzierte Wirkung zusätzlich die δ-Aminolävulinsäure-Synthase. Daher kann der Organismus die δ-Aminolävulinsäure nur noch vermindert in Porphobillinogen umwandeln. Die Folge: Die δ-Aminolävulinsäure-Konzentrationen in Blut und Urin steigen deutlich an. Außerdem hemmt Blei die Dekarboxylase des Koproporphyrinogens und den Eiseneinbau in das Protoporphyrin. Dadurch ist die Hämoglobinsynthese behindert. Es entsteht eine hypochrome Anämie mit basophilen Einschlüssen in den Erythrozyten.

Toxikokinetik: Ausscheidung

90 Prozent des Bleis scheidet der Organismus über den Stuhl aus. Für die Aufnahme kleiner Bleimengen liegt die Retentionsquote nur bei etwa acht Prozent. Das schwerlösliche Bleiphosphat aus den Knochendepots hat eine Halbwertszeit von bis zu 20 Jahren.

Symptome akute Vergiftung

Blutbleikonzentrationen bis 30 µg/dl Blut lösen akut keine Symptome aus. Ab 30 µg Blei /dl Blut ist mit Bluthochdruck zu rechnen.

Typische Symptome akuter Bleivergiftungen sind Erbrechen, Koliken, Obstipation, Bluthochdruck, Enzephalopathie und Nephropathie mit assoziierten Symptomen wie Gicht, Anämie und Neuropathie. Bei akut vergifteten Kindern können Fanconi-Syndrom ähnliche Symptome wie Glukosurie, erhöhte Phosphatausscheidung und Aminoazidurie auftreten.

Akute Bleitetraethylvergiftungen können zudem noch eine Reihe zentralnervöser Erscheinungen wie akustische und optische Halluzinationen, Seh- und Sprachstörungen, Schlaflosigkeit, Schwindel, Angst- und Erregungszustände, Kopfschmerzen, Appetitlosigkeit, motorische Störungen, epileptiforme Krämpfe, Schizophrenie, Delirien und Koma auslösen.

Symptome chronische Vergiftung

Am Anfang einer chronischen Vergiftung stehen unspezifische neurologische Symptome wie Nausea, Tremor, Kopfschmerzen und Schwindel. Später kann sich die Vergiftung zu einer akut auftretenden Enzephalopathia saturnia mit Krämpfen, Delirium und Koma steigern. Hinzu kommen dann häufig noch Polyneuropathien mit symmetrischer Streckerlähmung der oberen Extremität und Hirndrucksteigerungen.

Vergiftete klagen über chronisch rezidivierende, abdominelle Schmerzen und allgemeine Schwäche. Ihr Zahnfleischrand weist eine grauschwärzliche anuläre Verfärbung auf, den sogenannten Bleisaum. Weitere typische Symptome sind Bleikoliken, Bleilähmungen beispielsweise an der Hand als „Bleifallhand", Enzephalitis,

Schrumpfniere sowie Nephropathie mit assoziierten Symptomen wie Gicht, Neuropathie und Bluthochdruck.

Das Schwermetall verursacht spastische Kontraktionen der Arteriolen und Kapillaren. Die resultierende Durchblutungsverminderung der Haut führt zur typischen Bleiblässe. An der Netzhaut können die Kontraktionen eine Amblyopia saturna auslösen. Außerdem entwickeln sich unter chronischer Bleibelastung Anämien sowie Magen- und Duodenulzera. Die Lebensdauer der Erythrozyten ist verkürzt, im Blut und im Harn steigt der δ-Aminolävulinsäurespiegel an.

Bleibelastungen des Fötus können nach der Geburt zu Dysfunktionen des kindlichen Hirns führen. Die Symptome dieser Hirnschädigung sind Störung der Feinmotorik, Hyperaktivität und Minderung psychomotorischer Fähigkeiten. Die Schädigung kann sich bereits ab Blutwerten von zehn Mikrogramm Blei pro 100 Milliliter Blut bemerkbar machen.

Bei Kindern führen chronische Bleibelastungen oft zu Veränderungen an der Wachstumszone der Epiphysen. Es bilden sich die typischen Bleilinien.

Diagnose

Die auffälligsten Symptome sind die klinischen Zeichen der Anämie, neurologische Störungen und der Bleisaum am Zahnfleisch. Weil Blei schon in sehr geringen Konzentrationen die Erythropoese stört, ist das empfindlichste diagnostische Zeichen einer Bleiintoxikation der Anstieg der δ-Aminolävulinsäure in Blut und Urin. Konzentrationen über 6 mg/l Urin weisen auf eine Bleibelastung hin.

Um länger zurückliegende Belastungen zu erfassen, ist die Bleimobilisierung mit dem Komplexbildner EDTA und die anschließende Messung im Urin die Methode der Wahl.

Risikogruppen

Säuglinge und Kleinkinder gehören aus unterschiedlichen Gründen zur Risikogruppe:

- im Magen-Darm-Trakt können sie fünf bis zehnmal mehr Blei resorbieren als Erwachsene. Eine Resorptionsrate zwischen 30 und 80 Prozent ist die Folge.
- sie lagern das Schwermetall vermehrt in parenchymatösen Organen ab. Hier deponiertes Blei ist schnell wieder verfügbar.
- Kleinkinder nehmen beim Krabbeln leicht bleikontaminierten Staub auf. Ist der Boden bleibelastet, gelangt durch die hohe Hand-Mund-Aktivität der Kinder zusätzlich noch Schwermetall in den Magendarmtrakt. Außerdem haben Kleinkinder einen erhöhten Trinkwasserbedarf.

Wegen der bleiverursachten Hirnschädigungen am Fötus zählen auch Kinder im Mutterleib und Frauen im gebärfähigen Alter zur Risikogruppe.

Probenmaterial und Normalwerte

Harn:	
δ-Aminolävulinsäure:	< 6 mg/l
EDTA-Blut:	< 15 µg/dl
Trinkwasser:	40 µg/l, laut Trinkwasserverordnung
Lebensmittel: Richtwerte	
Roggen:	0,4 mg/kg
Kartoffeln:	0,25 mg/kg
Blattgemüse:	0,8 mg/Kg
Wurzelgemüse:	0,25 mg/Kg
Kernobst:	0,5 mg/Kg
Fleischwaren:	0,25 mg/Kg
Fisch:	0,5 mg/Kg
Haustaub:	< 816,7 mg/kg
Zähne:	< 22,3 mg/kg
Speichel I:	< 23,1 µg/l
Speichel II:	< 10,0 µg/l

Prävention

Weil Pflanzen auf der Oberfläche abgelagertes Blei kaum resorbieren, senkt gründliches Waschen der pflanzlichen Nahrung deutlich ihren Bleigehalt. Bleitetraethyl und Bleitetramethyl dringen leicht perkutan in den Organismus ein. Verbleites Benzin sollte man deshalb nicht zu Reinigungszwecken verwenden.

MAK-Werte

MAK-Wert:

- Blei: 0,1 mg/m³ Luft, gemessen als Gesamtstaub.
- Bleitetraethyl und Bleitetramethyl: 0,05 mg/m³ Luft
- Bleichromat: Für Bleichromat gibt es keinen MAK-Wert, da es sich um eine krebserregende Verbindung handelt.

Kanzerogenität: Für Blei und die Antiklopfmittel Bleitetraethyl und Bleitetramethyl gibt es bislang keine Hinweise auf krebserregende Eigenschaften. Bleichromat hat die MAK-Komission in die Kategorie III B eingeordnet. Bei Stoffen dieser Kategorie besteht der begründete Verdacht auf ein krebserzeugendes Potential.

Risikofaktor in der Schwangerschaft: Blei ist in der MAK-Liste für Risikofaktoren während der Schwangerschaft in der Gruppe B gelistet. Bei Substanzen der Gruppe B ist eine Fruchtschädigung wahrscheinlich. Selbst bei Einhaltung des MAK- und des BAT-Wertes läßt sich eine solche Schädigung bei der Exposition Schwangerer nicht ausschließen. Zur Risikominimierung empfiehlt die MAK-Komission einen speziellen BAT-Richtwert für Schwangere von 300 Mikrogramm Blei pro Liter Blut.

Das Schwermetall kann ab der 14. Schwangerschaftswoche die Plazenta überwinden. Selbst recht geringe Konzentrationen von etwa zehn bis 30 µg/dl Blut sollen schon eine erhöhte Abortneigung, Frühgeburtlichkeit, einen vorzeitigen Blasensprung und intauterine Wachstumsverzögerungen auslösen können. Außerdem tritt Blei in die Muttermilch über. In Extremfällen kann die Konzentration sogar den potentiellen Gefahrenbereich erreichen.

Sensibilisierende Stoffe: Weder Blei noch Bleiverbindungen sind in der MAK-Liste für sensibilisierende Substanzen gelistet.

Resorption über die Haut: Bleiteraethyl und Bleitetramethyl kann der Organismus leicht über die Haut resorbieren. Andere Verbindungen und metallisches Blei sind nicht in der MAK- Liste für Stoffe mit Hautresorption aufgeführt.

Chlorparaffine (n-Chloralkane)

Vorkommen

Chlorparaffine kommen in der Natur nicht vor. Sie entstehen bei 80 bis 200 Grad aus Paraffinen und Chlor. Das Syntheseverfahren ist seit den 30er Jahren bekannt, in den 60er Jahren begann die Massenproduktion. Die Hauptproduzenten sind Großbritannien mit 50.000 Tonnen, die USA mit 43.000 Tonnen und Deutschland mit 19.300 Tonnen pro Jahr.

Je nach Anzahl der Kohlenstoffatome des Moleküls lassen sich die Chlorparaffine in kurz-, mittel- und langkettige Verbindungen unterteilen. Ihr Chlorgehalt liegt zwischen zehn und 75 Prozent. Kurzkettige Chlorparaffine haben 10-13, mittelkettige 14-17 und langkettige 18-21 Kohlenstoffatome.

Die Industrie verwendet Chlorparaffine als Flammschutzmittel und Weichmacher in PVC-Produkten. PVC-haltige Bodenbeläge, Gartenschläuche, Isoliermaterial, PVC-Kabelummantelungen und Folien enthalten die Substanzen. Als Flammschutzmittel eignet sich besonders eine Kombination aus hochchlorierten Chlorparaffinen und Antimontrioxid. Insbesondere Kunststoffprodukte, die für den Automobilbau, Bergbau, den Wohnungsbau und die Elektroindustrie bestimmt sind, enthalten diese Verbindungen.

Als Weichmacher oder Bindemittel kommen Chlorparaffine außerdem in Lacken, Textilien und Beschichtungen vor. Sie finden sich unter anderem in

- Markierungsfarben für Straßen und Fassaden
- wasser-, witterungs- und korrosionsbeständigen Grundierungen, Lacken und Beschichtungen
- Planen und Zelten
- Schutzkleidung der Bundeswehr
- Teppichböden
- Gardinen
- Markisen
- Leder
- Autositzen.

Kitt und andere Dichtungsmassen der Bau- und Automobilindustrie enthalten Chlorparaffine als Zusatz. Chlorparaffine finden außerdem als Kühlschmiermittel in der Metallbearbeitung Verwendung. Sie sind vor allem in öligen Hochdruckschmiermitteln enthalten.

Aufnahmewege

Die Chlorparaffine gelangen nicht bei ihrer Herstellung, sondern über die Endprodukte in die Umwelt. Sie verdunsten, verflüchtigen sich allmählich oder gelangen durch Abrieb ins Freie. Der Mensch nimmt die Substanzen hauptsächlich über die Luft oder mit der Nahrung auf.

Toxikokinetik: Aufnahme

Chlorparaffine können über die Lunge, den Magen-Darm-Trakt und in geringem Maße auch über die Haut in den Organismus gelangen. Kurzkettige Chlorparaffine kann der Körper leichter resorbieren als langkettige. Langkettige Verbindungen können in der Umwelt jedoch leicht in kurzkettige zerfallen.

Toxikokinetik: Verteilung und Speicherung

Chlorparaffine reichern sich im Organismus an, sie akkumulieren. Als Speicher dienen vor allem das Fettgewebe, die Muskeln und einige innere Organe wie Leber und Niere. Untersuchungen ergaben Werte von 1,5 mg Chlorparaffin pro Kilogramm Lebergewebe.

Toxikokinetik: Metabolismus

Über den Metabolismus der Chlorparaffine ist bislang kaum etwas bekannt.

Toxikokinetik: Ausscheidung

Der Organismus eliminiert Chlorparaffine hauptsächlich über den Stuhl. Kurzkettige Verbindungen scheidet er zudem über den Urin aus. Einen Teil der resorbierten kurz- und mittelkettigen Chlorparaffine eliminiert der Körper zusätzlich als CO_2 über die Atemluft.

Die Halbwertzeit für die Elimination aus dem Fettgewebe liegt bei mehreren Wochen und nimmt mit steigender Kettenlänge sowie steigendem Chlorierungsgrad der Verbindungen zu.

Symptome akute Vergiftung

Bisher liegen nur Ergebnisse aus Tierexperimenten zur akuten Giftigkeit der Chlorparaffine vor. Bei einer Konzentration von 5 µg/l hemmen sie das Wachstum von Kieselalgen. Regenbogenforellen ändern bereits bei 3 µg/l ihr Freßverhalten.

Symptome chronische Vergiftung

In Tierexperimenten führen chronische Chlorparaffinbelastungen zu Gewichtsabnahme von Leber, Schilddrüse und Nieren, einem verstärkten Auftreten von Nephropathien sowie zu Hypertrophie und Hyperplasie der Schilddrüse. Es kommt zu Lebernekrosen und Nierenschäden.

Bei Ratten und Mäusen lösen schon niedrige Konzentrationen Tumore der Leber, Niere und Schilddrüse aus. Einige Experten beurteilen das Krebsrisiko für den Menschen ähnlich hoch.

Risikogruppen

Besonders gefährdet sind Arbeiter, die mit chlorparaffinhaltigen Produkten umgehen. Eine weitere Gefahr geht von den Erzeugnissen innerhalb belasteter Wohnungen aus: Ihre Bewohner nehmen die Chlorparaffine zwangsläufig mit der Nahrung und der Atemluft zu sich.

Probenmaterial und Normalwerte

Der Nachweis der Substanzen ist sehr schwierig. Erst seit kurzem lassen sich kurz- und mittelkettige Chlorparaffine durch komplizierte Analyseverfahren überhaupt nachweisen. In den meisten Lebensmitteln fanden Wissenschaftler erhebliche Mengen der Substanzen.

Früchte und Gemüse:	0,025 mg/kg
Fisch:	0,1 mg/kg
Schaffleisch:	0,2 mg/kg
Milchprodukte:	0,3 mg/kg
Vögel:	1,5mg/kg
Eier:	2mg/kg

Quelle: Greenpeace

MAK-Werte

Da Chlorparaffine eindeutig krebserregend sind, gibt es für sie keinen MAK-Wert.

Kanzerogenität: MAK- Kategorie III B, begründeter Verdacht auf ein krebserregendes Potential.

Die Beurteilung gilt für Chlorparaffine mit zehn bis 30 Kohlenstoffatomen und 20 bis 70 prozentigem Chlorierungsgrad.

Risikofaktor in der Schwangerschaft: Da die Senatskomission Chlorparaffine als krebserregend eingestuft hat, sind die Verbindungen nicht in der Liste für Substanzen mit einem Risiko während der Schwangerschaft aufgeführt.

Chlorparaffine sind plazentagängig. Sie können Embryonen und Föten schädigen. Mit chlorparaffinhaltigem Futter ernährte Tiere neigen verstärkt zu Fehlgeburten. Außerdem können sie in die Muttermilch gelangen. Im Tierversuch war eine erhöhte Sterblichkeit der Jungen die Folge.

Sensibilisierende Stoffe: Nach der MAK-Liste besitzen Chlorparaffine keine sensibilisierenden Eigenschaften.

Resorption über die Haut: Für Chlorparaffine besteht nach der MAK-Liste kein Risiko der Hautresorption.

Chrom (Cr)

Vorkommen

Mit einer durchschnittlichen Konzentration von 200 mg/kg zählt Chrom zu den häufigen Elementen in der Erdkruste. Das Metall kommt stets als Verbindung mit anderen Substanzen vor. Die häufigste Verbindung ist der Chromeisenstein, das Chromit. Außerdem ist das Metall Teil vieler Mineralien, Gesteine und Sedimente.

Chromeisenstein ist das alleinige Ausgangsmaterial bei der Chromgewinnung. Industriell wichtig sind metallisches Chrom und Verbindungen, in denen das Metall in den Oxidationsstufen drei und sechs vorliegt. Durch Oxidation mit Luftsauerstoff bilden sich aus Chromeisenstein sechswertige Chromat- oder Dichromat-Anionen. Erhitzen die Hersteller Chromeisenstein zusammen mit Kohle im Elektroofen, entsteht Ferrochrom, eine Verbindung, in der das Chrom dreiwertig ist. In Deutschland liegt der jährliche Verbrauch an Ferrochrom bei ungefähr 200.000 t und der an reinem Chrom bei 1.000 t.

In der Metallindustrie ist Chrom ein wichtiger Bestandteil von Legierungen bei der Stahlherstellung. In der Galvanikindustrie nutzen Hersteller das Element zum Verchromen anderer Metalle, indem sie diese mit einer dünnen Chromschicht überziehen. Die chemische Industrie verwendet Chromate zur Oxidation organischer Verbindungen.

Chrom(III)Oxid setzen die Hersteller als Katalysator ein. Außerdem sind Chromverbindungen Bestandteil vieler, meist giftiger Pigmente und Farbstoffe wie Chromgelb, Chromorange, Chromoxidgrün, Barium-, Kupfer-, Zink-, Silber- und Bleichromat.

In der Lederindustrie ist basisches Chrom(III)Sulfat der wichtigste Gerbstoff überhaupt. Chromhaltige Verbindungen dienen außerdem als Holzimprägnierungsmittel, Pigmente in der Bauindustrie, Korrosionsschutz sowie Beizen und Farbstoffe in der Textilindustrie. Streichhölzer und Feuerwerkskörper enthalten Chromverbindungen als Zusatz zur Zündmischung und das magnetische Chrom(VI)Oxid nutzen die Hersteller bei der Produktion von Tonbändern oder magnetischen Computerdatenträgern. Chromverbindungen sind Bestandteil von Reinigungslösungen sowie histologischen Fixierungs- und Mazerationsgemischen. Außerdem kommt Chrom in Zement und Putz vor.

Die Metallegierungen von Zahnprothesen, Brückendrähten und Zahnspangen enthalten Chrom. Außerdem verwenden Ärzte Chromverbindungen je nach Konzentration als warzenverätzendes, oxydierendes oder adstringierendes Therapeutikum.

Aufnahmewege

Die wichtigsten Aufnahmewege verlaufen über die Lunge und den Gastrointestinaltrakt.

Bei fast allen industriellen Anwendungen chromhaltiger Verbindungen kann das Metall über das Abwasser oder Aerosole ins Freie gelangen. In Frankreich und Deutschland emittiert die Industrie pro Jahr etwa 700 Tonnen chromhaltiger Verbindungen in die Luft und 1.000 Tonnen in die Gewässer.

Chromfarbstoffe und -Pigmente sowie die meisten Lederprodukte tauchen mit einiger Verzögerung als Abfall zusammen mit den gefärbten Produkten im Müll auf. Unmittelbar nach der Behandlung mit Holzschutzmitteln kann Regenwasser das Chrom leicht wieder aus dem Holz waschen und somit zu einer Belastung des Grundwassers führen.

Bei der Verbrennung von Chromabfällen in Müllverbrennungsanlagen kann das Metall selbst zusammen mit Flugasche oder als flüchtige Chromverbindung in die Luft gelangen.

Chrom ist für den menschlichen Organismus essentiell. Der Körper eines erwachsenen Menschen enthält zwischen fünf und 20 Milligramm des Metalls. Der Organismus benötigt das Element zur Aufrechterhaltung seiner normalen Glukosetoleranz. Der Tagesbedarf liegt bei 0,01 bis 0,04 Milligramm organisch, komplex gebundenen Chroms oder 0,1 bis 0,3 Milligramm anorganischen Chroms. Der Organismus kann jedoch nur biologisch verfügbares Chrom verwerten.

Pflanzen enthalten zwischen 0,02 und 14, Meeresfische zwischen 0,03 - 2 und Säugetiermuskeln zwischen 0,002 und 0,8 Milligramm biologisch verfügbaren Chroms pro Kilogramm Trockensubstanz. Besonders hohe Chromkonzentrationen kommen in den meisten Pflanzen, Leber und Käse vor.

Funktionen des Chroms im Organismus

Glukosetoleranzfaktor: Der Glukosetoleranzfaktor (GTF) spielt neben dem Insulin eine entscheidende Rolle im Glukosestoffwechsel. Der aktive Teil des Faktors enthält dreiwertiges Chrom. Der Mensch kann den Glukosetoleranzfaktor leicht direkt aus der Nahrung aufnehmen oder anorganisches Chrom in körpereigenen GTF überführen. Anorganisches Chrom kann die Plazentaschranke nicht überwinden. Der GTF ist dazu jedoch ohne weiteres in der Lage.

Chrom im Fettstoffwechsel: Chrommangel löst bei Ratten Arteriosklerose aus. Forschungen ergaben, daß GTF-reiche Bierhefe beim Menschen zu einer Erhöhung des HDL-Cholesterins und einer Senkung des LDL-Cholesterins führt. Beides soll beim Menschen das Arterioskleroserisiko senken.

Toxikokinetik: Aufnahme

Der Organismus kann das Metall über den Gastrointestinaltrakt, die Lunge und die Haut aufnehmen. Für eine perkutane Resorption kommen jedoch nur fettige Zubereitungen oder erhitzte Lösungen in Frage. Die gastrointestinale Resorption hängt stark von der aufgenommen Chromverbindung ab. Die Resorptionsrate für anorganisches Chrom und Dichromate liegt etwa bei fünf Prozent, für organische Chromkomplexe zwischen 20 und 25 Prozent. Andere Autoren berichten von Resorptionsraten über 70 Prozent.

Toxikokinetik: Verteilung und Speicherung

Die höchsten Chromkonzentrationen lassen sich in der Lunge und den Haaren nachweisen. In der Luft enthaltene, unlösliche Chromverbindungen lagern sich in der Lunge ab. Die Folge: Mit zunehmendem Alter steigt die Menge an gespeichertem Chrom. In allen anderen Geweben nimmt der Chromgehalt im Laufe der Zeit ab. Außerdem läßt sich Chrom im Knochenmark, der Gebärmutter und Milz sowie der Leber und den Hoden nachweisen.

Toxikokinetik: Metabolismus

Das Plasma besitzt eine spontane Reduktionskapazität für Chrom. Der Organismus reduziert das über die Haut oder die Lunge aufgenommene sechswertige Chrom bis zu einer Konzentration von 2 ppm zu dreiwertigem Chrom. Dieses bindet der Körper an Proteine und eliminiert es renal. Sechswertiges Chrom kann jedoch leicht die Zellmembranen überwinden und ins Zellinnere gelangen. Je nach Dosis gelangt daher ein oft großer Teil des Chroms in die Erythrozyten und bleibt dort, bis die Zelle stirbt.

Toxikokinetik: Ausscheidung

80 Prozent scheidet der Organismus renal mit dem Urin aus. Hierbei kommt es jedoch oft zu einer Schädigung der Nierentubuli und der Schleimhaut des Harntraktes. Weil es unterschiedliche Eliminationsmechanismen gibt, läßt sich eine Halbwertszeit nicht genau festlegen. Die billiäre Ausscheidung über Leber und Fäzes verläuft beispielsweise langsamer als die renale über die Nieren.

Vergiftungssymptome

0,5 bis 1 Gramm Kaliumdichromat sind bei oraler Aufnahme für den Menschen tödlich. Sechswertiges Chrom ist 100 bis 1000 mal giftiger als dreiwertiges Chrom. Der Grund: Dreiwertiges Chrom kann die Zellmembranen nicht überwinden und daher nicht ins Zellinnere gelangen. Außerdem schädigt die Oxidation zu Chrom(III) das Gewebe.

Über die Toxizität von dreiwertigem Chrom weiß man nur wenig. Die Zelle oxidiert das sechswertige Chrom jedoch auch im Innern zu dreiwertigem. Experten vermuten, daß Chrom(III) hier mutagene und damit wahrscheinlich auch kanzerogene Eigenschaften haben könnte. Die aufgeführten Vergiftungssymptome lassen sich in der Regel auf Vergiftungen mit Chrom(VI)Verbindungen zurückführen.

Symptome akuter Vergiftung

Symptome einer akuten, oralen Vergiftung sind Verätzungen, Verfärbungen und Schwellungen der Mund- und Rachenschleimhaut, Magen-Darmblutungen, starke Leibschmerzen, Erbrechen von gelbgrünem oder blutigem Material, Durchfall, blutiger Urin, akutes Nierenversagen mit Anurie, Ikterus und Schock. Nach einer inhalativen Aufnahme kann es zu Pneunomien oder Lungenödemen kommen.

Andere Folgen einer akuten Vergiftung sind Krämpfe, Hautgeschwüre, Ekzeme, Krebs, toxische Nierenparenchymnekrosen, Leberschäden, hämorrhagische Diathese, Hämolyse mit Methämoglobinbildung und ZNS-Schäden.

Symptome chronischer Vergiftung

Chronische Chrom(VI)-Belastungen können eine Dermatitis, Lungenschäden oder Lungenkrebs auslösen. Chromatstaub kann bei belasteten Arbeitern außerdem zu einem Verlust des Geruchssinns und einer Perforation des Nasenseptums führen. Bei chronisch stark belasteten Menschen kann das Metall einen schweren Diabetes mellitus auslösen.

Chronisch Belastete leiden unter verschiedenen allergischen Hautreaktionen, wobei Experten sowohl Chrom(III) als auch Chrom(VI) ein sensibilisierendes Potential zusprechen. Unter Maurern ist beispielsweise das Zementekzem weit verbreitet. Chrom(VI)-Verunreinigungen des Zements sind für die allergische Reaktion verantwortlich. Nach langer Sensibilisierungsphase können Chromverbindungen auch allergisches Bronchialasthma auslösen. Sensibilisierten droht vier bis acht Stunden nach der Chromaufnahme ein Anfall.

Risikogruppen

Das Lungenkrebsrisiko ist bei allen beruflich exponierten Menschen erhöht. Zur Risikogruppe zählen beispielsweise Angestellte in der Chromat- und Zinkchromat herstellenden Industrie. Auch für Lichtbogenschweißer besteht ein erhöhtes Krebsrisiko. Beim Schweißen entstehen Chrom(VI)-Emissionen, die die technische Richtkonzentration um das Vierfache überschreiten können.

Bei Dialysepatienten ist der Blutchromspiegel zehn bis 14 mal höher als bei gesunden Menschen. Insulinpflichtige Diabetiker verlieren viel Chrom über den Urin. Daher ist möglicherweise ihr Arterioskleroserisiko erhöht.

Probenmaterial und Normalwerte

Harn:	< 1,5 µg/l
Trinkwasser:	0,05 mg/l, zulässige Höchstkonzentration laut EG-Richtlinie von 1989
Serum:	< 0,4 µg/l Cr III im Serum
EDTA-Blut:	< 0,5 µg/l Cr VI in den Erythrozyten
Lebensmittel:	0,02-14 mg/kg Pflanzentrockenmaterial
Hausstaub:	< 2,7 mg/kg oder < 458,6 mg/kg
Knochen:	0,1-30 mg/kg Säugetierknochen

MAK-Werte

MAK-Wert: 0,1 mg/m^3 Luft für Chromtrioxid (Cr_2O_3).

Kanzerogenität metallisches und dreiwertiges Chrom: MAK-Kategorie 3. Für Substanzen aus der Kategorie drei lassen sich keine Angaben bezüglich ihrer Kanzerogenität machen.

Kanzerogenität sechswertiges Chrom: MAK-Kategorie 1. Substanzen der Kategorie eins stuft die MAK-Komission als beim Menschen eindeutig krebserregend ein.

Risikofaktor in der Schwangerschaft: Chromverbindungen tauchen in der MAK-Liste Risikostoffe für Schwangere nicht auf. Einige Chromverbindungen sind jedoch plazentagängig. Daher können während der Schwangerschaft große Chrommengen in den Fötus gelangen.

Sensibilisierende Stoffe: Obwohl Chrom in der MAK-Liste für sensibilisierende Substanzen nicht aufgeführt ist, besitzt das Metall offensichtlich ein allergisches Potential.

Resorption über die Haut: Obwohl der Organismus einige Chrom(VI)-Verbindungen sehr gut über die Haut resorbieren kann, sind Chromverbindungen in der MAK-Liste für Stoffe mit Hautresorption nicht aufgeführt.

DDD/DDE/DDT

1,1-Dichlor-2,2-bis(4-chlorphenyl)-ethan

1,1-Bis-(4-chlorphenyl)-2,2-Dichlorethen

1,1-Bis-(4-chlorphenyl)-2,2,2-trichlorethan

Vorkommen

1976 lag die weltweit produzierte DDT-Menge bei etwa 60.000 Tonnen.

Wegen seiner hohen Flüchtigkeit und Persistenz sowie der großen Produktionsmengen ist DDT über die ganze Erde verbreitet. Die Verbindung läßt sich selbst im Eis der Antarktis nachweisen. Hauptumwandlungsprodukt des DDT in der Umwelt ist das DDE. Über aerobe und anaerobe Umwandlungsprozesse bildet sich außerdem DDD.

DDT ist ein Insektizid mit breitem Wirkungsspektrum. Die Verbindung ist Teil des Anti-Malaria-Programms der WHO. Daher ist die Substanz auch heute noch in einigen Ländern als Gift gegen die krankheitsübertragenden Stechmücken in Gebrauch.

Seit dem 7. 8. 1972 ist in der BRD Herstellung, Einfuhr, Ausfuhr, Erwerb, die Anwendung sowie das Inverkehrbringen von DDT verboten. In der ehemaligen DDR war die Verbindung jedoch noch bis Mitte 1991 zugelassen. Außerdem war DDT Bestandteil von Holzschutzmitteln.

Aufnahmewege

DDT akkumuliert in der Nahrungskette. Daher verläuft heute der bedeutendste Aufnahmeweg über die Nahrung. 1979 gelangten weltweit rund 55.000 bis 60.000 Tonnen DDT ins Freie. Die durchschnittliche Anwendungsmenge lag zwischen 0,5 bis 35 Kilogramm pro Hektar.

Toxikokinetik: Aufnahme

Der Organismus nimmt die Verbindung über die Lunge, den Magen-Darm-Trakt und die Haut auf.

Toxikokinetik: Verteilung und Speicherung

DDT reichert sich sehr gut im menschlichen Körper an. Hauptspeicherorte sind das Fettgewebe, die Muttermilch und Blut-Proteine.

Toxikokinetik: Metabolismus

Der Hauptmetabolit im Blut ist das DDE, im Harn sind die wichtigsten Umwandlungsprodukte DDD und DDA.

Toxikokinetik: Ausscheidung

Über den Harn eliminiert der Körper DDT als DDA, über den Stuhl unverändert als DDT und DDE.

Symptome akute Vergiftung

Symptome einer akuten DDT-Vergiftung sind Kopfschmerzen, Erregung, Benommenheit, Blutdruckabfall, Bewegungsstörungen, Zittern und Krämpfe.

Symptome chronische Vergiftung

Chronisch Belastete zeigen die typischen Symptome einer Chlorkohlenwasserstoffvergiftung. Es kommt zu einer Enzyminduktion in der Leber, Leberzirrhose und -fibrose, Hepatomegalie, Hepatomen und Fettleber. Andere Autoren konnte jedoch bei DDT-Konzentrationen von 3,6 bis 18 mg pro Tag über 21 Jahre keine Leberschäden feststellen.

Toxische Dermatitis, Ekzeme sowie Chlorakne können auftreten. Andere Anzeichen können Panmyelopthise, aplastische Anämie, Porphyria cutanea tarda, Hirnatrophie, Ataxie sowie sensible und motorische Polyneuropathien sein. DDT unterdrückt die zelluläre und humorale Immunabwehr.

Probenmaterial und Normalwerte

Trinkwasser:	0,1 µg/l nach der Trinkwasserverordnung
EDTA-Blut:	DDT + DDE < 2,5 µg/l
Haustaub:	< 1 mg/kg
Holz:	< 1 mg/kg
Feststoffe:	< 1mg/kg
Fettgewebe:	DDT 92 µg/kg Fett, DDE < 900 µg/kg Fett
Muttermilch:	DDT + DDE < 1,5 mg/kg Milchfett

DDT-Grenzwerte für Lebensmittel

Aal, Lachs, Stör:	3500 µg/kg Frischmasse
sonstige Fische und andere wechselwarme Tiere wie Weich-, Schalen- und Krustentiere:	2000 µg/kg Frischmasse
Milch und Milcherzeugnisse:	1000 µg/kg
Fleisch, Fleischerzeugnisse, tierische Fette:	1000 µg/kg
Tabakerzeugnisse:	10 000 µg/kg

MAK-Werte

MAK-Wert: 1 mg/m³ Luft.

Kanzerogenität: DDT und die Metabolite sind nicht in der MAK-Liste für krebserregende Substanzen aufgeführt. Krebserregende Wirkungen der Substanzen sind bislang nur in Tierversuchen untersucht.

Risikofaktor in der Schwangerschaft: Die Senatskommission zur Prüfung gesundheitsschädlicher Arbeitsstoffe sieht kein Risiko durch DDT während der Schwangerschaft. DDT und die Metabolite akkumulieren jedoch bevorzugt in der Muttermilch und gelangen auf diesem Wege auch in den Säugling.

Sensibilisierende Stoffe: DDT ist nicht in der MAK-Liste für Substanzen mit sensibilisierendem Potential gelistet.

Resorption über die Haut: Die Senatskomission hat DDT in die Kategorie H eingeordnet. Bei Substanzen dieser Kategorie besteht ein Risiko der Hautresorption.

Formaldehyd (HCHO)

Synonyme

Formalin, Formol, Formylhydrat, Ameisenaldehyd, Ameisensäurealdehyd, Oxomethan, Methanal, Methylaldehyd. Als Polymer: Trioxan, Paraformaldehyd

Vorkommen

Formaldehyd entsteht bei der Oxidation von Methan und Methanol. Formalin ist eine wässerige Lösung mit einem Formaldehydanteil von rund 30 Prozent.

Weltweit werden jährlich etwa 5.000.000 Tonnen Formaldehyd produziert. In Deutschland stellt die chemische Industrie pro Jahr etwa 500.000 Tonnen her. Die Verbindung ist einer der wichtigsten Ausgangsstoffe in der organischen Chemie. 65 Prozent der jährlichen Formaldehydproduktion dienen zur Herstellung von Kunstharzen wie Harnstoff- und Melaminharzen.

Rund 29 Prozent verwenden die Hersteller als Grundsubstanz zur Synthese anderer chemischer Verbindungen.

Formaldehyd ist in Kleb- und Schaumstoffen, Spanplatten, Spachtelmassen, Tapeten, Textilien, Teppichen, Fungiziden, Farben, Lacken, Leimen, Gummi, Holzwerkstoffen, Metallen und Möbeln enthalten.

Die Verbindung läßt sich in Badezusätzen, Deodorants, Kosmetika, Mundwasser, Nagelhärtern, Schuhpflegemitteln, Geschirrspülmittel, Haushaltsreinigern, Shampoos und Seifen sowie Weichspülern und Waschmitteln nachweisen. Konservierungs- und Pilzbekämpfungsmittel in Autopflegeartikeln, Kunststoffe, Kohleanzünder, Leder, Ortschäume, Papier- und Photopapier, Spachtelmasse, UF-Schaum, Medikamente, Düngemittel, Klebefolien und Verpackungen können auf Formaldehydbasis hergestellt sein.

Die Nahrungsmittelindustrie verwendet die Verbindung zur Desinfektion von Behältern für Fisch und Fleisch, zur Konservierung von Ölen, Fetten und getrockneten Nahrungsmitteln, zum Härten von Därmen für Wurstwaren sowie zur Herstellung von Aromastoffen und Emulgatoren.

In der Medizin findet Formaldehyd bei der Desinfektion von Räumen und Apparaten Verwendung. Außerdem ist die Verbindung ein Desinfektionsmittel gegen Fußpilz.

In der Fotografie dient Formaldehyd als Entwicklungsbeschleuniger und Fixierbadzusatz. Die Landwirtschaft nutzt Formaldehyd als Saatgutbeize, zum Fäulnisschutz von Tiernahrung, zur Bodenentseuchung und Getreidekonservierung.

Außerdem bildet sich Formaldehyd bei allen unvollständigen Verbrennungsprozessen. Daher sind der Hausbrand, der Straßenverkehr und Zigarettenrauch wichtige Emissionsquellen. Die pro Jahr in die Umwelt austretende Formaldehydmenge liegt Schätzungen zufolge bei etwa 1.000.000 Tonnen.

Aufnahmewege

Der wichtigste Aufnahmeweg verläuft über die Atemluft. Bedeutende Formaldehydquellen für die Innenraumluft sind Beläge, Bretter und Möbel aus Preßspanplatten mit Aminoplastharzverleimung, wärmedämmende (UF) Ortschäume, aminoplast-modifizierte Lacke wie beispielsweise Parkettsiegel und Grobdesinfektionsmittel.

Eine weitere wichtige Emissionsquelle in Innenräumen ist der Zigarettenrauch. Bereits beim Rauchen von zehn Zigaretten steigt die Luftkonzentration auf etwa 0,5 ppm an.

Toxikokinetik: Aufnahme

Der Organismus kann Formaldehyd über die Haut, die Atemwege und den Magen-Darm-Trakt aufnehmen. Eingeatmetes Formaldehyd resorbiert er zu etwa 95 bis 100 Prozent. Den größten Teil halten die oberen Luftwege fest. Nur sehr geringe Mengen gelangen tiefer in Lunge und Bronchien.

Toxikokinetik: Verteilung und Speicherung

Formaldehyd akkumuliert nicht im Organismus.

Toxikokinetik: Metabolismus

Einen großen Teil des resorbierten Formaldehyds oxidiert der Körper zu Kohlendioxid und Wasser. In Leber und Erythrozyten wird die Verbindung oxidativ zu Hydrogenkarbonat und Ameisensäure abgebaut.

Toxikokinetik: Ausscheidung

Gebildetes Kohlendioxid scheidet der Organismus über die Lunge zusammen mit dem Atem aus, Ameisensäure eliminiert er renal.

Symptome akute Vergiftung

Formaldehyd ist ein schleimhautangreifendes Reizgas. Akut Vergiftete klagen über Reizungen der Schleimhäute und Kontaktdermatiden. Es kommt zu Leber- und Nierenschäden sowie Herz-Kreislaufveränderungen. Außerdem wirkt die Verbindung narkotisierend.

Für eine inhalative Aufnahme lassen sich folgende Schwellenwerte festlegen:

- Bei Konzentrationen zwischen 0,01 und 1,6 ppm treten Reizungen der Schleimhäute sowie lokale Reizungen auf.
- 2-3 ppm führen zu Stechen in Rachen, Nase und Augen.
- Formaldehydkonzentrationen von 4-5 ppm lassen Vergiftete über wachsendes Unbehagen und Tränenfluß klagen.

- Zwischen10-20 ppm leiden Betroffene unter starkem Brennen der Kehle, Nase und Augen. Sie beginnen zu husten, es kommt zu verstärktem Tränenfluß und Dyspnoe.
- Akute Lebensgefahr besteht ab 30 ppm. Ein toxisches Lungenödem oder eine Pneunomie können zum Tode führen.

Symptome chronische Vergiftung

Symptome einer chronischen Formaldehydvergiftung sind Atemwegserkrankungen, unspezifische Schleimhautirritationen, Hustenanfälle, Bronchitis und Haarausfall. Es kommt zu allergischen Erscheinungen wie Asthma bronchiale, chemisch-irritativem Asthma, Dermatitis und Utrikaria.

Chronisch Vergiftete klagen über Brechreiz, Durchfall, Übelkeit, Abgeschlagenheit, Durst, Magenbeschwerden, Appetitmangel, Kopfschmerzen, Schwindel, Schwäche, Kratzen im Hals, anhaltenden Schnupfen, Schlaf-, Verhaltens- und Konzentrationsstörungen.

Akne, Tetanie, Nierenerkrankungen, Lymphknotenschwellung, Gewichtsverlust, degeneratives Ekzem, Blasenleiden, Alkoholunverträglichkeit, Halsschmerzen, Gedächtnisstörungen, Depression, Antriebsverlust, chronische Müdigkeit und Nervosität können weitere Folgen einer chronischen Belastung sein.

Außerdem besteht der Verdacht auf ein krebserregendes Potential der Verbindung.

Risikogruppen

Laut Bundesgesundheitsamt und Bundesanstalt für Arbeitsschutz in Dortmund können bei folgenden Berufsgruppen erhöhte Belastungen auftreten:

Anatomen, Biologen, Botaniker, Einbalsamierer, Frisöre, Färber, Erdölarbeiter, Bäcker, Angestellte in Oberbekleidungsgeschäften, Buchbinder, Tierpräparatoren, Schädlingsbekämpfer, Textilarbeiter, Gerber, Gießereiarbeiter, Histologie-Assistenten, Glasbeizer, Lackierer, Gärtner, Landarbeiter und medizinisches Personal.

Probenmaterial und Normalwerte

Harn:	15 mg Ameisensäure pro Gramm Kreatinin
Hausstaub:	< 50 mg/kg in Wohnräumen
Spanplatten:	für die Güteklasse E1: < 150 mg/kg

Prävention

Da Spanplatten die bedeutenste Formaldehydquelle in Innenräumen sind, ist hier besondere Vorsicht geboten. Im Innenraum sollten möglichst nur Vollholzprodukte verwendet werden.

Beim Möbelkauf ist auf die Klassifizierung der verwendeten Spanplatten zu achten. Die Platten müssen die Qualitätsnorm Emissionsklasse E1 erfüllen. In Deutschland haben sich die Möbelhersteller seit Mitte der 80er Jahre freiwillig zur Einhaltung der E1-Norm verpflichtet. Für Importartikeln gilt dies nicht.

Laut Gefahrenstoffverordnung dürfen heute keine Holzwerkstoffe, die mehr als 0,1 ppm an die Innenraumluft abgeben, in den Verkehr gebracht werden. Unter Altagsbedingungen können allerdings selbst E1-Platten gelegentlich zu Überschreitungen des Grenzwertes führen. Die Schnittstellen und Bohrlöcher in Spanplatten sollten verschlossen sein, um ein Ausgasen zu verhindern.

MAK-Werte

MAK-Wert: 0,5 ml/m³ Luft oder 0,6 mg/m³ Luft.

Laut BGA sollte die maximal zulässige Konzentration in Wohnräumen bei 0,1 ppm beziehungsweise 0,12 mg/m³ Luft liegen. Weil manche Menschen schon bei deutlich geringeren Konzentrationen auf die Verbindung reagieren, raten andere Experten zu einem Vorsorgewert von höchstens 0,05 ppm.

Kanzerogenität: MAK- Kategorie III B, bei Substanzen dieser Kategorie besteht der begründete Verdacht auf krebserzeugendes Potentential. Für Ratten ist die Kanzerogenität des Formaldehyds bereits hinreichend bewiesen.

Risikofaktor in der Schwangerschaft: Die Senatskommission zur Prüfung gesundheitsschädlicher Arbeitsstoffe hat Formaldehyd in die Kategorie C eingeordnet. Durch Substanzen der Kategorie C ist eine Fruchtschädigung bei Einhaltung des MAK- und BAT-Wertes nicht zu befürchten.

Sensibilisierende Stoffe: Die Senatskomission zählt Formaldehyd zu den sensibilisierenden Substanzen. Die Verbindung ist heute eines der wichtigsten Berufsallergene überhaupt. Die Formaldehydallergie ist eine typische Typ IV-Allergie. Formaldehyd kann aber auch IgE-vermittelte Immunreaktionen wie beispielsweise ein Asthma bronchiale auslösen.

Resorption über die Haut: Laut MAK-Liste besteht für Formaldehyd keine Gefahr der Hautresorption. Der Organismus kann die Verbindung jedoch perkutan aufnehmen.

Gold

siehe Zahnersatzlegierungen

Hexachlorbenzol (HCB)

Synonyme

Perchlorbenzol

Vorkommen

1993 lag die weltweit produzierte Hexachlorbenzolmenge bei 5.000 Tonnen. Die Substanz fällt als Nebenprodukt bei der Herstellung einer Vielzahl anderer Chemikalien wie etwa Hexachlorcyklohexan, Vinylchlorid und Tetrachlorkohlenstoff an. Die chemische Industrie verwendet HCB als Weichmacher und flammhemmenden Zusatz für Kunststoffe und Schmiermittel.

Hexachlorbenzol ist in Holzschutzmitteln, Fungiziden zur Saatgutbeize, Klebstoffen, Isoliermaterialien, PVC und Gummi enthalten. Außerdem ist die Verbindung Bestandteil pyrotechnischer Erzeugnisse wie beispielsweise Leucht- und Nebelkerzen.

HCB dient als Flußmittel bei der Aluminiumherstellung und ist Ausgangsstoff bei der Produktion von Farbstoffen, Pentachlorthiophenol und Pentachlorphenol (PCP). Die Parfümindustrie verwendet Hexachlorbenzol als Extraktionsmittel für ätherische Öle. Zudem läßt sich die Verbindung als Verunreinigung in einigen Pestiziden nachweisen.

Seit 1981 besteht ein Verbot für die Anwendung von Hexachlorbenzol als Pflanzenschutzmittel.

Aufnahmewege

Pro Tag nimmt der Mensch durchschnittlich 200 Nanogramm Hexachlorbenzol über die Nahrung auf. Mit dem Trinkwasser gelangen zusätzlich noch rund 0,2 Nanogramm in den Organismus. Die Atemluft steuert zur täglich aufgenommenen Menge weitere sechs Nanogramm HCB bei.

Hexachlorbenzol gelangt bei industriellen Produktionsprozessen und beim Verbrennen chlorhaltiger Substanzen in Müllverbrennungsanlagen ins Freie. Schätzungen zu Folge liegt die weltweit emittierte Hexachlorbenzolmenge zwischen 2.000 und 10.000 Tonnen jährlich.

HCB ist eine sehr persistente Substanz mit hohem Akkumulationspotential. Die Verbindung läßt sich in den unterschiedlichsten Bereichen der Umwelt wie Luft, Wasser, Sediment, im Boden und in Nahrungsmitteln nachweisen.

Toxikokinetik: Aufnahme

Der Organismus kann Hexachlorbenzol in der Lunge, dem Magendarmtrakt sowie über die Haut resorbieren.

Toxikokinetik: Verteilung und Speicherung

Hexachlorbenzol hat ein hohes Akkumulationspotential und reichert sich bevorzugt im Fettgewebe an. Andere HCB-Speicher sind die Muttermilch und das Blut.

Toxikokinetik: Metabolismus

Tierversuche an Ratten und Affen ergaben, daß der Organismus HCB zu Penta- und Tetrachlorbenzol sowie zu Tri-, Tetra-, und Pentachlorphenol (PCP) metabolisieren kann.

Toxikokinetik: Ausscheidung

Affen eliminieren innerhalb von sieben Tagen 17,1 Prozent des resorbierten Hexachlorbenzols über den Stuhl und 1,8 Prozent renal. Die Halbwertszeit beträgt etwa drei Jahre.

Symptome akute Vergiftung

Symptome einer akuten Hexachlorbenzolvergiftung sind Schleimhautreizungen, erhöhte Hautpigmentierung und Epidermolyse. Es kann zu Muskel-Atrophie, Arthritis, Porphyrie und Lebervergrößerung kommen.

Symptome chronische Vergiftung

Über die chronischen Effekte von Hexachlorbenzol allein ist bislang kaum etwas bekannt. Chronische Belastungen sollen jedoch Porphyrie und neurotoxische Symptome auslösen.

Probenmaterial und Normalwerte

EDTA-Blut:	< 1,2 µg/l
Fettgewebe:	< 460 µg/kg Fett
Muttermilch:	< 1,05 mg/kg Milchfett
Duldbare Konzentration in der Muttermilch für einen Säugling im Alter von vier Monaten nach der Deutschen Forschungsgemeinschaft DFG:	1,2 mg/kg Milchfett
Lebensmittel	
Grenzwert für Fisch, Krusten-, Schalen-, und Weichtiere:	500 µg/kg Fett
tatsächlicher Mittelwert in Fischfilet:	147 µg/kg Fett
Grenzwert für Milch und Milcherzeugnisse:	250 µg/kg Fett
tatsächlicher Mittelwert für Milchprodukte:	20 bis 34 µg/kg Fett
Grenzwert für tierische Fette, Fleisch, Fleischerzeugnisse:	200 µg/kg Fett
tatsächlicher Mittelwert Rindfleisch:	8,4 µg/kg Fett,
Schweinefleisch	12,3 µg /kg Fett
Grenzwert für Gemüse, Ölsaat, Rohkaffee:	50 <µg/ kg Frischmasse
Grenzwert für andere pflanzliche Erzeugnisse:	10 µg/kg Frischmasse
Grenzwert für Tabakerzeugnisse:	300 µg/kg
Haustaub:	< 1 mg/kg
Feststoffe:	< 1 mg/kg

MAK-Werte

Die Senatskomission zur Prüfung gesundheitsschädlicher Arbeitsstoffe der DFG beabsichtigt für die MAK-Liste einen MAK-Wert für Hexachlorbenzol aufzustellen. Außerdem will die Komission die krebserregenden Eigenschaften der Verbindung überprüfen.

MAK-Wert: Für Hexachlorbenzol gibt es zur Zeit keinen MAK-Wert. Der Biologische Arbeitsstofftoleranzwert (BAT) beträgt im Plasma/Serum 150 µg/l.

Kanzerogenität: Hexachlorbenzol ist bislang nicht in der Liste für krebserregende Substanzen aufgeführt. Orale Gaben können im Tierversuch jedoch Leber-, Schilddrüsen- und Dickdarmtumore auslösen.

Risikofaktor in der Schwangerschaft: Hexachlorbenzol ist in der MAK-Liste nicht als Risikofaktor während der Schwangerschaft gelistet. Ein bevorzugter Akkumulationsort für HCB ist jedoch die Muttermilch. Zudem hatte die Verbindung im Tierversuch eine reproduktionstoxische Wirkung und führte zu Störungen des endokrinen Systems.

Sensibilisierende Stoffe: Hexachlorbenzol hat nach der MAK-Liste keine allergenen Eigenschaften.

Resorbtion über die Haut: Laut MAK-Liste besteht für HCB kein Risiko der Hautresorption. Der Organismus kann nach einigen Autoren die Verbindung jedoch über die Haut aufnehmen.

Hexachlorcyclohexan (alpha, beta, gamma HCH)

Vorkommen

Bei der Produktion des Pflanzenschutzmittels Lindan entsteht ein Gemisch aus den drei HCH-Isomeren α, β, und γ-HCH. Lindan selbst ist das γ-Isomer des HCH, α- und β-HCH gelten als Verunreinigungen. Technisches Lindan ist heute in allen Industriestaaten verboten.

α -HCH: Das Isomer kommt zu einem Anteil von 65 bis 70 Prozent im Lindan-Produktionsgemisch vor. Es besitzt keine insektiziden Eigenschaften. Möglicherweise entsteht α-HCH außerdem während der Kaffeerösťung aus γ-HCH. α-HCH wird auf biologischem und photochemischem Wege zu Tetra- und Pentachlorcyclohexen abgebaut. Die Verbindung ist weitaus stabiler als Lindan.

1989 hat kein EG-Mitgliedsstaat mehr als 1.000 Tonnen α-HCH produziert. Nach Schätzungen gelangten 1983 etwa 100. 000 t der Verbindung in die Umwelt.

β -HCH: Die Substanz kommt zu sieben bis zehn Prozent im Isomerengemisch vor und hat keine technische Bedeutung. β-HCH ist das stabilste Isomer und reichert sich gut in der Nahrungskette an. Auch β-HCH wird auf biologischem und photochemischem Wege zu Tetra- und Pentachlorcyclohexen abgebaut.

In Deutschland fand 1989 keine β-HCH-Produktion mehr statt. 1983 sollen weltweit zirka 15.000 Tonnen ins Freie gelangt sein.

γ-HCH oder Lindan: Der Anteil des Lindans am Isomerengemisch beträgt etwa 15 Prozent. Die Verbindung ist ein Insektizid gegen Boden-, Forst- und Hygieneschädlinge. Lindan dient der Bekämpfung von Kriechinsekten in Gebäuden und ist in Insektensprays und -streifen enthalten. Hersteller nutzen die Verbindung zur Behandlung von Saatgut und als Parasitenbekämpfungsmittel bei Nutztieren. Außerdem ist Lindan Bestandteil von Holzschutzmitteln.

Der Aromat läßt sich in imprägnierten Schränken, Holz in Innenräumen, Teppichen, Baumwolltextilien aus belasteten Räumen und im Hausstaub nachweisen.

Aufnahmewege

Die durchschnittliche Exposition des Menschen liegt bei etwa 0,03 µg pro kg und Tag für alle Isomere zusammen.

Toxikokinetik

Alle Isomere können über die Haut, die Lunge und den Gastrointestinaltrakt in den Organismus gelangen.

Toxikokinetik: Aufnahme

90 Prozent des oral aufgenommenen HCH kann der Organismus im Gastro-Intestinaltrakt resorbieren. Außerdem gelangen die Verbindungen über die Haut und die Lunge in den Körper.

Toxikokinetik: Verteilung und Speicherung

Hexachlorcyklohexan verteilt sich rasch auf Hirn, Fettgewebe, Leber und Niere. Bevorzugter Speicherort ist das Fettgewebe. Die Verbindungen reichern sich zudem in der Muttermilch an.

Das Akkumulationspotential von Lindan ist am niedrigsten, das von β-HCH am höchsten.

Toxikokinetik: Metabolismus

Beim metabolischen Abbau der Verbindungen entstehen Chlorphenole, Pentachlorcyclohexen sowie in geringen Mengen Hexa- und Pentachlorbenzol.

Toxikokinetik: Ausscheidung

Lindan eliminiert der Organismus zu 80 Prozent über Harn und Stuhl. Beim Menschen beträgt die Halbwertszeit für Lindan 26 Stunden. Die Halbwertszeit von α-HCH ist deutlich länger. Sie liegt bei Ratten zwischen 1,6 und 6,9 Tagen.

β-HCH kann der Organismus nur sehr langsam über den Stuhl und den Harn eliminieren. Ratten scheiden etwa 70 Prozent der aufgenommenen β-HCH-Menge innerhalb von 28 Tagen aus.

Vergiftungssymptome

Für Vergiftungen mit α- und β-HCH sind bislang keine spezifischen Symptome bekannt. Alle bekannten Hexachlorcyclohexan-Symptome führen Experten auf das weitaus giftigere γ-Isomer zurück.

Symptome akute Vergiftung

Akut Vergiftete klagen über Kopfschmerzen, Zittern, Benommenheit und Krämpfe. Andere Symptome sind Bewegungsstörungen, Blutdruckabfall und eine erhöhte zerebrale Erregbarkeit. Übelkeit, Schwindel, Müdigkeit, Lähmungserscheinungen und Hyperthermie sind weitere Folgen einer akuten Lindanvergiftung. Im Extremfall fallen die Vergifteten ins Koma.

Symptome chronische Vergiftung

Chronische Belastungen äußern sich durch Schwäche, Paraesthesien, Appetitlosigkeit, Leber- und Knochenmarksschädigung sowie durch gastro-intestinale Beschwerden. Vergiftete können zudem an Schlaf- und Herzrhythmusstörungen sowie an einer Hepathopathie leiden.

Probenmaterial und Normalwerte

Fettgewebe

α-HCH:	< 5 µg/kg Fett
β-HCH:	< 130 µg/kg Fett
γ-HCH:	< 5 µg/kg Fett

EDTA-Blut

α-HCH:	< 0,01 µg/l
β-HCH:	< 0,3 µg/l
γ-HCH:	< 0,1 µg/l

Muttermilch

α-HCH:	< 0,011 mg/kg Milchfett, höchste noch duldbare Konzentration laut DFG: 9,6 mg/kg Milchfett
β-HCH:	< 0,23 mg/kg Milchfett, höchste noch duldbare Konzentration laut DFG: 1,4 mg/kg Milchfett
γ-HCH:	< 0,041 mg/kg Milchfett, höchste noch duldbare Konzentration laut DFG: 19,1 mg/kg Milchfett

Haustaub

γ-HCH:	< 3 mg/kg

Holz

α-HCH:	< 1mg/kg
β-HCH:	< 1 mg/kg
γ-HCH:	< 5 mg/kg

MAK-Werte

MAK-Wert für α- und β-HCH: Die ermittelte Konzentration an α-HCH dividiert durch fünf plus der gemessenen Konzentration an β-HCH ergibt den MAK-Wert von 0,5 mg/m³ Luft.

Für γ-HCH ist der MAK-Wert 0,5 mg/m³ Luft.

Kanzerogenität: Keines der Isomere ist in der entsprechenden MAK-Liste aufgeführt.

Risikofaktor in der Schwangerschaft: Nach der MAK-Liste stellt Hexachlorcyklohexan kein Risiko während der Schwangerschaft dar.

Sensibilisierende Stoffe: Hexachlorcyklohexan ist nicht in der MAK-Liste für sensibilisierende Substanzen aufgeführt.

Resorption über die Haut: Alle drei Isomere können perkutan in den Organismus gelangen.

Isocyanate

(2,4-TDI/2,6-TDI/1,6-HDI/4,4´-MDI/1,5-NDI)

Synonyme

Diisocyanate

Vorkommen

Isocyanate sind zusammen mit Polyolen Monomere bei der Synthese von Polyurethanen. Isocyanatmonomere sind beispielsweise Toluylendiisocyanat (2,4- und 2,6-TDI), Hexamethylendiisocyanat (1,6-HDI), Methylendiphenyldiisocyanat (4,4´-MDI) und Naphtylen 1,5-Diisocyanat (NDI). Je nach Art und Zusammensetzung der Ausgangsprodukte entstehen Polyurethane unterschiedlichster Eigenschaften.

Die Industrie verwendet die Verbindungen in Elastomeren, Verschäumungsanlagen und bei Farbspritzverfahren. Isocyanate kommen in Teppichklebern, Fußbodenlacken und neuen Spanplatten als Formaldehyd-Ersatz vor.

Aufnahmewege

Die Verbindungen gelangen mit der Atemluft in den Organismus. Eine Quelle für Diisocyanat in Innenräumen sind die Polyurethane. Bei ihrer Härtung werden Diisocyanatdämpfe frei und gelangen auf diesem Wege in die Innenraumluft.

Eine Gesundheitsgefährdung geht dabei wahrscheinlich nur von den Isocyanat-Monomeren aus. Aus fertigungstechnischen Gründen enthalten die Polymere einen Teil monomerer Substanz. Heutzutage ist es technisch möglich, den Anteil der Monomere am Gesamtisocyanat auf etwa 0,2 Prozent zu begrenzen.

Toxikokinetik: Aufnahme

Der Organismus resorbiert die Verbindungen über die Lunge.

Toxikokinetik: Metabolismus

Der Körper metabolisiert aufgenommenes Toluylendiisocyanat schnell zu Toluylendiamin. Der Abbauweg von eingeatmeten Polymerpartikeln ist zur Zeit noch nicht geklärt.

Toxikokinetik: Ausscheidung

Der Organismus eliminiert Toluylendiisocyanat zu 20 Prozent als Toluylendiamin über den Harn. Die Halbwertszeit liegt bei etwa 24 Stunden.

Vergiftungssymptome

Diisocyanate sind starke Inhalationsgifte. Sie wirken toxisch-irritativ und sensibilisierend. Isocyanat-Gase, -Aerosole oder -Dämpfe können mit ihren hoch reaktivon NCO-Gruppen mit allen organischen Verbindungen reagieren, die ihrerseits reaktive Wasserstoffatome enthalten.

Daher können Isocyanate auch mit dem organischen Material reagieren, das die Schleimhäute der Bronchien auskleidet. Im Extremfall führt dies zu Gewebsnekrosen und zur Verhärtung der obersten Zellschicht der Bronchialschleimhaut.

Feuchte Luft kann die Toxizität der Verbindungen durch Hydrolyse senken. Unter den dabei entstehenden aromatischen Aminen und Diaminen sind jedoch viele krebserregend oder stehen zumindest im Verdacht, karzinogen zu sein.

Diisocyanate hemmen dosisabhängig bis zu 90 Prozent der Aktivität der Acetylcholinesterase. Wahrscheinlich ist die Hemmung irreversibel. Experten vermuten hier die Ursache für die asthmaauslösenden Eigenschaften der Verbindungen. Isocyanat soll durch die Enzymhemmung eine Anhäufung des Acetycholins im Bereich des Bronchialsystems bewirken. Acetylcholin ist ein endogener Bronchokonstriktor.

Symptome akute Vergiftung

Bei akut Vergifteten kommt es zu Reizungen der Augenschleimhaut und der zuführenden Atemwege sowie zu Schäden an den Lungenbläschen. Betroffene klagen über Akkomodationslähmungen und Mydriasis. Bei Inhalation von mehr als 0,02 ppm Isocyanat sind Rhinitis, Pharyngitis, Bronchitis, Müdigkeit sowie Nachtschweiß mögliche Folgen. Im Extremfall kommt es zu Dyspnoe mit typischem Asthma bronchiale, Zyanose und Lungenödemen.

Symptome chronische Vergiftung

Isocyanate haben eine stark sensibilisierende Wirkung. Sie sind nach Daunderer die wichtigsten niedermolekularen, asthmaauslösenden Verbindungen überhaupt. Bei einer spezifischen Isocyanatüberempfindlichkeit reichen bereits extrem geringe Konzentrationen zwischen 10-20 ppb (0,01-0,02 ml/m^3 Luft) aus, um typische Symptome auszulösen. Empfindliche Menschen können aber schon ab 1 ppb reagieren.

Die Symptome sind sehr unterschiedlich. Auf jeden Fall kommt es jedoch zu bronchialen Obstruktionen. Zu Beginn leiden Sensibilisierte unter häufiger Kurzatmigkeit, Hustenreizen und Atembeklemmungen. Später können sich daraus Asthmaanfälle und eine chronisch-obstruktive Bronchitis entwickeln.

Schon bei geringer, wiederholter Überschreitung einer Konzentration von 20 ppb bildet sich ein chronisches Reizsyndrom aus. Dyspnoe bei körperlichen Anstrengungen und allgemein reduzierte Lungenfunktionen sind mögliche Folgen. Bei frühzeitigem Expositionsstop können sich die chronischen Reizeffekte zurückbilden.

MAK-Werte

MAK-Wert: 0,01 ml/m^3 Luft oder 0,07 mg/m^3 Luft für beide Diisocyanattoluole.

In den USA liegt der dem MAK vergleichbare TLV-Wert bei 0,005 ml/m^3 Luft.

Kanzerogenität: Bislang sind Isocyanate nicht in der MAK-Liste für krebserregende Substanzen aufgeführt. Die Senatskomission zur Prüfung gesundheitsschädlicher Arbeitsstoffe überprüft jedoch zur Zeit der Drucklegung für die MAK-Liste ein Gemisch der beiden Diisocyanattoluole auf sein kanzerogenes Potential.

In Gegenwart von Feuchtigkeit bildet sich aus dem häufig für die Spanplattenverleimung verwendeten Diphenylmethan-4,4-Diisocyanat das kanzerogene 4,4-Diaminodiphenylmethan. Diese Verbindung hat die Senatskomission in die Kategorie IIIB der MAK-Liste eingeordnet. Bei Substanzen dieser Kategorie besteht der begründete Verdacht auf ein kanzerogenes Potential.

Risikofaktor in der Schwangerschaft: Isocyanate sind nicht in der MAK-Liste für Substanzen aufgeführt, die ein Risiko während der Schwangerschaft darstellen.

Sensibilisierende Stoffe: In der MAK-Liste sind beide Diisocyanattoluole als sensibilisierende Substanzen gelistet. Zudem sind die Verbindung als inhalative Allergene gekennzeichnet.

Resorption über die Haut: Nach der MAK-Liste kann der Organismus Isocyanate nicht über die Haut resorbieren.

Kadmium (Cd)

Vorkommen

Kadmium kommt mit einer durchschnittlichen Konzentration von 0,1mg/kg in der Erdkruste vor. Bei der Verhüttung von Zinkerzen fallen etwa drei Kilo des Metalls pro Tonne Zink an. 1977 lag die Weltjahresproduktion bei 18.300 Tonnen. Bei der Verfeuerung von Brennstoffen wie Braun- oder Steinkohle sowie in Müllverbrennungsanlagen entstehen in Deutschland jährlich etwa 80 Tonnen Kadmium.

Das Metall ist Bestandteil von Korrosionsschutzmitteln, Kunststoffstabilisatoren, Farbpigmenten und Legierungen. Wiederaufladbare Nickel-Kadmium-Batterien, Photozellen, Gleichrichter sowie Temperatur- und Lichtstabilisatoren für PVC enthalten das Element. Kadmium ist außerdem in Zahnfüllungsmaterialien und Zahnprothesen, kadmierten Heiz- und Kühlschlangen sowie den Lötstellen von Wasserleitungen und Wasserhähnen vorhanden.

Die wichtigsten anorganischen Kadmiumverbindungen und ihre Anwendungen sind:

Kadmiumbromid in der Fotografie, Lithografie und Reproduktionstechnik;

Kadmiumchlorid zur Schwefelwasserstoffabsorption und Herstellung von Kadmiumpigmenten, in der Galvanotechnik, Mikroskopie und Fotografie, für Vakuumröhren und in der Drucktechnik;

Kadmiumacetat als Katalysator und in der keramischen Industrie;

Kadmiumcarbonat zur Bildung anderer Kadmiumsalze und Herstellung von Kadmiumpigmenten;

Kadmiumhydroxid zur Elektrodenherstellung und in der Galvanik;

Kadmiumcyanid in der Galvanotechnik;

Kadmiumoxid zur Herstellung von Halbleitern, Silberlegierungen, Leuchtstoffen und Batterien, in der keramischen Industrie, Galvanotechnik und Fotografie;

Kadmiumnitrat bei der Glas- und Porzellanherstellung, in der Elektronik, Färbe- und Drucktechnik, zur Darstellung anderer Kadmiumverbindungen;

Kadmiumjodid bei der Produktion von Elektrolysekadmium, und Leuchtstoffen, in der Fotografie und als Schmiermittel

Kadmiumselenit als Halbleiter in Gleichrichtern und Fotozellen

Kadmiumtellurid bei der Produktion von Leuchtstoffen und Kadmiumpigmenten sowie in der Halbleitertechnik;

Kadmiumsulfid als Leuchtstoff in Fernsehröhren, Fotohalbleiter und Pigment;

Kadmiumsulfat bei der Produktion von Leuchtstoffen und Kadmiumfarben sowie als Elektrolyt in galvanischen Elementen.

Unter den organischen Kadmiumverbindungen ist nur eine industriell interessant. **Kadmiumstearat** dient als Lichtstabilisator für PVC-haltige Plastikmaterialien. Die behandelten Kunststoffe erscheinen klarer und sind wetterbeständiger.

Aufnahmewege

Kadmium kann zusammen mit der Atemluft oder der Nahrung in den Organismus gelangen. 80 Prozent des Körperkadmiums stammen aus Nahrungsmitteln, 15 Prozent aus dem Trinkwasser und ein Prozent aus der Atemluft. Zwei Drittel der oral aufgenommenen Kadmiummenge nimmt der Mensch über pflanzliche, ein Drittel über tierische Lebensmitteln zu sich. Die duldbare tägliche Aufnahmemenge für einen 70 Kilogramm schweren Menschen über die Nahrung beträgt 0,075 mg Kadmium.

Pflanzliche Nahrungsmittel

Besonders hoch belastet sind Pflanzen mit großer Blattoberfläche, Champignons aus unkontrolliertem Anbau und unterirdische Pflanzenteile. Wurzeln enthalten normalerweise etwa zehn mal höhere Kadmiumkonzentrationen als der Sproß. Einige Grundnahrungsmittel wie Weizen und Kartoffeln sowie Spinat und Sellerie können das Metall besonders gut anreichern. Sie weisen oft hohe Kadmiumkonzentrationen auf.

Besonders stark belastet sind Pflanzenprodukte in der Umgebung von Müllverbrennungsanlagen oder anderen Emittenten.

Tierische Nahrungsmittel

Nieren und Leber enthalten die höchsten Kadmiumkonzentrationen, weil sie das Metall anreichern. Die Nieren von Schweinen haben beinahe die gleiche Kadmiumkonzentration wie das Futter. Ihre Leber ist etwa halb so hoch belastet. Eine Mahlzeit mit 200 Gramm Nierchen kann die duldbare tägliche Aufnahme bereits um das Dreifache überschreiten. Fisch, Muskelfleisch, Kuhmilch und Eier enthalten durchschnittlich recht wenig von dem Metall.

Vitamine, Spurenelemente und Kadmium

Vitamin D-, Kalzium- und Eisenmangel erhöht die gastrointestinale Kadmiumresorption. Außerdem steigert ein Kupfer-, Zink- und Eisenmangel die Toxizität des Metalls noch, Eisenmangel erhöht außerdem die Resorption im Gastrointestinal-Trakt.

Andere Quellen

Muttermilch ist teilweise stark kadmiumhaltig. Die Kadmiumkonzentrationen in der Muttermilch sind durchschnittlich etwa zehn mal höher als in Kuhmilch. Trinkwasser enthält durchschnittlich eher wenig Kadmium. Kadmiumhaltige Rohrmaterialien können jedoch zu erhöhten Konzentrationen im Trinkwasser führen. In der Zinkschicht von verzinkten Stahlrohren war bis 1978 ein Kadmiumgehalt bis 0,1 Prozent erlaubt. Heute sind es nur noch 0,01 Prozent.

Auch Zigarettenrauch enthält Kadmium. Der Organismus kann das Metall über die Lunge sogar noch besser resorbieren als im Gastrointestinaltrakt. Saure Säfte können Kadmiumionen aus Kunststoffen, Keramikgegenständen und farbigen Glasuren herauslösen.

Toxikokinetik: Aufnahme

Im Respirationstrakt resorbiert der Organismus etwa zehn bis 50 Prozent der inhalierten Kadmiummenge. Die Resorptionsquote im Gastrointestinaltrakt liegt normalerweise bei sechs Prozent. Menschen mit Kalzium oder Eisenmangelzuständen haben eine viermal höhere Resorptionsrate.

Toxikokinetik: Verteilung und Speicherung

Das Metall verteilt sich über das Blut im Organismus und lagert sich anschließend in Leber und Nieren ab. Das Transportvehikel im Blut ist wahrscheinlich ein kleines Protein in den Erythrozyten, das Metallothionein. Beinah 90 Prozent des Blutkadmiums sind in den Erythrozyten gespeichert. Der wichtigste Akkumulationsort des Kadmiums ist die Niere. Etwa ein Drittel des gesamten Kadmiums speichert der Organismus in der Niere. Die höchsten Konzentrationen kommen in der Nierenrinde vor.

Außerdem akkumuliert das Metall im Pankreas der Nebenniere, Milz, Speicheldrüse, Schilddrüse, den Haaren und der Haut sowie in der Plazenta.

Toxikokinetik: Metabolismus

Die Nieren können den Metallothioneinkomplex filtrieren, aus dem Tubulusharn resorbieren und ihn im proximalen Tubulus ablagern. Daher weist das Nierengewebe die höchsten Kadmiumkonzentrationen auf.

Hohe Kadmiumkonzentrationen haben Auswirkungen auf den Spurenelementehaushalt des Organismus. Das Metall beeinträchtigt beispielsweise den Zink- und Kalziumstoffwechsel gleich auf mehreren Ebenen: Es konkurriert mit ihnen um die Bindungsstellen im Körper und inhibiert die spurenelementabhängigen Metalloenzyme. Außerdem verdrängt Kadmium Zink aus zinkhaltigen Enzymen und beeinträchtigt dadurch ihre Funktion.

Toxikokinetik: Ausscheidung

Der Organismus scheidet über Stuhl und Urin nur 0,005 bis 0,01 Prozent des aufgenommenen Kadmiums wieder aus. Normalerweise eliminiert er den größten Teil über den Stuhl. Leidet ein Patient jedoch bereits an an einem Nierenschaden, steigt die renale Kadmiumelimination stark an.

Die im Organismus gespeichte Kadmiummenge steigt mit dem Alter, weil der Körper einmal resorbiertes Kadmium in Leber und Nieren gut retinieren kann. Die akkumulierte Kadmiummenge nimmt pro Tag um etwa 2 µg zu. Die Halbwertszeit für retiniertes Kadmium in Leber und Nieren liegt zwischen zehn und 40 Jahren. Im Blut gelöstes Kadmium hat jedoch nur eine Halbwertszeit von ungefähr 2,5 Monaten.

Vergiftungssymptome

Das Metall löst die Vergiftungserscheinungen über verschiedene Mechanismen aus: Es blockiert Enzyme, indem es an SH-Gruppen bindet. Kadmium verdrängt Zink aus zinkhaltigen Enzymen und entkoppelt die oxidative Phosphoryllierung.

Bis 50 Milligramm Cd^{2+} oral aufgenommen sind für den Menschen tödlich. Die letale Dosis für inhalierten Kadmiumrauch nach weniger als einer Stunde Exposition liegt bei bei 40 bis 50 Milligramm.

Symptome akute Vergiftung

Die Folgen einer akuten Vergiftung durch Einatmen von Kadmiumstaub oder -dämpfen sind: Kopfschmerzen, Kältegefühl, Schüttelfrost, retrosternales Brennen, Schnupfen, allgemeines Schwächegefühl, Kurzatmigkeit und Metallgeschmack im Mund. Bei Vergifteten kann sich 24 bis 36 Stunden nach Beendigung der Exposition ein toxisches Lungenödem mit Thoraxschmerzen, starkem Husten, Atemnot und respiratorischer Insuffizienz sowie blutig-schleimigem Auswurf entwickeln. Im Extremfall sterben die Patienten an einem Schock.

Innerhalb von 15 Minuten leiden Menschen, die große Mengen Kadmium mit der Nahrung zu sich genommen haben, unter Kopfschmerzen, Erbrechen, Übelkeit, Gastroenteritis mit Abdominalschmerzen, Tenesmen, Krämpfen und Diarrhoe. Auch oral Vergiftete sterben in schweren Fällen durch Schock.

Bei Vergiftung durch Kadmiuminjektionen, beispielsweise in Selbstmordabsicht, zerstören die löslichen Salze den Hoden beinahe vollständig. Vergiftete entwickeln Anämien und Leberschäden.

Symptome chronische Vergiftung

Chronische Vergiftungen durch die Nahrung sind selten. In Japan ist die Itai-Itai-Krankheit bekannt, ein schwerer tubulärer Nierenschaden als Folge einer chronischen Kadmiumintoxikation über die Nahrung. Die Krankheit führt zu Osteoporose und Osteomalzie mit Spontanfrakturen, Wirbelsäulen- und Extremitätenschmerzen.

Inhalative, chronische Intoxikationen treten nach einer Latenzzeit von zwei Jahren auf. Frühes Symptom einer chronischen Kadmiumbelastung ist ein gelber Kadmiumring an den Zahnhälsen, vor allem von Eck- und Schneidezähnen. Außerdem leiden die chronisch Belasteten unter Müdigkeit, Hautblässe, Schwächegefühl, Gewichtsverlust, Trockenheit im Rachen, Anosmie, Leberschäden, Störungen im Mineralhaushalt der Knochen, Anämien und Rhinitis atrophicans mit wässerigem Ausfluß.

Lungenenphysem und Nierenschäden mit Proteinurie sind die schwersten Folgen der chronisch, inhalativen Aufnahme. Die Nierenschäden führen zu einer gesteigerten Kalziumausscheidung, Phosphaturie, Aminoacidurie und Glucosurie. Bei manchen entwickeln sich durch die verstärkte Kalziumausscheidung ektope Verkalkungen wie beispielsweise Nierensteine oder Knochenschädigungen wie eine Osteomalzie.

Im Tierexperiment verursacht Kadmium Bluthochdruck. Chronische Kadmiumbelastungen stehen in Verdacht, krebsauslösend zu sein. Forscher konnten für langzeitexponierte Menschen beispielsweise ein erhöhtes Prostatakarzinom-Risiko zeigen. Andere berichten auch über ein gesteigertes Bronchialkarzinomrisiko bei chronisch Belasteten.

Diagnose

Wichtige Eckpfeiler bei der Diagnose einer chronischen Kadmiumexposition sind die Berufsanamnese und die Überprüfung der Symptomatik, Röntgendiagnose der Knochenveränderungen, Lungenfunktionsprüfung sowie Blut- und Urinanalysen.

Blutuntersuchungen: Der Kadmiumgehalt des Blutes gibt Auskunft über die aktuelle Expositionslage. Der Wert macht jedoch keine Aussagen über Kadmiumgehalte in der Niere oder im ganzen Körper. Bei Rauchern ist die Kadmiumkonzentration im Blut bis zu acht mal höher als bei Nichtrauchern.

Kadmium kann noch weitere Veränderungen am Blutbild verursachen. Mögliche kadmiumbedingte Blutveränderungen sind beispielsweise eine hypochrome, mikrozytäre oder hämolytische Anämie. Belastete können erhöhte Haptoglobin-, alpha-2 und gamma-Globulin- sowie BSG-Werte aufweisen. Die Werte für Serumeisen, Albumine und die Leukozyten können erniedrigt sein. Möglicherweise ist die Protoporphyrinsynthese vermindert und die Erythrozytenabbaurate erhöht.

Urinuntersuchungen: Kadmiuminduzierte Nierenschäden führen zu einer erhöhten ß2-Mirkoglobulin Ausscheidung. Die Konzentration im Urin kann den Normalwert um das 1.000fache überschreiten. Bereits bei Konzentrationen über 500 µg Kadmium kündigen sich Nierenschäden an.

Enthält der Urin zehn Milligramm Kreatinin pro Kilogramm oder zehn Mikrogramm Kadmium pro Liter, so droht bereits ein Nierenschaden.

Risikogruppen

Liebhaber von Nierengerichten, Arbeiter in Batterie- oder PVC-Fabriken, Anlieger von Müllverbrennungsanlagen oder anderen Emittenten, die bevorzugt ihr eigenes Gemüse oder Pflanzenprodukte aus regionalem Anbau verzehren, zählen zur Risikogruppe.

Menschen mit Eisenmangel wie beispielsweise Schwangere und ältere Frauen sowie Kinder in den ersten Lebensjahren sind außerdem gefährdet. Eisenmangel erhöht die Kadmiumresorption im Gastrointestinaltrakt.

In der Nierenrinde von Rauchern findet sich etwa doppelt soviel Kadmium wie in der von Nichtrauchern. Liebhaber des blauen Dunstes sind gleich doppelt belastet: Zigarettenrauch enthält Kadmium. Zusätzlich kann der Organismus das Metall über die Lunge deutlich besser resorbieren als im Magendarmtrakt. Die gastrointestinale Resorption ist bei Rauchern jedoch ebenfalls erhöht, da der Zigarettenrauch zu leichtem Eisenmangel führt.

Probenmaterial und Normalwerte

Harn:	< 1,3 µg/l
Trinkwasser:	0,005 mg/l, zulässige Höchstkonzentration laut EG Richtlinie von 1989
Serum:	< 0,4 µg/l
EDTA-Blut:	< 1,7 µg/l
Lebensmittel:	
Blattgemüse, Richtwert:	0,1 mg/kg
Fisch, Richtwert:	0,1 mg/kg
Fleischwaren, Richtwert:	0,1 mg/kg
Kernobst, Richtwert:	0,05 mg/kg
Wurzelgemüse, Richtwert:	0,1 mg/kg
Haustaub:	< 9,9 mg/kg
Zähne:	< 250 mg/kg
Speichel I:	< 3,3 µg/l
Speichel II:	< 1,1 µg/l

MAK-Werte

MAK-Wert: In Deutschland existiert kein MAK-Wert für Kadmium. In der Stadt liegt der Normalwert bei 0,005 µg/m³, auf dem Land zwischen 0,01 und 0,02 µg/m³ Luft. In den Vereinigten Staaten liegt der unserem MAK vergleichbare TWA-Wert bei 0,01 mg/m³.

Kanzerogenität: Kadmiumsulfid ist in der Gruppe III B aufgeführt. Stoffe der Gruppe III B stehen in begründetem Verdacht, krebserregend zu sein.

Alle anderen Kadmiumverbindungen sowie das Metall selbst hat die MAK-Kommission in die Kategorie III A 2 eingeordnet. Die hier gelisteten Stoffe haben sich bislang nur im Tierversuch als eindeutig krebserregend erwiesen.

Risikofaktor in der Schwangerschaft: Das Metall ist in der entsprechenden MAK-Liste nicht aufgeführt. Bislang ließen sich keine eindeutig durch Kadmium verursachte Schäden am Fötus beobachten.

Die Kinder von kadmiumbelasteten Müttern haben jedoch oft ein niedriges Geburtsgewicht und leiden häufig unter Rachitis. Es gibt Hinweise, daß Selen die teratogenen Wirkungen des Kadmiums vermindern kann.

Eines der bevorzugten Zielorgane des Kadmiums ist die Plazenta. Das Metall sammelt sich hier und beeinträchtigt die normalen Funktionen.

Außerdem ist das Metall plazentagängig und kann daher leicht in den Fötus gelangen. Besonders problematisch ist dies bei rauchenden Schwangeren.

Sensibilisierende Stoffe: Obwohl Kadmium und seine Verbindungen nicht in der MAK-Liste für sensibilisierende Substanzen geführt sind, gehen einige Experten von etwa 38 Prozent Kadmiumallergikern in Deutschland aus.

Resorption über die Haut: Kadmium und seine Verbindungen resorbiert der Organismus nicht über die Haut.

Kupfer (Cu)

Vorkommen

Kupfer ist das 25häufigste Element der Erde. In der Erdkruste kommt das Metall meist in Form von sulfidischen und oxidischen Erzen, oder gemeinsam mit Eisen vor. Reines Kupfer ist sehr selten. Kupfer ist ein essentielles Spurenelement bei Pflanzen und Tieren.

Die Elektroindustrie verwendet Kupfer häufig wegen seiner guten elektrischen Leiteigenschaften. Heiz- und Kühlschlangen, Braukessel, Destillationsanlagen und Haushaltsgeräte bestehen häufig aus Kupfer oder Kupfer-Legierungen.

Kupferverbindungen sind außerdem enthalten in meist giftigen Farbpigmenten wie Schweinfurter Grün oder Florentiner Braun, Lösungsmitteln bei der Herstellung von Acetatseide, Fungiziden, Pestiziden und Molluskiziden. In manchen Ländern verwenden Züchter kupferoxidhaltiges Schweine- und Geflügelfutter zur Wachstumsförderung.

Kupfersulfat dient als Beizmittel zum Galvanisieren, Adstringens, Emetikum und Fehlingsche Lösung bei der Blutzuckerbestimmung. Kupferchromate finden als Katalysator für Hydrierungen in flüssigen Phasen Verwendung. Kupfer kommt außerdem vor in: Messing, Bronze, Dachabdeckungen, Kupfer-Wasserleitungen, Zahnersatz, chemischen und pharmazeutischen Geräten. Es leistet Dienste als Fällungsmittel für Selen und ist ein intrauterines Kontrazeptivum.

Physiologische Wirkung und Mangel

Der tägliche Kupferbedarf liegt unter 0,1 mg/kg. Über die Nahrung nimmt der Menschen zwei bis fünf mg Kupfer pro Tag auf. Die Toxizitätsschwelle liegt bei mindestens 25 mg für gastrointestinale Symptome. Das Metall greift in den Eisenstoffwechsel ein und ist Bestandteil verschiedener Oxidationsenzyme des Organismus. Kupfer verhält sich im Körper antagonistisch zu einigen Schwermetallen wie beispielsweise Molybdän, Kadmium und Zink.

Symptome, die auf einen Kupfermangel hinweisen, sind Eisenmangelanämie, da Kupfer ein wichtiger Faktor bei der Hämloglobinsynthese ist, Appetitlosigkeit, Wachstumshemmung und Gewichtsverlust sowie Gastroenteritis, Veränderungen an Binde- und Stützgewebe, neurologische Symptome wie Störungen der Temperatur- und Atemregulation, Krämpfe und Spontanfrakturen.

Aufnahmewege

Der wichtigste Aufnahmeweg ist die Nahrung. Kupferreiche Lebensmittel sind beispielsweise Fleisch, Innereien, Fisch, Schalentiere, Nüsse, Kakao, grünes Gemüse und Rotwein. Die Kombination von sauren oder säurebildenden Nahrungsmitteln, Luftsauerstoff und kupferhaltigen Küchengeräten läßt eine Menge giftiger Substanzen entstehen, wie beispielsweise Grünspan.

Aus neu verlegten Wasserleitungen lösen sich leicht Kupferionen und gelangen so ins Trinkwasser. Die Konzentrationen sind besonders hoch, wenn das Wasser über Nacht in den Rohren steht. Amalgamfüllungen bestehen zu einem Teil aus Kupfer. Hierdurch entsteht eine starke Kupferdepotbildung im Organismus. Dies ist besonders interessant, da Kupfer bei Schwermetallvergiftungen die Schäden noch potenzieren kann.

Proteinreiche Diäten können die Kupferresorption im Magendarmtrakt deutlich erhöhen. Wahrscheinlich bildet Kupfer mit L-Aminosäuren Komplexe, die sehr leicht die Mucosazellen passieren können.

Toxikokinetik: Aufnahme

Prozent des in der Nahrung gelösten Kupfers nimmt der Mensch über den Gastrointestinaltrakt auf. Fünf Prozent hiervon resorbiert der Organismus im proximalen Dünndarmbereich, den Rest scheidet er über die Galle wieder aus. Außerdem kann das Metall über die Lunge in den Körper gelangen.

Kupfer hat eine große Tendenz zur Komplex- und Chelatbildung. Das Metall kommt daher in Gegenwart organischer Liganden nicht als Ion vor. Komplexe mit natürlichen Aminosäuren und Proteinen wie Cytocuprein und Metallothionein ermöglichen die Resorption im Dünndarm.

Toxikokinetik: Verteilung und Speicherung

Der Körper speichert das Metall im Wesentlichen in der Leber, im Gehirn und in den Nieren.

Toxikokinetik: Metabolismus

Resorbiertes Kupfer transportiert der Organismus als locker gebundenen Komplex mit Albumin oder Aminosäuren zur Leber. Ist das Metall als Aminosäurenkomplex in die Leber gelangt, so gibt es drei Möglichkeiten: Der Körper speichert einen Teil in der Leber. Einen weiteren bindet er an Gallenbestandteile und einen letzten Teil baut der Organismus in Coeruloplasminmoleküle ein.

Im Blutplasma sind 90 Prozent des Kupfers über eine feste Bindung an das Coeruloplasmin gebunden. Experten schreiben dem Coeruloplasmin eine Schutzwirkung zu, da fest gebundenes Kupfer weniger toxisch ist als locker gebundenes.

Toxikokinetik: Ausscheidung

Der Körper scheidet Kupfer zu 90 Prozent mit dem Stuhl aus.

Vergiftungssymptome

Chronische und akute Vergiftungen sind sehr selten, da Kupfer der homöostatischen Regulation unterliegt. Übersteigt die aufgenommene Menge die homöostatische Kapazität, so kommt es zu Vergiftungserscheinungen. Kupfer selbst ist nur wenig giftig. Kupfersulfat und Kupferdämpfe hingegen sind toxisch.

Symptome akute Vergiftung

Eine akute Vergiftung äußert sich in Übelkeit, Schweißausbrüchen, blaugrünem Erbrechen, Durchfällen, Apathie, Gefäßlähmungen, zunehmender Herzschwäche, Krämpfen, Koma und Tod im Schockstadium. Hat ein Betroffener das Schockstadium überlebt, treten nach etwa fünf Stunden Myoglobinämie, Hämolyse mit Hämoglobinurie, akutes Nierenversagen, Anämie, akute Pankreatitis und metabolische Azidose auf.

Kupfersalze direkt auf der Haut können zu juckenden, papuloveskulären Ekzemen führen, die möglicherweise allergischer Natur sind. Symptome durch lokale Einwirkung von Kupfersalzen am Auge können sein: Lidödem, Ulzeration und Trübung der Kornea sowie Konjunktivitis.

Eingeatmete Kupferdämpfe oder Kupferstaub können das Metallfieber auslösen. Betroffene leiden unter Fieber, Kopfschmerzen, Augentränen, Katarrh, Irritationen des oberen Atemtrakts und Leukozytose.

Symptome chronische Vergiftung

Die Folgen einer chronischen Kupferexposition können Ablagerungen in der Lunge und Fibrose, Leberzirrhose, (Wilson-Krankheit) und Kupferdermatitis besonders Keratitis der Handflächen und Fußsohlen sein. Haut, Haare und Zähne von Arbeitern in Kupferbergwerken können sich grün verfärben. Bei Kupferablagerungen in der Lunge kann sich das Lungengewebe blau färben. Außerdem schädigt ein chronischer Kupferüberschuß Gehirn und Leber. Er bewirkt Zinkmangel und damit verbunden eine Schwächung des Immunsystems.

Diagnose

Bei einer akuten Kupfervergiftung sind die Blutwerte, vor allem das direkt reagierende Kupfer im Plasma und der Leberkupfergehalt stark erhöht. Betroffene haben einen metallischen Geschmack im Mund.

Eine chronische Kupferbelastung läßt sich am besten über den Kupfergehalt im 24-Stunden-Urin und den Gehalt an direkt reagierendem Kupfer im Serum ermitteln. Auch im Falle einer chronischen Belastung haben die Patienten einen metallischen Geschmack im Mund.

Ist der Kupfergehalt der Leber stark erhöht und der Coeruloplasmingehalt im Serum deutlich verringert, leidet der Betroffene nicht unter einer chronischen Kupfervergiftung, sondern an der Wilson´schen Krankheit. Hierbei sind die Coeruloplasminsynthese und die Kupferausscheidung über die Galle gestört.

Risikogruppen

Ein erhöhtes Risiko besteht hauptsächlich für beruflich exponierte Personen wie beispielsweise Kupferbergwerksarbeiter, Winzer oder Anwender kupferhaltiger Pestizide. Außerdem sind Dialysepatienten gefährdet, da die verwendeten Dialysegeräte Kupferheizspiralen enthalten können oder möglicherweise mit kupferhaltigem Leitungswasser durchspült wurden.

Prophylaxe

Auf Grund des homöostatischen Regelmechanismus der Kupferkonzentration im Körper braucht der Mensch einer Kupfervergiftung normalerweise nicht vorzubeugen. Anwender kupferhaltiger Pestizide sollten Schutzkleidung tragen. Saure Lebensmittel sollten nicht in kupferhaltigen Gefäßen aufbewahrt oder zubereitet werden.

Bei neuen Wasserleitungen aus Kupfer und Heißwassergeräten mit Kupferheizspiralen ist Vorsicht geboten, besonders wenn das Wasser längere Zeit in Leitung oder Heißwassergerät gestanden hat. Fachleute raten mindestens für ein halbes Jahr nach Einbau einer neuen Kupferleitung das Wasser etwa zwei Minuten vorlaufen zu lassen.

Eine chronische Kupferintoxikation kann zur „German childhood zirrhosis" führen. Diese Leberzirrhose wird durch stark kupferhaltiges Wasser ausgelöst. Zumeist löst in solchen Fällen stark saures Wasser das Kupfer aus den Wasserleitungen.

Die lokale Behandlung verbrannter Hautstellen mit Kupfersulfat kann zu akuten Vergiftungen führen. Intrauterine Kupferspiralen zur Schwangerschaftsverhütung können Schleimhautentzündungen oder eine ekzematöse Dermatitis auslösen.

Probenmaterial und Normalwerte

Harn:	< 50	µg/d
Trinkwasser:	0,1	mg/l (Wasserwerk)
Serum:	13-25	µmol/l Frauen und
	11-23	µmol/l Männer
Lebensmittel:	4-20	mg/kg
Hausstaub:	< 1	g/kg
Zähne:	< 10 000	µg/kg
Speichel:	< 72 µg/l	(Speichel I)

MAK-Werte

MAK-Wert: 1 mg Kupferstaub pro m³ Luft.

Kanzerogenität: Es gibt keine gesicherten Hinweise auf eine Kanzerogenität von Kupfer.

Risikofaktor in der Schwangerschaft: Fruchtschädigende Eigenschaften des Kupfers sind nicht bekannt.

Sensibilisierende Stoffe: Kupfer ist in der MAK-Liste für sensibilisierende Stoffe nicht gelistet. Es gibt jedoch Hinweise, daß das Metall direkt auf der Haut juckende

Ekzeme verursachen kann. Möglicherweise ist Kupfer hierbei ein Hapten, das erst durch Kopplung an Zellproteine zu einem echten Antigen wird.

Resorption über die Haut: Kupfer gelangt nicht über die Haut in den Körper.

Nickel (Ni)

Vorkommen

Das Element kommt mit einer Häufigkeit von 0,008 Prozent in der Erdkruste vor. Die größten Nickelvorräte finden sich in 3.500 bis 4.000 Metern Tiefe. Sie liegen als nickelhaltige Manganknollen auf dem Meeresgrund. Die Industrie gewinnt das Metall aus meist unter Tage abgebauten Nickelsulfiderzen über sulfidische oder silikatische Nickelvererzung in Hüttenwerken. 1989 lag die Weltjahresproduktion bei 842.000 Tonnen.

Reines Nickel erhöht die Korrosionsbeständigkeit und thermische Leitfähigkeit von von Anoden bei der Galvanisierung und dient als Legierungszusatz von Sonderstählen wie V2A-Stahl, Alpaka oder Neusilber.

Neben dem reinen Metall nutzen Hersteller bis zu 3.000 verschiedene Nickellegierungen für die unterschiedlichsten Anwendungen. Die wichtigsten Verbindungen sind Nickelchrom, Nickel-Chrom-Eisen, Nickel-Aluminium, Nickel-Kupfer, Nickelsulfid, Nickeloxid, Nickelkarbonat und Nickeltetrakarbonyl.

Das Metall kommt in Farbstoffen für Keramik, Glas und PVC, Nickel-Kadmiumbatterien, Heizdrähten und Modeschmuck vor. Es ist enthalten in Gasturbinen, Ofenbauteilen, Halbzeug, Schmiedestücken, Teilen von Düsentriebwerken und Raketen, Blitzableiterspitzen sowie Turbinenschlaufen.

Die Industrie verwendet Nickel als Katalysator bei der Härtung von Speiseöl, Erdölraffination und Herstellung organischer Chemikalien. Nickelverbindungen dienen außerdem als lichtschützendes Additiv in Kunststoffolien.

Gegenstände wie Druckknöpfe, Reißverschlüsse, Geldmünzen, Stricknadeln, Uhren, Scheren, Brillengestelle, Glühlampen, Zündkerzen, Konservendosen, Edelstahltöpfe, Wasserleitungen, Scheren, Haushaltsgeräte und Schüsseln enthalten das Metall.

Nickel kommt außerdem in fossilen Brennstoffen und Autoabgasen vor. Der größte Teil des Nickels in der Stadtluft stammt wahrscheinlich aus dem Straßenverkehr, den Abgasen von Kraftwerken und der Heizölverbrennung. Zahnlegierungen, Implantate, Zahnspangen und -kronen sind oft nickelhaltig. Auch im Zigarettenrauch ist das Metall nachweisbar.

Aufnahmewege

Der wichtigste Aufnahmeweg verläuft über die Nahrung. Rauchen oder einige Arbeitsplätze können außerdem Einfluß auf die individuelle Belastung haben.

35 Prozent des täglich aufgenommenen Nickels gelangen mit der Nahrung, 15 Prozent mit dem Trinkwasser und etwa ein Prozent über die Atemluft in den Organismus. Im Körper eines Erwachsenen befinden sich etwa 10 mg Nickel.

Früchte und Gemüse enthalten besonders hohe, tierische Lebensmittel in der Regel recht geringe Konzentrationen des Metalls. Die höchsten Konzentrationen kommen in Kakaoprodukten und -pulver, Gewürzen, manchen Gemüsen, Getreide und Nüssen vor. Schokolade enthält beispielsweise 2,6 mg Nickel pro Kilogramm, und Getreide kann bis zu 6,5 mg Nickel pro Kilo beinhalten.

Nickel reichert sich in der marinen Nahrungskette an. Daher können in einigen Meeresbewohnern wie beispielsweise Schalentieren sehr hohe Konzentrationen auftreten. Der größte Teil des oral aufgenommenen Nickels soll jedoch nicht aus den Nahrungsmitteln selbst, sondern aus nickelhaltigem Kochgerät stammen. Beim Kochen säurehaltiger Pflanzenprodukte wie Gemüse und Obst löst sich das Metall leicht aus dem Kochtopf.

In der Muttermilch lassen sich Nickelkonzentrationen zwischen 0,2 mg/l und 0,5 mg/l nachweisen.

Toxikokinetik: Aufnahme

Im Respirationstrakt resorbiert der Organismus etwa 30 bis 50 Prozent des inhalierten Nickels wenn es an Luftpartikel gebunden ist. Gasförmige Verbindungen gelangen hier noch besser in den Körper.

Oral aufgenommenes Nickel resorbiert er im Magendarmtrakt zwischen 1-19 Prozent. Metallisches Nickel kann der Organismus gar nicht resorbieren.

Neben der oralen und inhalativen Aufnahme kann Nickelkarbonyl auch über die Haut in den Organismus gelangen.

Toxikokinetik: Verteilung und Speicherung

Das Blut verteilt das Metall recht gleichmäßig über den Organismus. Besonders hohe Konzentrationen kommen in den Haaren und Knochen vor.

Resorbiertes, anorganisches Nickel lagert sich in der Lunge, Niere und im Bindegewebe ab. Schwerlösliche, inhalierte Nickelverbindungen reichern sich in der Schleimhaut des Respirationstraktes an. Auf diese Weise bilden sich Depots, aus denen das Metall noch Jahre später wieder austreten kann.

Toxikokinetik: Metabolismus

Über das metabolische Verhalten des Elements liegen bislang kaum Erkenntnisse vor. Für inhalativ aufgenommenes Nickeloxid liegt die Halbwert zwischen 30 und 40 Tagen. Nickelkarbonyl oxidiert der Organismus intrazellulär innerhalb weniger Minuten zu zweiwertigem Nickel.

Toxikokinetik: Ausscheidung

Die Ausscheidung erfolgt über Urin, Haut, Haare und Schweiß.

Vergiftungssymptome

Nickel hemmt die Aktivität einiger Enzyme, auf andere Enzyme wirkt das Metall jedoch aktivierend. Allgemein haben geringe Konzentrationen eher einen aktivierenden, hohe Konzentrationen dagegen eher einen hemmenden Einfluß auf die Enzymaktivität.

Nickel hemmt beispielsweise die Aktivität der RNS-Polymerase und der ATPase. Außerdem kann zweiwertiges Nickel DNS-Strangbrüche auslösen. Das Metall bildet zusammen mit der DNS und Proteinen stabile Komplexe.

Die letale Dosis für anorganisches Nickel liegt zwischen einigen Milligramm und etwas mehr als einem Gramm, wobei die jeweilige Verbindung entscheidend ist. Lösliche Nickelsalze sind deutlich giftiger als metallisches Nickel. Nickeltetracarbonyl ist die giftigste Nickel-Verbindung überhaupt. Die tödliche Dosis liegt hier bei 30 ppm. Die Substanz ist sehr lipophil und kann daher sowohl die Bluthirnschranke als auch Zellmembranen überwinden.

Symptome akute Vergiftung

Nach oraler Vergiftung: akut Vergiftete leiden unter Lähmungen, choreaähnlichen Bewegungen, zerebralen Krämpfen, Hyperkalzämie und Bradykardie. Außerdem klagen Betroffene über schwere Brechdurchfälle mit grünlichem Erbrochenen und grüngefärbtem Stuhlabgang. Auch der Urin verfärbt sich grün. Im Extremfall kommt es zum Tod durch Herzstillstand.

Nach Inhalation von Nickelkarbonyl: Zu Beginn einer Vergiftung treten Symptome wie Brustschmerzen, Schwindel, Erbrechen und Kopfschmerzen auf, die jedoch nach einigen Stunden abklingen.

Nach einem Zeitraum zwischen 12 Stunden und fünf Tagen manifestieren sich die Folgesymptome einer Nickelkarbonylvergiftung. Die Patienten klagen über Brustbeklemmungen, Atemnot und schmerzhaften Husten. Es kann zu Hyperglykämien, Zyanosen und Lungenödemen, vermindertem Leberglykogen und einer Erhöhung des Muskelglykogens kommen.

Schlimmstenfalls führen interstitielle Pneunomien und Hirnödem nach drei bis sieben Tagen zum Tode. Betroffene, die die Vergiftung überlebt haben, können als Spätfolge eine Lungenfibrose entwickeln.

Symptome chronische Vergiftung

Über chronische Nickelintoxikationen ist bislang nur wenig bekannt. Nickeldampf kann jedoch chronische Atemwegsschäden wie Septumperforationen, Anosmien und Schleimhautathropien verursachen. Bei Menschen, die aus beruflichen Gründen löslichen nickelsalzhaltigen Aerosolen exponiert sind, können sich Nasennebenhöhlenentzündungen und chronischer Schnupfen entwickeln.

Sensibilisierende Wirkung: Nickel und Nickelverbindungen haben ein hohes Sensibilisierungspotential. Die häufigsten Auslöser einer Nickelkontaktallergie sind Modeschmuck, Uhren, Zahnersätze, Reißverschlüsse sowie Druckknöpfe. Neben dem direkten Hautkontakt soll auch die inhalative und orale Aufnahme für die allergieauslösende Wirkung verantwortlich sein.

Selbst das Einatmen von Nickeldampf kann eine Nickeldermatitis auslösen. Bei der oralen Aufnahme soll das beim Kochen aus Edelstahlkochtöpfen abgelöste Nickel die Hauptquelle sein. Bei schwerem Verlauf der Allergie kann ein chronisches, allergisches Ekzem auftreten.

Kanzerogene Wirkung: Metallisches Nickel und anorganische Verbindungen wie Nickeloxide und -sulfide sind kanzerogen. Unter beruflich exponierten Menschen sind zahlreiche Fälle von Nasen-, Nasennebenhöhlen- und Lungenkrebs belegt. In den USA, Holland und Belgien gilt selbst der Herstellungsprozeß von Nickel als krebserregend. Möglicherweise können hohe Nickelstaubbelastungen am Arbeitsplatz auch Magen-, Nieren- und Kehlkopfkrebs auslösen. Nickeltetracarbonyl hat sich bislang nur im Tierversuch als eindeutig krebserregend erwiesen, allerdings unter Bedingungen, die einer möglichen Exposition des Menschen am Arbeitsplatz vergleichbar sind.

Probenmaterial und Normalwerte

Harn:	< 1,7 µg/l
Trinkwasser:	0,05 mg/l, zulässige Höchstkonzentration laut EG-Richtlinie von 1989
Serum:	< 2,8 µg/l
EDTA-Blut:	< 3,3 mg/l
Lebensmittel: Pflanzenprodukte enthalten durchschnittlich	0,4 bis 3,0 mg/kg
Hausstaub:	< 116,3 µg/kg
Speichel: Normalspeichel oder Speichel I:	9,9 µg/l
Belastungsspeichel bei Kaugummigenuß oder Speichel II:	7,9 µg/l

MAK-Werte

MAK-Wert: Es gibt keine MAK-Werte, da die MAK-Kommission metallisches Nickel und sämtliche Nickelverbindungen in der MAK-Liste als beim Menschen krebserregend eingestuft hat. Die einzige Ausnahme ist das Nickelkarbonyl. Nickelkarbonyl gilt nur im Tierversuch als eindeutig kanzerogen.

Die technische Richtkonzentration für metallisches Nickel, Nickelsulfid und -oxid, sowie für Nickelerze und

Nickelkarbonat liegt bei 0,5 mg/m³. Treten Nickelverbindungen als atembare Tropfen auf, so beträgt die technische Richtkonzentration 0,05 mg/m³.

Kanzerogenität: Folgende Verbindungen sind in der MAK-Liste als beim Menschen krebserregend unter der Kategorie III A1 gelistet: Nickel in Form atembarer Stäube, Aerosole von Nickelmetall, Nickeloxid, Nickelkarbonat, Nickelsulfid und in sulfidischen Erzen, Nickellegierungen und wasserlösliche Nickelsalze.

Nickelkarbonyl hat die MAK-Kommission in die Kategorie III A2 eingeordnet. Substanzen dieser Kategorie haben sich bislang nur im Tierversuch als eindeutig kanzerogen erwiesen – allerdings unter Bedingungen, die einer möglichen Exposition des Menschen am Arbeitsplatz vergleichbar sind.

Risikofaktor in der Schwangerschaft: Laut MAK-Liste gehen von Nickel und Nickelverbindungen keine Risiken während der Schwangerschaft aus.

Sensibilisierende Stoffe: MAK-Listensymbol „S", für sensibilisierende Stoffe. Bis auf Nickeltetrakarbonyl gelten sämtliche Verbindungen und metallisches Nickel als potente Allergene. Die MAK-Komission hat sie auch als inhalative Allergen eingestuft.

Resorption über die Haut: MAK-Listensymbol „H" für Substanzen mit Hautresorption. Nickeltetrakarbonyl kann der Organismus über die Haut resorbieren.

Nitrat, Nitrit, Nitrosamine (NO_3-, NO_2-)

Vorkommen

Die Luft besteht zu 78 Prozent aus molekularem Stickstoff. Durch elektrische Entladungen bildet sich aus dem Stickstoff Nitrat. Im Boden gibt es zwei Nitrat-Quellen: In den Trockenzonen der Erde enthält die Erdkruste Nitratmineralien wie Natriumnitrat oder Kaliumnitrat. Die zweite Quelle ist der Humus. Humus enthält organisch gebundenen Stickstoff, der sich durch eine Desaminierung in Ammoniak umwandelt. Nitrosomas- und Nitrobakter-Bakterien bilden aus dem Ammoniak schließlich Nitrat und Nitrit. Biologen bezeichnen diesen Prozeß als Nitrifikation.

Haushaltsabwässer enthalten Nitrat und Nitrit. In ländlichen Gebieten sind die Haushalte meist nicht an ein kommunales Abwassernetz angeschlossen. Daher entsorgen die Bewohner ihr Abwasser über Sickergruben, was zur Belastung des Grundwassers führt. Ein besonderes Problem stellen hier die stark nitrathaltigen Sickerwässer aus der Futterkonservierung dar, wie beispielsweise Silagesäfte.

Düngemittel wie Handels- und Wirtschaftsdünger, Stallmist, Jauche und Gülle enthalten oft große Nitratmengen. Die wichtigsten stickstoffhaltigen Handelsdüngemittel sind Kaliumnitrat, Kalziumnitrat und Natriumnitrat. Sickerabwässer aus Mülldeponien können zum Teil ebenfalls hohe Nitratkonzentrationen aufweisen.

Nierderschlagswasser ist je nach geographischer Region und Wetterlage stark nitrathaltig. Vor allem bei Inversivwetterlagen wäscht Regenwasser Nitrat und Ammoniak aus den schadstoffreichen, niedrigen Luftschichten aus.

Die Lebensmittelindustrie nutzt Nitritpökelsalz zur Aufbereitung von Fleisch und Fisch. Nitritpökelsalz enthält 0,4 bis 0,5 Prozent Natriumnitrit. Die chemische Industrie verwendet Nitrit bei der Herstellung von Azofarben. Ester der salpetrigen Säure (HNO_2) sind Medikamente zur Behandlung koronarer Durchblutungsstörungen.

Ammoniumnitrat und Natriumnitrat sind Bestandteil von handhabungssicheren Sicherheitssprengstoffen im Bergbau. Außerdem sind sie zusammen mit Eis in Kältemischungen enthalten. Zur Produktion von Lachgas benötigen die Hersteller Ammoniumnitrat.

Aufnahmewege

Nitrat und Nitrit gelangen fast ausschließlich über die Nahrung in den Organismus, wobei die Nitrataufnahme überwiegt. Pflanzliche Produkte wie Gemüse, Früchte und Salat tragen zu 75 Prozent, Fleischereierzeugnisse zu 20 Prozent zur der täglichen Nitratbelastung bei. Spinat, rote Rüben und Kohl sind Gemüse mit besonders hohem Nitratgehalt.

Die wichtigste Nitritquelle ist gepökeltes Fleisch. Jeder Deutsche nimmt zusammen mit den tiefroten Fleischerzeugnissen durchschnittlich zwei Milligramm Nitrit pro Tag zu sich.

In Lebensmitteln können Bakterien aus Nitrat Nitrit bilden. Bei der Zubereitung von Säuglingsnahrung spielt dieser Prozeß eine wichtige Rolle. Falsch gelagerte Milchprodukte können mit Bakterien belastet sein. Bereiten Eltern solche Produkte mit nitrathaltigem Trinkwasser zu, haben die Bakterien optimale Voraussetzung für die Umsetzung.

Der Nitratgehalt des Trinkwassers hat Einfluß auf die mit der Nahrung aufgenommene Nitratmenge. Je höher die Konzentration im Trinkwasser, desto größer ist die Zunahme der Nitrataufnahme über Lebensmittel. Bei einer Nitratkonzentration von 100 mg/l vervierfacht sich beispielsweise die Gesamtaufnahme. In ländlichen Gebieten kann das Brunnenwasser zum Teil sehr hohe Nitratkonzentrationen aufweisen und daher eine Gefahr für die Bevölkerung darstellen.

Toxikokinetik: Aufnahme

Nitrat und Nitrit gelangen über die Nahrung und mit dem Trinkwasser in den Organismus. Den größten Teil des aufgenommenen Nitrats resorbiert der Organismus im oberen Darmabschnitt.

Toxikokinetik: Metabolismus

Nitrit kann im Magen mit sekundären Aminen zu den potentiell krebserregenden Nitrosaminen reagieren. Sind die Nitritkonzentrationen niedrig, entstehen kaum Nitrosamine. Bei höheren Konzentrationen bilden sich jedoch überproportional viele Nitrosamine. Substanzen wie Formaldehyd, Bromid, Vitamin B_6 und Thiocyanat begünstigen die Nitrosaminbildung.

Teilweise gelangt resorbiertes Nitrat über einen Nebenkreislauf durch die Speicheldrüsen wieder in die Mundhöhle. Dadurch ist die Mundflora für einen recht langen Zeitraum der Verbindung ausgesetzt. Die Folge: Die Bakterien der Mundhöhle wandeln einen Teil des Nitrats in Nitrit um. Toxikologen vermuten sogar, daß auf diesem Wege gebildetes Nitrit den größten Anteil an der gesamten Tagesdosis hat. Die Gefahr einer endogenen Nitritbildung besteht außerdem, wenn die oberen Darmabschnitte mit nitratreduzierenden Bakterien besiedelt sind.

Vergiftungssymptome

Die für den Menschen tödliche Dosis Natriumnitrat liegt bei etwa 15 Gramm. Natriumnitrit ist beinah vier mal giftiger. Vergiftungen mit anorganischen Nitraten wie Natrium- oder Ammoniumnitrat verursachen folgende Symptome

Symptome akute Vergiftung

Akut Vergiftete leiden unter Durchfällen, Leibschmerzen und blutigem Erbrechen. Die venöse- und arterielle Gefäßmuskulatur erschlafft. Die Patienten klagen über Kopfschmerzen, kalte Extremitäten, Blutdruckabfall, Bradykardie und Schwindel. Während sich die Haut zu Beginn rot, später dann graubraun färbt, verfärben sich die Schleimhäute blau.

Besonders bei Säuglingen kann es zu einer Methämoglobinämie kommen, der sogenannten Brunnenwasser-Methämoglobinämie, weil ihr Diaphorasesystem noch nicht voll ausgebildet ist und das Methämoglobin deshalb nicht ausreichend rückreduziert wird..

Nitrosegase, die bei der Zersetzung von Nitraten entstehen, können zu Lungenödemen führen.

Symptome chronische Vergiftung

Chronisch Belastete leiden unter allgemeinen Verfallserscheinungen. Außerdem können sich sekundäre Anämien entwickeln. Nitratbelastungen im Trinkwasser haben Auswirkungen auf die endemische Kropfbildung. Nitrat und Jod konkurrieren um den gleichen Aufnahmemechanismus, wobei der Organismus Nitrat deutlich besser aufnehmen kann. Daher kann nitrathaltiges Trinkwasser einen Jodmangel im Organismus und damit auch die Bildung einer endogenen Struma begünstigen.

Nitrosamine sind hochpotente Kanzerogene. Bereits in sehr geringen Dosen und nach einmaliger Verabreichung verursachen sie bei Tieren je nach Verbindung Tumore an Gehirn und Nervensystem, Niere, Leber, Pankreas, Harnblase, Herz, Haut und dem blutbildenden System. Für die krebserregende Wirkung der Nitrosamine beim Menschen konnten Wissenschaftler bislang noch keine eindeutigen Beweise erbringen. Bei einigen Krebsarten konnten Forscher jedoch eine endogene Nitrosaminbildung zweifelsfrei nachweisen. Beispiele sind die Billharziose mit dem damit zusammenhängenden erhöhten Risiko für Harnblasenkrebs, das lokale Adenokarzinom und urethero-intestinale Anastomosen.

Risikogruppen

Besonders gefährdet sind Säuglinge, da ihr Diaphorasesystem noch nicht voll ausgebildet ist. Wegen hygienischer Maßnahmen kommt die Brunnenwasser- Methämoglobinämie heute in Deutschland fast nicht mehr vor. Als Folge einer intensiven Düngung mit stickstoffhaltigem Dünger kann das Brunnenwasser in ländlichen Regionen jedoch trotzdem hoch belastet sein.

Stoffe, die nitrosierbare Aminosubstrate enthalten, stellen möglicherweise ein Gesundheitsrisiko dar. Beispiele für Produkte mit nitrosierbaren Aminosubstraten sind Fleisch, Gewürze, Fisch, Malz, einige Pharmaka, Kosmetika und Pestizide sowie Tabakrauch und Schneideöle.

Raucher haben ein größeres Risiko für eine Nitrosaminbildung, da ihr Speichel erhöhte Konzentrationen von Thiocyanat aufweist. Thiocyanat katalysiert die Nitrosaminbildung aus Nitrit.

Probenmaterial und Normalwerte

Harn:

Nitrat:	30-80 mg/l
Nitrit:	nicht nachweisbar
Trinkwasser:	Der Grenzwert für Nitrat liegt bei 50 mg/l

Blutplasma:

Nitrat: 2-5 mg/l   Nitrit: nicht nachweisbar

Speichel:

Nitrat:	3-15 mg/l
Nitrit:	3-10 mg/l

Lebensmittel:

Allgemein verbindliche Normalwerte sind nicht vorhanden. Besonders nitrathaltig sind pflanzliche Lebensmittel, nachfolgend einige Meßwerte.

Rote Rüben:	2.104- 6.798 mg/kg
Spinat:	872-3.894 mg/kg
Kartoffeln:	132-1.200 mg/kg
Weintrauben:	6-61 mg/kg

Prävention der Methämoglobinämie bei Säuglingen

Die Eltern sollten Trockenmilchprodukte sachgerecht lagern und auf niedrige Nitrat-Konzentrationen im Trinkwasser achten. Weil aber nur hohe Nitratkonzentrationen von 200 bis 300 mg/l eine Methämoglobinämie auslösen können, gibt es die Brunnenwassermethämogloginämie in Deutschland heute fast nicht mehr.

Das für die Zubereitung der Säuglingsnahrung benutzte Wasser sollte nicht zu lange kochen. Um die enthaltenen Bakterien abzutöten, muß das Wasser nur kurz sieden. Kocht es jedoch zu lange, besteht die Gefahr des Eindampfens und damit der Konzentrierung von Nitrat und Nitrit.

Eltern sollten ihre Kinder nicht mit Gemüse aus dem eigenen Garten füttern, weil die Nitratbelastung der Produkte unbekannt ist. Der Nitratgehalt von Säuglingsnahrung ist über die Diätverordnung geregelt. Babynahrung darf nicht mehr als 250 Milligramm Nitrat pro Kilogramm enthalten.

Prävention: Senkung des Krebsrisikos durch Nitrosamine

Verschiedene Substanzen inhibieren die Nitrosaminsynthese aus Nitrit. Die wichtigsten sind die Ascorbinsäure sowie verschiedene pflanzliche Polyphenole. Nimmt jemand sehr große Mengen Ascorbinsäure ein, läßt sich die Nitrosaminbildung fast vollständig verhindern. Andere Synthesehemmer sind: Alpha-Tocopherol, Harnstoff, Sulfid, Schwefeldioxid und Cystein.

Prävention: hoher Nitratgehalt im Trinkwasser

Die Beseitigung der Ursachen ist immer effektiver als die Wasseraufbereitung mit Heimgeräten. Außerdem gehen von den gebräuchlichen Verfahren zusätzliche Gefahren aus. Wasseraufbereitungsgeräte auf der Basis von Ionentauschern tauschen das Nitrat meist gegen Chlor-Ionen aus. Das Wasser enthält dann teilweise so viel Chlor, daß es für Babys ungeeignet ist.

MAK-Werte

Für Nitrat, Nitrit und Nitrosamine gibt es keine MAK-Werte.

Nitrobenzol ($C_6H_5NO_2$)

Vorkommen

Verschiedene Hersteller produzieren jährlich etwa 800.000 bis 1.000.000 Tonnen Nitrobenzol. Die chemische Industrie nutzt die Verbindung zur Produktion von Anilin, Chlornitrobenzol, Benzidin, Azo-Verbindungen, Chinolin und Fuchsin, Zelluloseacetat, Nitrophenol, einigen Carbonsäuren sowie Nitraten und Nitriten.

Die Verbindung ist in Geruchsverbesserern, Lederbekleidung, Boden- und Metallpolituren, Schuhputzmitteln, Gummi, Pharmaka, Photochemikalien, Lösungsmitteln für Zellulose-Ether und Schmierölen enthalten. Nitrobenzol dient außerdem als Korrosionsinhibitor für Titanwerkstoffe, Polymerisationsinhibitor und Lösungsmittel in der Produktion von Trinitrotoluol (TNT).

Zwischen 2 bis 3,5 Prozent der jährlich produzierten Menge emittiert die chemische Industrie in die Umwelt. Gewehrmunition ist eine weitere Quelle für Nitrobenzol in der Umwelt. Als Verbrennungsprodukt entstehen pro Kilogramm Pulver rund 0,45 mg Nitrobenzol. Die jährlich emittierte Nitrobenzolmenge liegt bei 70.000 bis 120.000 Tonnen.

Toxikokinetik: Aufnahme

Der Organismus kann die Verbindung über den Magen-Darm-Trakt, die Haut und die Lunge resorbieren.

Toxikokinetik: Verteilung und Speicherung

Nitrobenzol verteilt sich schnell im gesamten Körper.

Toxikokinetik: Metabolismus

Der Organismus baut die Verbindung zunächst zu Nitrosobenzol ab. Anschließend metabolisiert er sie zu Hydroxylamin. Über autokatalytische Prozesse bildet sich zudem permanent weiteres Hydroxylamin. Die Folge: Es kommt zu langanhaltender Methämoglobinbildung.

Toxikokinetik: Ausscheidung

Den größten Teil des resorbierten Nitrobenzols eliminiert der Organismus über die Nieren. Nur zwei bis vier Prozent scheidet er über die Galle aus.

Symptome akute Vergiftung

Akut Vergiftete klagen über Kopfschmerzen und Erbrechen. Es kommt zu ZNS-Schäden, Methämoglobinbildung, Anämie, Zyanose sowie Leber- und Nierenschäden. Im Extremfall sind Krämpfe und komatöse Zustände die Folgen einer akuten Vergiftung.

Symptome chronische Vergiftung

Bei chronisch belasteten Menschen kann es zu Anämien, Haut- und Leberschäden kommen.

Probenmaterial und Normalwerte

Trinkwasser:	
Vorschlag für Richtwert USA:	30 µg/l
Vorschlag für Richtwert Rußland:	200 µg/l
EDTA-Blut:	< 1 µg/l

MAK-Werte

MAK-Wert: 1 ml/m³ Luft oder 5 mg/m³ Luft

Kanzerogenität: Nitrobenzol ist in der MAK-Liste nicht unter den krebserregenden Substanzen aufgeführt. Die Senatskommission zur Prüfung gesundheitsschädlicher Arbeitsstoffe überprüfte zur Zeit der Drucklegung die kanzerogenen Eigenschaften der Verbindung für die MAK-Liste.

Risikofaktor in der Schwangerschaft: Nitrobenzol ist in der Liste für Risikofaktoren in der Schwangerschaft mit einem D gekennzeichnet. Bei Substanzen dieser Gruppe ist die Datenlage bislang noch zu dünn, um eine abschließende Bewertung durchführen zu können.

Sensibilisierende Stoffe: Nach der MAK-Liste besitzt Nitrobenzol keine sensibilisierenden Eigenschaften.

Resorption über die Haut: Die Senatskomission hat Nitrobenzol in die Gruppe H eingeordnet. Verbindungen dieser Gruppe kann der Organismus leicht über die Haut resorbieren.

Ozon (O_3)

Vorkommen

Ozon ist ein natürlicher Bestandteil der Atmosphäre. 90 Prozent des Ozons befinden sich in der Stratosphäre, einer Luftschicht in 10 bis 50 Kilometern Höhe. Das Gas entsteht durch UV-Strahlung aus Sauerstoffmolekülen. Es erfüllt eine wichtige Schutzfunktion für die Erde: Die Ozonschicht absorbiert die kurzwellige, energiereiche UV-Strahlung.

Ozon in Bodennähe ist die Leitsubstanz der sogenannten Photooxidantien. Photooxidantien sind die Ursache für photochemischen Smog, den Sommersmog. Bodennahes Ozon entsteht durch eine photochemische Reaktion aus Kohlenwasserstoffen, Stickoxiden, UV-Licht und Sauerstoff.

Wichtigstes Stickoxid bei der Ozonbildung in Bodennähe ist das Stickstoffdioxid NO_2. UV-Licht spaltet das Gas in Stickstoffmonoxid NO und atomaren Sauerstoff O. Das hochreaktive Sauerstoffatom reagiert sofort mit molekularem Luftsauerstoff O_2 zu dem seinerseits sehr reaktiven Ozon O_3. Der wichtigste Stickoxidproduzent ist der Straßenverkehr.

Vor etwa 100 Jahren lag die Ozonkonzentration in Bodennähe bei 20 bis 40 µg/m^3. Heute hat sie sich verdoppelt. Experten gehen von einer jährlichen Zunahme der Ozonkonzentration in Bodennähe um ein bis zwei Prozent aus.

Obwohl die Stickoxidkonzentrationen in den Ballungsräumen am höchsten sind, kommen die höchsten Ozonkonzentrationen im Umland vor. Die Stickoxyde reagieren bei der Ozonbildung gleichzeitig als eine Art Ozonfänger. Die Luft verfrachtet das Gas anschließend in Randbereiche der Ballungsgebiete und aufs flache Land.

Die Ozonkonzentration folgt einem charakteristischen Tagesverlauf: sie steigt bis zu den Mittagsstunden auf einen Maximalwert steil an. Die Konzentration bleibt einige Stunden konstant auf hohem Niveau, bis sie gegen Abend allmählich wieder abfällt.

Einige Therapeuten verwenden Ozon zur Sauerstofftherapie. Trockenkopierer und Laserdrucker emittieren Ozon.

Aufnahmewege

Das Gas gelangt zusammen mit anderen Photooxidantien über die Atemluft in den Körper. Die typischen Reizungen der Augen, Schleimhäute und oberen Atemwege stammen allerdings nicht vom Ozon selbst, sondern von Nebenprodukten der Ozonbildung. Die höchsten Ozonkonzentrationen treten während sommerlicher Schönwetterperioden auf. In dieser Zeit halten sich die Menschen gern im Freien auf und betätigen sich sportlich. Da die akuten Auswirkungen des Gases neben der Ozonkonzentration in der Atemluft auch vom Atemminutenvolumen und der Expositionsdauer abhängen, ist die Ozonaufnahme in den Sommermonaten am größten.

Toxikokinetik: Aufnahme

Die Aufnahme erfolgt ausschließlich über den Respirationstrakt.

Toxikokinetik: Verteilung und Speicherung

Wegen seiner hohen Reaktivität wirkt das Gas nahezu ausschließlich am Auftreffort, den Oberflächen des Respirationstraktes.

Toxikokinetik: Metabolismus

Da die Wasserlöslichkeit des Ozons sehr gering ist, können die oberen Atemwege das Gas kaum zurückhalten. Es dringt tief in die Lunge ein. In der Lungenperipherie trifft das Gas dann auf Gewebe, das nicht mehr durch eine Schleimschicht geschützt ist. Hier schädigt es die Zellmembranen. Außerdem löst das Gas an der betroffenen Lungenoberfläche einen Proliferationsreiz aus. Sind zusätzlich noch andere Karzinogene anwesend, kann der Gewebereiz zur Tumorbildung führen.

Toxikokinetik: Ausscheidung

Spezielle Ausscheidungsmechanismen sind nicht bekannt, das Molekül dissoziiert leicht, die dabei entstehenden freien Sauerstoffradikale werden beispielsweise enzymatisch durch die Glutathionperoxidase abgefangen.

Symptome akute Vergiftung

Die akute Wirkung des Gases ist von drei Faktoren abhängig: der Ozonkozentration pro Kubikmeter Atemluft, der Expositionsdauer und der Größe des Atemminutenvolumens. Es ist nicht möglich, feste Wirkschwellen zu ermitteln, die Ozonwirkung ist eher ein dynamischer Prozeß.

Einige sehr empfindliche Individuen zeigen die Symptome bereits bei sehr niedrigen Ozonkonzentrationen. Mit steigender Ozonbelastung nimmt die Anzahl der betroffenen Personen und die Schwere der Symptome zu. Die akuten Symptome klingen normalerweise im Laufe von ein bis drei Stunden wieder ab. Bei empfindlichen Menschen und besonders hohen Belastungen kann eine erhöhte Reagibilität der Atemwege für einige Tage bestehen.

Ab ungefähr 200 µg Ozon/m³ Luft treten Symptome wie Tränenreiz, Reizungen der Atemwege, Kopfschmerz, Atembeschwerden und Husten auf.

Veränderungen von Lungenfunktionsparametern: Bei körperlichen Aktivitäten an der Luft und Ozonkonzentrationen von 160 bis 300 µg/m³ Atemluft.

Entzündliche Reaktionen des Lungengewebes: Ab Ozonkonzentrationen von 160 µg/m³ Atemluft zusammen mit intermittierenden körperlichen Anstrengungen.

Zunahme der Häufigkeit von Asthmaanfällen: Zwischen 240 und 300 µg Ozon pro m³ Atemluft führen zu einer Zunahme der Häufigkeit von Asthmaanfällen.

Reduzierung der körperlichen Leistungsfähigkeit: eine Reduzierung der Leistungsfähigkeit tritt bei Konzentrationen von 240 bis 740 µg Ozon pro m³ Atemluft ein.

Symptome chronische Vergiftung

Beeinträchtigungen der Gesundheit durch eine chronische Ozonexposition sind nach dem heutigen Wissensstand nicht zu erwarten, lassen sich jedoch auch nicht ausschließen. Bei Kindern und Menschen die im Freien arbeiten, zeigten amerikanische Forscher morphologische Veränderungen des Lungengewebes, wenn die Ozonkonzentration das ganze Sommerhalbjahr über 100 µg/m³ Atemluft lag.

In hochbelasteten Regionen kann eine persistente, unter Umständen irreversible Verminderung der Lungenfunktion die Folge sein. Chronisch obstruktive Lungenerkrankungen wie die chronische Bronchitis nehmen offensichtlich zu.

Ozonkonzentrationen von etwa 1.000 µg Ozon pro m³ Luft ergaben im Tierversuch deutliche Hinweise auf eine kanzerogene Wirkung des Gases.

Risikogruppen

Die Reaktionen des Respirationstraktes auf das Ozon sind von Mensch zu Mensch verschieden. Empfindliche können auf die gleiche Ozonbelastung bis zu sechs mal stärker reagieren als unempfindliche. Solche besonders sensiblen Menschen kommen unter Atemwegserkrankten genauso oft vor wie unter Gesunden. Ihr Anteil an der Gesamtbevölkerung beträgt ungefähr zehn Prozent.

Besonders gefährdet sind alle, die an heißen Sommertagen körperliche Tätigkeiten im Freien ausüben und gleichzeitig zu den hyperreagiblen Menschen zählen. Säuglinge und Kleinkinder gehören grundsätzlich zur Risikogruppe. Sie nehmen bereits in Ruhe so viel Sauerstoff auf, wie es Erwachsene im Verhältnis erst bei körperlicher Betätigung tun. Sie haben einen erhöhten Sauerstoffbedarf und daher auch ein gesteigertes Atemminutenvolumen. Zusätzliche Anstrengungen wie Schreien oder Strampeln erhöhen daher das Atemminutenvolumen und die aufgenommene Schadstoffmenge beträchtlich.

Grenzwerte

Laut EG-Richtlinie über die Luftverschmutzung durch Ozon besteht unter 110 µg/m³ (gemessen als Acht-Stunden-Mittelwert) keine Gefahr für die Gesundheit.

Ab einem Ein-Stunden-Mittelwert von 180 µg/m³ erfolgt die Unterrichtung der Bevölkerung, da bei dieser Konzentration die Gesundheit empfindlicher Menschen bereits beeinträchtigt ist. Ein Ein-Stunden-Mittelwert von 360 µg/m³ löst Warnungen aus, da ab dieser Konzentration Gefahren für die menschliche Gesundheit bestehen.

Prävention

Angehörige der Risikogruppe sollten bei Ozonkonzentrationen über 180 µg pro m³ Luft in ihren Wohnungen bleiben und jede Anstrengung vermeiden. Bei Konzentrationen von 360 µg/m³ sollte auch der Rest der Bevölkerung langandauernde körperliche Tätigkeiten im Freien am Nachmittag möglichst unterlassen.

MAK-Werte

MAK-Wert: Den 1958 festgelegten Wert von 200 µg/m³ hat die MAK-Komission zunächst aufgehoben. Wegen der Hinweise auf ein genotoxisches und kanzerogenes Potential des Gases wollen die Experten in künftigen Untersuchungen einen neuen Grenzwert ermitteln, unterhalb dessen nicht mit einer krebserzeugenden Wirkung zu rechnen ist.

Kanzerogenität: Die Senatskommission zur Prüfung gesundheitsschädlicher Arbeitsstoffe der deutschen Forschungsgemeinschaft hat Ozon in die MAK- Kategorie IIIb eingestuft. Bei Substanzen dieser Kategorie besteht der begründete Verdacht auf eine krebserregende Wirkung. Eindeutig belegt sind mittlerweile die genotoxischen Eigenschaften des Gases. In in-vitro-Versuchen schädigt Ozon das Erbmaterial von Säugerzellen.

Risikofaktor in der Schwangerschaft: Ein erhöhtes Risiko während der Schwangerschaft durch Ozon ist nicht bekannt.

Sensibilisierende Stoffe: Ozon selbst ist kein Allergen. Die ausgelösten entzündlichen Prozesse an den Atemwegen erhöhen jedoch die Permeabilität des Gewebes. Gleichzeitig anwesende, chemische und biologische Allergene können dadurch tiefer ins Gewebe eindringen und leichter eine Allergie auslösen. Möglicherweise aktiviert das Gas auch die Allergene direkt.

Resorption über die Haut: Der Organismus nimmt Ozon nicht über die Haut auf.

Palladium

siehe Zahnersatzlegierungen

Polychlorierte Biphenyle (PCB)

Vorkommen

Der Begriff polychlorierte Biphenyle ist eine Gruppenbezeichnung für 209 unterschiedliche Einzelverbindungen, die sogenannten Kongenere. Ausgehend von dem Biphenyl als Grundgerüst unterscheiden sich die Kongenere in Anzahl und Stellung der substituierten Chloratome.

Schätzungsweise haben die Hersteller bis heute weltweit etwa eine Million Tonnen PCB produziert. Bei ihrer Produktion fallen teilweise hochgiftige Nebenprodukte an, wie die polychlorierten Dibenzofurane. Geraten PCB ihn Brand, entstehen Dioxine.

PCB akkumulieren in der Umwelt. Untersuchungen zeigten schon in den sechziger Jahren, daß die Substanzen in nahezu jeder biologischen Probe nachweisbar waren. Die Verbindungen lassen sich auch heute noch im Schnee der Rocky Mountains und im Tiefeneis der Antarktis nachweisen.

Bereits seit 1978 dürfen PCB nicht mehr in offenen Systemen enthalten sein. Bis dahin nutzten Hersteller PCB als Weichmacher in Ölen und Dichtungsmassen. Seit 1978 dürfen PCB nur noch in geschlossenen Systemen wie Kondensatoren oder Leuchtstoffröhren vorkommen.

Seit Inkrafttreten der PCB-Verbotsverordnung 1989 ist die PCB-Produktion in Deutschland verboten. Bis zum Jahre 2000 gelten Übergangsregelungen. Kein im Handel befindliches Material darf mehr als 50 mg PCB pro Kilogramm enthalten. Außerdem dürfen Hersteller importierte PCB nicht mehr einsetzen.

PCB lassen sich in Klebstoffen, Schalöl für Betonbauten, dauerelastischem Dichtungsmaterial und Brandschutzanstrichen nachweisen. Außerdem dienen die Verbindungen als Formulierungsmittel für Pestizide. In geschlossen Systemen finden PCB als Flammschutz für Kondensatoren und Transformatoren, Hydrauliköle sowie als Dielektrikum in Kleinkondensatoren von Leuchtstofflampen Verwendung.

Aufnahmewege

Der wichtigste Aufnahmeweg verläuft über die Nahrung, weil sich die Verbindungen dort anreichern. Hauptquellen sind tierische Lebensmittel, vor allem Milch und Milchprodukte, sowie Fisch und Wild. In Deutschland nimmt ein 70 Kilo schwerer Erwachsener pro Tag etwa 70 bis 99 Nanogramm PCB pro Kilogramm über die Nahrung zu sich. Für Säuglinge ist die Muttermilch einen zusätzlichen Aufnahmepfad.

Die PCB-Belastung über die Atemluft ist deutlich geringer. In der Stadt liegen die Konzentrationen bei drei bis vier ng/m^3 Luft, in Reinluftgebieten betragen sie 0,015 bis 0,03 ng/m^3.

Sind PCB-Quellen wie beispielsweise Dichtungsmassen, Altgeräte, Industrieschrott oder Baumaterialien in Innenräumen vorhanden, können sich allerdings extrem hohe Konzentrationen in der Innenraumluft ergeben. Untersuchung an einer Schule mit PCB-haltigem Dichtungsmaterial etwa ergaben Werte bis 4.500 ng/m^3 Luft.

Toxikokinetik: Aufnahme

PCB können über die Nahrung, mit der Atemluft und durch die Haut in den Organismus gelangen. Oral aufgenommene Verbindungen resorbiert der Organismus im oberen Gastrointestinaltrakt.

Toxikokinetik: Verteilung und Speicherung

Resorbierte PCB verteilen sich im gesamten Körper über das Blut und die Lymphe. Wegen der großen Lipophilie der Substanzen lagern sich die PCB hauptsächlich im Fettgewebe ab. Die Verbindungen lassen sich außerdem in der Leber, Lunge, Niere, dem Herz sowie dem ZNS nachweisen.

Hochchlorierte, lateralsubstituierte PCB verbleiben besonders lange im Organismus, weil sie gegenüber den körpereigenen metabolischen Enzymen extrem unempfindlich sind. Japanische Untersuchungen sprechen für PCB insgesamt von einer durchschnittlichen Halbwertszeit von 7,1 Jahren.

Toxikokinetik: Metabolismus

Durch die Metabolisierung der PCB entsteht eine Vielzahl anderer Verbindungen im Organismus. Über die Oxidation durch die Cytochrom-P450-abhängige Monoxygenase bilden sich Epoxide und anschließend Phenole. Außerdem entstehen einige Schwefelverbindungen, wie etwa Thioether und Metylthioether.

Die Metabolisierungsgeschwindigkeit und Verweildauer der jeweiligen PCB-Kongenere ist abhängig von der Anzahl und Position der substituierten Chloratome. Besonders widerstandsfähig sind hochchlorierte und lateral-chlorierte PCB.

Toxikokinetik: Ausscheidung

Der Organismus eleminiert PCB sehr langsam. Metabolisierbare Kongenere scheidet er über Stuhl und Urin aus.

Vergiftungssymptome

Die Giftigkeit der einzelnen Kongenere nimmt mit steigendem Chlorgehalt der Verbindung ab. Sie lassen sich in drei Gruppen einteilen: Co-planare oder non-ortho-substituierte PCB binden wegen ihrer strukturellen Ähnlichkeit an Rezeptoren, an die auch Dioxine binden können. Sie können daher auch einige dioxintypische Effekte auslösen. Mono-ortho-substituierte PCB haben nur noch eingeschränkte, mehrfach ortho-substituierte Kongenere keine Dioxineigenschaften mehr.

Symptome akute Vergiftung

PCB wirken weniger akut als chronisch giftig. Informationen über die akute Toxizität der PCB stammen hauptsächlich aus Unglücksfällen. In Korea und Japan beispielsweise kam es zu Vergiftungen durch PCB kontaminiertes Reisöl. Es bleibt jedoch schwierig, eine eindeutige Symptomatik festzulegen, da neben PCB stets auch andere Verunreinigungen wie etwa polychlorierte Dibenzofurane im Reisöl nachweisbar waren. Leitsymptome einer akuten Vergiftung scheinen jedoch Hautveränderungen wie Hyperkeratose, Hyperpigmentierung und Chlorakne zu sein.

Andere Symptome einer akuten Vergiftung sind Augentränen, Diarrhoe, Erytheme der Extremitäten, Hörstörungen, Ikterus, Juckreiz, Lidschwellungen, Ödeme der Extremitäten, Panmyelophthise, Pigmentierung der Schleimhäute, Sehstörungen, Schwächegefühl, Übelkeit und Verdauungsstörungen.

Symptome chronische Vergiftung

Chronisch Vergiftete können unter charakteristischen Hautveränderungen wie Chlorakne, Verdickungen der Meibomschen Drüsen und Ödemen der Augenlieder leiden. Über Veränderungen an Thymus und Milz können chronische Belastungen zum Absinken der T-Lymphozyten und Gammaglobuline führen.

Es kann zu Neuropathie mit sensibler Taubheit kommen. Betroffene leiden unter Areflexie und Hypaesthesie. Andere Folgen einer chronischen Intoxikation können sein: Kopf- und Gelenkschmerzen, Müdigkeit, erhöhte Infektanfälligkeit der Atemwege und chronische Bronchitis, Hypertrophie der Leberzellen, Leberverfettung, hepatische Porphyrie, erhöhte Cytochrom-P450-A-Aktivität und Transaminaseanstieg in der Leber.

Andere Symptome einer chronischen Vergiftung sind Konjunktivitis, Herzrhythmusstörungen, Erhöhung der Leukozytenmenge, Verminderung der Erythrozytenzahl und des Hämoglobins, ein erhöhter Triglyzeridspiegel im Serum, aplastische Anämie, erhöhte Bilirubinspiegel im Serum, Hepatomegalie, Hirnatrophie, Leberfibrose und Leberzirrhose, Polyneuropathie, Pophyria cutanea tarda, toxische Dermatitis, Zyklusstörungen und eine Erhöhung der alkalische Phosphatase.

Bei Kindern kann es zu verringertem Geburtsgewicht, Wachstumsverzögerungen, Hyperlipidämie sowie Hyperpigmentierung von Haut und Fingernägeln kommen. Möglicherweise sind typische PCB-Verunreinigungen wie polychlorierte Dibenzofurane hier mitverantwortlich.

Diagnose

Die Analyse von Blut- oder Fettgewebsproben auf PCB ist sehr teuer und nur in Speziallaboren möglich. Hinweise auf eine Akutvergiftung geben die typischen Hautveränderungen wie Chlorakne und Hyperkeratose. Schwerpunkt bei der Diagnose einer chronischen Belastung ist die Anamnese.

Probenmaterial und Normalwerte

Trinkwasser: 0,5 µg/l
nach der Trinkwasserverordnung

EDTA-Blut:

1) für nicht koplanare, diortho Verbindungen

PCB Nr. 52:	< 0,01	µg/l
PCB Nr. 101:	< 0,09	µg/l
PCB Nr. 138:	< 0,5	µg/l
PCB Nr. 153:	< 0,6	µg/
PCB Nr. 180:	< 0,3	µg/l

2) für koplanare, monoortho Verbindungen

PCB Nr. 28:	0,01	µg/l
PCB Nr. 156:	<0,01	µg/l

3) für koplanare, nonortho Verbindungen

PCB Nr. 77:	< 0,01	µg/l
PCB Nr. 126:	< 0,01	µg/l
PCB Nr. 169:	< 0,01	µg/l

Fettgewebe:

PCB Nr. 138:	< 330	µg/kg Fett
PCB Nr. 153:	< 340	µg/kg Fett

Hausstaub:
für die PCB Nr: 28, 52, 101 und 138:
< 2 mg/kg

Muttermilch: < 1,51 mg/kg Milchfett,
die maximal duldbare Konzentration
liegt bei 1,91 mg/kg

Feststoffe: 50 mg/kg
laut PCB-Verordnung

MAK-Werte

MAK-Wert:

- für PCB mit einem Chlorgehalt von 42 Prozent: 1 mg/m³ Luft
- für PCB mit einem Chlorgehalt von 54 Prozent: 0,5 mg/m³ Luft

Kanzerogenität: MAK-Kategorie III B, Substanzen mit begründetem Verdacht auf krebserzeugendes Potential

PCB sollen nicht zu den genotoxischen Verursachern der Kanzerogenese gehören. Wissenschaftler vermuten die Verbindungen eher unter den Promotoren der Krebsentstehung. Untersuchungen konnten die tumorpromovierenden Effekte der PCB an der Leber von Ratten und Mäusen zeigen, wobei sich die dioxin-ähnlichen Kongenere als besonders gefährlich erwiesen. Es ist allerdings nicht möglich, die Ergebnisse aus den Tierexperimenten pauschal auf den Menschen zu übertragen.

Außerdem kann die Induktion von Cytochrom P 450 (CYP) 1A Isoenzymen zu einer verstärkten metabolischen Aktivierung bestimmter chemischer Karzinogene führen, wie sie beispielsweise auch im Zigarettenrauch enthalten sind.

Risikofaktor in der Schwangerschaft: MAK-Kategorie B. Bei Stoffen der Kategorie B ist eine fruchtschädigende Wirkung auf Grund des vorliegenden Informationsmaterials wahrscheinlich. Auch bei Einhaltung des MAK- und BAT-Wertes läßt sich eine solche Schädigung nicht ausschließen. Daher sollten Frauen während der Schwangerschaft beispielsweise ihren Fischkonsum einschränken.

PCB gelangen in die Muttermilch und können die Plazentaschranke überwinden.

Sensibilisierende Stoffe: PCB sind nicht in der MAK-Liste für sensibilisierende Substanzen aufgeführt. Neuere Forschungen zeigen jedoch einen möglichen Zusammenhang zwischen einer PCB-Belastung und der Entwicklung von Allergien. Im Rahmen einer Untersuchung des Instituts für Umweltkrankheiten fiel auf, daß allergische Patienten oft erhöhte Konzentrationen chlorierter Kohlenwasserstoffe, also auch PCB, aufwiesen. Andere Studien liefern hier möglicherweise die Erklärung: Verschiedene PCB-Isomere können Thrombozyten zur Freisetzung von Entzündungsmediatoren stimulieren und die Anzahl der Suppressorzellen vermindern. Dadurch steigt der T4/T8-Quotient, was einen Hinweis auf überschießende Immunreaktionen wie etwa eine Allergie oder Pseudoallergie liefern könnte.

Resorption über die Haut: Der Organismus kann einige PCB über die Haut resorbieren.

Pentachlorphenol (PCP, PCP-Na)

Synonyme

Penta, Pentachlorphenol-Natrium, Witophen, Preventol, Penchlorol, Chlorophen

Vorkommen

Pentachlorphenol kommt normalerweise in der Natur nicht vor. Hersteller gewinnen die Substanz durch alkalische Hydrolyse von Hexachlorbenzol oder Chlorierung von Phenolen. Die Weltjahresproduktion lag 1991 zwischen 25 000 und 90 000 Tonnen. 1985 betrug die produzierte Menge in Deutschland noch über 1000 Tonnen. Seit 1989 ist die Anwendung von PCP in Deutschland vollständig verboten. Andere Länder wie Indien, China, Taiwan, Frankreich und die USA produzieren die Verbindung jedoch weiterhin.

PCP enthält eine Vielzahl von Verunreinigungen, insbesondere die hoch toxischen polychlorierten Dioxine und Furane. Pentachlorphenol ist im Bereich des Holzschutzes das meist verwendete Fungizid überhaupt. Ursprünglich war die Substanz nur für die Anwendung im Außenbereich bestimmt. In den 60er und 70er Jahren fand PCP jedoch in großen Mengen auch in Innenräumen Verwendung.

Besonders hohe Konzentrationen lassen sich in Häusern mit hohem Holzanteil nachweisen, weil tragende Holzkonstruktionen nach DIN 68800 speziell geschützt werden müssen. Ein weiteres Problem sind die Privatanwender. In handelsüblichen Fertighäusern kommen pro 100 m^2 Wohnfläche etwa drei bis vier Kilogramm PCP vor. In Heimwerkerhäusern finden sich bis zu zehn Kilogramm PCP. Der Einzelhandel hat 1974 300 bis 500 Tonnen PCP an Privatanwender verkauft.

Im Reis-, Zuckerrohr- und Ananasanbau setzen die Bauern PCP als Pestizid, Algizid, Herbizid und Molluskizid ein. Baumwollfarmer nutzen die Verbindung bei der Baumwollgewinnung zum gleichmäßigen Reifen, Entblättern und Öffnen der Baumwollkapseln.

PCP ist außerdem enthalten in: Klebern, Kohlenhydrat- und Eiweißleimen sowie Gelantine, Dispersionsfarben, Ölfarben, Öl- und Nitrolacken, Seifen, Desinfektionsmitteln, Waschmitteln und Kosmetika, Sanitär und Industriereinigern. Die Substanz dient zur Bläuebekämpfung bei frisch geschlagenem Holz, lagerndem Rundholz sowie Schnittholz.

Die Textilindustrie verwendet Pentachlorphenol zur Imprägnierung und Konservierung von Planen, Markisen, Segeln, Textilien, Leder und Pelzen. Die Papierindustrie nutzte PCP als Schleimbekämpfungsmittel bei der Produktion von Zellstoff, Pappe und Papier. Außerdem dient die Substanz hier als Konservierungsmittel. Andere Anwendungen für PCP sind die Abwehr von Termiten und als Zusatz in Kühlwassersystemen. Außerdem tritt die Substanz als Zwischenprodukt in der Pharmaindustrie auf.

Aufnahmewege

PCP kann über die Nahrung, die Haut und mit der Atemluft in den menschlichen Organismus gelangen.

Die Verbindung akkumuliert gut in aquatischen Organismen. Pentachlorphenol ist in Leber und Fettgewebe von Fischen sowie in Garnelen und Muscheln nachweisbar. Die Substanz akkumuliert besser in Süßwasser- als in Salzwasserfischen. Setzt man die Fische etwa 24 Stunden vor Verzehr in sauberes Wasser, sind allerdings kaum noch Rückstände zu erwarten, weil die Halbwertszeit unter 24 Stunden liegt. Eine PCP-Belastung der Lebensmittel kann sich außerdem durch behandelte Obst- und Gemüsekisten sowie Pflanzenbehälter ergeben.

Über die Haut kann PCP aus belasteten Kleidungsstücken, Hausstaub oder durch Kontakt mit anderen kontaminierten Gebrauchsgegenständen in den Organismus gelangen. Die inhalative Aufnahme erfolgt über PCP-Dampf und staubgebundenes Pentachlorphenol. Die Konzentration in der Luft von Großstädten und Ballungsgebieten liegt bei 0,0001 µg/m³.

Die PCP-Konzentration in Innenräumen ist von Faktoren wie Raumtemperatur, Luftdruck, Raumfeuchtigkeit, Holzart sowie Alter und Menge des Anstrichmittels abhängig. In unbelasteten Innenräumen lassen sich Werte zwischen 0,001 und 0,1 µg/m³ nachweisen. Nach der Anwendung von PCP-haltigen Holzschutzmitteln in geschlossenen Räumen liegen die Konzentrationen zwischen fünf und 25 µg/m³. Heimwerker, die das Holzschutzmittel selbst aufgetragen haben und anschließend die behandelten Räume bewohnen, sind etwa so stark belastet wie beruflich exponierte Menschen.

Abgedampftes PCP kann an nahezu allen anderen Materialien im Raum adsorbieren. Das Chlorphenol reichert sich in Naturfasern wie Baumwolle, Leinen und Wolle so gut an, daß die Textilien möglicherweise zu einer perkutanen Belastung führen können. Andere Materialien, an denen sich die Verbindung absetzt, sind beispielsweise Hausstaub, Putz, Textilien, Möbel, Bücher sowie Einrichtungsgegenstände. Auch Lebensmittel bleiben nicht verschont. Proben in belasteten Haushalten zeigen Spitzenwerte von 20 µg/kg. Lebensmittel aus unbelasteten Haushalten hingegen weisen Konzentrationen zwischen 0,5 bis 5 µg/kg auf.

Hohe PCP-Werte in Raumluft und Hausstaub stammen jedoch nicht nur aus PCP-haltigen Holzschutzmitteln. Auch mit Pentachlorphenol behandelte Teppiche, Ledermöbel und Textilien tragen zur Gesamtbelastung im Innenraumbereich bei.

Bei der Verbrennung behandelter Hölzer, beispielsweise im Kamin, entstehen toxische Dioxine und Furane. Außerdem findet auf behandelten Hölzern eine photochemische Transformation statt. Unter Sonnenlichtbestrahlung wandelt sich das PCP in Octachlordibenzo-p-dioxin und dies wiederum in die Hepta- und Hexaisomere um.

Toxikokinetik: Aufnahme

Der Organismus kann PCP gut oral, dermal und pulmonal resorbieren. 1-2 Stunden nach der oralen Aufnahme hat der Körper etwa die Hälfte des Pentachlorphenols im Gastrointestinaltrakt resorbiert.

Toxikokinetik: Verteilung und Speicherung

PCP verteilt sich schnell über die Organe und Gewebe. Die höchsten Konzentrationen lassen sich in der Leber nachweisen. Die Leberwerte liegen durchschnittlich etwa dreimal höher als die Blutwerte. In abnehmender Konzentration lagert sich die Verbindung außerdem in Gehirn, Niere und Fettgewebe ab. Weiterhin besitzt PCP eine hohe Eiweißbindungskapazität und bindet daher gut an Blutplasmaeiweiße.

Toxikokinetik: Metabolismus

Hauptmetabolit des PCP ist das in der Leber gebildete Glukuronid. Außerdem soll das genotoxische Tetrachlorhydrochinon entstehen. Im Fettgewebe bildet der Organismus Palmitoyl-PCP. Die Metabolisierungsrate bei chronischer Belastung ist deutlich höher als im Akutfall.

Pentachlorphenol kann auch endogen entstehen. PCP ist Metabolit von Hexachlorcyklohexan, Hexachlorbenzol und Pentachlornitrobenzol.

Toxikokinetik: Ausscheidung

Den größten Teil des aufgenommenen PCP elimiert der Organismus mit dem Urin als freies PCP oder PCP-Glukuronid. Billiär eliminiert er nur etwa fünf Prozent. Bei chronischer Exposition liegt die Halbwertszeit zwischen zehn und zwanzig Tagen.

Vergiftungssymptome

PCP ist bei Inhalation, perkutaner und oraler Aufnahme eine hochtoxische Substanz. Der Wirkmechanismus beruht auf der Entkopplung der oxidativen Phosphorylierung und dem damit verbundenen ATP-Abfall. Außerdem soll Pentachlorphenol die Proteinbiosynthese hemmen und Zellmembranen beeinflussen.

Weil PCP immer mit Dioxinen, Furanen und Phenoxysäuren wie dem 2,4-D verunreinigt ist, lassen sich sämtliche Vergiftungssymptome sowie die kanzerogenen und mutagene Eigenschaften nicht eindeutig auf die Verbindung zurückführen. Die letale Dosis für den Menschen liegt bei etwa 30 mg PCP/kg.

Symptome akute Vergiftung

Akut Vergiftete klagen über Schwindelgefühle, Mattigkeit, Kopfschmerzen, Muskelschwäche, Muskelspasmen, Durstgefühl, Übelkeit, Schwitzen, Krämpfe, Erbrechen, Diarrhoe und Fieber.

Die Betroffenen leiden häufig unter Atemdepressionen. Ihre Atmung ist meist beschleunigt. Weitere Folgen der entkoppelten oxidativen Phosphorylierung sind: Tachypnoe, Tachykardie und Hyperpyrexie. Im Extremfall kommt es zu Bewußtlosigkeit, Koma, Lungenödemen, Herzversagen und Tod.

Symptome chronische Vergiftung

Chronisch Belastete klagen über neuralgische Beschwerden, Nerven- und Gelenkschmerzen, Hautausschläge, toxische Myokarditis, Porphyria cutanea tarda und Leberfunktionsstörungen. Manche leiden unter Kopfschmerzen, Müdigkeit, Haut- und Schleimhautreizungen, Eosinophilie sowie Leukozytose.

Erhöhte IgM- und IgA-Werte deuten auf eine gesteigerte mesenchymale Aktivität der Belasteten hin. Außerdem können Leberparenchymschäden mit erhöhten Bilirubinwerten, ein Anstieg der Kreatin-Phosphokinase, eine isolierte Erhöhung der GLDH-Aktivität im Serum und Nierenfunktionsstörungen auftreten.

PCP-haltige Stäube und Dämpfe können eine Pharyngitis, Konjunktivis, Sinusitis, Mydriasis, Iritis, Skotome, Sehschwäche sowie schmerzhafte Nasenschleimhautreizungen auslösen. Manche Menschen entwickeln schon nach einmaligem Kontakt mit behandeltem Holz eine Chlorakne, die jedoch wahrscheinlich von den PCP-Verunreinigungen herrührt. Bei beruflich Exponierten ist die sensible Nervenleitung deutlich vermindert.

Durch chronische Innenraumbelastung ausgelöste Symptome faßt man heute unter dem Begriff Holzschutzmittelsyndrom zusammen. Trotz großer Plausibilität und Glaubwürdigkeit der Betroffenenberichte ließ sich bislang keine allgemein anerkannte, eindeutige Dosis-Wirkungsbeziehung nachweisen. Typische Symptome sind: Neuralgie, Übelkeit, Durchfall, Erbrechen, Appetitlosigkeit, Unverträglichkeit von Kaffee und Alkohol, Gleichgewichtsstörungen, Arrhythmien, Lymphozytose, Schwitzen, Reizbarkeit, Konzentrationsschwäche, Temperaturerhöhung, Haarausfall, Leberfunktionsstörungen, Tonsillenrötung, Zerschlagenheit, Depression, Neurasthenie, Gewichtsabnahme sowie Muskel- und Gliederschmerzen.

Weitere Symptome, die eine chronische PCP-Belastung auslösen soll, sind: Abmagerung, akneförmige Hautveränderungen, Akrozyanose, Angstzustände, Antriebsschwäche, Apathie, Blutdruckanstieg, vermehrte Chromosomenabbrüche in Lymphozyten, Störung der Erythropoese, gastroenteritische Reizbeschwerden, Gelenkschmerzen, Heiserkeit, Hyperpigmentierungen im Gesicht, Hyperthermie, Infektanfälligkeit, Knochenschmerzen, Lymphdrüsenschwellung, periphere Neuropathie, Paraesthesien, Schlafstörungen, nächtliche Schweißausbrüche, Stimmverlust.

Kanzerogenität

Bei beruflich Exponierten treten überdurchschnittlich oft aplastische Anämien und Weichteilsarkome, Morbus Hodgkin, Non-Hodgkin-Lymphome sowie andere maligne Lymphome auf.

Diagnose

Da die Symptomatik recht unspezifisch ist und viele Organe betroffen sind, ist eine weitreichende Stufendiagnostik unumgänglich. Neben einer möglichst kompletten neurologischen Erhebung sollte der Arzt Leber-, Pankreas-, Schilddrüsen-, Herz- und Muskel-Parameter sowie das Blutbild überprüfen.

Risikogruppen

Kleinkinder zählen zur Risikogruppe, weil sie verhältnismäßig mehr PCP aufnehmen als Erwachsene und die Substanz möglicherweise eine immuntoxische Wirkungen hat. Wahrscheinlich reagieren bestimmte Menschen empfindlicher auf geringe PCP-Konzentrationen als andere. Das allgemeine Gesundheitsrisiko ist jedoch nur schwer abschätzbar, da sich bislang keine Dosis-Wirkungsbeziehung aufstellen ließ. Wegen der krebserregenden Eigenschaften und der großen Giftigkeit zählt PCP allerdings auch in geringen Konzentrationen zu den gefährlichsten Schadstoffen der Innenraumluft.

Probenmaterial und Normalwerte

Harn:	< 5 µg/l
Trinkwasser:	10 µg/l, Trinkwassergrenzwert der WHO
Serum:	< 20 µg/l, die Hintergrundbelastung von Humanblut liegt laut Interessengemeinschaft der Holzschutzmittelgeschädigten bei 5 µg/l.
Fettgewebe:	10 bis 24 µg/kg Frischgewicht und 17 bis 40 µg/kg Fett
Lebensmittel:	10 µg/kg, gilt nach der Pflanzenschutzmittel Höchstmengenverordnung als höchste erlaubte Menge auf allen pflanzlichen Lebensmitteln.
Muttermilch:	< 1,47 µg/l
Haustaub:	< 5 mg/kg
Holz:	< 5 mg/kg
Leder:	< 5 mg/kg

Prävention

Der Verband der deutschen Industrie (VDI) hat 1992 folgende Sanierungsleitwerte veröffentlicht:

Ab einer PCP-Konzentration von 0,1 µg/m³ Innenraumluft sollten die Bewohner langfristig eine Sanierung planen. Bei 0,25 µg/m³ rät der VDI mittelfristig zu Sanierungsmaßnahmen. Ab Konzentrationen von 1 µg/m³ Raumluft sollte wegen der Vergiftungsgefahr eine sofortige Sanierung erfolgen.

Sanierungsmaßnahmen können sein:

Totalentfernung des Holzes, der Einbau von Luftfiltern oder Entlüftungsanlagen, Versiegelung der Oberflächen mit wasserdampfundurchlässigen Anstrichen, Abhobeln der Oberflächen, Abkleben mit Metallfolien, Reinigen anderer belasteter Gegenstände wie Vorhänge oder Teppiche, Entfernen kontaminierter Güter wie Bücher oder Tapeten.

MAK-Werte

MAK-Wert: weil Pentachlorphenol eine krebserregende Substanz ist, gibt es für PCP keinen MAK-Wert. Der dem MAK-Wert vergleichbare TLV- Wert in den USA liegt bei 0,5 µg/m³. Der russische PDK beträgt 0,1 µg/m³.

Der Richtwert des BGA ist 1 µg/m³. Der LOEL für eine chronisch, inhalative Exposition des Menschen liegt bei 0,8 µg/m³. Hieraus ergibt sich nach dem gängigen

Umrechnungsverfahren des Umweltbundesamtes eine duldbare Innenraumkonzentration von 0,008 µg/m³ Raumluft.

Kanzerogenität: MAK- Kategorie III A2, Stoffe dieser Kategorie haben sich bislang nur in Tierversuchen als eindeutig krebserregend erwiesen, wobei die Bedingungen denen einer möglichen Expositionsverhältnissen am Arbeitsplatz vergleichbar waren.

Risikofaktor in der Schwangerschaft: Laut MAK-Liste gehen von PCP keine Risiken während der Schwangerschaft aus. Bei Ratten ist jedoch eine fetotoxische und teratogene Wirkung von PCP nachgewiesen.

Sensibilisierende Stoffe: PCP ist in der MAK-Liste nicht als sensibilisierende Substanz aufgeführt.

Resorption über die Haut: Der Organismus kann PCP gut über die Haut resorbieren. MAK-Kategorie: H

Phenol (C_6H_5OH)

Synonyme

Karbolsäure, Phenylalkohol, Oxybenzol, Phenylsäure, Phenylhydrat.

Vorkommen

Pro Jahr gelangen ungefähr 200.000 Tonnen Phenol in die Umwelt. Dies entspricht 2,5 Prozent der insgesamt produzierten Menge. Natürliche Phenolquellen sind: Schweinejauche, Kiefernholz und -nadeln. Die Substanz ist ein Metabolit des menschlichen Stoffwechsels und des Stoffwechsels von Pflanzenfressern. Schätzungen besagen, daß durch den menschlichen Urin weltweit um 100.000 Tonnen pro Jahr ins Freie gelangen.

Die industrielle Herstellung von Phenol erfolgt durch Synthesen oder Steinkohle-Teer-Destillationen. Phenol ist Bestandteil von Klebstoffen, Desinfektionsmitteln, Konservierungs- und Pflanzenschutzmitteln, Pharmaka, Farb-, Spreng- und Kunststoffen.

Phenol dient außerdem als Tierabwehrmittel in der Bienenzucht. Es ist ein Bestandteil des Lignins. Der bei der Zellstoffproduktion anfallende Ligninschlamm enthält 0,6 mg Phenol pro Kilogramm.

Bei jeder unvollständigen Verbrennung von Kraftstoffen und anderen organischen Materialien entsteht Phenol. Es bildet sich beispielsweise beim Verkoken und Verschwelen von Holz, Steinkohle oder Braunkohle und beim Cracken von Erdöl. Wichtige Emissionsquellen sind daher der Hausbrand, Verbrennungsanlagen und Autoabgase.

Der Stoff entsteht als Transformationsprodukt bei der atmosphärischen Photooxidation von Chlorbenzol, Benzol und Toluol und gelangt auf diesem Wege in die Atemluft.

Eine weitere wichtige Phenolquelle ist der Zigarettenrauch. Der Hauptstrom enthält 20 bis 150 µg, der Nebenstrom 50 bis 420 µg Phenol pro Zigarette. Der Gesamtphenolgehalt im Tabakrauch beträgt 1.200 bis 2.000 mg pro Kubikmeter Luft. Die Emissionen von Großfeuerungsanlagen sind da vergleichsweise niedrig. 1992 lagen sie durchschnittlich bei 33 µg Phenol pro Kubikmeter Luft.

Zahnärzte verwenden phenolhaltige Substanzen bei der Wurzelbehandlung.

Aufnahmewege

Phenol gelangt hauptsächlich über die Atemluft in den Organismus.

Toxikokinetik: Aufnahme

Der Organismus resorbiert Phenol über die Haut, den Respirations- und Gastrointestinaltrakt.

Toxikokinetik: Verteilung und Speicherung

Der Organismus eliminiert Phenol mit einer Halbwertszeit von 1-4,5 Stunden.

Toxikokinetik: Metabolismus

Der Körper metabolisiert den Aromat zu Phenolsulfat oder Glukuronid.

Toxikokinetik: Ausscheidung

Die Ausscheidung erfolgt im wesentlichen über die Atmung. Den Rest eliminiert der Organismus nach der Metabolisierung renal.

Symptome akute Vergiftung

Akut Vergiftete leiden unter Schwindelgefühl, Rauschzuständen, Übelkeit, Atemlähmungen und Erbrechen.

Phenol hat eiweißdegenerierende Eigenschaften. Daher führt es zu starken Verätzungen der Haut und Schleimhäute. Nach dem ersten Schmerz tritt eine Lokalanästhesie ein. Hierdurch erhöht sich die Gefahr einer Vergiftung durch Hautresorption noch. Die Hautverätzungen heilen mit narbigen Defekten ab.

Selbst über sehr kleine Hautbezirke kann der Körper größere Phenolmengen resorbieren. Sie führen schnell zu Lähmungen des zentralen Nervensystems mit Kollaps und starker Temperatursenkung. Die Folgen der Inhalation von Phenoldämpfen sind schwere Verätzungen der Atemwege. Systemische Schäden an Nieren, Leber und Herz können entstehen. Phenol kann außerdem neuropsychiatrische Störungen auslösen.

Symptome chronische Vergiftung

Die Folgen einer chronischen Phenolexposition können Appetitlosigkeit, Kopfschmerzen, Marasmus, rasche Erschöpfung und chronische Schlafstörungen sein. Es kann zu Schäden am blutbildendenSystem, der Leber, Milz und Nieren kommen. Bei einigen Betroffenen treten Herzrythmusstörungen auf.

Diagnose

Selbst eine tiefgreifende Verätzung kündigt sich nur durch eine lokale Rötung mit Schmerzen an. Auf den betroffenen Hautstellen bildet sich zuerst weißer, dann rot-brauner Schorf. Anfänglich schmerzen die vergifteten Hautbezirke stark, später sind sie dann schmerzunempfindlich.

Betroffene klagen über Ohrensausen, Speichelfluß, Benommenheit, Kopfschmerzen, Erregungszustände, Krämpfe, Atemnot und langsamen Puls. Der Atem Vergifteter hat einen typischen Phenolgeruch. Im Extremfall sind langsamer Puls, Schock und Nierenversagen die Folgen einer Vergiftung.

Toxisch und anoxisch kann Phenol Herzrhythmusstörungen auslösen. Gelangt Phenol in die Luftröhre, kann es ein Lungenödem auslösen.

Probenmaterial und Normalwerte

Harn:	5-10 mg/l
Trinkwasser:	0,5 µg/l
Serum:	0,1 mg/l

MAK-Werte

MAK-Wert: 5 ml/m³ Luft oder 19mg/m³ Luft. Die geringste noch riechbare Phenolkonzentration beträgt 0,05 ml/m³ Luft.

Kanzerogenität: Es gibt keine Hinweise auf eine mutagene oder kanzerogene Wirkung des Phenols.

Risikofaktor in der Schwangerschaft: Es gibt keine Hinweise auf Risiken für Mutter und Kind während der Schwangerschaft.

Sensibilisierende Stoffe: Es gibt keine Hinweise auf ein allergieauslösende Wirkung des Phenols.

Resorption über die Haut: Der Organismus kann Phenol sehr gut über die Haut resorbieren.

Platin

siehe Zahnersatzlegierungen

Pyrethroide

Synonyme

Der Begriff Pyrethroide ist die Gruppenbezeichnung für eine Vielzahl von Einzelsubstanzen, wie beispielsweise: Allethrin, Alfamethrin, Bioallethrin, Bioresmethrin, Cismethrin, Cyfulthrin, Cyhalothrin, Cypermethrin, Deltamethrin, Esbiol, Fenpropathrin, Fenvalerat, d-Phenothrin, Permethrin, Resmethrin, Tetramethrin oder Transfulthrin.

Vorkommen

Pyrethroide sind synthetisch hergestellte Insektizide. Alle Substanzen basieren auf dem Grundgerüst des Chrysanthemengiftes Pyrethrum. Bis heute hat die Industrie etwa 1.000 verschiedenen Pyrethroide entwickelt. Hinsichtlich ihrer Stabilität und Wirkungsdauer lassen sich die Pyrethroide in zwei Gruppen einteilen: Kurz- und Langzeitpyrethroide. Kurzzeitpyrethroide sind beispielsweise Bioresmethrin, d-Allethrin und Tetramethrin. Zu den Langzeitpyrethroiden zählen Substanzen wie Deltamethrin, Cyfulthrin, Cypermethrin, Permethrin und Fenvalerat.

Pyrethroide dienen als Insektizide mit Kontaktgiftwirkung und/oder Fraßgiftwirkung gegen Hygieneschädlinge sowie gegen Pflanzenschädlinge und Forstschädlinge im Außen- und Innenraumbereich. Mehr als die Hälfte aller Innenraumpestizide enthalten die Verbindungen. Im Haushalt bekämpfen Bewohner Vorratsschädlinge, Pflanzenschädlinge wie etwa Blatt- und Schildläuse, Textilschädlinge, Ektoparasiten wie beispielsweise Läuse sowie Schaben und andere Lästlinge mit Pyrethroiden.

Pyrethroide dienen häufig als Eulanisierungsmittel. Mit dem Prädikat Wollsiegel gekennzeichnete Wollteppiche müssen zum Schutz vor Insektenfraß mit einem Eulanisierungsmittel behandelt sein. Die Verbindungen finden außerdem als Akarizid und Repellentien Verwendung.

Aufnahmewege

Der Organismus kann Pyrethroide im Magendarmtrakt, über die Haut und im Respirationstrakt resorbieren. Über den Magendarmtrakt kann der Körper die Verbindungen jedoch nur schlecht aufnehmen. Auch gesunde Haut ist eine gute Barriere für die Substanzen. Ist die Haut jedoch vorgeschädigt, beispielsweise durch Verletzungen oder Allergien, erleichtert dies die Resorption.

Pyrethroide sind schwach flüchtig und kommen daher in der Raumluft kaum vor. Eine Ausnahme bilden Elektroverdampfer, die zu nachweisbaren Pyrethroidkonzentrationen in der Innenraumluft führen können.

Eine der wichtigsten Aufnahmequellen ist der Hausstaub. Die Pyrethroide adsorbieren an Staubpartikeln und können so in Magendarmtrakt oder Lunge gelangen.

Toxikokinetik: Aufnahme

Pyrethroide resorbiert der Organismus in der Lunge, Magendarmtrakt und über die Haut.

Toxikokinetik: Verteilung und Speicherung

Die Frage der Speicherung und Bioakkumulation der Pyrethroide ist noch stark umstritten. Wegen der Substanzvielfalt sind allgemeingültige Aussagen zum Anreicherungsverhalten der Pyrethroide generell zweifelhaft. Der Hauptspeicherort für Esbiol ist beispielsweise die Lunge. Tetramethrin hingegen soll sich in der Leber, den Nieren und Muskeln sowie im Gehirn ablagern.

Es gibt Hinweise, daß sich die äußerst lipophilen Substanzen im Fettgewebe und im Gehirn anreichern. Andere Wissenschaftler halten eine Speicherung in den Nerven für wahrscheinlich. Außerdem scheint der Aufnahmepfad eine Rolle zu spielen. Oral aufgenommene Pyrethroide scheidet der Mensch zum größten Teil unverändert oder metabolisiert wieder aus, bei dermal aufgenommenen Verbindungen hingegen soll ein hoher Prozentsatz im Organismus verbleiben.

Toxikokinetik: Metabolismus

Der Warmblüterorganismus metabolisiert die Verbindungen mittels Esterhydrolyse und Oxidation. Er baut die Substanzen im wesentlichen zu Cyklopropancarbonsäureverbindungen und 3-Phenoxy-Benzoesäure ab.

Toxikokinetik: Ausscheidung

Hinsichtlich ihrer Halbwertszeiten und der Verteilung auf die unterschiedlichen Eliminationswege unterscheiden sich die einzelnen Pyrethroide ebenfalls voneinander:

Allethrin: Innerhalb von 48 Stunden 30 Prozent renale und 29 Prozent billiäre Elimination (Ratte).

Cypermethrin: Innerhalb 24 Stunden 43 Prozent mit Harn als konjugierte cis-Cyclopropancarbonsäure.

Cyfulthrin: Innerhalb von 48 Stunden 98 Prozent zu zwei Dritteln über den Harn und zu einem Drittel über den Stuhl.

Deltamethrin: Innerhalb von zwei bis vier Stunden über Harn und Stuhl.

Esbiol: Langsam und unveränderte Elimination über Harn und Stuhl.

Fenvalerat: Innerhalb von 7 Tagen zu 96 Prozent über Harn und Stuhl.

Resmethrin: Innerhalb von drei Wochen zu 36 Prozent über den Harn und 64 Prozent über den Stuhl (Ratte).

Vergiftungssymptome

Pyrethroide sind Nervengifte. Sie beeinflussen die Frequenz der Nervenimpulse, indem sie die Natriumkanäle der Nervenzellen länger geöffnet halten. Für Insekten sind Pyrethroide etwa um den Faktor 1.000 bis 10.000 giftiger als für Säugetiere. Experten vermuten, daß Säugetiere die Pyrethroide auf Grund ihrer enzymatischen Ausstattung schneller entgiften können als die Gliedertiere. Manche Menschen können die entgiftende Esterspaltung wegen eines Enzymdefekts jedoch nicht bewerkstelligen.

Viele Experten teilen die Pyrethroide auf Grund ihrer Wirkung in zwei Gruppen ein: Substanzen mit und ohne eine substituierte alfa-Zyanogruppe. Typ-I-Pyrethroide ohne Zyanogruppe lösen eine ähnliche Symptomatik wie DDT-Vergiftungen aus, Typ-II-Verbindungen mit Zyanogruppe wirken eher wie Lindan. Wichtigstes Symptom bei akuten Typ-I-Vergiftungen ist der Tremor, bei Typ-II-Intoxikationen die Choreoathetose und Salivation. Typische Typ-I-Verbindungen sind beispielsweise Permethrin, Resmethrin und Bioallethrin. Zu den Typ-II-Pyrethroiden zählen Substanzen wie Cyfulthrin, Cypermethrin, Deltamethrin und Fenvalerat.

Ein bislang äußerst kontrovers diskutierter Punkt ist die Reversibilität der Pyrethroidwirkungen beim Menschen. Anhand der wissenschaftlichen Literatur läßt sich heute nicht sagen, ob die Effekte reversibel sind oder nicht. Zusätzlich zu den wissenschaftlichen Untersuchungen existiert noch eine Vielzahl von Betroffenenberichten, in denen Menschen pyrethroidhaltige Substanzen für ihre Gesundheitsstörungen verantwortlich machen. Es ist jedoch schwer festzustellen, ob die Störungen auf einen einmaligen Kontakt oder eine Dauerbelastung im Wohnbereich zurückzuführen sind.

Symptome akute Vergiftung

Typische Symptome einer akuten Vergiftung sind Reizungen der Haut und Schleimhäute. Mit Pyrethroiden in Berührung gekommene Körperteile zeichnen sich durch Mißempfindungen wie Stechen, Jucken, Kribbeln, Brennen oder Taubheit aus. Es kommt zu Augenreizungen, Tränen- und Nasenfluß sowie zu schmerzhaften Reizungen der Mund-, Rachen- und Bronchialschleimhäute.

Andere Symptome können Kopfschmerzen, Müdigkeit, Schlafanfälle, Schwindel, Schweißausbrüche, Herzjagen, Niedergeschlagenheit und depressive Verstimmungen sein. Im Extremfall kommt es zu Übelkeit, Erbrechen, Durchfällen, krampfartigen Bauchschmerzen, Blutergüssen der Haut, blutigem Harn, Krampfanfällen, Bewußtseinsstörungen, Lungenödem und Koma.

Symptome chronische Vergiftung

Die Symptome einer chronischen Intoxikation sind sehr schwer zu fassen. Einige Wissenschaftler bezweifeln generell chronische Effekte der Verbindungen. Andere vermuten Beeinträchtigungen der intellektuellen Leistungsfähigkeit mit Konzentrationsschwächen, Gedächtnisstörungen, Wortfindungsstörungen, Silbenverdrehern, Verwirrtheit, Obstipation, Durchblutungsstörungen, Verlust der Lebensfreude, Antriebs- und Motivationsverlust sowie eine depressive Lebenseinstellung als Symptome einer chronischen Pyrethroidbelastung. Hierbei gehen Fachleute vor allem von einer Anreicherung der Pyrethroide in den Nervenzellen aus.

Probenmaterial und Normalwerte

Allethrin, Bioallethrin, Esbiol, Fenpropathrin, Fenvalerate, Resmethrin, Tetramethrin

Hausstaub:	< 1mg/kg
Holz:	< 1mg/kg
Feststoffe:	< 1mg/kg

alfamethrin, Cypermethrin, Cyfulthrin, Deltamethrin, Permethrin

EDTA-Blut:	< 0,2 µg/l
Harn:	< 1 µg/l
Hausstaub:	< 1 mg/kg
Holz:	< 1 mg/kg
Feststoffe:	< 1 mg/kg

Nach Untersuchungen des Bremer Umweltinstituts gilt für Hausstaub und Flächenbelastungen folgende Klassifizierung:

Hausstaub

bis 3 mg/kg, geringe Belastung
3 bis 30 mg/kg, deutliche Belastung
30 bis 100 mg/kg, hohe Belastung
über 100 mg/kg, sehr hohe Belastung

Flächenbelastung

10 bis 100 µg/m², geringe Belastung
100 bis 1.000 µg/m², deutliche Belastung
1.000 bis 10.000 µg/m², hohe Belastung
über 10.000 µg/m², sehr hohe Belastung

Die von den Herstellern empfohlenen Anwendungskonzentrationen betragen 10.000 bis 30.000 µg/m².

Prävention

Zur Sanierung belasteter Wohnungen stehen prinzipiell zwei Möglichkeiten zur Verfügung: Die Entfernung oder die Reinigung kontaminierter Gegenstände. Reinigen mit Wasser oder chemischen Dekontaminationsmitteln sowie die Anwendung von UV-Strahlung führen oft nicht zum gewünschten Erfolg. Die sicherste Sanierungsmethode scheint daher in der vollständigen Entfernung sämtlicher belasteter Materialien zu liegen.

MAK-Werte

In der MAK-Liste ist nur Pyrethrum aufgeführt.

MAK-Wert für Pyrethrum: 5 mg/m³ Luft, gemessen als Gesamtstaub.

Das Bundesgesundheitsamt hat 1992 im Sinne einer gesundheitlichen Vorsorge einen Orientierungsgrenzwert von einem Milligramm Pyrethroid pro Kilogramm Hausstaub festgelegt. Das BGA hat diesen Wert jedoch ohne eine toxikologische Begründung erhoben. Empfindliche Menschen klagen bereits unterhalb dieser Konzentration über gesundheitliche Störungen.

Kanzerogenität: Für eine kanzerogene Wirkung der Pyrethroide gibt es bislang keine Hinweise.

Risikofaktor in der Schwangerschaft: Bisher gibt es keine Anhaltspunkte für ein Risiko während der Schwangerschaft.

Sensibilisierende Stoffe: Die im Pyrethrum enthaltenen alfa-Mehylensesquiterpenlactone haben nach der MAK-Liste sensibilisierende Eigenschaften. Die insektiziden Inhaltsstoffe und die Pyrethroide können laut MAK-Komission keine Allergien auslösen.

Resorption über die Haut: Pyrethrum kann der Organismus nach der MAK-Liste nicht über die Haut resorbieren. Pyrethroide können jedoch ohne weiteres perkutan in den Körper gelangen.

Quecksilber (Hg)

Vorkommen

Das Metall kommt in seiner elementaren, metallischen Form, als Ion beispielsweise im Wasser sowie in anorganischen und organischen Verbindung vor. Wichtige organische Quecksilberverbindungen sind Methylquecksilber und Quecksilber-II-Chlorid. Außerdem können Mikroorganismen anorganisches Quecksilber in Gewässern in die weitaus giftigeren organischen Verbindungen umwandeln.

Auf natürlichem Wege gelangt das leicht flüchtige Schwermetall beispielsweise bei Vulkanausbrüchen in die Umwelt. Anthropogene Quellen sind die Verbrennung von Kohle, Heizöl und Müll, die Verhüttung und Erzrösterei sowie die Verwendung organischer Verbindungen als Saatgutbeize und der industrielle Gebrauch. Die Anwendung von Quecksilberverbindungen als Saatgutbeize sowie die Verwendung als Fungizid ist heute verboten.

Quecksilber und seine Verbindungen kommen in Farben, Arzneimitteln, Quecksilberbatterien wie beispielsweise Knopfzellen, Laborchemikalien, Schädlingsbekämpfungsmitteln, Thermometern und anderen Meßgeräten, Schaltern und Leuchtstoffröhren vor.

Organische Verbindungen dienen außerdem als Desinfektions- und Konservierungsmittel. Quecksilber-II-Chlorid findet beispielsweise als Desinfektionsmittel für chirurgische Geräte, bei der Holzkonservierung und Pelzverarbeitung sowie als Negativverstärker in der Fotografie Verwendung. Zudem ist das Schwermetall Hauptbestandteil zahnmedizinischer Amalgamfüllungen. Die Legierung besteht zu etwa 50 Prozent aus Quecksilber.

Der Quecksilber-Jahresverbrauch liegt in Deutschland bei etwa 250 Tonnen.

Aufnahmewege

Die wichtigsten Aufnahmewege verlaufen über die Lunge und den Gastrointestinaltrakt. Die bedeutensten Quellen sind Amalgamfüllungen und Fisch.

Amalgamfüllungen setzen beim Verarbeiten, Tragen oder Entfernen Quecksilber frei. Dabei handelt es sich um metallisches Quecksiber in flüssigem oder gasförmigem Zustand sowie um ionisiertes Metall. Pro Tag nimmt der Mensch laut WHO 3,8 bis 21 Mikrogramm Quecksilberdampf aus Amalgamfüllungen auf. Beim Legen und in den ersten Tagen danach sowie beim Entfernen einer Amalgamfüllung werden besonders große Mengen Quecksilberdampf freigesetzt.

Quecksilberionen gelangen mit der Atemluft, der Nahrung und dem Trinkwasser in den Körper. Die größte Quelle für ein- und zweiwertige Quecksilberionen ist der Nichtfisch-Anteil der Nahrung mit durchschnittlich 4,2 Mikrogramm pro Tag.

Fisch hingegen ist die Hauptquelle für das stark giftige Methylquecksilber. Mit den Schuppentieren gelangen durchschnittlich 2,4 Mikrogramm Methylquecksilber pro Tag in den Organismus. Besonders hohe Konzentrationen treten in Seefischen am Ende der Nahrungskette auf, wie beispielsweise in Thunfischen.

Toxikokinetik: Aufnahme

Der Organismus nimmt freigesetztes Quecksilber im Gastrointestinaltrakt, in der Lunge sowie über die Haut auf. Metallisches Quecksilber resorbiert der Körper nur zu etwa einem Prozent, Quecksilberionen zu sieben bis zehn Prozent im Magendarmtrakt. 80 Prozent des eingeatmeten metallischen Quecksilberdampfes kann der Organismus über die Lunge resorbieren.

Toxikokinetik: Verteilung und Speicherung

Quecksilber akkumuliert gut in verschiedenen Organen, indem es sich an das Trägerprotein Metallothionein bindet. Ionisiertes Quecksilber ist nicht fettlöslich. Es akkumuliert vorzugsweise in parenchymatösen Organen wie Leber und Nieren. Die Bluthirnschranke können die Ionen nicht überwinden. Das Hauptzielorgen beim Erwachsenen ist die Nierenrinde, beim Fötus ist es die Leber.

Quecksilberdampf hingegen ist lipophil. Das Metall gelangt daher leicht durch die Blut-Hirn-Schranke und kann im Gehirn akkumulieren. Zudem können Darmbakterien Quecksilberionen in Blut-Hirnschranken-gängiges Methyl-Quecksilber umwandeln. Auf diesem Wege kann auch ursprünglich ionisiertes Quecksilber ins ZNS gelangen.

Die Vermutung einiger Experten, daß Quecksilberdampf über die Nasenschleimhäute direkt das Gehirn erreichen kann, ist bislang nicht eindeutig bewiesen. Neben Ablagerungen in Leber, Niere und Gehirn lassen sich Quecksilberdepots in der Milz, der Galle, den Haaren und Nägeln sowie der Haut nachweisen

Toxikokinetik: Metabolismus

Resorbiertes Quecksilber oxidiert der Organismus. Teilweise reduziert er es direkt wieder. Außerdem kommt es zu einer Methylierung des Metalls durch Darmbakterien. Quecksilber hat eine hohe Affinität zu Verbindungen mit einer Sulfhydrylgruppe wie Cystein, Glutathion oder Albumin und bildet mit ihnen stabile Komplexe.

Toxikokinetik: Ausscheidung

Der Organismus eliminiert Quecksilber renal, billiär, über den Atem, mit der Milch und dem Schweiß. Im Blut beträgt die Halbwertszeit von metallischem und ionisiertem Quecksilber etwa einen Monat. In der Niere liegt sie bei einem Jahr, im Gehirn noch darüber. Manche Experten halten hier einen Wert von 18 Jahren für wahrscheinlich.

Symptome akute Vergiftung

Akute Vergiftungen mit anorganischen und organischen Quecksilberverbindungen zeigen in etwa die gleiche Symptomatik. Allerdings sind die Symptome bei Vergiftungen durch organische Verbindungen ausgeprägter. Nach oraler Aufnahme klagen Vergiftete über Schmerzen in der Mundhöhle, Speichelfluß, Erbrechen, Durchfall, Polyurie und Tachykardie. Im Extremfall erleiden sie einen Schock. Vergiftungen durch Quecksilberdampf lösen zusätzlich noch Atemnot, Frösteln und Reizhusten aus.

Symptome chronische Vergiftung

Chronische Belastung mit anorganischem Quecksilber: Chronisch Vergiftete klagen über Gedächtnisstörungen, Sprachstörungen, Tremor mercurialis, Kopfschmerzen, Schwindel, Muskelschwäche, Energielosigkeit, Rückenschmerzen und Nervosität. Andere Symptome einer chronischen Belastung sind Magenschmerzen, Metallgeschmack, Stomatitis mercurialis, Speichelfluß sowie neurologische Störungen.

Chronische Belastung mit organischem Quecksilber: Die Symptome der Vergifteten sind Parästhesie, Reizbarkeit, Apathie, Ataxie, Leber- und Nierenstörungen, Stomatitis, Gastroenteritis, Kopfschmerzen, Schwindel, Schluck- und Sprachstörungen sowie Tremor.

Milde ausgeprägten, chronischen Quecksilber-Belastungen, dem sogenannten Mikromerkurialismus, schreiben manche Wissenschaftler außerdem Symptome wie Appetitmangel, Arbeitsunlust und Erethismus mercurialis mit Persönlichkeitsveränderungen, Befangenheit, Stimmungsschwankungen, Gedächtnisschwund und Schreckhaftigkeit zu. Zudem können eine Einengung des Gesichtsfeldes, eine tubuläre Glomerulonephritis, eine Glukosurie, Muskelkrämpfe, Nephritis, gemischte sensible und motorische Neuropathien, ein neurasthenisches Syndrom, Nystagmus, Opticus-Degenerationen, Persönlichkeitsveränderungen, Proteinurie, Beeinträchtigungen psychomotorischer Funktionen und Visus-Beeinträchtingungen vorkommen.

Weitere Symptome chronischer Quecksilberbelastungen finden sich unter „Amalgam".

Methylquecksilbervergiftungen können die Minamata-Krankheit verursachen. Vergiftete leiden unter Sehstörungen, Hörstörungen, Störungen des Tastempfindens und abnormen Bewegungen. Die Erkrankung trat zuerst 1956 in Japan auf. Wissenschaftler führten sie auf den Konsum stark Methyl-Quecksilber-verseuchter Fische zurück. Von 292 Fällen bis Ende 1972 verliefen 92 tödlich. Bislang haben die Gerichte die Krankheit in 1.023 Fällen anerkannt. Weitere 6.000 Menschen haben sich zur Untersuchung angemeldet.

Das intrazelluläre Trägerprotein für Zink ist Metallothionein. Quecksilber bindet deutlich fester an das

Molekül und verdrängt Zink daher leicht aus der Zelle. Zink ist jedoch Bestandteil von etwa 200 Metalloenzymen im Organismus und spielt eine entscheidende Rolle bei der Reifung und für die Funktion der Gonaden. Einige Experten vermuten deshalb einen negativen Effekt des Schwermetalls auf die Fruchtbarkeit.

Chronische Quecksilberbelastungen können in der Darmflora Quecksilberresistenzen auslösen. Resistente Darmbakterien sind in der Lage, organische Verbindungen des Schwermetalls und Ionen in weniger giftiges elementares Quecksilber umzuwandeln. Es gibt Hinweise, daß Menschen mit einer Quecksilberresistenz der Darmflora auch resistent gegenüber einiger Antibiotika sind.

Quecksilberionen beeinflussen immunkompetente Zellen. Sie unterdrücken die zelluläre Immunantwort und schwächen so das gesamte Immunsystem. Der schwermetallverursachte Spurenelementemangel erhöht die daraus resultierende Infektanfälligkeit zusätzlich noch.

Diagnose

Wegen der unspezifischen Symptomatik läßt sich eine chronische Quecksilber-Intoxikation nur schwer diagnostizieren. Erste Verdachtsmomente liefert die Anamnese. Mittels verschiedener Testmethoden wie beispielsweise dem Kaugummitest oder dem DMPS-Test lassen sich Quecksilberkonzentrationen in Körperflüssigkeiten mit relativ geringem Aufwand nachweisen.

Der Metallallergietest gibt über eine mögliche Quecksilberallergie Auskunft. Alle zur Zeit benutzten Nachweisverfahren einer chronischen Quecksilberbelastung sind bislang jedoch nicht allgemein wissenschaftlich anerkannt.

Risikogruppen

Beruflich exponierte Menschen wie Arbeiter in der Batterieindustrie oder bei der Erzröstung, aber auch Zahnärzte und das Praxispersonal zählen zur Risikogruppe. Bei vielen zahnärztlichen Handlungen überschreitet die Quecksilberdampfkonzentration den MAK-Wert von 0,1 mg/m³ Luft deutlich. Zudem liegt die Temperatur in der Mundhöhle zwischen 32 und 34 Grad Celsius, den MAK-Wert bestimmen die Experten jedoch bei 20 Grad.

Da das Metall plazentagängig ist, zählen außerdem Schwangere zur Risikogruppe. Auch stillende Mütter sind betroffen, weil Quecksilber in die Muttermilch übergehen kann. Weiterhin rechnen einige Experten Kinder bis zum sechsten Lebensjahr zur Gruppe der besonders Gefährdeten, weil die Kinder eine höhere Resorptionsrate als Erwachsene haben sollen und sie möglicherweise empfindlicher sind.

Menschen mit eingeschränkter Nierenfunktion gehöhren ebenfalls zur Risikogruppe, weil die Nieren das wichtigste Zielorgan des Schwermetalls beim Erwachsenen sind.

Probenmaterial und Normalwerte

Harn:	< 4,0 µg/l
Trinkwasser:	0,001 mg/l, zulässige Höchstkonzentration laut EG-Richtlinie
Serum:	< 5,0 µg/l
EDTA-Blut:	< 5,0 µg/l
Lebensmittel:	
Blattgemüse:	0,05 mg/kg, Richtwert
Wurzelgemüse:	0,05 mg/kg, Richtwert
Kernobst:	0,03 mg/kg, Richtwert
Steinobst:	0,03 mg/kg, Richtwert
Fisch:	1,0 mg/kg, Verordnungswert der BRD
Fleischwaren:	0,05 mg/kg, Richtwert
Hausstaub:	< 720 µg/kg
Zähne:	< 200 µg/kg
Haare:	< 3,6 µg/g
Speichel I:	2,7 µg/l
Speichel II:	2,7 µg/l

Prävention

Solange noch Amalgamfüllungen im Mund vorhanden sind, sollten ihre Träger keine stark Essig- beziehungsweise Zitronensäure-haltigen Speisen essen. Sie sollten keine Kaugummis oder ähnliches kauen und beim Essen generell feste, mahlende Kaubewegungen vermeiden. Belastete sollten keine zu heißen Getränke oder Speisen zu sich nehmen und keine Fluorzahnpasta benutzen.

MAK-Werte

MAK-Wert: 0,01 ml/m³ oder 0,1 mg/m³ Luft

Kanzerogenität: Es gibt bislang keine Hinweise auf krebserregende Eigenschaften des Schwermetalls.

Risikofaktor in der Schwangerschaft: Keine Form des Quecksilbers ist in der MAK-Liste für Substanzen mit erhöhtem Risiko während der Schwangerschaft gelistet. Quecksilberionen und Quecksilberdampf können jedoch die Plazentaschranke überwinden. Geringe Mengen gehen auch in die Muttermilch über. Die Quecksilberkonzentration in Organen von Föten und Neugeborenen läßt sich mit der Zahl der Amalgamfüllungen der Mutter korelieren.

Obwohl sich auf Grund von Tierversuchen und epidemiologischen Untersuchungen weder eine pränatale noch eine postnatale Gesundheitsschädigung durch Amalgambelastungen der Mutter belegen läßt, heißt es im Bescheid des Bundesinstitutes für Arzneimittel und Medizinprodukte vom 31. März 1995: Aus Gründen des vorbeugenden Gesundheitsschutzes sollte möglichst keine Amalgamanwendung während der Schwangeschaft erfolgen. Aus den gleichen Gründen sollten klinisch intakte Füllungen in dieser Zeit nicht entfernt werden.

Sensibilisierende Stoffe: Laut MAK-Liste haben metallisches Quecksilber und anorganische Verbindungen keine sensibilisierende Wirkung. Einige organische Quecksilberverbindungen sind als stark sensibilisierend aufgeführt.

Resorption über die Haut: Metallisches Quecksilber und anorganische Verbindungen kann der Organismus nicht über die Haut resorbieren. Einige organische Quecksilberverbindungen können jedoch leicht perkutan in den Körper gelangen.

Schwefeldioxid (SO_2)

Vorkommen

Schwefeldioxid ist ein farbloses, stechend riechendes Gas. Das Reizgas kommt in der Natur in Konzentrationen von etwa fünf bis 25 µg/m³ vor. Bei austauscharmen Wetterlagen, dem sogenannten Wintersmog, können die Schwefeldioxidkonzentrationen in städtischen Gebieten ein bis zwei Milligramm pro Kubikmeter Luft betragen und die Gesundheit der Bevölkerung belasten.

Natürliche Schwefeldioxidquellen sind Vulkane und Bodenbakterien. Atmosphärische Prozesse wandeln das Schwefeldioxid in saure Aerosole um. Es entstehen Sulfit und Sulfat sowie schwefelige Säure und Schwefelsäure. Die Umsetzungsrate beträgt nur wenige Prozent pro Stunde. SO_2 entsteht bei der Verbrennung von Kohle und Erdöl, der Erzaufbereitung und der Schwefelsäureherstellung. Das Gas ist chemischer Hilfsstoff in der Zuckerindustrie, bei der Zellstoffgewinnung und in der chemischen Industrie.

Die Abgase von Dieselfahrzeugen haben nur einen geringen, die von Fahrzeugen mit Ottomotor fast keinen Einfluß auf die Schwefeldioxidemission. Je nach Zustand des verwendeten Katalysators kann es allerdings zu Schwefelwasserstoff- oder Schwefeltrioxidemissionen kommen. Schwefelwasserstoff zeichnet sich durch seinen starken Geruch nach faulen Eiern aus. Das Gas wirkt jedoch erst bei Konzentrationen toxisch, die normalerweise in der Luft nicht vorkommen. Die wichtigsten Emittenten sind, trotz moderner Rauchgasentschwefelungsanlagen, Kraftwerke und Industriebetriebe. Weil ihre langen Schornsteine jedoch durch die unteren Inversionsschichten hindurch ragen, haben sie einen verhältnismäßig geringen Anteil an der Immissionskonzentration. Hier ist der Hausbrand der entscheidende Faktor.

Schwefeldioxidbelastungen in Innenräumen sind heute relativ unbedeutend, weil kaum noch Quellen vorhanden sind. Die Hauptquellen für Schwefeldioxid in Innenräumen sind alte Ofenheizungen. Außerdem sind alkalische Wandbestandteile in der Lage einen Teil des Gases zu adsorbieren. Die durchschnittliche SO_2-Konzentration in Innenräumen liegt zwischen 50 und 25 Prozent unter der Außenluftkonzentration.

Aufnahmewege

Schwefeldioxid gelangt inhalativ und oral in den Organismus.

Aufnahme durch Inhalation

Das Gas löst sich leicht im Flüssigkeitsmantel der Schleimhautoberfläche. Daher ist neben der SO_2-Konzentration in der Luft der individuelle Atemtyp und die Ventilation für die aufgenommene Dosis ausschlaggebend. Bei Nasenatmung und hohen Schwefeldioxidkonzentrationen adsorbiert der Organismus 90 Prozent bereits im Nasen-Rachenraum. Bei Mundatmern oder oronasalen Mischatmern gelangt dagegen mehr Schwefeldioxid in tiefere Bereiche des Respirationstraktes. Das gleiche ist bei niedrigen SO_2-Konzentrationen der Fall.

Bei hohen Konzentrationen in der Atemluft gelangt nur etwa ein Prozent des eingeatmeten Schwefeldioxids beim Ausatmen unverändert wieder ins Freie.

Orale Aufnahme

Auf oralem Wege gelangt SO_2 durch Verschlucken von Schleim des Respirationstraktes in den Organismus.

Toxikokinetik: Aufnahme

Während der Adsorption am Feuchtigkeitsmantel der Schleimhautoberflächen bildet sich schwefelige Säure. Sie steht im Gleichgewicht mit zwei Verbindungen, die der Organismus resorbieren kann: Sulfit und Bisulfit.

Toxikokinetik: Metabolismus

Resorbiertes Sulfit und Bisulfit wandelt der Körper mit Hilfe von Sulfitoxidase in Sulfat um. Zusammen mit Schleim verschluckte Verbindungen oxidieren oft schon im Magen-Darmtrakt zu Sulfat. Tierexperimente zeigten, daß resorbiertes Sulfit und Bisulfit möglicherweise mit SH-Gruppen von Proteinen in der Lunge und im Serum reagieren. Auf alle Fälle gehen die Substanzen irreversible Bindungen mit Thiamin ein, dem Vitamin B_1.

Toxikokinetik: Ausscheidung

Das in der Leber gebildete Sulfat scheidet der Körper über die Nieren aus.

Vergiftungssymptome

Etwa zehn Prozent der Bevölkerung reagieren auf Schwefeldioxid überempfindlich. Die ausgelösten Effekte lassen sich jedoch nie auf Schwefeldioxid allein zurückführen, da die Substanz immer in Kombination mit anderen Luftschadstoffen wie beispielsweise Staubpartikeln, Sulfat, Sulfit und einigen mehr auftritt. Das Schwefeldioxid die Leitsubstanz der allgemeinen Luftverschmutzung ist, hat eher historische Gründe: die

Verbindung war der erste nachgewiesene gasförmige Luftschadstoff überhaupt.

Schwefeldioxid ist ein Reizgas. Es wirkt hauptsächlich auf die Schleimhäute der Atemwege und die Augen. Wandelt sich SO_2 an Aerosolpartikeln zu Sulfat oder Schwefelsäure um, erhöht sich die reizende Wirkung deutlich. Typische Symptome bei Wintersmog sind Pulserhöhung, Reizung der Bindehaut, Rachenreizung, Kopfschmerzen nach ungefähr 30 Minuten, Niesreiz und Tränenfluß. SO_2 erhöht den Strömungswiderstand der Atemwege reversibel. Spätestens nach einigen Stunden hat sich der Widerstand normalisiert. Konzentrationen von 25 mg/m³ am Arbeitsplatz führten in einigen Studien zur Häufung von chronisch entzündlichen Atemwegserkrankungen. Andere Untersuchungen kamen zu dem Ergebnis, daß die gleiche Konzentration die Zahl solcher Erkrankungen sogar senkt. Möglicherweise hat Schwefeldioxid eine desinfizierende Wirkung.

Hohe Schwefeldioxidkonzentrationen können Bronchitis, Trachitis oder einen Bronchospasmus auslösen. Die Folge von chemisch-irritativ ausgelösten Entzündungen der Atemwege ist möglicherweise eine bronchiale Hyperreagibilität. Im Tierexperiment stellten Forscher fest, daß die Sulfitoxidase Molybdän enthält. Molybdänarme Nahrung senkt bei Ratten deutlich die Aktivität des Enzyms. Außerdem kann Wolfram das Metall aus dem Enzym verdrängen und dadurch seine Aktivität beeinträchtigen.

Kanzerogenität

Für mutagene Eigenschaften des Schwefeldioxids beim Menschen gibt es kaum Hinweise. Bei Mäusen, die ein Leben lang hohen SO_2-Konzentrationen ausgesetzt waren, gibt es Hinweise auf eine erhöhte Rate von Lungentumoren.

Bisulfit hat bei Escherichia Coli mutagene Eigenschaften. Es führt zu einer Umwandlung des Cytidins in Uracil. Bei einigen Menschen können hohe Bisulfitkonzentrationen auftreten, weil sie einen Bisulfitoxidase-Mangel haben. Ob diese Mangelerscheinung wirklich Auswirkungen auf die Mutagenität beim Menschen hat, ist in Fachkreisen umstritten.

Schwefeldioxid kann möglicherweise die Wirkung anderer inhalierter Kanzerogene noch verstärken. Gründe hierfür könnten längere Einwirkzeiten der Substanzen durch Schädigung des Selbstreinigungsmechanismus der Lunge, intensiverer Kontakt mit den Karzinogenen – da die Schleimproduktion beeinträchtigt ist – oder unspezifische Schleimhautreizungen sein. Aus den gleichen Gründen erhöht Schwefeldioxid oder eines seiner sauren Umwandlungsprodukte die Allergisierungswahrscheinlichkeit für inhalierte Allergene.

Diagnose

Die durch SO_2 ausgelösten Symptome sind nicht spezifisch. Substanzen wie Ozon oder Stickoxyde können die gleiche Symptomatik auslösen. Es empfiehlt sich eine Kontrolle der Lungenfunktionsparameter wie Spitzenfluß, Sekundenkapazität, Mid-Expiratoty-Time und Vitalkapazität.

Häufen sich akute Atemwegserkrankungen, kann dies ein Hinweis auf eine mögliche Schwefeldioxid-Belastungen sein.

Risikogruppen

Asthmatiker und Menschen mit vorgeschädigtem Atemtrakt reagieren besonders empfindlich auf steigende SO_2-Konzentrationen. Die gesteigerte Atemarbeit sowie die Behinderungen des Gasaustausches führen außerdem zu größeren Belastungen für Herz und Lunge. Daher zählen auch alte und kranke Menschen mit geschwächtem Herz-Kreislaufsystem zur Risikogruppe.

Probenmaterial und Normalwerte

Selbst für extrem hohe Schwefeldioxidbelastungen gibt es keinen sinnvollen Biomonitor. Da die Haupteffekte der Verbindung an der Oberfläche der Lunge ablaufen, gibt die innere Exposition kaum Auskunft über die tatsächlich aufgetroffene Dosis.

Auch der Sulfatgehalt des Urins hat diesbezüglich keine Aussagekraft. Ist ein Mensch für acht Stunden Schwefeldioxidkonzentration ausgesetzt, die dem MAK-Wert entsprechen, nimmt er etwa ein Millimol Sulfat auf. Aus schwefelhaltigen Eiweißen entstehen im Organismus jedoch täglich ungefähr 40 Millimol Sulfat. Daher lassen sich SO_2-Belastungen auch nicht über den Urin nachweisen.

Prävention

Angehörige der Risikogruppen sollten bei Wintersmog das Haus nur verlassen, wenn es dringend erforderlich ist und körperliche Anstrengungen im Freien vermeiden. Besonders empfindliche Menschen sollten beim Lüften das Zimmer wechseln.

MAK-Werte

MAK-Wert: für Schwefeldioxid 2 ml/m³ oder 5 mg/m³ Luft / für Schwefelwasserstoff 10 ml/m³ oder 15 mg/m³ Luft

Kanzerogenität: Die Verbindung ist in der MAK-Liste für krebserregende Substanzen nicht aufgeführt. Möglicherweise erhöht SO_2 durch seine Effekte auf die Schleimhäute jedoch die krebserregenden Eigenschaften von anderen inhalierten Kanzerogenen.

Risikofaktor in der Schwangerschaft: Schwefeldioxid taucht in der entsprechenden MAK-Liste nicht auf. Laut Gefahrenstoffverordnung ist die Verbindung nicht fruchtschädigend.

Sensibilisierende Stoffe: Die Verbindung ist in der MAK-Liste für sensibilisierende Substanzen nicht aufgeführt. Möglicherweise erhöht SO_2 durch seine Effekte auf die Schleimhäute jedoch das Allergisierungsrisiko von anderen inhalierten Allergenen.

Resorption über die Haut: Schwefeldioxid, Sulfit und Bisulfit sind nicht in der MAK-Liste für Stoffe mit Hautresorption gelistet.

Silber

siehe Zahnersatzlegierungen

Styrol

Vorkommen

In der Natur kommt Styrol im Balsam des Styraxstrauches vor.

Die Verbindung hat eine große wirtschaftliche Bedeutung. Hersteller setzen Styrol hauptsächlich zur Produktion von Polymeren wie Polystyrol ein. Außerdem ist die Substanz Zwischenprodukt bei einigen chemischen Syntheseverfahren. Styrol dient als Lösungsmittel für synthetische Gummis und Harze sowie als Schutzschicht, beispielsweise in Form von Styrol-Butadien-Latex.

Um die Wärmedämmfähigkeit von Betonsteinen zu erhöhen, setzen Hersteller Steinen Polystyrol zu.

Aufnahmewege

Der wichtigste Aufnahmeweg verläuft über die Lunge. Hauptquelle für die Belastung des Menschen ist die industrielle Herstellung, Verarbeitung sowie der Verbrauch von Styrol.

Polystyrolhaltige Verbundmaterialien, wie die mit Beton ausgefüllten Polystyrol-Baustoffsteine, können Styrol an die Innenraumluft abgeben. Ein bis zwei Tage nach Verarbeitung der Steine lassen sich Raumluftkonzentrationen zwischen einem und drei Milligramm pro Kubikmeter nachweisen.

Toxikokinetik: Aufnahme

Der Organismus kann Styrol über Lunge, Gastrointestinaltrakt und Haut resorbieren.

Toxikokinetik: Verteilung und Speicherung

Resorbiertes Styrol verteilt sich schnell im gesamten Organismus, Hauptakkumulationsort ist das Fettgewebe. Die Verbindung reichert sich außerdem noch in Leber, Nieren und Gehirn an.

Toxikokinetik: Metabolismus

Der Körper metabolisiert Styrol zunächst zu dem reaktiven Zwischenprodukt Styrol-7,8-Oxid. Anschließend folgt ein oxidativer Abbau zu Phenylethylenglykol, Mandelsäure, Phenylglyoxylsäure und Benzoesäure. Andere Metaboliten sind die Hippursäure und 4-Vinyl-Phenol.

Toxikokinetik: Ausscheidung

Der Organismus eliminiert Styrol renal über die Metaboliten. Etwa zwei Prozent scheidet er unverändert mit der Atemluft wieder aus. Die Halbwertszeit für renal eliminiertes Styrol liegt bei etwa 13 Stunden.

Symptome akute Vergiftung

Eingeatmetes Styrol ist stark reizend und löst Entzündungen an den oberen Atemwegen und Augen aus. Betroffene klagen über Schwindel, Übelkeit und Kopfschmerzen. Im Extremfall tritt Bewußtlosigkeit ein.

Flüssiges Styrol affektiert zusätzlich die Haut. Sie wird rissig, entzündet sich und zeigt Rötungen. Weitere Symptome akuter Vergiftungen sind allgemeine Schwäche, metallischer Geschmack im Mund und Depressionen.

Symptome chronische Vergiftung

Die Symptomatik einer chronischen Styrolbelastung ist bislang umstritten. Einige Autoren weisen auf Leber- und Nierenschäden hin. Außerdem soll es zu neurotoxischen Dauerschäden kommen.

Auch bezüglich der mutagenen und teratogenen Eigenschaften der Verbindung herrscht Uneinigkeit. Es gibt jedoch Hinweise auf ein erhöhtes Krebsrisiko durch Styrol. Auch mutagene Wirkungen lassen sich nicht eindeutig ausschließen.

Probenmaterial und Normalwerte

Harn:
2 g Mandelsäure/l,
Biologischer-Arbeitsstoff-Toleranzwert (BAT)

2,5 g Mandelsäure + Phenylglyoxylsäure/l,
Biologischer-Arbeitsstoff-Toleranzwert (BAT)

Trinkwasser: 0,5 µg/l, Hintergrundkonzentration

Oxalat-Blut: < 0,16 µg/l

MAK-Werte

MAK-Wert: 20 ml/m³ Luft oder 85 mg/m³ Luft

Kanzerogenität: Die Senatskomission zur Prüfung gesundheitsschädlicher Arbeitsstoffe zählt Styrol nicht zu den krebserregenden Substanzen.

Risikofaktor in der Schwangerschaft: Laut MAK-Liste ist ein Risiko der Fruchtschädigung bei Einhaltung des MAK- und BAT-Wertes nicht zu befürchten.

Sensibilisierende Stoffe: Styrol ist nicht in der Liste für sensibilisierende Substanzen aufgeführt.

Resorption über die Haut: Nach der MAK-Liste besteht keine Gefahr der Hautresorption durch Styrol. Der Organismus kann die Verbindung jedoch über die Haut aufnehmen.

Thallium (Tl)

Vorkommen

Thallium ist weit verbreitet und tritt normalerweise in geringen Konzentrationen auf. Es kommt als Spurenelement in Tieren und Pflanzen vor. Die Weltjahresproduktion von Thallium liegt bei 15 Tonnen. Hauptquelle für die Thalliumgewinnung ist die industrielle Aufarbeitung von Flugstäuben aus der Pyritröstung oder von Schlamm aus Bleikammern. Außerdem entsteht das Element bei der Schmelze von Blei- und Zinkerz.

Die Industrie nutzt Thallium zur Herstellung von Spezialgläsern, Linsen, Prismen, Photohalbleitern, Tieftemperaturthermometern und Zement. In der Medizin dient das Isotop $_{201}$Tl zur Herz- und Kreislaufdiagnostik. Das Element findet als Ratten- und Mäusegift (Rodentizid) Verwendung. Thalliumoxid spielt eine Rolle bei pyrotechnischen Anwendungen.

Aufnahmewege

Thallium gelangt hauptsächlich über die Luft und die Nahrung in den Organismus. Bei der Röstung von Pyriten und Kiesen können thalliumhaltige Flugstäube ins Freie gelangen. Gasförmiges Thallium kann bei der Verhüttung von Zink- und Bleierz sowie der Gewinnung von Kadmium austreten. Mit fossilen Brennstoffen betriebene Kraftwerke und Zementfabriken können das Element außerdem emittieren.

Die Belastung von pflanzlichen und tierischen Lebensmitteln ist zur Zeit nur wenig erforscht. Einige Untersuchungen zeigten jedoch deutliche Schäden an Bäumen, Feldfrüchten, Gemüse und Haustieren in der Umgebung von Zementfabriken.

Toxikokinetik: Aufnahme

Der Organismus kann Thallium über die Lunge, den Gastrointestinaltrakt und die Haut aufnehmen. Die Resorption über Mundschleimhaut und Darmtrakt ist wesentlich von der Löslichkeit der aufgenommenen Thallium-Verbindung abhängig.

Toxikokinetik: Verteilung und Speicherung

Thallium verteilt sich schnell im ganzen Körper auf die Zellen fast aller Gewebe. Auf Grund der großen Ähnlichkeit mit Kalium lagert es sich in die Zellen ein. Hauptspeicherorte sind Knochen, Nieren, Leber, Muskeln, Haare, Fingernägel und die Mitochondrien von Zellen des zentralen und peripheren Nervensystems.

Toxikokinetik: Metabolismus

Zum Metabolismus liegen keine detaillierten Informationen vor. Die Halbwertszeit beträgt 14 Tage.

Toxikokinetik: Ausscheidung

Der Organismus scheidet Thallium sowohl renal als auch mit dem Stuhl aus.

Symptome akute Vergiftung

Unmittelbar nach der Vergiftung leiden Betroffene an Übelkeit, Erbrechen, Durchfall und Obstipation. Nach zwei bis drei beschwerdefreien Tagen stellen sich Durchfälle und Erbrechen erneut ein. Hinzu kommt eine Gastroenteritis mit Koliken. Ab dem vierten Tag treten dunkle Pigmenteinlagerungen in der Haarwurzel auf, die Widy´schen Streifen. Zwei bis zehn Tage nach der Vergiftung zeigen Patienten Sensibilitätsstörungen an den unteren und oberen Extremitäten. Es kommt zu degenerativen Nervenkrankheiten.

Nach rund zwei Wochen fallen den Betroffenen erst die Kopfhaare, dann Augenbrauen- und Körperhaare aus. Hormonale und psychische Störungen sowie Nierenfunktionsstörungen kommen vor. Die klinischen Symptome klingen nach drei bis vier Wochen ab. In einigen Fällen treten Spätfolgen wie beispielsweise irreversible Merkfähigkeits- und Orientierungsstörungen auf.

Symptome chronische Vergiftung

Die Patienten sind leicht reizbar, leiden unter Müdigkeit und periodisch auftretenden Kopfschmerzen. Sie schlafen schlecht, schwitzen stark und klagen über unregelmäßige Schmerzen in der Herzgegend sowie undefinierbare Gliederschmerzen. Der Haarausfall nimmt zu und die Fingernägel werden brüchig. Es kann zu Nierenfunktionsstörungen, Leberschäden und einer schweren Polyneuritis bis hin zur Gehunfähigkeit kommen.

Diagnose

Die Harnuntersuchung ist am besten geeignet, um eine Thalliumbelastung zu erkennen. Der Urinnachweis kann jedoch keine Aussage über die toxische Wirkung des aufgenommenen Thalliums machen. Die individuelle Schwankungsbreite der Dosis-Wirkungsbeziehung ist zu groß. So kann ein toxischer Effekt bei Thalliumkonzentrationen zwischen 50 und 25.000 µl/l Urin vorkommen.

Um die gesamte, vom Organismus aufgenommene Thalliummenge abzuschätzen, ist die Analyse von Haaren und Fingernägeln am besten geeignet.

Risikogruppen

Es besteht nur ein geringes Risiko, mit hohen Thalliumkonzentrationen in Kontakt zu kommen. Thalliumhaltige Rattengifte und Enthaarungsmittel werden heutzutage nicht mehr verwendet. Der Hauptgrund für eine akute Intoxikation ist die Einnahme von Thalliumpräparaten aufgrund von Mord- oder Selbstmordabsichten.

Probenmaterial und Normalwerte

Harn:	< 0,7 µg/l
Trinkwasser:	0,04 mg/l
Serum:	< 0,3 µg/l
EDTA-Blut:	< 0,6 µg/l
Haustaub:	< 167 µg/kg
Zähne:	< 250 µg/kg
Lebensmittel:	0,021-0,125 mg/kg Pflanzenmaterial

Prävention

Aufgrund des geringen Risikos einer Thalliumvergiftung gibt es keine empfehlenswerten Vorsorgemaßnahmen. Wird die Vergiftung frühzeitig erkannt, kann eine mehrwöchige Gabe von Berliner Blau (Kalium-Eisen-Hexacyanoferrat) die toxischen Effekte mildern. Berliner Blau erleichtert das Ausschleusen des Thalliums aus dem Körper.

MAK-Werte

MAK-Wert: 0,1 mg/m^3 Luft

Kanzerogenität: Es gibt keine Hinweise auf ein krebserregendes Potential von Thallium.

Risikofaktor in der Schwangerschaft: Es gibt keine Hinweise auf mutagene oder teratogene Eigenschaften des Thalliums. Obwohl das Element plazentagängig ist, ließen sich nach Thalliumaufnahme während der Schwangerschaft keine Fehlbildungen an Fötus oder Neugeborenem feststellen. In einigen Fällen löste die Substanz jedoch Untergewicht, Nagelveränderungen, Ernährungsstörungen, Haarausfall oder Frühgeburten aus.

Sensibilisierende Stoffe: Es gibt keine Hinweise für ein allergisches Potential des Thalliums.

Resorption über die Haut: Thallium taucht nicht in der MAK Liste für Arbeitsstoffe auf, die über die Haut resorbiert werden können. Es steht jedoch fest, daß das Element über die Haut in den Organismus gelangen kann.

Toluol

Synonyme

Methylbenzol, Toluene

Vorkommen

Toluol ist ein aromatischer Kohlenwasserstoff. Natürliche Toluolquellen sind Mineralöle und Vulkangase. Außerdem entsteht die Verbindung beispielsweise bei Waldbränden durch die Brenzreaktion von Harzen.

Toluol dient als Grundstoff für eine Vielzahl organischer Chemikalien wie Benzol, Dinitrotoluol, Xylolen, Benzoesäure, Benzylchlorid, Vinyltoluol, p-Kresol und Benzaldehyd. Außerdem ist die Verbindung eine häufige Verunreinigung in technisch hergestelltem Styrol.

Die Mineralölindustrie verwendet die Verbindung als Antiklopfmittel für hochwertige Treibstoffe, wie etwa Flugzeugbenzin. Toluol ist ein wichtiges Lösungsmittel für Gummi, Lacke, Farben, Überzüge, Polituren, Fette, Tinten, Klebstoffe und Pharmaka. Die Verbindung ist Ausgangsstoff für Saccharin, Tenside, Caprolactam, Parfüms und TNT.

Toluol ist in Haushaltsaerosolen, Schellack, Klebstoff, Klebstoffprodukten mit Leim, Rostschutzmitteln, Reinigungsmitteln auf Lösungsmittelbasis, flammhemmenden Chemikalien, Farben- und Lackverdünnern, Kontaktkitt, Detergentien, Entfettungsmitteln, Shampoo und Pinselreinigern enthalten.

Außerdem dient Toluol als Klebstofflösungsmittel in Plastikspielzeug und Modellflugzeugen. Die Verbindung ist Bestandteil von Asphalt und Naphta.

Aufnahmewege

Der wichtigste Aufnahmeweg verläuft über die Atemluft. Weltweit gelangen jährlich 1 bis 1,5 Millionen Tonnen Toluol aus Lösungsmitteln in die Umwelt. Durch die Produktion, den Transport und die Verarbeitung von Erdöl kommen pro Jahr weitere drei bis vier Millionen Tonnen hinzu. Der Straßenverkehr emittiert außerdem noch etwa zwei Millionen Tonnen Toluol jährlich. Die weltweit emittierte Menge liegt zwischen sechs und acht Millionen Tonnen pro Jahr. Eine weitere wichtige Toluolquelle ist der Zigarettenrauch.

Toxikokinetik: Aufnahme

Der Organismus kann Toluol pulmonal, perkutan und intestinal resorbieren.

Toxikokinetik: Verteilung und Speicherung

Die Verbindung verteilt sich schnell im Organismus und akkumuliert im Fettgewebe.

Toxikokinetik: Metabolismus

Der Körper oxydiert Toluol zu Benzoesäure. Mit Glycin kann die Verbindung zu Hippursäure reagieren. In geringen Mengen bildet sich außerdem Kresol.

Toxikokinetik: Ausscheidung

4-18 Prozent des Toluols eliminiert der Organismus unverändert mit dem Atem. Etwa 70 Prozent der aufgenommenen Menge scheidet er als Hippursäure und etwa 0,05 Prozent als o-Kresol aus.

Die Halbwertszeit für Toluol liegt bei sieben Stunden. Für Toluol aus dem Fettgewebe beträgt sie etwa drei Tage.

Symptome akute Vergiftung

Symptome einer akuten Toluolvergiftung können Nierenfunktionsstörungen, zentralnervöse Störungen wie Kopfschmerzen, Reizung der Schleimhäute, Schwindel und Narkose sein. Hohe Konzentrationen können Schäden an Nieren, Leber und Gehirnzellen auslösen.

Symptome chronische Vergiftung

Über die chronischen Effekte von reinem Toluol ist bislang nur wenig bekannt, auch weil die Verbindung meist in Gemischen mit anderen Substanzen wie beispielsweise Benzol oder Hexan vorkommt. Solche Gemische können bei chronischer Belastung neurotoxische und hämatotoxische Schäden verursachen.

Chronische Toluolbelastungen sollen Ataxie, ein neurasthenisches Syndrom und Psychosen auslösen können. Bei Arbeitern, die mehr als zehn Jahre Toluolkonzentrationen von 200 bis 300 ppmv ausgesetzt waren, ließen sich vermehrt Chromosomenschäden in den Lymphozyten nachweisen.

Toluol soll die toxischen Effekte von Acetylsalicylsäure, insbesondere das Risiko für Mißbildungen und Anomalien beim Embryo, erhöhen. Bei toluolexponierten Rauchern treten oft Chromosomenschäden auf.

Probenmaterial und Normalwerte

Harn:	< 1,5g/l
Trinkwasser:	0,5 µg/l

MAK-Werte

MAK-Wert: 50 ml/m^3 Luft oder 190 mg/m^3 Luft

Der BAT-Wert liegt bei 1mg/l Vollblut bei Expositionsende.

Kanzerogenität: Toluol ist nicht in der MAK-Liste für krebserregende Substanzen gelistet. Es gibt keine epidemiologischen Berichte über ein kanzerogenes Potential von Toluol allein, wohl aber über Gemische mit anderen Verbindungen.

Risikofaktor in der Schwangerschaft: In der MAK-Liste haben die Experten der MAK-Komission Toluol in die Gruppe C eingeordnet. Bei Substanzen der Gruppe C braucht bei Einhaltung des MAK-Wertes und des BAT-Wertes keine Fruchtschädigung befürchtet zu werden.

Sensibilisierende Stoffe: Nach der MAK-Liste ist Toluol nicht sensibilisierend.

Resorption über die Haut: Nach der MAK-Liste kann Toluol die äußeren Hautschichten nicht leicht durchdringen. Es besteht keine Gefahr der Hautresorption.

Zink (Zn)

Vorkommen

Zink ist ein lebensnotwendiges Spurenelement und kaum giftig. Die Zinkaufnahme aus der Umwelt stellt für die Bevölkerung kein Gesundheitsrisiko dar. Probleme für die Gesundheit sind im Gegenteil bei einer Unterversorgung zu erwarten.

Die Industrie verwendet das Schwermetall in der Galvanik, zur Herstellung von Legierungen und als Korrosionsschutz für Eisen- und Stahlprodukte. Zink ist ein weißes Pigment in Farben, Glas und Glasuren. Außerdem ist das Metall Bestandteil von Düngern, Weichgummi und pharmazeutischen Produkten wie etwa Puder oder Salben. Zinkdithiocarbamate wie Zineb oder Ziran sind potente Pestizide.

Physiologische Wirkung und Mangel

Zink ist Kofaktor von rund 200 körpereigenen Enzymen. Das Schwermetall ist beispielsweise bei der Synthese und Speicherung von Insulin beteiligt. Zink spielt eine Rolle bei der Stabilisierung von Zellmembranen, der Immunabwehr, dem Kollagenstoffwechsel, der Proteinbiosynthese und der Fertilität. Zink ist ein Bestandteil der Superoxiddismutase und somit für das antioxidative Potential des Organismus von Bedeutung.

Tierexperimente ergaben, daß Zink vor den toxischen Effekten durch Kadmium schützen kann, wie beispielsweise Hodenschädigungen, Teratogenität oder Kanzerogenität. Einige Ärzte empfehlen Zink zur Substitution bei einer Amalgamsanierung.

Ursachen für Zinkmangelzustände

Zinkmangel entsteht durch schwere Leber und Nierenerkrankungen, ein Malabsorptionssyndrom, erhöhte Pyruvatzufuhr oder lange Diäten.

Symptome bei Zinkmangel

Zinkmangel führt zu Störungen der Geruchs- und Geschmacksempfindungen. Betroffene können unter Haut- und Schleimhautschädigungen, Wundheilungsstörungen, Immundefizienzen, neuropsychiatrische Störungen sowie sexuellen Funktions- und Entwicklungsstörungen leiden.

Aufnahmewege

Die durchschnittliche täglich aufgenommene Zinkmenge liegt bei Kindern um 5,5 mg pro Tag. Erwachsene nehmen zwischen 7,5 und 9,7mg Zink am Tag zu sich. Die Nahrung ist der Hauptaufnahmeweg für Zink. Tierische Lebensmittel wie Fleisch, Leber, Seefisch, Eier und Käse sind besonders reich an an dem Metall.

Saure Lebensmittel oder Säfte können aus galvanisch verzinkten Konservendosen Zinkionen freisetzen. Verzinkte Hausinstallationen wie Rohre, Boiler oder Armaturen können Zinkionen ins Trinkwasser abgeben. Zinkhaltiges Spielzeug kann bei Kindern eine wichtige, zusätzliche Zinkquelle sein.

Toxikokinetik: Aufnahme

Die Zink-Aufnahme erfolgt im Gastrointestinaltrakt mit einer recht variablen Absorptionsrate von 2-50 Prozent. Die Zusammensetzung der Nahrung ist für die Absorptionsrate von entscheidender Bedeutung. Pflanzenfasern, Phytat, aber auch Kadmiumionen vermindern die Bioverfügbarkeit von Zink.

Toxikokinetik: Verteilung und Speicherung

Zink verteilt sich schnell im gesamten Körper. Mehr als 90 Prozent des Gesamtkörperzinks speichert der Organismus intrazellulär. Dabei entfallen 60 Prozent auf

Muskel- und 30 Prozent auf Knochenzellen. Die Halbwertszeit beträgt 100-500 Tage.

Toxikokinetik: Metabolismus

Zink bindet sich intrazellulär an Metallothionein. Die Substanz ist an der homöostatischen Kontrolle des Zinkspiegels beteiligt.

Toxikokinetik: Ausscheidung

90 Prozent des aufgenommenen Zinks scheidet der Körper über den Stuhl, 3-10 Prozent mit dem Urin aus.

Vergiftungssymptome

Vergiftungen sind sehr selten. Gefahr droht durch freigesetzte Zinkionen aus galvanisch verzinkten Behältern, in denen saure Lebensmittel oder Getränke aufbewahrt werden.

Symptome akute Vergiftung

Eine akute Vergiftung äußert sich in Kopfschmerzen, Übelkeit, Erbrechen und Magenkrämpfen. Früher führte das Einatmen von Zinkoxyd-Rauch bei Gießereiarbeiten zu einem Anstieg der Körpertemperatur, dem sogenannten Metalldampffieber.

Symptome chronische Vergiftung

Chronische Vergiftungen entstehen am ehesten durch übertriebene Substitutionstherapien. Übelkeit, Erbrechen, Müdigkeit, Lethargie, Kupfermangel und möglicherweise auch Beeinträchtigungen der Immunabwehr sind die Folge.

Probenmaterial und Normalwerte

Harn:	270-850 µg/l
Serum:	70-150 µg/dl
EDTA-Blut:	7,6-16 mg/l Ery
Trinkwasser:	0,1 mg/l
Hausstaub:	< 1,1g/kg
Lebensmittel:	25-150mg/kg
Haare:	100-250 µg/g
Zähne:	265,5 mg/kg

MAK-Werte

MAK-Wert: 5 mg ZnO/m³ Luft.

Kanzerogenität: Es gibt keine Hinweise auf krebserregende Eigenschaften von Zink.

Risikofaktor in der Schwangerschaft: Es gibt keine Hinweise auf ein Risiko während der Schwangerschaft.

Sensibilisierende Stoffe: Es gibt keine Hinweise für ein allergisches Potential des Zinks.

Resorption über die Haut: Der Organismus resorbiert Zink nicht über die Haut.

Xylol (o-, m- und p-Xylol)

Synonyme

Dimethylbenzol

Vorkommen

Auf natürlichem Wege entsteht Xylol durch Auslaugung aus geogenem Bitumen. Handelsübliches Xylol ist ein Gemisch aus den drei Strukturisomeren des Dimethylbenzols und Ethylbenzol.

Die Verbindung dient als Lösungsmittel für Natur- und Kunstharze, Fette, Öle, Teer, Bitumen, Kautschuke und Pestizide. In der Farb-, Lack- und Klebstoffindustrie ist Xylol das wichtigste aromatische Lösungsmittel überhaupt. Die Mineralölindustrie verwendet Xylol als Zusatz für klopffeste Treibstoffe.

m-Xylol: Das meta-Isomer des Xylols ist Ausgangsstoff bei der Herstellung von Isophthalsäure und Zwischenprodukt bei der Polyesterharzproduktion. Über photochemische Oxidation in der Luft können aus der Verbindung Substanzen wie Formaldehyd, Methylglyoxal und Glyoxal entstehen. Der Rauch einer Zigarette enthält zwischen 1,6 und 48 µg m-Xylol.

Die jährliche Produktionsmenge in den USA lag 1980 bei 182.000.000 Tonnen.

o-Xylol: Das ortho-Isomer des Xylos ist Bestandteil von Asphalt, Naphtha, Mineralöl und Steinkohlenteer. o-Xylol ist Ausgangsstoff bei der Produktion von Farbstoffen, Terephthalsäure, Phthalanhydrid, Phthalsäure, Pharmaka und Insektiziden. Außerdem dient die Verbindung als Lösungsmittel in Gummi, Email, Lacken und Alkylharzen. Eine Zigarette enthält bis zu 48 µg des Isomers.

1987 produzierte die chemische Industrie in den USA 417.000 Tonnen o-Xylol.

p-Xylol: Hersteller verwenden das para-Isomer des Xylols zur Herstellung von Vitaminen und Pharmaka. Außerdem ist es Ausgangsstoff bei der Produktion von Terephthalsäure und Dimethylterephthalat.

1987 produzierten die Vereinigten Staaten über 2.338.000 Tonnen p-Xylol.

Aufnahmewege

Ein wichtiger Aufnahmeweg verläuft über die Atemluft. Eine bedeutende Quelle in diesem Zusammenhang ist der Straßenverkehr. Xylol gelangt über unvollständige Verbrennungsprozesse, wie sie beispielsweise im Automotor stattfinden, in großen Mengen ins Freie. Außerdem enthält Zigarettenrauch erhebliche Xylolmengen.

Toxikokinetik: Aufnahme

Der Organismus kann Xylol über die Lunge, die Haut und den Gastrointestinaltrakt aufnehmen.

Toxikokinetik: Verteilung und Speicherung

Xylol verteilt sich schnell im Organismus und reichert sich bevorzugt im Fettgewebe an. Außerdem lassen sich hohe Xylolkonzentrationen in Leber, Nebennieren und Knochenmark nachweisen.

Toxikokinetik: Metabolismus

Durch Oxidation der Seitenkette entsteht Methylbenzoesäure, die der Organismus anschließend mit Glycin zur Methylhippursäure konjugiert. Ein anderer Metabolismuspfad verläuft über die Oxidation des aromatischen Kerns zu Xylenolen. Das Xylenolen konjugiert der Körper dann mit Glucuron- und Schwefelsäure.

Toxikokinetik: Ausscheidung

Etwa fünf Prozent eliminiert der Organismus unverändert über den Atem. Zwei Prozent des aufgenommenen Xylols scheidet er als Xylenol und etwa 95 Prozent als Methylhippursäure aus.

Symptome akute Vergiftung

Akut Vergiftete leiden unter Störungen des ZNS und Bewußtlosigkeit. Xylol reizt außerdem die Schleimhäute und kann Lungenödeme verursachen.

Symptome chronische Vergiftung

Symptome einer chronischen Xylolvergiftung sind Schlaf- und Verdauungsstörungen, Kopfschmerzen, Reizbarkeit und Tachykardie. Die Aufmerksamkeit ist verringert und die Reaktionszeit verlängert. Zudem klagen Betroffene über Gleichgewichts- und Sehstörungen.

Chronische Xylolbelastungen sollen Leber- und Nierenschäden verursachen können und das blutbildende System beeinträchtigen. Möglicherweise lassen sich die angegebenen Symptome aber nicht auf das Xylol selbst, sondern auf Verunreinigungen zurückführen, beispielsweise mit Benzol.

Probenmaterial und Normalwerte

Harn:	2 g Methylhippursäuren/l, Biologischer-Arbeitsstoff-Toleranzwert BAT
Trinkwasser:	0,05 µg/l, Trinkwassergrenzwert der WHO
Oxalatblut:	
für Nichtraucher:	< 1,4 µg/l;
für Raucher:	< 1,8 µg/l

MAK-Werte

MAK-Wert: 100 ml/m³ Luft oder 440 mg/m³ Luft.

Der BAT-Wert beträgt bei 1,5 mg/l Vollblut bei Expositionsende.

Kanzerogenität: Die Senatskomission zur Prüfung gesundheitsschädlicher Arbeitsstoffe zählt Xylol nicht zu den krebserregenden Substanzen. Einige Experten sprechen Xylol jedoch eine Promotorrolle bei der Entstehung von Hauttumoren zu.

Risikofaktor in der Schwangerschaft: Xylol ist in der MAK-Liste für Substanzen mit gesundheitlichem Risiko während der Schwangerschaft in der Kategorie D gelistet. Bei Stoffen dieser Gruppe läßt sich zwar ein Trend erkennen, für eine abschließende Bewertung ist die Datenlage jedoch zu dünn.

Sensibilisierende Stoffe: Nach der MAK-Liste gibt es keine Hinweise auf ein sensibilisierendes Potential des Xylols.

Resorption über die Haut: Nach der MAK-Liste kann Xylol die äußeren Hautschichten nur schwer durchdringen. Es besteht keine Gefahr der Hautresorption.

Zahnersatzlegierungen (Gold, Palladium, Platin, Silber)

Au, Pd, Pt, Ag

Vorkommen

Gold: Gold ist eines der seltensten Elemente der Erde. Durch Verwitterungsprozesse gelangt in Wasser gelöstes Gold über Bäche und Flüsse in die Ozeane, die die größten Goldspeicher der Erde sind.

Das Element kommt in Goldmünzen und -barren sowie Schmuck vor. Gold ist ein Färbemittel für Glas und Kosmetika. In der Fotografie dient das Element der Tönung von Bildern, die Raumfahrttechnik nutzt das Metall zum Strahlenschutz. In der Medizin behandeln Therapeuten Erkrankungen wie chronische Polyarthritis, psoriatrische Gelenkerkrankungen und Hauttuberkulose mit einwertigen Goldverbindungen. Außerdem sind Goldlegierungen ein weitverbreiteter Zahnersatz.

Platin: Das Edelmetall ist Bestandteil von Abgaskatalysatoren. Hersteller verwenden Platin zur Produktion von medizinischen Geräten, Kontaktwerkstoffen, Eichmaßen, chemischen Laborgeräten, Fotopapier, Schmuck und Zahnkronen. Koordinationskomplexe zweiwertigen Platins wie beispielsweise Cis-Platin dienen als Zytostatika.

Palladium: Palladium ist ein ubiquitär verbreitetes Metall. Es ist das reaktionsfreudigste Edelmetall aus der Gruppe Platinoide.

Das Element ist Bestandteil von Autokatalysatoren. Außerdem ist Palladium ein wichtiger Zahngoldersatz, das sogenannte „Spargold". Palladium-Basis-Legierungen werden als Aufbrennlegierungen zur Herstellung von verblendetem Zahnersatz und als Gußlegierungen für Kronen und Brücken verwendet.

Heute haben Zahngoldlegierungen mit hohem Palladiumanteil den früher üblichen hochgoldhaltigen Legierungen den Rang abgelaufen. Hochpalladiumhaltige Legierungen enthalten durchschnittlich 72 Prozent Palladium, 9,5 Prozent Kupfer und nur zwei Prozent Gold. Als ausgleichende Bestandteile dienen zudem noch Gallium und Germanium.

Zur Zeit sind etwa 102 unterschiedliche Palladiumlegierungen erhältlich. Sie lassen sich im wesentlichen in Palladium-Kupfer und Palladium-Silber-Legierungen einteilen, wobei die Kupferlegierungen mehr Palladium enthalten.

Silber: Silber ist ein weitverbreitetes Metall. Es läßt sich in der Luft, in Lebensmitteln und im Trinkwasser nachweisen. Pro Tag nimmt der Mensch durchschnittlich 100 µg Silber über Nahrung und Trinkwasser auf. Die Fotoindustrie nutzt das Metall zur Herstellung von Filmen und Fotopapier. Die Elektroindustrie benötigt Silber bei der Produktion von Elektroden, Batterien und Kondensatoren.

Außerdem ist Silber in Zahnfüllungen und -kronen, Verbandsfolien, Brandsalben und Mitteln zur Wasserentkeimung enthalten. Als Crede´sche Prophylaxe gegen die peripartale gonorrhoische Augeninfektion fanden silbernitrathaltige Augentropfen lange Zeit Verwendung, sind heute aber meist durch Breitspektrum-Antibiotika abgelöst worden.

Gegen gonorrhoische Augeninfektion des Neugeborenen war lange die Crede´sche Prophylaxe mit Silbernitrat vorgeschrieben. Silbernitrat dient als Antiseptikum. Die größten Belastungen der Umwelt ergeben sich aus den Abfällen von Fotolaboratorien.

Aufnahmewege

Für die Freisetzung von Metallionen aus Zahnersatzlegierungen in die Mundhöhle ist vor allem das Korrosionsverhalten der jeweiligen Legierung wichtig. Außerdem führen unterschiedliche Legierungen zu einer Spannungsdifferenz im Mund. Die Folge: Metallionen lösen sich aus der instabilsten Legierung. Die höchste Spannungsdifferenz entsteht zwischen Hochgold-Legierungen und Amalgamen.

Gold: Die wichtigste Goldquelle sind Präparate in der Goldtherapie. Aus Zahnersatz aus Hochgoldlegierungen werden kaum Goldionen frei.

Platin: Pro gefahrenem Kilometer soll ein Auto ein bis zwei Mikrogramm Platin emittieren. Für Palladium liegen die Werte ähnlich. Die Autoabgase enthalten allerdings nur etwa zehn Prozent reaktionsfähiges Platin in wasserlöslicher Form. Der größte Teil kommt als Partikel im Abgas vor. Auf Grund ihrer Größe sind hiervon jedoch nur 20 Prozent lungengängig.

Palladium: Die orale Palladiumaufnahme ist zur Zeit der wichtigste Aufnahmeweg. Mit der steigenden Zahl von Autokatalysatoren gewinnt jedoch auch die Aufnahme über Luft und Nahrung an Bedeutung.

Silber: Silberquellen sind Metallsplitter in der Haut, Inhalation von Silberdämpfen, orale Aufnahme, urethrale Applikation sowie Pinselung der Zunge mit AgNO.

Toxikokinetik

Die Toxizität einer Zahnlegierung läßt sich nicht von der Giftigkeit ihrer Einzelelemente ableiten. Sie ist vielmehr abhängig vom Korrosionsverhalten der Legierung und von der Partikelgröße der abgelösten Metalle. Größere Partikel können Makrophagen nicht phagozytieren und sind daher auch weniger giftig.

Die Reaktionen auf Palladiumbasis-Legierungen hängen im wesentlichen von den anderen beteiligten Komponenten ab. Palladium-Silber-Legierungen sind beispielsweise gut verträglich. Der Kupfer-Anteil in Palladium-Kupfer Legierungen führt ebenso wie ein Gallium- oder Indium-Anteil zu einer schlechteren Biokompatibilität.

Bei Palladium-Kupfer-Legierungen führt der Kupfer-Anteil, aber auch Gallium- und Indiumbestandteile zu einer schlechteren Biokompatibilität. Die Informationen zur Toxikokinetik von Palladium basieren bislang nur auf Daten aus Tierversuchen an Ratten.

Toxikokinetik: Aufnahme

Gold: Goldpräpparate werden entweder oral oder parenteral verabreicht. Oral aufgenommenes Gold resorbiert der Organismus zu 25 Prozent.

Platin: Lösliche Platinverbindungen gelangen nur in geringen Mengen in den Organismus. Der Körper kann sie über die Lunge und den Gastrointestinal-Trakt resorbieren. Außerdem kann Platin perkutan in den Organismus gelangen. Platin-Zytostatika werden intravenös verabreicht.

Palladium: Oral aufgenommenes Palladium resorbiert der Rattenorganismus nur zu etwa 0,5 Prozent im Gastro-Intestinaltrakt. Außerdem können die Tiere Palladium zu einem sehr geringen Prozentsatz auch über die Atemwege aufnehmen.

Silber: Der Organismus kann das Metall über Lunge, Haut und Magen-Darm-Trakt resorbieren. Die Resorptionsrate nach oraler Aufnahme liegt im Tierversuch bei etwa zehn Prozent.

Toxikokinetik: Verteilung und Speicherung

Gold: Das Metall verteilt sich langfristig homogen im gesamten Organismus. Eine Anreicherung läßt sich in den Nieren und der Leber nachweisen.

Platin: Lösliche Verbindungen des Metalls verteilen sich im gesamten Organismus. Die höchsten Konzentrationen erreichen sie in den Exkretionsorganen. Inhaliertes, metallisches Platin soll in den Nieren akkumulieren.

Palladium: Nach parenteraler Gabe verteilt sich Palladium im gesamten Körper und akkumuliert vor allem in

Nieren und Leber. Das Metall ist plazentagängig und in kleinen Mengen im Fötus nachweisbar.

Silber: Größere Silbermengen bindet der Organismus als Silberalbuminat und verteilt das Metall anschließend über Blut und Lymphe. Anschließend erfolgt eine Reduktion und Ablagerung in den Geweben. Metallisches Silber und Silberverbindungen können sich irreversibel in inneren Organen, Schleimhäuten und der Haut ablagern. Diese Imprägnierung des Gewebes bezeichnet man als Argyrose.

Toxikokinetik: Ausscheidung

Gold: Den größten Teil oral aufgenommenen Goldes eliminiert der Körper billiär über den Stuhl. Rund fünf Prozent scheidet er außerdem mit dem Urin aus. Parenteral aufgenommenes Gold eliminiert der Organismus hingegen hauptsächlich renal.

Palladium: Der Rattenorganismus eliminiert das Metall renal und fäkal. Die Halbwertszeit beträgt etwa zwölf Tage.

Silber: 90 Prozent des resorbierten Silbers scheidet der Körper mit dem Faezes aus. Die Halbwertszeit beträgt rund 50 Tage.

Vergiftungssymptome

Gold: Gold hat eine zytostatische, antirheumathische Wirkung. Das Metall beeinflußt die zelluläre und die humorale Immunabwehr.

Etwa die Hälfte aller Patienten, die mit einer Goldtherapie behandelt werden, leiden unter unerwünschten Nebenwirkungen wie Stomatitis, Dermatitis, Haarausfall, Störungen des hämotopoetischen Systems und Nierenschäden. Ursache der Nierenschädigung ist eine wahrscheinlich immunologisch begründete perimembranöse Glomerulonephritis.

Betroffene klagen über Metallgeschmack im Mund, Juckreiz und andere Hauterscheinungen. Thrombozytopenie, Blutbildveränderungen, Cholestase, Mikrohämaturie, Proteinurie, Panzytopenie, Granulozytopenie, pathologische Leberwerte und Photosensibilisierung können weitere Nebenwirkungen sein.

Palladium: Das Metall hemmt die Aktivität einiger Enzyme, indem es mit Sulfhydrylgruppen der Enzyme reagiert oder andere Metallionen aus ihren aktiven Zentren verdrängt.

Wichtigster Effekt chronischer Palladiumbelastungen sind die allergischen Reaktionen. Bei Menschen mit hochpalladiumhaltigem Zahnersatz kann es zu Kontaktdermatitis, Kontaktmukositis, Lichen planus, einer zerklüfteten, roten Zunge sowie Schleimhaut- und Magen-Darm Beschwerden kommen.

Einige Autoren schreiben chronischen Palladiumbelastungen Symptome wie Haarausfall, Depressionen, Gewichtsabnahme, verminderte Nahrungs- und Flüssigkeitsauhnahme, verminderte Stuhl und Urinausscheidung, Proteinurie Absterben der Zähne, Herzrhythmusstörungen und Gesichtslähmungen zu.

Patienten machen den Zahnersatz außerdem für Schmerzen der Mundhöhle, Kopfschmerzen, lokale Entzündungen, Paradontose, Knochendegenerationen im Kieferbereich, Muskeldystrophie, Schlappheit und Erschöpfung sowie psychovegetative Verstimmungen verantwortlich.

Silber: Hohe Silberkonzentrationen können Proteine denaturieren. Daher ist der wichtigste toxikologische Effekt des Metalls eine lokale Ätzwirkung. Eine echte Silbervergiftung gibt es jedoch nicht. Auch schwere Toxikationen mit Silberverbindungen sind in der Literatur kaum erwähnt.

Argyrosen lösen keine Veränderungen in den betroffenen Geweben aus. Sie sind hauptsächlich ein kosmetisches Problem. Silber senkt die Aktivität der für Ernährung und Stoffwechsel lebensnotwendigen Elemente Kupfer und Selen im Organismus ab.

Lokale Argyrose: Eine lokale Argyrose entsteht durch Metallsplitter in der Haut oder wenn komplexe Silberverbindungen durch Schweißdrüsen und Poren eindringen. Symptome wie örtliche Verätzungen an den Schleimhäuten des Verdauungs- und Atemtraktes, der Kornea sowie der Haut sind die Folgen. Oral aufgenommenes Silbernitrat löst Durchfälle, Erbrechen, Bauchschmerzen und Schock aus.

Systemische Argyrosen: Urethrale Verabreichung, Pinselung der Zunge mit Silbernitrat, längere Inhalation und orale Aufnahme können eine systemische Argyrose auslösen. Die systemischen Silbereinlagerungen zeigen sich hauptsächlich an Haut, Schleimhäuten und im Auge. Am Auge ist eine grau-schwarze Verfärbung der Konjunktiven in der Umgebung der Karunkel besonders auffällig. Systemische Argyrosen sind irreversibel und therapieresistent. Sie haben jedoch keinen Krankheitswert, sondern stellen eher ein kosmetisches Problem dar.

Intravenöse Injektionen von Silber oder Verbindungen können zu ernsten Vergiftungen führen. Es kann zu Lungenödemen, Nekrosen in Leber, Nieren und Knochenmark sowie Blutungen kommen.

Andere typische Symptome einer Silberbelastung sind Knorpelschwellung, Bänder- und Gelenkschwäche, Rückenschmerzen, Rheuma, Muskelschwäche, Schwindel, Kopfschmerzen, Denkstörungen, Angst und Vergeßlichkeit.

Platin: Lösliche Platinverbindungen können die Platinose auslösen. Die Erkrankung zeigt Symptome wie Rhinitis, Konjunktivitis, Asthma bronchiale mit Dyspnoe und Cyanose, schwere Inhalationsallergien, Urtrikaria, Quincke-Ödem, Kontaktdermatitis, Lymphozytose sowie Hypertrophie des lymphatischen Gewebes.

Platin-Zytostatika können Übelkeit, Erbrechen, Hörverlust, Tinnitus, Neuropathien und Tumoren hervorrufen.

Probenmaterial und Normalwerte

Gold:

Harn:	< 0,6 µg/l
Serum:	< 0,1 µg/l
Hausstaub:	< 367 µg/kg
Zähne:	< 250 µg/kg
Speichel I:	< 0,5 µg/l
Speichel II:	< 0,5 µg/l

Platin:

Harn:	< 1,0 µg/l
Serum:	< 0,2 µg/l
Hausstaub:	< 10 µg/kg
Zähne:	< 250 µg/kg
Speichel I:	< 0,2 µg/l
Speichel II:	< 0,2 µg/l

Palladium:

Harn:	< 0,2 µg/l
Serum:	< 0,2 µg/l
EDTA-Blut:	< 0,4 µg/l
Hausstaub:	< 800 µg/kg
Zähne:	< 250 µg/kg
Haare:	< 0,02 µg/g
Speichel I:	< 0,2 µg/l
Speichel II:	< 0,2 µg/l

Silber

Harn:	< 0,9 µg/l
Serum:	< 0,3 µg/l
EDTA-Blut:	< 0,6 µg/l
Hausstaub:	< 1,2 mg/kg
Speichel I:	< 9,9 µg/l
Speichel II:	< 1,5 µg/l

Prävention

Zahnärzte sollten nach Daunderer nur korrosionsarme Legierungen verwenden. Palladium-Kupfer-Legierungen sollten nur bei einer erwiesenermaßen guten Bioverträglichkeit eingesetzt werden.

Patienten sollten so wenig Dentallegierungen wie möglich im Mund tragen und einen Legierungspaß besitzen, Zahnärzte sollten möglichst immer nur einen Legierungstyp in einem Mund verwenden.

MAK-Werte

Palladium, Palladiumverbindungen und Platinverbindungen hat die Senatskomission zur Prüfung gesundheitsschädlicher Arbeitsstoffe in die Kategorie II b eingeordnet. Bei Stoffen dieser Kategorie läßt sich auf Grund fehlender Informationen derzeit kein MAK-Wert aufstellen.

Für Platinverbindungen wie etwa Chlorplatinate empfiehlt die Kommission einen Spitzengrenzwert von 2 µg/m³ Luft.

Der MAK-Wert für Silber beträgt 0,01 mg/m³ Luft.

Kanzerogenität: Die Senatskomission hat keines der vier Elemente in die Liste für krebserregende Substanzen aufgenommen. Langfristige Fütterungsversuche an Mäusen zeigten jedoch für Palladium eine kanzerogene Wirkung.

Risikofaktor in der Schwangerschaft: In der MAK-Liste ist keines der vier Metalle als Risikofaktor während der Schwangerschaft gelistet.

Sensibilisierende Stoffe: Gold, Palladium und Silber haben laut MAK-Liste kein sensibilisierendes Potential. Platinverbindungen sind in der Liste für allergieauslösende Substanzen aufgeführt und zudem als inhalative Allergene gekennzeichnet.

In der Literatur finden sich Fälle von allergischen Reaktionen auf Palladium und palladiumhaltigen Zahnersatz. Im Epikutantest zeigen die Patienten meist Kreuzallergien mit Nickel. Daher reagieren Nickelallergiker häufig auch auf Palladium allergisch.

Resorption über die Haut: Keines der Elemente ist in der MAK-Liste für Stoffe mit dem Risiko der Hautresorption gelistet. Platin- und Silberverbindungen können jedoch perkutan in den Organismus gelangen.

Anhang

E-Liste

Farbstoffe

E 100	Kurkumin
E 101	Lactoflavin (Riboflavin)
E 102	Tartrazin
E 104	Chinolingelb
E 110	Gelborange S
E 120	Echtes Karmin, Karminsäure, Cochenille
E 122	Azorubin
E 123	Amaranth
E 124	Cochenillerot A
E 127	Erythrosin
E 131	Patentblau V
E 132	Indigotin (Indigo-Karmin)
E 140	Chlorophylle a+b
E 141	Kupferhaltige Komplexe der Chlorophylle und Chlorophylline
E 142	Brillantsäuregrün
E 150	Zuckerkulör
E 151	Brillantschwarz BN
E 153	Carbo medicinalis vegetabilis
E 160 a-f	Carotine und Carotinoide
E 161 a-g	Xanthophylle
E 162	Beetenrot, Betanin
E 163	Anthocyane
E 170	Calciumcarbonat
E 171	Titandioxid
E 172	Eisenoxide und -hydroxide
E 173	Aluminium
E 174	Silber
E 175	Gold
E 180	Rubinpigment BK (Lithorubin)

Konservierungsstoffe

E 200 - E 203	Sorbinsäure und Sorbate
E 210 - E 213	Benzoesäure und Benzoate
E 214 - E 219	p-Hydroxibenzoesäureester (PHB-Ester)
E 220 - E 227	Schwefeldioxid und Sulfite
E 230	Biphenyl (Diphenyl)
E 231 - E 232	Orthophenylphenol und Natrium-Salz
E 233	Thiabendazol
E 236 - E 238	Ameisensäure und Formiate
E 280 - E 283	Propionsäure und Propionate

Antioxidationsmittel

E 300 - E 304	L-Ascorbinsäure und Ascorbate
E 306 - E 309	Tocopherole
E 310 - E 312	Gallate
E 320	Butylhydroxianisol (BHA)
E 321	Butylhydroxitoluol (BHT)

Verdickungsmittel, Geliermittel

E 400 - E 405	Alginsäure mit Alginate
E 406	Agar-Agar
E 407	Carrageen
E 410	Johannisbrotkernmehl
E 412	Guarkernmehl

E 413	Traganth
E 414	Gummi arabicum
E 415	Xanthan
E 440 a+b	Pektine
E 461	Methylcellulose
E 466	Carboximethylcellulose

Emulgatoren, Stabilisatoren

E 322	Lecithine
E 470 - E 475	Salze, Glyceride und Ester von Speisefettsäuren

Säuerungsmittel, Säureregulatoren

E 260 - E 263	Essigsäure und Acetate
E 270	Milchsäure
E 290	Kohlendioxid
E 325 - E 327	Lactate (Salze der Milchsäure)
E 330 - E 333	Citronensäure und Citrate
E 334 - E 337	L(+)Weinsäure und Tartrate
E 338 - E 341	Orthophosphorsäure und Phosphate
E 450 a-c	Di-, Tri- und Polyphosphate

Sonstige

E 251 - E 252	Nitrate (Salpeter)
E 420	Sorbit
E 421	Mannit
E 422	Glycerin
E 460	Mikrokristalline oder gemahlene Zellulose
E 620 - E 625	Glutaminsäure und Glutamate

Informationsbeschaffung

Zur Beschaffung umweltmedizinischer Informationen gibt es eine Reihe von Quellen, von denen wir hier einige wichtige kurz aufzählen.

Deutschsprachige Zeitschriften

Arzt und Umwelt
(Zeitschrift des ökologischen Ärztebundes)

Bundesgesundheitsblatt
Ökologische Briefe

Umweltmedizinischer Informationsdienst
(UMID)

Zeitschrift für Arbeits-, Sozial- und Umweltmedizin

Zeitung für Umweltmedizin
(medi Verlagsges.)

Zentralblatt für Hygiene und Umweltmedizin

Internationale Zeitschriften

Archives of Environmental Health

Clinical Ecology
Environmental Research

Journal of Toxicology and Environmental Health

Scandinavian Journal of Work, Environment and Health

Umweltmedizinische Datenbanken

Einige Spezialdatenbanken sind über DIMDI oder STN zugänglich. Darüber hinaus haben sich, meist als Projekte von Ärzteorganisationen, freie Datenbanken etabliert, die in der Regel frei oder gegen einen geringen Beitrag zugänglich sind.

ADIZ-Mailbox, 052 52/93 02 95. Jedes Terminalprogramm geeignet oder mit dem ADIZ-Mailboxprogramm, gegen 10 DM Schutzgebühr beim ADIZ (siehe Adreßliste).

UMINFO der DISU, Dokumentations- und Informationsstelle für Umweltfragen der Kinderärzte, 0541/584 86 15 oder 0541/5 84 86 16, eingerichtet für „First Class-Mailboxsystem“. Gegen Einsendung von zwei HD-Disketten und Freiumschlag stellt die DISU die Software kostenlos zur Verfügung. Für andere Terminalprogramme: Wortlänge=8, Parität=N, Stopbits=1.

PNEUMO, 02234/50 61 66. Jedes Terminalprogramm, empfohlenes Protokoll: ZMODEM. 2.400 bis 19.200 Baud sind möglich. 8 Datenbits, keine Parität, ein Stopbit; ANSI und ASCII werden unterstützt.

Adressen der Umweltmedizin

Die nachfolgende Adressliste erscheint regelmäßig aktualisiert in der Zeitung für Umweltmedizin, medi Verlagsges., Hamburg. Sie enthält sowohl Adressen von Arzt- als auch Patientenorganisationen.

ADIZ Allergie Dokumentations- und Informationszentrum, Burgstr. 12, 33175 Bad Lippspringe, Tel.: 05252/95-45 00, Fax: 05252/95-45 01, Mailbox: 05252/93 02 95

Ärzteverband Deutscher Allergologen, Im Utforder Feld 27, 47445 Moers, Tel.: 02841/473 74, Fax: 02841/477 38

AIDS-Aufklärung e. V., Ludwig-Landmann-Str. 7, 60488 Frankfurt, Tel.: 069/76 29 33, Fax: 069/76 10 55

Akademie für Arbeitsmedizin und Umweltmedizin Berlin, Lorenzweg 5, 12099 Berlin, Tel.: 030/755 09–201, -202, -203, Fax: 030/755 09-108

Akademie für öffentliches Gesundheitswesen, Auf'm Hennekamp 70, 40225 Düsseldorf, Tel.: 0211/310 96-0, Fax: 0211/310 96-69

Akademie für Umweltmedizin, Postfach 105 329, 69043 Heidelberg, Tel.: 06221/59-20 41, Fax: -20 42

Aktion stillende Mütter gegen atomare Bedrohung, Susettestr. 4, 22763 Hamburg, Tel.: 040/390 99 30

AKUT e. V., Humboldtstr. 47, 44137 Dortmund, Tel.: 0231/141472, Fax: 0231/141473

Allergie und Asthma e. V., Kölner Selbsthilfe bei, Postfach 80 10 07, 51010 Köln, Tel.: 02271/928 58, Fax: 02271/912 31

Allergie-Verein in Europa, Geschäftsstelle: Marienstr. 57, 99817 Eisenach, Tel.: 03691/21 30 88

Allergiekrankes Kind, Arbeitsgemeinschaft, Hauptstr. 29, 35745 Herborn, Tel.: 02772/41 237, Fax: 02772/404 02

Allergiker– und Asthmatikerbund e. V., Hindenburgstr. 110, 41061 Mönchengladbach, Tel.: 02161/183 024, Fax: 02161/208 502

Allianz Stiftung zum Schutz der Umwelt, Ainmillerstr. 11, 80801 München, Tel.: 089/34 73 84, Fax: 089/34 99 32

Altstoffe e. V., Initiative Umweltrelevante (IUA), Kennedyallee 93, 60596 Frankfurt, Tel.: 069/63 60 05 u. 63 60 06, Fax: 069/631 43 77

Amalgamvergiftete e.V., Beratungsstelle für, Maria-Eich-Str. 4, 82166 Lochham Lochham, Tel.: 089/87 07 39

Archiv Umweltmedizin/Östl. Ruhrgebiet, Bernd Huesmann, Münsterstr. 88, 44145 Dortmund, Tel.: 0231/81 49 20 und 81 73 03, Fax: 0231/81 49 20

Baubiologie + Oekologie (IBN), Institut für, Holzham 25, 83115 Neubeuern/Oberbayern, Tel.: 08035/2039, Fax: 08035/8164

Bayerische Akademie für Arbeits-, Sozial- und Umweltmedizin, Pfarrstr. 3, 80538 München

Bremer Umweltinstitut für Analyse und Bewertung von Schadstoffen e. V., Wielandstr. 25, 28203 Bremen, Tel.: 0421/760 78, Fax: 0421/714 04

BUND Regionalverband Franken, Blücherstr. 28/1, 74074 Heilbronn, Tel.: 07131/57 33 60

Chemikalien- und Holzschutzmittelgeschädigten, SHG der, c/o Maria und Bruno Hennek, Rudolf-Clausius-Str. 4, 97080 Würzburg, Tel.: 0931/936 27

Chronisches Müdigkeitssyndrom - Immundysfunktion, Selbsthilfegruppe, Duisburger Str. 7, 40477 Düsseldorf, Tel.: 0211/21 87 24, Fax: 0211/21 87 24

Deutsche Candida Hilfe (DCH), Postfach 670 331, 22343 Hamburg

Deutsche Gesellschaft für Arbeits- und Umweltmedizin e.V., Prof. Dr. Dr. R. Kessel, Inst. f. Arbeitsmedizin, Ratzeburger Allee 160, 23538 Lübeck

Deutscher Allergie- und Asthmabund e.V., Landesgeschäftsstelle, Schloßmühlendamm 14, 21073 Hamburg, Tel.: 040/765 87 36, Fax: 040/765 94 56

Deutscher Psoriasis Bund e. V., Oberaltenallee 20a, 22081 Hamburg, Tel.: 040/22 33 99, Fax: 040/227 09 86

DISU, Dokumentations- und Informationsstelle für Umweltfragen der Kinderärzte, Iburger Str. 200, 49082 Osnabrück, Tel.: 0541/584 86 0, Fax: 0541/584 86 12

Elektrosensible, Arbeitskreis für, Alleestr. 135, 44793 Bochum, Tel.: 0234/912 03 87

Elterninitiative Restrisiko e. V., Danziger Str. 77, 65191 Wiesbaden, Tel.: 0611/54 71 82

Elternverein Restrisiko Emsland e. V., Alte Haselünner Str. 8, 49808 Lingen, Tel.: 0591/541 41

Feministisches Frauen Gesundheits Zentrum e. V., Bamberger Str. 51, 10777 Berlin-Schöneberg, Tel.: 030/213 95 97, Fax: 030/214 19 27

Fortbildungszentrum Gesundheits- und Umweltschutz Berlin e. V., Kleiststr. 23-26, 10787 Berlin, Tel.: 030/21 00 03 11/12, Fax: 030/21 00 03 20,

Ganzheitsmedizin e.V., Gesellschaft zur Förderung der (GFG), Wiesbadener Weg 1, 65812 Bad Soden/Taunus, Tel.: und Fax: 06172/30 56 74

Gesellschaft für Umwelt, Gesundheit und Kommunikation e. V., Auf dem Pützacker 8, 51067 Köln, Tel.: 0221/691 00 74

Global Challenges Network e. V., Frohschammerstr. 14, 80807 München, Tel.: 089/359 82 46, Fax: 089/359 04 56

Greenpeace e. V., Vorsetzen 53, 20450 Hamburg, Tel.: 040/311 86-0, Fax: 040/311 86 141

Holzschutzmittelgeschädigten, Interessengemeinschaft der, (IHG), Geldernerstr. 380, 47623 Kevelaer, Tel.: 02832/4593

Homöopathischer Ärzte e.V., Deutscher Zentralverein, – Pressestelle – Dorotheenstr. 75, 53111 Bonn, Tel.: 0228/63 92 30, Fax: 0228/63 92 70

Human-Proben-Bank (HPB), Hollerstr. 20, 91710 Gunzenhausen, Tel.: 09831/78 14, Fax: 09831/79 24

Hyperaktiver Kinder, Elterninitiative zur Förderung, c/o Alexandra Stamp, Nikolastr. 31, 84034 Landshut, Tel.: 0871/67 128 ab 19 Uhr

Institut für angewandte Immunologie und Umweltmedizin, Duisburger Str. 7, 40477 Düsseldorf, Tel.: 0211/94 92 92 0, Fax: 0211/94 92 92 8

Institut für angewandte Umweltforschung e. V. (IfAU), Krebsmühle 1, 61440 Oberursel, Tel.: 06171/74 213

Institut für Umweltkrankheiten (IfU), Im Kurpark 1, 34308 Bad Emstal, Tel.: 05624/80 61, Fax: 05624/86 95

Institut für Umweltmedizin und Umweltkrankheiten, Klinikum der Albert-Ludwigs-Universität , Hugstetter Str. 55, 79106 Freiburg, Tel.: 0761/270-54 69/70/71, Fax: 0761/270-54 85

IPPNW – Ärzte in sozialer Verantwortung, Körtestr. 10, 10967 Berlin, Tel.: 030/693 02 44, Fax: 030/693 81 66

ISOCYANAT-Geschädigte, Selbsthilfegruppe für, c/o N. Gruber, Brüelstr. 15, 78462 Konstanz

KATALYSE Institut für angewandte Umweltforschung e. V., Weinsbergstr. 190, 50825 Köln, Tel.: 0221/546 10 55, Fax: 0221/54 53 38, Verbraucherberatung: Fr 14-17 Uhr, Tel.: 0221/54 29 08

Kind und Umwelt e.V. - Kind und Umwelt Magazin (KUM), Weichselstr. 52, 12045 Berlin, Tel.: 030/624 86 10

Kinder vor Schadstoffen e. V., Verein zum Schutz der (c/o Michael Becker), Theodor-Körner-Str. 32, 42853 Remscheid, Tel.: 02191/264 70 und 53 780

Lärmbekämpfung e. V., Deutscher Arbeitsring für, Postfach 30 02 20, 40402 Düsseldorf, Tel.: 0211/48 95 20, Fax: 0211/44 26 34, Bürgertelefon 0211/48 84 99

Lärmbekämpfung, Gesellschaft für, Theodor-Heuss-Platz 7, 14052 Berlin, Tel.: 030/301 56 44, Fax: 030/301 90 16

Medizin und Umwelt der Philipps-Universität, Arbeitsgruppe für, Baldinger Str. 1, 35033 Marburg, Tel.: 06421/28 49 77, Fax: 06421/28 59 67

Mensch und Natur e. V., Institut für, Obere Str. 41, 27283 Verden/Aller, Tel.: 04231/819 28

Mykologische Gesellschaft, deutschsprachige, c/o Klinik und Poliklinik für Hautkrankheiten, Westfälische Wilhelms-Universität, Professor Siegfried Nolting, Von Esmarch-Straße 56, 48149 Münster, Tel.: 0251/836536

Naturforscher und Ärzte e.V., Gesellschaft Deutscher (GDNÄ), Hauptstr. 5, 53604 Bad Honnef, Tel.: 02224/92 32-37, Fax: 02224/92 32-50

Neurodermitiker Bund e.V., Deutscher, Mozartstr. 11, 22083 Hamburg, Tel.: 040/220 57 57, Fax: 040/277 34 94

Öko-Institut e. V., Postfach 6226, 79038 Freiburg i. Br., Tel.: 0761/47 30 31, Fax: 0761/47 54 37

Ökologische Kinderrechte, Initiative gegen die Verletzung, Wundtstr. 40, 14057 Berlin, Tel.: 030/325 74 43

Ökologischer Ärztebund e. V., Bundesgeschäftsstelle, Braunschweiger Str. 53b, 28205 Bremen, Tel.: 0421/49 84 - 251, Fax: 0421/49 84 - 252

PAIN-Patienteninitiative Amalgamgeschädigter e. V., Herr M. Gehrke, Bandstr. 114, 45359 Essen, Tel.: und Fax: 0201/693 742, Bandansage und Btx: 0201/602 715

Projekt Patienteninformation, c/o UFA - Fabrik, Victoriastr. 13-18,12105 Berlin, Tel.: 030/75 14 007, Fax: 030/75 14 029

Projekt Weiterbildung Umweltwissenschaften, Humboldt-Universität zu Berlin, Prenzlauer Promenade 149-152, 13189 Berlin, Tel.: 030 / 47 97 129,Fax: 030 / 47 97 106

Quecksilberkreis München, Rembrandstr. 21a, 81245 München, Tel.: 089/820 12 26

Recycling e. V., Institut für ökologisches, Kurfürstenstr. 14, 10785 Berlin, Tel.: 030/262 80 21 u. 262 80 22, Fax: 030/265 03 66

Überaktives Kind e. V., Arbeitskreis , Dieterichsstr. 9, 30159 Hannover, Tel.: 0511/36 32 729, Fax: 0511/36 32 772

Umwelt-Rechtshilfe-Fond, c/o Naturschutzzentrum, Schmiedestr. 43, 40227 Düsseldorf, Tel.: 0211/784 660, Fax: 0211/780 21 52

Umwelt- und Arbeitsschutz e. V. , Verein für (VUA), Fehrfeld 60, 28203 Bremen, Tel.: 0421/70 22 03

Umweltberatung, Bundesverband für, Richard-Wagner-Str. 11-13, 28209 Bremen, Tel.: 0421/34 34 00, Fax: 0421/34 99 267

Umwelterziehung e.V., Deutsche Gesellschaft für (DGU), Frauenthal 25, 20149 Hamburg, Tel: 040/410 69 21, Fax: 040/45 61 29

Umweltgiftgeschädigten, Interessenverband der, c/o Elfie Sumser, Fichtenstr. 23, 85774 Unterföhring bei München, Tel.: 089/950 52 54

Umweltinstitut München, Elsässer Straße 30, 81667 München, Tel.: 089/480 29 71, Fax: 089/448 60 05

Umweltmedizin, Arbeitskreis im Berufsverband Deutscher Internisten, Schöne Aussicht 5, 65193 Wiesbaden

Umweltmedizin, Interdisziplinäre Gesellschaft für (IGUMED), Poststr. 11, 79730 Murg, Tel.: 07763/200 14, Fax: 07763/87 35

Umweltmedizin, Unabhängiges Nachrichtenbüro für (U.N.U.M.), Hauptstr. 41, 77694 Kehl, Tel.: 07851/713 21, Fax: 07851/48 08 10

Umweltmedizin und Umweltschutz im Gesundheitswesen (Umgewe), Mühlweg 24, 94315 Straubing, Tel.: 09421/25 5, Fax: 09421/710 15 51

Umweltmedizinische Beratungsstelle der Frauenklinik (UBF), St.-Elisabeth-Str. 23, 94315 Straubing, Tel.: 09421/710 16 51, Fax: 09421/710 15 51

VDI - Verein Deutscher Ingenieure, Arbeitskreis Umweltschutztechnik, Obmann: Dipl.-Ing. Andreas Kirchner, Hochallee 49, 20149 Hamburg, Tel.: 040/41 78 34, Fax: 040/44 92 82

Verein für Umweltchemie e. V. B. A. U. C. H., Wilsnackerstr. 14, 10559 Berlin, Tel.: 030/394 49 08

Verein zur Förderung der Umweltmedizin, Bismarckstr. 1-2, 23795 Bad Segeberg

Wissenschaftsladen Dortmund e. V., Lindemannstr. 84, 44137 Dortmund, Tel.: 0231/10 40 02

Wohn- und Baubiologie e. V., Arbeitsgemeinschaft für, Wilckenstr. 34, 69120 Heidelberg, Tel.: 07063/67 46, Fax: 06221/47 33 24

Zahngesundheit, Forum Natürliche, Postfach 10 07 24, 44707 Bochum, Tel.: 0234/944 93 99, Fax: 0234/944 92 80

Zahn-Medizin e.V., Internationale Gesellschaft für Ganzheitliche, Franz-Knauff-Str. 2-4, 69115 Heidelberg, Tel.: 06221/16 64 92, Fax: 06221/16 48 89

Zahnmedizinische Patienteninitiative, c/o M. Pitsch, Linderhofstr. 33, 81377 München, Tel.: 089/717 845

Zeitung für Umweltmedizin, Mattentwiete 2, 20457 Hamburg-Altstadt, Tel.: 040/36 97 67-0, Fax: 040/36 97 67 70

Zentralverband der Ärzte für Naturheilverfahren (ZÄN), c/o Dr. med. W. Schmitz-Harbauer, Bismarkstr. 114, 47799 Krefeld, Tel.: 02151/602646, Fax: 02151/803192

Zentrum zur Dokumentation von Naturheilverfahren (ZDN), Hufelandstr. 56, 45147 Essen

Literatur

Adeloju, S.B., Bond, A.M., Briggs, M.H. (1985) Multielement determination in biological material by differential pulse voltammetry. Anal. Chem. 57, 1386-1390

Aguilar, A. (1984) Relationship of DDE/Sum DDT in Marine Mammals to the Chronology of DDT Input into the Ecosystem. Can. J. Fish. Aquat. Sci. 41, 840

Ahlborg, U.G., Hanberg, A., Kenne, K. (1992) Risk assesment of polychlorinated biphenyls. Institute of Environmental Medicine, Karolinska Institutet, Stockholm, Schweden

Ahlsen-Hinrichs, C., Fragen und Antworten zum praktischen Vorgehen bei Verdacht auf Quecksilberbelastung durch Amalgam. Zitiert aus: Lohmann/Träder, Umweltfibel. NAV-Virchowbund, 1994

Ahlsen-Hinrichs, C., Toxikologische Stellungnahme. Zitiert aus: Lohmann/Träder, Umweltfibel. NAV-Virchowbund, 1994

Alder, L: Organochlorpestizide und polychlorierte Biphenyle in Frauenmilch aus den fünf neuen Bundesländern. In: Tätigkeitsbericht des Bundesgesundheitsamtes (1992)

Alfrey, A.C. 1989 Physiology of aluminium in man. In Gitelman, H.J. (Hrsg.) Aluminium and Health. Marcel Dekker, New York, 101-124

Allen, J.G., Masters, H.G., Peet, R.L., Mullins, K.R., Lewis, R.D., Skirrow, S.Z., Fry, J. (1983) Zinc toxicity in ruminants. J. Comp. Pathol. 93:363-377

Altmann, P. 1993 Aluminium toxicity in dialysis patients: no evidence for a threshold serum aluminium concentration. Nephrol. Dial. Transplant. 8:Suppl. 1:25-34

Ammon, R., Collet, p., Dewes, e., Einbrodt, H.J., Lehmann, G., Möller, S., Kampf, W., Müller, P. (1983) Blei und Cadmium in Nahrungsmitteln und Trinkwasser, Belastung des Menschen durch Blei und Cadmium, Wiss. und Umwelt ISU, RWTH Aachen, I/1983, pp 1-45

Anderson, R., Bryden, N.A., Polansky, M.M. (1985) Serum chromium of human subjects: effects of chromium supplementation and glucose. Am. J. Cli. Nutr. 41 571-577

Anderson, R., Kozlovsky, A.S. (1985) Chromium intake, absorption and excretion of subjects consuming selfselected diets. Am. J. Cli. Nurtr. 41:1177-1183

Anke, M., Groppel, B., Kronemann, H. (1984) Significance of Newer Essential Trace Elements. Proceedings 3rd Workshop on Trace Elements in Medicine and Biology, Neuherberg/München, W. de Gruyter, Berlin

Anke, M., Grün, M., Groppel, B., Kronemann, H. (1983) Nutritional Requirements of Nickel. In: Biological Aspects of Metals and Metal-Related Diseases, 89-105, Raven Press, New York

Anonymus (1.09.1983) Frankfurter Rundschau, Hohe DDT-Rückstände in der Muttermilch

Anonymus (1985) Katalyse. Nr.19 der Schriftenreihe des Fonds der chemischen Industrie. Frankfurt am Main, Postfach 111943

Anwar, R.A., Langham, R.F., Hoppert, C.A., Alfredsen, B.V., Byerrun, R.U. (1961) Chronic toxicity studies. III. Chronic toxicity of cadmium and chromium in dogs. Arch. Environ. Health 3:456-460

Appel, KE. Gericke, S. (1993) Zur Neurotoxizität und Toxikokinetik von Pyrethroiden. Bundesgesundheitsbl. 6:219-228

Arend, V., Effekte von Umwelthormonen. Zeitung für Umweltmedizin 10(1995), 14-15

Arend, V: Knock out für Insekten. Zeitung für Umweltmedizin 10(1994), 22-23

Arndt, F., The Fog. ÖKO-Test-Magazin 6/1989

Aughtum, M., Kammerer, G., Lichtenstein, M., Untersuchungen zur allergenen Potenz von Palladiumlegierungen. Dtsch Zahnärztl. Z 45: 480 (1990)

Augustin, A. J., Böker, T: Ophthalmologie. In Beyer A., Eis D., Praktische Umweltmedizin. Springer Verlag Berlin Heidelberg New York 1994

Aurand, K., Seifert, 8., Wegner, J. (1982) Luftqualität in Innenräumen. Gustav Fischer Verlag Stuttgart/New York

Baker E.D., Environmental related disorders of the nervous system. Med. Cli. North Am. 74 1990, 325-346

Baker, E.L., Letz R.E., Fidler A. et. al., A computer-based neurobehavioral evaluation system for occupational und environmental epidemiology: Methodology and validation studies. Neurobehav. Toxicol. Teratol. (1985) 7:369-377

Banner, W., Jr., Koch, M., Capin, D.M., Hopf, S.B., Chang, S., Tong, T.G. (1986) Experimental chelation therapie in chromium, lead, and boron intoxication with N-Acetylcysteine and other compounds. Toxicol. Appl. Pharmacol. 83:142-147

Barnes, M.P., Murray, K., Tilley, P.J.B. (1984) Neurological Deficit More Then Thirty Years after Chronic Thallium Intoxication. The Lancet, March 10, 562

Bauchinger, M., Dresp, J., Schmid, E., Hauf, R. (1982) Chromosome Changes in Lymphocytes After Occupational Exposure to Pentachlorophenol, PCP. Mutation Research 102, S. 83-88

Bäumi, A. et. al., Medizinische Diagnostik. In Wichmann, H. et. al, Handbuch der Umweltmedizin. ecomed-Verlag, Landsberg/Lech 1992

Baur, X., et al. (1981) Untersuchungen über Toluylen Diisocyanat (TDI) als Antigen und klinisch relevanter Enzyminhibitor, Epid. Ansätze im Bereich Arbeitsmedizin; Bericht über die 21. Jahrestagung der Deutschen Gesellschaft für Arbeitsmedizine.V., ED Schäcke, G., Stollenz, E., Gentner-Verlag Stuttgart, pp. 209-215

Baur, X., et al. (1986) Berufsbedingtes Asthma Bronchiale durch Isocyanate, Phtalsäureanhydrid u.a. niedermolekulare Chemikalien. Frauen in der Arbeitswelt, 26. Jahrestagung der Deutschen Gesellschaft für Arbeitsmedizin e.V., Gentner-Verlag, Stuttgart, pp.235-238

Bayer, W. (1989) Toxische Wirkungen von Cadmium. VitaMinSpur 4

BDI (1982) Cadmium-Eine Dokumentation. Bundesverband der Deutschen Industrie e.V. Köln

Becher, H., Wahrendorf, J. (1990) Das Unit Risk als Zielparameter der Risikoabschätzung für Umweltkanzerogene am Beispiel von Arsen. In: Giani, G. & Repges, R. (Hrsg.) Biometrie und Informatik – neue Wege zur Erkenntnisgewinnung in der Medizin. Medizinische Informatik und Statistik, 71, 43-49

Beck, H. et. al., Polychlorierte Dibenzofurane und -dioxine in Frauenmilch. Bundesgesundhbl. 12, 564-568

Bell, K.A., Linn, W.S., Hazucha, M., Hackney, J.D., Bates, D.V. (1977) Respiratory Effects of Exposure to Ozone Plus Sulfur Dioxide in Southern Californians and Eastern Canadians. Amn. Ind. Hyg. Assoc. J. 38:696-706

Beratergremium für umweltrelevante Altstoffe (BUA) (1992) Chlorparaffine (Kohlenstoffwachse und Kohlenwasserstoffwachse, chloriert), BUA-Stoffbericht 93, VCH-Verlagsgesellschaft Weinheim

Beratergremium umweltrelevante Altstoffe (1985) Pentachlorphenol. - BUA-Stoffbericht 3: S.110-129

Berlin. M. (1979) Mercury. In: Friberg, L., Nordberg, G.F., Vouk, V.B. (eds) Handbook of the Toxicology of Metals. Elsvier/North Holland Biomedical Press, Amsterdam/New York/Oxford, S. 503-530

Bertelsmann Stiftung (Hrsg.) Mineralstoffe und Spurenelemente. Verlag Bertelsmann Stiftung 1992

Bertram, H.P., Kemper, F.H. (1983) Thallium-Toxikologie und Ökotoxikologie. In: Ullmanns Enzyklopädie der technischen Chemie, Band 23, 4. Aufl. Verlag Chemie, Weinheim

Bessing, C., Kullus, T. (1987) Evaluation of tissue response to dental alloys by subcutaneous implantation. Acta Odontol Scand 45. 247

BGA (1989) Pressemitteilung 33/1989

Biologische Bundesanstalt (1989) Höchstmengenliste Pflanzenschutzmittel

Bjorkman L; Palm B; Nylander M; Nordberg M: Mercury and selenium distribution in human kidney cortex. Biol Trace Elem Res, (1994 Mar) 40 (3) 255-65.

BMI (1982) Protokoll der Sachverständigenanhrung zu Cadmium. Bundesministerium des Inneren und Umweltbundesamt, Berlin

Books, S.M. (1982) J. Allergy Clin. Immunol. 70, pp. 56

Bratsch, H., Montesano, R. (1984) Commentary: Relevance of Nitrosamine to Human Cancer. Carcinogenesis 5:1381-1393

Braun, F., Schüssler, W., Wehrle, R. (1988) Kreisläufe, Bilanzen und Bewertungen von Polychlorbiphenyl, (PCB), Lindan, und Atrazin. In: Bayrische Landesanstalt für Wasserforschung (Hrsg.) Gefährliche Stoffe im Abwasser und Oberflächenwasser.

Braungart, M., Wilhelm, A. (1991) Geldproblem Nickel: Die Bedeutung nickelhaltiger Gegenstände für die Schwermetallbelastung und Allergiehäufigkeit der Bevölkerung, Hamburger Umwelt-Institut

Braver, E.R., Infante, P, Chu, K. (1985) An analysis of lung cancer risk from exposure to hexavalent chromium. Teratogen. Carcinogen. Mutagen. 5, pp. 365-378

Bremer Umweltinstitut (1988) Gift im Holz. – Reihe Verbraucherberatung

Bremner, I. (1987) Involvement of metallothionein in the hepatic metabolism of copper. J.Nutr. 117:19-29

Bremner, I., May, P.M. (1989) Systemic interactions of zinc. In: Mills, C.F. (ed) Zinc in human biology. Springer-Verlag, London. pp. 95-108

Brockhaus, A., Freier, I., Ewers, U., Jermann, E., Dolgner, R. (1893) Levels of cadmium and lead in blood in relation to smoking, sex, occupation, and other factors in an adult population in FRG. Int. Arch. Occup. Environ. Health 52, 167-75

Broschinski, L., Diener, W., Fischer, G., Namaschk, A., Wettig, K. (1990) Nitrat- und Nitritkonzentrationen im Magensaft unter Berücksichtigung des physiologischen Zustandes der Magenschleimhaut. Zbl. Hyg. 189:452-464

Brown, S.S., Kodama, Y., Toxocology of metals. E. Horwood, Chichester (1987)

Brown, S.S., Sundermann, F.W. (eds) (1980) Nickel Toxicology. Academic Press, London, New York, Sidney, San Francisco

BUA (1989) Beratergremium für umweltrelevante Altstoffe. BUA-Bericht Nr. 24 Benzol. VHC Verlagsgesellschaft, Weinheim

BUA (Beratergremium für umweltrelevante Altstoffe der GDCh) 1985, Pentachlorphenol, Stoffbericht 3, VCH, Weinheim

Bühler, F., Schmid, P., Schlatter, C. (1988) Kinetics of PCB elimination in man. Chemosphere 17, 1717-1726

Bundesgesundheitsamt: Bewertung der Luftqualität in Innenräumen. Bundesgesundhbl. 36(1993) 117-188

Bundesministerium für Bildung, Wissenschaft, Forschung und Technologie (1995) Der Mensch als Klimafaktor – Pressemitteilung vom 20.02.1995

Bundesministerium für Gesundheit: Verordnung über Trinkwasser und über Wasser für Lebensmittelbetriebe vom 5. Dezember 1990. BGBl. I, S.2612

Bundesministerium für Umwelt, Naturschutz und Reaktorsicherheit (1995) Ozongesetz tritt am Mittwoch in Kraft, Pressemitteilung vom 25.07.1995

Bundesregierung, Unterrichtung, Drucksache 11/613, Sachgebiet 2129 (1987) Luftverunreinigung in Innenräumen, Sondergutachten des Rates von Sachverständigen für Umweltfragen, Verlag Dr. Huber, Bonn, pp. 25-26

Burkhardt, U., Bork, M., Balfanz, E., Leidel, J (1990) Innenraumbelastung durch polychlorierte Biphenyle (PCB) in dauerelastischen Dichtungsmassen. Öff. Gesundh.-Wes. 52, 567-574

Butcher, B.T. et al. (1976) Toluene diisocyanate (TDI) pulmonary disease: Immunologic and inhalation challenge studies. J. Allergy clin. Immunol. 58, pp. 89-100

Butler, J.R., Joseph W., Harel, E.H., Ninth Annual International Symposion On Man And His Environment In Health And Disease. Dallas/Texas 1991

Butte, W., Fooken, C. 1990 Simultaneous determination of pentachlorphenol and gamma-hexachlorcyclohexane in indoor air. Frese. Z. Anal. Chem. 331:33-34

Cadmium-83 (1983) Edited Proceedings of the Fourth International Cadmium Conference, Munich, Cadmium Assoc., London, Cadmium Council, New York, International Lead Zinc Organisazion, New York

Capel, I.D., French, M.R., Millburn, P. (1972) The fate of (14C) phenol in various species. Xenobiotica 2:25-34

Casey, C.E., Hambidge, K.M., Neville, M.C. (1985) Studies in human lactation: zinc, copper, manganese and chromium in human milk in the first month of lactation. Am. J. Clin. Nutr. 41, pp. 1193-1200

Chan, C.H., Perkins, L.H. (1989) Monitoring of Trace Organic Contaminants in Atmospheric Precipitation. J. Great Lakes Res. 15, 465-475

Christmann, W., Klöppel, K.D., Knoth, W., Partscht, H., Rotard, W. (1989) Polychlorierte Dibenzodioxine/-furane, Phenole und Lindan in mit pentachlorphenolhaltigen Holzschutzmitteln behandelten Innenräumen. Fresenius Z. Anal. Chem. 333, 724-725

Comission of the European Communities, COST-Project 64b: Analysis of Organic Micropollutants. 4. Aufl

Comission of the European Community (CEC) (1981) Ecotoxicology of Cadmium, Report of the Ecotoxicology Section. EUR 7499 EN

Coppen-Jaeger, D., Wilhelm, M. 1989 The effects of cadmium on zinc absorption in isolated rat intestinal preparations. Biol. Trace Elem. Res. 21:207-212

Copper-Jäger, D.E., Wilhelm, M. (1988) The effects of cadmium on zinc absorption in isolated rat intestinal preparations. Biol. Trace Elem. Res. 21:207-212

Costa, M., Mollenhauer, H.H. (1980) Science 209, 515-517

Cousins, R.J. (1985) Absorption, transport, and hepatic metabolism of copper and zinc: Special reference to metallothionein and ceruloplasmin. Physiol. Rev. 65:238-309

Cox, A.G., Cook, I.G., McLeod, C.W. (1983) Rapid sequential determination of chromium (III) -chromium (IV) by flow injection analysis-inductively coupled plasma atomic-emission spectrometry. Analyst 110, pp. 331-333

Crapper McLachlan, D.R. 1989 Aluminium neurotoxicity: Criteria for assinging a role in Alzheimers Disease. In: Lewis Publishers, Chelsea, Michigan, 299-315

Craun, G.F., Greathouse, D.G., Gunderson, D. (1981) Methaemoglobin levels in young children consuming high nitrate well water in the United States. Int.J.Epidemiol. 10:309-317

Cronkite, E.P., Drew, R.t., Inoue, T., Hirabayashi, Y., Bullins, J.E. (1989) Hematotoxicity and carcinogenicity of inhaled benzene. Environ. Health Perspect. 82, 97-108

Crossen, P.E. (1983) Arsenic and SCE in human lymphocytes. Mutat Res. 119, 415-419

Cullen, M.R., Workers with Multiple Chemical Sensitivities. Occupational Medicine, State of the Art Reviews. Hanley and Belfus Philadelphia (1987) 655-662

Damstra, T., Environmental chemicals and nervous system dysfunction. In: Yale J. Biol. Med., 51(1978)

Dao, T.H., Lavy, T.L. (1987) A Kinetic Stidie of Adsorption and Degradation of Aniline, Benzoic Acid, Phenol, and Diuron in Soil Suspensions. Soil. Sci 143, 66

Daunderer, M. (1989) Lösungsmittelvergiftungen. Ecomed, Müchen-Zürich

Daunderer, M., Handbuch der Amalgamvergiftung. Ecomed Verlag, Landsberg am Lech 1992

Daunderer, M: Handbuch der Umweltgifte. ecomed, Landsberg/ Lech, 1992

De Groot AC, van der Kley AM et al: Frequency of false-negative reactions to the fragrance mix. Contact Dermatitis, März 1993 28 (3) 139-40.

DeLeo VA, Suarez SM, Maso MJ: Photoallergic contact dermatitis. Results of photopatch testing in New York. Arch Dermatol, (1992 Nov) 128 (11) 1513-8

Demidchik, E, Vortrag auf dem 10. Weltkongreß für Strahlenforschung, Würzburg 1995

Department of the Environment Central Directorate of Environmental Pollution (1980) Cadmium and its Significance in Man. Pollution Paper No.17, London

Der Bundesminister für Umwelt, Naturschutz und Reaktorsicherheit (Hrsg.) Umweltpolitik – Berichte der Bundesregierung an den Deutschen Bundestag über Umweltradioaktivität und Strahlenbelastung in den Jahren 1987 und 1988. Bonn 1987

Deutsche Forschungsgemeinschaft (DFG) Forschungsbericht: Hexachlorcyclohexan (HCH) als Schadstoff in Lebensmittel. Verlag Chemie Weinhaim 1983

Deutsche Forschungsgemeinschaft: Rückstände und Verunreinigungen in Frauenmilch. Mitteilungen XII, VCH Weinheim, 1994

DFG, MAK und BAT Werte Liste 1995, VCH Verlagsgesellschaft, Weinheim

DFG-Senatskommission zur Prüfung gesundheitsschädlicher Arbeitsstoffe (1990) Nachtrag zur MAK-Liste 1990, Verlag Chemie, Weinheim

Diehl, J.F. (1981) Cadmium und Umwelt (Fakten, Daten, Hintergründe), VDI-Schriftenreihe Nr. 3, Verband der Chemischen Industrie e.V., Frankfurt am Main

Dieter, H.H. (1990) Halogen-Organische Verbindungen (HOV). Vergleichende und umwelthygienische Bewertung. UWSF-Z. Umweltchem. Ökotox. 2, 220-225

Diller, W.F. (1988) Strategien zur Verhütung von Isocyanaterkrankungen: 12. internationales Kolloquium f. die Verhütung von Arbeitsunfällen u. Berufskrankheiten in der Chemischen Industrie

Donat, H. Matthies, J., Fertilität bei Exponierten gegenüber Pflanzenschutz- und Schädlingsbekämpfungsmitteln. Andrologia 22(1990), 401-407

Downey, D. (1989) Contact mucositis due to palladium. Contact Dermatitis 21:54

Dregval, G.F., Kuznetsova, N.V., Brodskaya, N.M. (1979) Method of free formaldehyde identification, Gigiena i sanitariya, No. 10, pp. 46-48

Ducatman A.M., What is environmental medicine? J. Occup.Med. 32(11) 1990, 1130-1132

Dumdei, B.E., O'Brien, R.J. (1984) Toluene Degradation Products in Simulated Atmospheric Conditions. Nature 311, 248

E.P.A. (USA) (1980) Ambient Water Quality Criteria für Silber. U.S. Environmental Protection Agency, EPA 440/5-80-071, Office of Water Regulations, Washington, D.C

Eichner, K., Klinische Beurteilung dentaler Legierungen. Dtsch. Zahnärztl. Z. 40: 266-272 (1985)

Eikmann, T., Kramer, M., Goebel, H., (1992) Die Belastung der Bevölkerung durch Schadstoffe im Kraftfahrzeug-Innenraum- Beispiel Benzol. Zbl. Hyg. 193, 41-52

Elixmann, J: Schimmelpilze – unterschätzte Krankmacher in vielen Wohnungen. Zeitung für Umweltmedizin 9 (1995), 10-11

Ellingsen DG; Holland RI; Thomassen Y; Landro-Olstad M; Frech W: „Mercury and selenium in workers previously exposed to mercury vapour at a chloralkali plant. Br J Ind Med, (1993 Aug) 50 (8) 745-52.

Elsner, P: Allergische und irritative Textildermatitis. Schweizer med. Wochenschrift 1994, 111-118

Elwood, J.C. (1983) Chrom (Cr) In: Zumkley, H. (Hrsg.)-Spurenelemente. Georg Thieme Verlag, Stuttgart/ New York: 98-107

Enders und G. Stahl: Innenraumluft: Gesundheitsrisiko für Kinder? ecomed, Landsberg/Lech 1993

Engewald, W., Knobloch, T., Efer, J. (1993) Flüchtige organische Verbindungen in Emissionen aus dem Hausbrand von Braunkohle. UWSF-Z. Umweltchem. Ökotox. 5, 303-308

Ernhardt, C.B., Landa, B., Schell, N.B. (1981) Subclinical levels of lead and developmental deficit-A multivariate follow-up assesment. Pediatrics 67, 911-9

Ers, D. (1987) Arsen. In: Umweltbundesamt, Berichte 2/87: Luftqualitätskriterien für ausgewählte Umweltkanzerogene. E. Schmidt Verlag, Berlin, pp. 29-99

Eschnauer, H. (1986) Spurenelemente und Ultra-Spurenelemente in Wein. Naturwissenschaften 73, 281-290

Estler (1992) Wie toxisch ist Palladium? Dtsch. Zahnärztl., Z. 47:361-363

Estler, C.J. (1983) Lehrbuch der allgemeinen und systematischen Pharmakologie und Toxikologie. Verlag Schattauer, Stuttgart

European Environmental Contact Dermatitis Research Group (1990), Nickel Contact Dermatitis from Consumer products. Documentation and evaluation of preventive aspects, Bordeaux

Ewers U. et. al, Diagnostik der inneren Exposition (Human-Biomonitoring). In Wichmann, H. et. al, Handbuch der Umweltmedizin. ecomed-Verlag, Landsberg/Lech 1992

Ewers, U., Viereck-Götte, L. (1994) Ableitung wissenschaftlich begründeter nutzungs- und schutzgutbezogener Prüfwerte für Bodenverunreinigungen, In: Sanierung kontaminierter Standorte 1994-Bodensanie rung, Sanierungsziele, Großprojekte und Low-Cost-Aspekte bei der Altlastensanierung. 08. Kongress, 21./22.01.1994, Berlin. Tagungsband, S. 147-159

Falbe, J., Regitz, M. (Hrsg.) (1989) Roempp Chemie Lexikon. Georg Thieme Verlag, pp.251-257

Feldman, Yu. G., Bonashevskaya, T.I. (1971) On effects of low concentrations of formaldehyde upon the living organism. No. 5, pp. 6-11

Fiedler, H.J., Rösler, H.J. (HRSG.) 1993, Spurenelemente in der Umwelt. 2. Auflage, Enke, Stuttgart

Fischer, H. (1994) Stratosphärisches Ozon. Dynamische und chemische Prozesse. In: Atmosphärisches Ozon. Prozesse und Wirkungen. Vortragsveranstaltung der AGF in Bonn-Bad Godesberg

Flentje, B., Nanaschk, A., Scheibe, J., Schulz, K.-R. (1990) Das endogen gebildete Nitrat als Teil der gesamten Nitratbelastung des Menschen. Bundesgesundhbl. 33:235-240

Flora de , S., Koch, R., Strobel, K., Nagel, M. (1985) A Model Based on Molecular Structure Descriptors for Predicting Mutagenicity of Organic Compounds. Toxicol. Environ. Chem. 10, 157

Florence T.M., Lilley, S.G., Stauber, J.L. (1988) Skin Absoption of Lead. Lancet, 16.7.1988, 157-158

Förstner, U., Wittman, G.T.W. (1983) Metal Pollution in Aquatic Environment. 2nd revised Edition. Springer Verlag, Berlin, Heidelberg, New York, Tokio

Fosmire, G.J. (1990) Zinc toxicity. Am J. Clin. Nutr. 51:225-227

Fosmire, G.J. 1990 Zinc Toxicity. Am. J. Clin. Nutr. 51:225-227

Foulkes, E.C., Blanck, S. (1984) The selective action of nickel on tubule function in rabbit kidneys, Toxicology 33, 245-249

Franck, H.-G., Stadelhofer, J.W. (1988) Insustrial Aromatic Chemistry Raw Materials. Processes. Products. Berlin, Springer

Franco, P.J., Daniels, K.L., Cushman, R.M., Kazlow, G.A. (1984) Acute Toxicity of a Syntetic Oil, Aniline and Phenol to Laborattory and Natural Populations of Chironomid (Diptera) Larvae

Frank W., Loddenkemper R., Pneumologie. In: Beyer A., Eis D., Praktische Umweltmedizin. Springer Verlag Berlin Heidelberg New York 1994

Fravreau, M., Tannenbaum, H., Lough, J. (1977) Hepatic toxicity assiciated with gold therapie. Ann Inter Med 87, 717-719

Freitag, D., Ballhorn, L., Geyer, H., Korte, F. (1985) Environmental Hazard Profile of Organic Chemicals. Chemosphere 14, 1589

Freitag, D., Geyer, H., Kraus, A., Viswanathan, R., Kotzias, D., Attar, A., Klein, W., Korte, F. (1982) Ecotoxixological Profile Analysis. Ecotox. Environ. Safety 60

Fristed B., Lindquist, B., Schütz, A., Övrum, P. (1965) Survival in a case of acute oral chromic acid poisoning with acute renal failure treated by haemodialysis. Acta med. scand. 177, pp. 153

Frommberger, R. (1985) Nitrat, Nitrit, Nitrosamine in Lebensmitteln pflanzlicher Herkunft. Ernährungsumschau 32:47-50

Fromme H., Anwendung von Pestiziden in Innenräumen unter besonderer Berücksichtigung der Pyrethroide. Toxikologische Aspekte und Darstellung der Anwendungsproblematik. Teil II. Öff. Gesundh.-Wes. 53 (1991) 662-667

Gauglhofer, J. (1984) Chrom, In: Merian, E. (Hrsg.)-Metalle in der Umwelt. Verlag Chemie, Weinheim/ Deerfield Beach, Florida/Basel: 409-424

Gebefügi I., Biologisch aktive Chemikalien in Innenräumen Kontamination durch Baustoffe. Sick Building Syndrome. Forschung und Erkenntnisumsetzung: Eine Dokumentation zum Workshop in Erfurt am 18.5.1993. Müller, Karlsruhe (1993) 78-82

Gebefügi I., Stellungnahme in der Fernsehsendung ‚Forscher – Fakten – Visionen', Bayerisches Fernsehen, 21.1.1994

Gebhart, E., Rossmann, T.G. (1991) Mutagenicity, carcinogenicity, teratogenicity. In: Merian, E. (ed.) Metals in the environment; occurence, analysis and biological relevance. VCH-Verlagsgs-GmbH, Weinheim, pp. 617-640

Geisgerstorfer, J., Weber, H. (1985) Der Einfluß von Kaliumrhodanid auf das Korrosionsverhalten edelmetallfreier Dentallegierungen. Dtsch Zahnärztl. Z. 40:87-91

Geyer, H., Scheunert, I., Lörinci, G., Korte, F. (1989) Bioakkumulation von Organohalogen-Verbindungen in Nutztieren am Beispiel Futter-Kuh-Milch. VDI-Ber. 745, 497-502

Geyer, H.J., Scheunert, I., Korte, F. 1987 b Distribution and bioconcentration potential of the environmental chemical pentachlorphenol (PCP) in different tissues of humans. Chemosphere 16:887-899

Glaser, U., Hochrainer, D., Klöppel, H., Oldiges, H. (1986) Carcinogenicity of sodium dichromate and chromium (VI/III) oxide aerosols inhaled by male Wistar rats. Toxicology 42, 219-232

Glynn AW; Ilback NG; Brabencova D; Carlsson L; Enqvist EC; Netzel E; Oskarsson A; „Influence of sodium selenite on 203Hg absorption, distribution, and elimination in male mice exposed to methyl$_{203}$Hg. Biol Trace Elem Res, (1993 Oct) 39 (1) 91-107.

Godish, T. (1981) Formaldehyde and building-related illness., J. environm. hlth. 44:116-121

Goebel, K.M., et al. (1985) Innere Medizin 12:39

Goede AA; Wolterbeek HT: Have high selenium concentrations in wading birds their origin in mercury?. Sci Total Environ, (1994 Apr 29) 144 (1-3) 247-53.

Goldman, R.H., Baker, E.L., Hannan, M., Kamerow, D.B. (1987) Lead poisoning in automobile radiator mechanics. New Engl. J. Med. 317, 215

Goodman (1990) The Pharmacological Basis of Therapeutics, 8. Aufl. S 670, Pergamon Press

Grassmann, E. (1990) Kupferversorgung. In: Wolfram, G., Kirchgessner, M. (eds) Spurenelemente und Ernährung. Wissenschaftl. Verlagsges. mbH, Stuttgart. pp.75-82

Greenpeace (1995) Zur Sache: Chlorparaffine – ein Umweltgift breitet sich aus

Greenwood, M.R. (1985) Methymercury poisoning in Iraq. An epidemiological study in the 1971-1972 outbreak. J. Appl. Toxicol. 5, 148-159

gsf-Bericht (1995) Hintergrundinformation Stratosphärische Ozonschicht und Ozonloch. April 1995

Häberle, M. Duftstoffe und Aromen: (K)eine Sache des guten Geschmacks. Zeitung für Umweltmedizin 4(1994). 10-11

Hall, L.H., Kier, L.B., Phipps, G. (1984) Structure-Activity Reationship Studies on the TToxicities of Benzene Derivates: I. An Additivity Model. Environ. Toxicol. Chem. 3, 355-365

Halliwell G, Gutteridge JMC: Free radicals in Biology and Medicine. New York, Oxford University Press, 1989

Hapke, H.J. (1991) Toxikologie der Spurenelemente, Deutsche Apotheker Zeitung, 131. Jahrgang Nr.45

Harth, M., Hickley, J.P., Coulter, W.K. (1978) Gold-induced thrombocytopenia. J. Rheumatol. 5, 165-169

He, F.S., Liu, L., Chen., S., Zhang, Z., Sun, J. (1989) Clinical manifestations and diagnosis of acute pyrethroid poisonning. Arch. Toxicol. 36:54-58

Heil, H., Eikmann, T., Einbrodt, H.-J, König, H., Lahl, U., Zeschmar-Lahl, B. (1989) Konsequenzen aus dem Altlastfall Bielefeld-Brake. Vom Wasser 72, 321-348

Heinzow, B. (1988) Spurenelemente und Schadstoffe – Schwermetalle in der Allgemeinbevölkerung. VitaMin-Spur, 2:84-88

Henderson RF; Sabourin PJ; Medinsky MA; Birnbaum LS; Lucier GL: Benzene dosimetry in experimental animals: relevance for risk assessment. Prog Clin Biol Res, 1992 374 93-105.

Henschler, D. (1972/1988) Gesundheitsschädliche Arbeitsstoffe (Toluylendiisocyanat), Deutsche Forschungsgemeinschaft, VCH-Verlags GmbH, Weinheim Band Nr. 2

Henschler, D., Gesundheitsschädliche Arbeitsstoffe. Losebl., VCH, Weinheim (1991)

Hill, W.R. Pillsbury, D.M. (1939) Argyria-The Pharmacology of Silver. Williams and Wilkins Co., Baltimore, Md

Hinz, G. et. al. In einem Universitätsklinikum durchgeführte Erhebungen röntgenologischer und sonographischer Untersuchungen für den Zeitraum vor 1977-1982. Institut für Strahlenhygiene des Bundesgesundheitsamtes 1984, ISH-Heft 54

Holtermann, W. (1975) Suizidversuch: i.v. Injektion von Quecksilber, Ärztl. Praxis XXVII, Nr. 23

Hompesch, H., (1987) Gesundheitsgefährdung und Todesfälle durch Smog. Öff. Gesundh.-Wes. 49:105-111

Höring, H., Nagel, M. (1989) Schätzung des nitratbedingten Risikos in einem Struma-Endemiegebiet – Ergebnisse einer epidemiologischen Studie. In: Umweltbundesamt (Wien) (ed) Beurteilung umweltgefährdender Stoffe und Produkte. Westarp. Wissenschaften, Essen pp. 34-41

IARC (1983) Symposium "Nickel in the Human Environment", Abstracts and Proceedings, World Health Organisation, International Agency for Research of Cancer, Lyon

Inskip, M.J., Piotrowski, J.K. (1985) Review of the health effects of methylmercury. J. Appl. Toxicol. 5, 113-133

Iskander, F.Y., Bauer, T.L., Klein, D.E. (1986) Determination of 28 elements in American cigarette tobacco by neutron-activation analysis. Analyst 111, 107-109

Islam, M.S., Ulmer, W.T. (1979) Untersuchungen zur Schwefelkonzentration von Schwefeldioxid bei besonders Gefährdeten. Wissenschaft und Umwelt 41-47

Iwanoff, N. (1897) Zur Frage über das Eindringen der Formalindämpfe in die organischen Gewebe. Ctbl. f. Bakteriologie u. Paras., I. Abt., 22:50

Jakobsson R; Ahlbom A; Bellander T; Lundberg I: Acute myeloid leukemia among petrol station attendants. Arch Environ Health, Juli/August 1993 48 (4) 255-9.

Jensen OC, Petersen I: Occupational asthma caused by scented gravel in cat litter boxes. Ugeskr Laeger, (1991 Mar 25)

Jensen, O.M., (1982) Nitrat im Trinkwasser und Krebs in Nord-Jütland, Dänemark, mit besonderer Bezugnahme auf Magenkrebs. Ecotoxicol. Environm. Safety 6:258-267

Jin, Y., O'Connor, G.A. (1990) Behavior of Toluene Added to Sludge-Amended Soils. J. Environ. Qual. 19:573-579

Jones, S.H., Alexander, M. (1986) Kinetics of Mineralization of Phenols in Lake Water. Appl. Environ. Microbiol. 51, 891

Jörres R, Magnussen H., Die Bedeutung inhalativer Schadstoffe für das Asthma bronchiale und die chronische Bronchitis. Gustav-Fischer Verlag Stuttgart 1988, Schr.-Reihe Verein WaBoLu 76 79-88

Jüdt – Duve, U: Ausgewählte Raumluft– Schadstoffe. Eigenverlag der Initiative gegen Gift e.V, Karlsbad 1992

Kaizu, K., Matsuno, K., Kodama, Y., Uriu, Y., Eto, S. (1987) Nephrotoxicity of gold: clinical and experimental studies. In: Brown, S.S., Kodma, Y., Toxicology of metals. E. Horwood, Chichester

Kalf, G.F., (1997) Recent advances in the metabolism and the toxicity of benzene. CRC critical Revies in Toxicology. 18, 141-159

Kalsch, W., Nagel, R., Urich, K. (1991) Uptake, Elimination and Bioconcentration of Ten Anilines in Zebrafish (Brachidanio rerio). Chemosphere 22, 351-363

Kappert, H.F., Riedling, W., Weyhmann, J. (1986) Eine vergleichende Studie von drei Methoden zur Untersuchung des Metall-Keramik-Verbundes bei NEM-Legierungen. Dtsch. Zahnärztl. Z. 40

Karlson, U., Frankenberger, W.T. Jr. (1989) Microbial Degradation of Benzene and Toluene in Groundwater. Bull. Environ. Contam. Toxicol. 43: 505-510

Karol, M.H. (1986) Respiratory effects of inhaled isocyanates, Critical reviews in toxicology, Vol16,4. Pittsburgh, pp 349-379

Klein, A. Wm., Koch, T.R. (1981) Lead accumulations in brain, blood, and liver after low dosing of neonatal rats. Arch. Toxicol. 47, 257

Knebusch, R: Dioxin in der Muttermilch. Arzt und Umwelt (3), 1990

Knotek, Z., Raska, B. Schmid, P. Svejcar, J. Über die Entstehung, Pathophysiologie und Prophylaxe der alimentären Methämoglobinämie bei künstlich ernährten Säuglingen. 1964, Verhlg.Bericht d.10. Weimarer Therapietage 1964, Bibliograph. Berichte d. Deutsch. Staatsbibl. (DDR)

Kobertein, E. (1984) Katalysatoren zur Reinigung von Autoabgasen. Chemie in unserer Zeit 18: Nr.2, 37-45

Kobertein, E., Katalysatoren zur Reinigung von Autoabgasen. Chemie in unserer Zeit 18: Nr. 2, 37-45 (1984)

Koch, R. (1986) Datenspeicher Umweltchemikalien-Eigenschaften. Toxizität. Umweltverhalten. VEB Verlag Volk und Gesundheit, Berlin

Koch, W., Weitz, M., Amalgam: Wissenschaft und Wirklichkeit. Werstattreihe. Öko-Institut, Freiburg 1991

Köhnlein, W., Nussbaum, R.H., Physikalische Faktoren Teil 3: Radioaktive Strahlen. In Beyer A., Eis D., Praktische Umweltmedizin. Springer Verlag Berlin Heidelberg New York 1994

König, W., Hembrock, A. (1989) Vorkommen und Transfer persistenter chlorierter organischer Schadstoffe in Böden, Nutzpflanzen und Nahrung. VDI-Ber. 745, 423-439

Korallus, U. (1989) Chrom und seine Verbindungen. In: Koniektzko, J., Dupuis, H. Handbuch der Arbeitsmedizin, ecomed Verlagsgesellschaft, Landsberg-München-Zürich

Koshioka, M., Ishizaka, M., Yamada, T., Kanazawa, J., Murai, T. (1990) Quantum Yields of Chlorinated Aromatic Compounds and Their Half-Life Periods in Photodegradation. J. Pestic. Sci. 15, 439-443

Krause, C., Chutsch, M., Henke, M., Kliem, C., Leiske, M., Schult, C., Schwarz, E., 1991 Umwelt-Survey Band IIa, Wohnraum-Innenraum: Spurenelementgehalte im Hausstaub. Bundesgesundheitsamt Berlin, WaBoLu-Hefte 2/1991

Krause, Ch. (1982) Wirkstoffe von Holzschutzmitteln im häuslichen Bereich. - In: Aurand, K. et al., Hrsg., Luftqualität in Innenräumen: S. 309-316

Krause, Ch., Englert, N. (1989) Zur gesundheitlichen Bewertung pentachlorphenolhaltiger Holzschutzmittel in Wohnräumen – Holz als Roh- und Werkstoff 38: S. 429-432

Kruse, R., Krüger, K.E. (1989) Kongenere polychlorierte Biphenyle (PCB's) und chlorierte Kohlenwasserstoffe (CKW's) in Fischen, Krusten-, Schalen- und Weichtieren und daraus hergestellten Erzeugnissen aus Nordatlantik, Nordsee, Ostsee und deutschen Binnengewässern. Arch. Lebensm.-Hyg. 40, 99-104

Kübler W. Die Trinkwassergefährdung durch Nitrat. Münch.med.Wschr. 99:25

Lahmann, E., Jander, K. (eds) (1987) Schwermetalle in der Umweltt. Schr. Reihe Verein WaBoLu 74, Gustav Fischer Verlag, Stuttgart

LAI (Länderausschuß für Immissionsschutz) (1991) Beurteilungsmaßstäbe zur Bergrenzung des Krebsrisikos durch Luftverunreinigungen. Ministerium für Umwelt, Raumordnung und Landwirtschaft des Landes NW

Lautenschläger, E.P., Kollmannsperger, P., Eichner, K., Korrosionsprüfungen an prothetischen Dentallegierungen. Dtsch. Zahnärztl. Z., 1107-1113 (1985)

Leist, K.-H. (1993) Wie sicher ist die Anwendung der Pyrethroide? Informationen Industrieverband Agrar e.V

Leitraad Bodemsanering (1983) Ministerie van Volkshuisvesting, Ruimtelijke Ordening en Milieubeheer (VROM), Directoraat-Generaal voor de Milieuhygien, Staatsuitgevery, s'Gravenhage

Leonard, A. (1991) Arsenic. In: Lederer, W.H., Fensterheim, R.J. (eds) Arsenic-industrial, biochemical, environmental perspectives. Van Norstrand Reinold Comp. Inc., New York, pp. 751-774

Leonard, A., Gerber, G.B. (1989) Zinc toxicity: Does it exist? J. Amer. Coll. Toxicol. 8:1285-1290

Leu, M., Seiler, H. (1985) AC-2 Invers-voltammetrische Bestimmung von Quecksilber in Harn. Fresenius Z. Anal. Chem. 321, 479-482

Lever R; Forsyth A: Allergic contact dermatitis in atopic dermatitis. Acta Derm Venereol Suppl (1992) 176 95-8

Lindemann L, Konietzko N., Vergleich von Röntgenbild des Thorax und Lungenfunktion bei Asbestose. Prax. Pneumol. (1985) 140

Linden, M.A., Manton, W.I., Stewart, R.M., Thal, E.R., Feit, H. (1987) Lead poisoning from retained bullets. Pathogenesis, diagnosis and management. Ann. Surg. 195, 305

Lohmann K., E. Schwarz, W. Wöhrmann: Umweltfibel - ein kleines Handbuch für die Praxis. NAV Virchow Bund, Landesverband Schleswig-Holstein, Plön (1991)

Lorenz, H., Neumeier, G. (1983) Polychlorierte Biphenyle. Ein gemeinsamer Bericht des Bundesgesundheitsamtes und des Umweltbundesamtes. bga Schriften 4/83. MMV Medizin Verlag, München

Ludewig, S., Kruse, H., Wassermann, O. (1993) Zur Toxizität polychlorierter Biphenyle (PCB) – Innenraumluftbelastung durch PCB-haltige dauerelastische Dichtungsmassen. Gesundh.-Wes. 55, 431-439

Lund, V. et. al: International Consensus Report on the Diagnosis an Management of Rhinitis. Allergy 1994: Supplement 19: 5-34

Lussi, A., Zur Toxikologie der Amalgame. Schweiz. Monatsschr. Zahnmed. 97, 1271 (1987)

Mabuchi, K, Vortrag auf dem 10. Weltkongreß für Strahlenforschung, Würzburg 1995

Malle, K.G. (1990) Vergleich von Elbe und Rhein. Gegenüberstellung der Gütedaten. UWSF-Z. Umweltchem. Ökotox., 92-96

Marchand, M. (1989) Les polluants organiques toxiques dans les rejets urbains en millieu marin ou estuarien. T.S.M.-L'Eau 84, 7-18

Marletta, M.A. (1988) Mammalian Synthesis of Nitrite, Nitrate, Nitric Oxide, and N-Nitrosating Agents. Chem. Res. Toxicol. 1:249-257

Marletta, M.A. Mammalian Synthesis of Nitrite, Nitrate, Nitric Oxide, and N-Nitrosating Agents. Chem.Res.Toxicol. 1:249-257

Marshall, P: Attention deficit disorder and allergy: a neurochemical model of the relation between the illnesses. Psychological Bulletin 11/1989.

Marx, H. (1987) Der derzeitige Stand der Palladium-Legierungen. Zahnärztl. Mitt. 77:211

Marzouk, A., Sunderman, F.W.Jr. (1985) Biliary excretion of Nickel in rats. Toxicol. Lett 27, 65-71

Matzke, U.-D. (1993) Geruchsbelästigung und ihre emissionsschutzrechtliche Bedeutung. UWSF-Z. Umweltchem. Ökotox. 5: 112-113

McCunney, R.J., (1987) The role of building construction and ventilation in indoor ait pollution. Review of a recurring problem. N.Y. St. J. Med., 87:203-209

McNeal TP; Hollifield HC : Determination of volatile chemicals released from microwave-heat-susceptor food packaging. J AOAC Int, November/Dezember 1993 76 (6) 1268-75

McNeal TP; Nyman PJ; Diachenko GW; Hollifield HC: Survey of benzene in foods by using headspace concentration techniques and capillary gas chromatography. J AOAC Int, November/Dezember 1993 76 (6) 1213-9

Mehlman M.A., Dangerous and cancer-causing properties of products and chemicals in the oil refining and petrochemical industry: Part I. Carcinogenicity of motor fuels: gasoline. Toxicol Ind Health, September/ November 1991. 7 (5-6) 143-52

Meister R., Rauchgewohnheiten und Prävalenz bronchopulmonaler Symptome in der Bevölkerung der Bundesrepublik. In: L.S. Geisler (Hrsg.) Rauchen und Atemwege. Verlag für angewandte Wissenschaft München 1986

Menne, T., Kaarber, K., Tlell, J.C. (1980) Treatment of nickel dermatitis. Ann. Clin. Lab. Sci. 10, 160-164

Mills, C.F. 1989 Zinc in Human Biology. Springer-Verlag, London

Moeschin, S. (1986) Klinik und Therapie der Vergiftungen. 7. Aufl., Georg Thieme Verlag, Stuttgart/New York, S. 196-200

Morris, C.R., Cabral, J.R.P. (eds) Hexachlorbenzene: Proceedings of an International Symposium. Held at IARC, Lyon, France, 24.-28.06.1985. International Agency for the Research on Cancer, Lyon

Mücke, W. (1989) Ozon und andere Photooxidantien. Toxikologie und Grenzwerte in Handbuch des Umweltschutzes. Ecomed

Müller-Mohnsen, H: Insektizide: Wissenschaft ist als Frühwarnsystem ausgeschaltet. Dtsch. Ärzteblatt. 88(1991) A 3494-3501

Müller-Mohnssen, H., Blania, P. (1993) Auf der Suche nach einer ärztlichen Kunstregel für die Früherkennung anthropogener Krankheiten am Beispiel der Pyrethroid-Intoxikation; in Böse, S. u. Krüger, E., Kind und Umwelt; Mabuse Verlag, Frankfurt/Main

Murdoch, R.D., Hughes, E.G., Pepys, J. (1986) Ig E antibody response to platinum group metals: a large scale refinery survey. Brit. J. Industr. Med. 43:37

Nagel, R. (1983) Species Differences, Influence of Dose and Application on Biotransformation of Phenol in Fish. Xenobiotica 13, 101-106

Nagorny, P.A., Sudakova, Z.A., Shablenko, S.M. (1979) On systemic and allergic effects of formaldehyde, Gigiena, truda i provzabolevaniya, No.7, pp. 27-30

Netter, K.J. (1989) Different effects of intraperitoncellay and orally administered palladium chloride on the hepatic monooxygenase system of male mice. Arch. Toxical. Suppl. 13:357

Neuburger, N: Der aktuelle Fall/Pyrethroide. Zeitung für Umweltmedizin 8 (1995), 12

Nieper, H.A. (1988) Lungenkrebs durch Kat-Autos? Ärztl. Praxix, XL, 5

Nolten, G., Hofmann, H., Goerz, G. (1987) Allergen Potenz hochnickelhaltiger Nichtedelmetall-Legierungen. Dtsch. Zahnärztl. Z. 42:872

Öberg, T., Bergström, J.G.T. (1985) Hexachlorbenzene as an Indicator of Dioxin Production from Combustion. Chemosphere 14, 1081-1086

Ohnesorge, F.K. (1991) Arsen, Cadmium und Selen-Bewertung der tierexperimentellen Ergebnisse. In: VDI (Hrsg.) Krebserzeugende Stoffe in der Umwelt, VDI-Verlag, 411-417

Ohnesorge, F.K., Wilhelm, M. 1991 Zinc, In: Merian, E. (Hrsg.) , Metals and their Compounds in the Environment. VCH, Weinheim, 1309-1342

Pengelly, L.D., Kerigan, A.T., Goldsmith, C.H. (1989) Sensitivity of Children with Asthma to Cronic Low-Level Sulfur Dioxide Exposure. In: Brasser, L.J., Mulder, W.C. (Eds) Man and his Ecosystem. Proceedings of the 8th World Clean Air Congress 1989, The Hague, The Netherlands, 11-15 September 1989. Vol. 1. Elsevier Science Publishers B.V., Amsterdam. pp. 7-12

Perera, F., Petito, C., (1982) Formaldehyde: A question of cancer policy. Science 216:1285-1291

Petering, D.H., Shih, N.T. (1975) Biochemistry of Bisulfite-Sulfur Dioxide. Environmental Research 9:55-65

Petering, H.C., in Merian E: Metalle in der Umwelt. Vgl. Chemie, Basel (1984)

Petkau A., Protection and Repair of Irradiated Membranes. In: Free Radicals, Aging, and Degenerative Diseases. New York: Alan R Liss (1986)

Petkau A., Radiation carcinogenesis from a membrane perspective. Acta Physiol. Scand. Suppl. 192:81-90 (1980)

Petrelli G; Siepi G; Miligi L; Vineis P: Solvents in pesticides. Scand J Work Environ Health, Feb 1993 19 (1) 63-5

Piscator, M. (1983) Renale Wirkungen von Cadmium. In: Spurenelemente (Hrsg. Zumkley, H.). Georg Thieme Verlag, Stuttgart, 81-97

Psarras V; Derand T; Nilner K., Effect of selenium on mercury vapour released from dental amalgams: an in vitro study. Swed Dent J, (1994) 18 (1-2) 15-23.

Randolph, T.G., Moss, R.W. : Allergien: Folgen von Umweltbelastung und Ernährung. C.F. Müller, Karlsruhe 1989

Rapp, D: Allergies and the Hyperactive Child. Simon & Schuster Inc. New York 1979

Rapp, D: Is this your Child? Quill William Morrow New York 1991

Rapp, D: The impossible Child. Practical Allgery Fesearch Foundation, Buffalo New York 1986

Raulf, M: Einfluß von polychlorierten Biphenylen (PCB) auf zelluläre Effektorfunktionen in vitro. Vortrag auf dem VII. Internationalen Symposion für Umweltmedizin, Bad Emstal, 1992

Rea, W: Chemical Sensitivity. Volume 1. Lewis, Boca Raton, Florida 1992

Rea, W: Pyrethroide haben weltweit schon Tausende geschädigt. Zeitung für Umweltmedizin 8 (1995), 13

Rea, W: The Environmental Aspects of Ear, Nose and Throat Disease (Part I & II). Journal of Clinical Ecology, Oto-Rhino-Laryngology & Allergy Digest 41(1979)41-56

Rebandel, P., Rudzki, E., Allergy to Palladium. Contact Dermatitis 23: 121 (1990)

Reifenstein, H. (1993) Gesundheitliche Bewertung von Pentachlorphenol (PCP) in der Innenraumluft. – Schriftliche Stellungnahme des Bundesgesundheitsamtes v. 12. 3. 1993

Richartz, H., Reischl, A., Trautner, F., Hutzinger, O. (1990) Nitrated Phenols in Fog. Atmos. Environ. 24A: 1067-3071

Rippen, G. (1990) Handbuch Umweltchemikalien. 28. Erg.Lfg. 3/95, ecomed

Rippen, G. Frank, R. (1986) Estimation of Hexachlorbenzene Pathways from the Technosphere into the Environment. In: Morris, C.R., Cabral, J.R.P. (eds) Hexachlorbenzene: Proceedings of an International Symposium. Held at IARC, Lyon, France, 24.-28.06.1985. International Agency for the Research on Cancer, Lyon, pp.45-52

Rippen, G., Handbuch der Umweltchemikalien, ecomed

Rippere, V: Some varieties of food intolerance in psychiatric patients: An overview. Nutritional Health 3/1984

Rotard, W., Dioxin-Belastung durch Zigarettenrauchen. Münchener Ärztl. Anzeigen 5:17(1995)

Ruff, G. (1992) Mineralstoffe, Pharmazeutisch Technische Assistentin Heute, 5. Jahrgang Nr.3

Runow, K.-D: Der Einfluß chlorierter Kohlenwasserstoffe auf zelluläre Immunparameter. In: Vitaminspur 1/93. Stuttgart 1993

Runow, K.D., Klinische Ökologie. Hippokrates Verlag Stuttgart, 1994

Runow, K.D., Palladiumallergie mit zentralnervöser Beteiligung. Fallschilderung. Zeitung für Umweltmedizin 1(1993), 13

Safe, S. (1984) Polychlorinated biphenyls (PCBs) and polybromated biphenyls (PBBs) Biochemistry, toxicology and mechanism of action. CRC Crit. Rev. in Toxicol. 13, 319-395

Savory, J., Wills, M.R. 1991 Aluminium. In: Merian, E. (Hrsg.) Metals and their compounds in the environment. VCH Weinheim, 715-741

Sax, N.I. (1975, 1979, 1984) Dangerous Properties of Industrial Materials. 4., 5. und 6. Auflage, Nan Nostrand Reinhold. New York

Schaad, U.B., Kehrer, B.H., (1983) Phenylmercuriborat in Glycerin (Glycero-Merfen) im Kleinkindesalter: unerwünschte Quecksilberresorption auch bei intakter Mundschleimhaut. Schweiz. Med. Wochenschr. 113, 148-150

Scherb H., E. Weigelt: Gesundheitsrisiken durch Pyrethroide – ein Wirkstoffklassenvergleich. Zeitung für Umweltmedizin 8 (1995), 14-15

Scherb H., E. Weigelt: Statistische Deskription von Gesundheitsbeschwerden nach Pyrethroidexposition. Das Gesundheitswesen 56, Nov. (1994) 622- 628E.

Scheunert, I., Geyer, H. (1989) Ökologische Testverfahren für halogenierte, organische Verbindungen in Böden. VDI-Ber. 745, 467-482

Schiwara H.W., v.Winterfeld I., Pfanzelt R., Kunz J., Köster H.D. (1995) Umweltmedizinische Analysen, 2. Auflage 1995

Schlatter, J. (1986) Verunreinigungen der Raumluft. Sozial- und Präventivmedizin, 31:53-54

Schlebusch, H., Wagner, U., Seeber, B., Köpernik, H., Krebs, D. (1992) Belastung der Muttermilch mit chlorierten Kohlenwasserstoffen in Bitterfeld/ Wolfen-Analyse und Bewertung. In: Hille, J., Ruske, R., Scholz, R.W., Walkow, F. (Hrsg.) Bitterfeld. Modellhafte ökologische Bestandsaufnahme einer kontaminierten Industrieregion-Beiträge zur 1. Bitterfelder Umweltkonferenz. E. Schmidt, Berlin, S. 287-294

Schlosser PM; Bond JA; Medinsky MA: Benzene and phenol metabolism by mouse and rat liver microsomes. Carcinogenesis, Dezember 1993 14 (12) 2477-86

Schmidt, E.H.F., Hildebrandt, A.G. (1983) Health Evaluation of Heavy Metals in Infant Formula and Junior Food, Bundesgesundsheitsamt Berlin und WHO, Genf. Springer Verlag, Berlin-Heidelberg-New York

Schorr WF: Cinnamic aldehyde allergy. Contact Dermatitis, (1975) 1 (2) 108-1.

Schrauzer, G. Vortrag auf der MEDICA Düsseldorf 1994

Schroeder, S.R., Hawk, W., Ottto, D.A., Muschak, P., Hicks, R.E. (1985) Separating effects of lead and social factors on I.Q. Environ. Res. 38, 144-54

Schulte-Uebbing, C: Umweltbedingte Frauenkrankheiten. Sonntag Verlag Stuttgart 1995

Schweinsberg, F. (1987) Gesundheitliche Bedeutung einer Langzeitbelastung mit Formaldehyd. Forum Städte-Hygiene 38:28-30

Schwickerath, H. (1985) Beanspruchungen und Anforderungen an die Materialeigenschaften dentaler Legierungen

Seeger, R., Neumann, H.-G. (1985) Silber. Deutsche Apotheker Zeitung 26, 1341-1342

Seeger, R., Neumann, H.G., (1986) Quecksilber. Dtsch. Apo. Zeitg. 126, 1166-1171

Seifert, B., Innenräume. In: In Wichmann, H. et. al, Handbuch der Umweltmedizin. ecomed-Verlag, Landsberg/Lech 1992

Selenka F. Entstehung und Abbau von Nitrit in nitrathaltiger Säuglingsnahrung. 1970, I. Mitt. Arch. Hyg. 154:336-348

Selenka, F. Gesundheitliche Bedeutung des Nitrats in der Nahrung. DLG-Verlag Frankfurt1983, DVGW-Schriftenreihe Wasser Nr. 38

Semin, Yu., Kolomiytseva, Ye. N. (1974) Mode of mutagenic and cytostatic action of formaldehyde, In: Abstracts of reports at conference of young scientists and specialists (Medical radiology research institute). Obninsk, pp. 168-169

Shuval, H.I., Gruener, N: Infant Methemoglobinemia and other Health Effects of Nitrates in Drinking Water. 1977, Prog.Wat.Tech 8:183-193

Sims, R.C., Sims, J.L., Dupont, R.R. (1984) Human Health Effects Assays, J. Water Pollut. Control Fed. 56, 791

Sittig, M. (1985) Handbook of Toxic and Hazardous Chemicals and Carcinogens. Noyes Publ., Park Ridge, USA, 853-855

Smrz, P. (1989), Amalgam – ein unnötiger Krankheitsherd, 1. und 2. Teil, Sonderdruck aus: Deutsche Zeitschrift für Biologische Zahnmedizin, Heft 3 und 4 /1989. Karl F. Haug Verlag, Heidelberg

Solomons, N.W., Rosenberg, I.R., (eds) (1985) Absorption and Malabsorption of Mineral Nutrients. alan R. Liss, Inc., New York, S. 259-268

Sorbe, G. (1992) Internationale MAK-Werte, Sonderdr. aus: Sicherheitstechnische Kenndaten-Gefahrenindex chemischer Stoffe, 2. Auflage 1992, ecomed

Souci, S.W., Fachmann, W., Kraut, H. (1990) Zusammensetzung der Lebensmittel, Nährwerttabellen 1989/90, Wissensch. Verlagsges. mbH. Stuttgart, 4.Aufl

Stachel, B., Gabel, B., Kozicki, R., Lahl, U., Podbielski, A., Schlösser, M., Zeschmar, B. (1983) Gibt es einen Zusammenhang zwischen der Fruchtbarkeit des Mannes und den Belastungen mit Umweltchemikalien? GIT-Suppl. Umwelt/Sicherheit, 12-13

Steininger, H., Langer, P., Stömmer, P. (1990) Generalisierte Argyrose. Dtsch. med. Wschr. 115, 657-662

Stellungnahme der Deutschen Gesellschaft für Zahn-, Mund- und Kieferheilkunde. Deutsche Zanhärztliche Zeitschrift 47, 134 (1992)

Stern, R.M., Thomson, E., und Frust, A. (1984) Cr(VI) and other Metallic Mutagens in Fly Ash and Welding Fumes, Toxicol. Envir. Chem. 8 (2/3), 95-108

Stöber, W. (1985) Gefährdungspotential von partikulären Edelmetallemissionen aus Automobil-Katalysatoren. Fraunhofer-Insitut für Toxikologie und Aerosolforschung, Abt. Münster/Westf. Auftraggeber: VW AG

Streffer, C, Mitteilung auf dem 10. Weltkongreß für Strahlenforschung, Würzburg 1995

Strubelt, O. (1989) Gifte in unserer Umwelt, DVA-Verlag, Stuttgart, pp.80-86

Strütt-Bringmann, T (Hrsg.) Der Stoff aus dem die Kleider sind. Die VerbraucherInitiative, Bonn 1994

Subrahmanyam VV; Ross D; Eastmond DA; Smith MT: Potential role of free radicals in benzene-induced myelotoxicity and leukemia. Free Radic Biol Med, (1991) 11 (5) 495-515.

Sümmermann, W., Korte, F. (1983) Methoden zur Vorausschätzung der Belastung der Bevölkerung Bayerns durch Umweltchemikalien. München: GSF-Bericht Ö-721

Sundermann, F.W.Jr. (1984) Recent Advanced in Nickel Carcinogenesis, Plenary Lecture Workshop on Carcinogenic and/or Mutagenic Metal Compounds, Geneva, J. Toxicol. Envir. Chem. and Proceedings, Gordon and Breach Science Publishers, London

Szathmary, S.C., Daldrup, T. (1982) Zum Nachweis von Nickel in biologischem Material mittels GC, GC-MS und AAS nach einer tödlichen Vergiftung. Fresenius Z. Anal. Chem. 313, 48

Teufel, M: PCB-Exposition von Kindern in Ost- und Westdeutschland. Klin Pädiatr 204 (1992), 348-354

Teufel, M: Schadstoffbelastung der Muttermilch. In: Beyer A., Eis D., Praktische Umweltmedizin. Springer Verlag Berlin Heidelberg New York 1994

Tilson, H.A., Jacobson, J.L., Rogan, W.J. (1990) Polychlorinated biphenyls and the developing nervous system: Cross-species comparisions. Neurotoxicol Teratol 12, 239-248

Tippe, A. (1993) Sind Pyrethroide unbedenklich? Zur Bewertung experimenteller Befunde; Zentralblatt für Hygiene und Umweltmedizin, 194, S. 342

Török, P., Schmahl, W. (1982) Umweltschadstoff Thalliumsulfat. Deutsches Ärzteblatt, Ausgabe B 39, 31-32

Travis, C.C., Arms, A. (1988) Bioconcentration of Organics in Beef, Milk, and Vegetation. Environ. Sci. Technol. 22, 271-274

Trenkwalder, P., Bencze, K., Lydtin, H. (1984) Chronische Thalliumintoxikation-Beobachtung einer kriminellen Vergiftung. Dtsch. med. Wschr. 109, 1561-1566

Uhl, S., Schmid, P., Schlatter, C., 1986 Pharmacokinetiks of pentachlorphenol in man. Arch. Toxicol. 59: 182-186

UMEG, Gesellschaft für Umweltmessungen und Umwelterhebungen, Karlsruhe (1993) Benzol-Imissionsmessung in Straßennähe 1992/1993

Umweltbundesamt (Hrsg.) Jahresbericht 1994, KOMAG Berlin-Brandenburg, 1994

Umweltbundesamt (Hrsg.) Jahresbericht 1991 der Umweltprobenbank des Umweltbundesamtes. Berlin 1991.

Umweltbundesamt, Fachgebiet „Aufklärung der Öffentlichkeit in Umweltfragen". Red. Volkhard Möcker, Was sie schon immer über Umweltchwemikalien wissen wollten, Kohlhammer, Stuttgart; Berlin; Köln, 1990

USEPA (1990) Drinking water document for polychlorinated biphenyls (PCBs). Environmental Protection Agency, Cincinnati, OH, USA

USEPA: Drinking water document for polychlorinated biphenyls (PCBs). Environmental Protection Agency, Cincinnati OH (1990)

Vahte, M. (ed) (1982) Assesment of Human Exposure to Lead and Cadmium through Biological Monitoring. Nat. Swedish Institute of Environmental Medicine and Department of Environmental Hygiene Karolinska Institute, Liber Tryck, Stockholm

Valentin, H., Lehnert, G., Petry, H., Weber, G., Wittgens, H., Woitowitz, H.J. (1979) Arbeitsmedizin, Band 2: Berufskrankheiten, 2. Aufl., Georg Thieme Verlag, Stuttgart

Van Ketel, W.G., Nibber, C. (1981) Allergy to palladium in dental alloys. Contact Dermatitis 7:331

Vaughan, T.L., Stader, C., Davis, S., Daling, J.R. (1986) Formaldehyde and cancers of the pharynx, sinus and nasal cavity. II. Residental exposures. Int. J. Cancer, 38:685-688

Verband der Chemischen Industrie e.V. (Hrsg.) (1989) Ableitung von Bodenrichtwerten. In Zusammenarbeit mit dem Gesamtverband des Deutschen Steinkohlebergbaus und dem Bundesverband der Deutschen Industrie e.V., Frankfurt am Main

Verbraucher-Zentrale-Nordrhein-Westfalen (1986) Formaldehyd im Haus, Düsseldorf

Verein Deutscher Ingenieure, 1993: Künstliche Mineralfasern. Synopse eines Kolloquiums

Verein für Umwelt- und Arbeitsschutz e.V. und Bremer Umweltinstitut e.V., Pyrethroide, Pestizide in Innenräumen, 1994

Verein für Umwelt- und Naturschutz e. V., Bremer Umwelt Institut: Pyrethroide. Pestizide in Innenräumen. Verein für Umwelt- und Naturschutz e. V., Bremen 1994

Verein für Umwelt- und Arbeitsschutz: PCB. Begrenzter Nutzen, grenzenloser Schaden. Bremen 1991

Verschueren, K.(1983) Handbook of Environmental Data on Organic Chemicals. Van Nostrand Reinhold, New York, 2. Auflage

Vetter, W., Luckas, B. (1991) Meeressäuger als Bioindikatoren zur Erfassung der globalen Belastung mit chlorierten Kohlenwasserstoffen-Probleme und Ergebnisse. UWSF-Z. Umweltchem. Ökotox. 3, 324-327

Vimy, M.J. Vortrag auf der MEDICA Düsseldorf 1994

Vimy, M.J., Lohrscheider F.L., Serial measurement of intra-oral ais mercury: estimation of daily dose from dental amalgam. J. Dent. Res. 64(1985), 1072-1075

Vimy, M.J., Takahashi Y., Lohrscheider F.L., Maternal-Fetal Distribution of Mercury (203 Hg) Released from Dental Fillings. Am. J. Phys. 53(1990), R939-R945

von Düszeln, J., Flügger, J., Heinrich, W. (1987) Lindan und Pentachlorphenol in Hausstaub-Analysen und Bewertungen von Ergebnissen. Forum Städte. Hyg. 38, 93-96

Wahrendorf, J., Becher, H. (1990) Quantitative Risikoabschätzung für ausgewählte Umweltkanzerogene. Erich Schmidt Verlag, Berlin

Waliszewski, S.M. (1993) Residues of Lindane, HCH Isomers, and HCB in the Soil After Lindane Application. Environ. Pollut. 82, 289-293

Wallach, S. (1985) Clinical and biochemical aspects of chromium deficiency. J.Am.Coll. Nutr. 4, 107-120

Wanner, H.-U. (1986) Auswirkungen von Luftverschmutzung auf die Gesundheit. Ther. Umsch. 42:149-156

Wassermann, E. (1978) Kupfer-Legierungen. In: Ullmann (ed) Encyklopädie der technischen Chemie. Verlag Chemie Weinheim, New York. pp 547-558

Weber, H. (1985) Edelmetallfreie (NEM) Kronen-, Brücken- und Geschiebetechnik. Quintessenz Verlag, Berlin

Weber, K.M., Innenraumbelastung mit Formaldehyd. In Runow, K.D., Klinische Ökologie. Hippokrates Verlag Stuttgart, 1994

Weber, M: Kurmedizinisches Entgiftungskonzept. Zeitung für Umweltmedizin 5 (1994), 14-15

Weber, R., Budmiger, H. (1988) Die chronische Formaldehydimission – ein verkanntes Krankheitsbild? Schweiz.Med.Wschr. 8:457-461

Weigert, P. Müller, J., Klein, H., Zufelde, K.P., Hillebrand, J. (1984) Arsen, Blei, Cadmium und Quecksilber in und auf Lebensmitteln. Erfassungs- und Bewertungsstelle für Umweltchemikalien des BGA, ZEBS-Heft, 1, 1-305

Wester, R.C., Maibach, H.I., Bucks, D.A.W., Sedik, L., Melendres, J., Liao, C., DiZio, S. (1990) Percutaneous Absoption of (14C) DDT and (14C) Benzo(a)pyrene from Soil. Fundam. Appl. Toxicol. 15, 510-516

WHO (1987) World Health Organisation. Air Quality Guidelines for Europe. WHO Regional Publications, European Series No. 23

WHO (1987) Environmental Health Criteria 71, Pentachlorphenol, Genf

WHO (1993) Polychlorinated Biphenyls and Terphenyls (Second Edition). WHO Book series. Environmental Health Criteria No.140, World Health Organisation, Genf

Wichmann, H.E., Spix, C. (1990) Ergänzende Betrachtungen zu den gesundheitlichen Auswirkungen der Smogepisode 1985. Öff. Gesundh.-Wes. 52:260-266

Wichmann, H.E., Schlipköter, H.-W., Füllgraff, G. (1992) Handbuch der Umweltmedizin, ecomed-Verlag, Landsberg/Lech.

Wilhelm, M., Jäger, D., Ohnesorge, F.K. 1990 Aluminium toxicokinetics. Pharmacol. Toxicol., 66:4-9

Windecker, Klinische Erfahrungen mit Konuskronen aus einer NEM-Legierung, Referat anläßlich des NEM-Symposiums in Stuttgart am 28.1.1989

Winneke, G. (1985) Blei in der Umwelt. Ökopsychologische und Psychotoxikologische Aspekte.- Berlin u.a. Springer

Winneke, G., Collet, W., Krämer, U., Brockhaus, A., Ewert, T. Krause, C. (1989) Follow-up studies in lead exposed children. In Smith, m., Grant, L., Sors, A. (eds). Lead exposure and child development: An International Assessment. Dordrecht: Kluwer

Wittlinger, R., Ballschmiter, K. (1990) Studies of the Global Baseline Pollution. XIII. C6-C14 Organohalogens (alpha- and gamma-HCH, HCB, PCB, 4,4´-DDT, 4,4´-DDE, cis- and trans-Chlordane, trans-Nonachlor, Anisols) in the Lower Troposphere of the Southern Indian Ocean. Fresenius Z.Anal. Chem. 336, 193-200

Wolff, T. (1993) Die Wirkung von Pyrethroiden beim Menschen. Informationen Industrieverband Agrar e.V

Wolff, T. (1993) Gesundheitsrisiken von Innenraumchemikalien, Teil 1: Holzschutzmittel. – münchner ärztliche anzeigen 9/93: S.12-15

Wood, J.M. (1985) Microbiological strategies in resistance to mental toxicity. In: Metal in biological systems. Vol. 18: Circulation of metals in the environment (H. Sigel, ed), pp. 333-351. M.Dekker Inc., New York, Basel

World Health Organisation (ed) (1989) Environmental Health Criteria 83-DDT and its Derivatives-Environmental Aspects. WHO: Genf

Zartner-Nylias, G., Valentin, H., Schaller, K.-H., Schiele, R. (1983) Cadmium-ein Gesundheitsrisiko? – Stuttgart: E. Ulmer.-Agrar- und Umweltforschung in Baden-Würtenberg, Bd. 2

Zeschmar, B. (1983) Gift auf Umwegen; HCB: Trotz Anwendungsverbot nicht verschwunden. Die Zeit Nr. 46/83

Zitko, V. (1975) Toxicity and Pollution Potential of Thallium. The Science of The Total Environment 4, 185-192

Zum Winkel, A: PCP-Wirkmechanismen in Innenräumen: drei Hypothesen. Zeitung für Umweltmedizin 10(1995), 18

Zumkley, H., Bertram, H.P., Brandt, M., Roedig, M., Spieker, S., Kisters, K., (1987) Aluminiumkonzentrationen in Knochen und Gehirn nach Antazidagabe. Fortschr. Med. 105:15-18

Ihre Kritik interessiert uns...

In der Umweltmedizin gibt es mehr Unklarheiten als in den meisten anderen Disziplinen. Wir haben uns bemüht, das vorhandene Wissen so zusammenzutragen, daß der praktisch tätige Arzt damit arbeiten kann.

Wir sind aber sicher, daß es an diesem Werk Kritik geben wird. Diese brauchen wir auch, um das Buch weiterzuentwickeln.

Wir bitten Sie, Ihre positive und negative Kritik kurz zusammenzufassen und an die Adresse des Verlages einzusenden:

medi Verlagsgesellschaft für Wissenschaft und Medizin mbH, Mattentwiete 2, 20457 Hamburg, Telefax: 040/36 97 67 70.

Vielen Dank.

An dem Buch „Kompendium Umweltmedizin" hat mir gut gefallen...

____

____

____

Nicht gefallen hat mir...

Folgende Kapitel oder Themen waren zu lang dargestellt ...

____

____

Folgende Kapitel oder Themen kamen zu kurz ...

____

____

Folgende Kapitel oder Themen habe ich vermißt ...

____

____

Folgende Kapitel oder Themen fand ich überflüssig...

____

____

Ich bin (Fachrichtung) ____________________

Name __________________________________

Straße _________________________________

Ort ___________________________________

(Freiwillige Angaben)

Über die Autoren

Dr. med. Norbert Neuburger

Jahrgang 1947, Medizinstudium in Tübingen, Montpellier, Kiel und Freiburg. Ausbildung zum Facharzt für Innere Medizin an verschiedenen Kliniken.

Seit 1984 eigene Praxis für Innere Medizin in Hamburg. Seit 1990 Beschäftigung mit Umweltmedizin. Weiterbildung zum Arzt für Umweltmedizin. Übernahm 1994 den Vorsitz des Beirats der Kassenärztlichen Vereinigung Hamburg. Seit 1995 Mitglied des Ausschuß Umweltmedizin der Ärztekammer Hamburg.

Dr. med. Bernd Guzek

Jahrgang 1955. Ausbildung zum Krankenpfleger, dann Medizinstudium. Arbeit als Redakteur in der Wissenschaftsredaktion der „Neuen Ärztlichen“ (FAZ).

Seit 1991 Tätigkeit als freier Wissenschaftsjournalist. Mitarbeit an verschiedenen Fachbüchern. Verantwortlicher Redakteur der Zeitung für Umweltmedizin seit ihrer Gründung 1993.

Dipl.-Biol. Volker Arend

Jahrgang 1965. Biologiestudium in Bochum und Mainz mit dem Spezialgebiet Ökotoxikologie. Seit 1995 in der Redaktion der Zeitung für Umweltmedizin.

Index

Eine Reihe weiterer, hier nicht indizierter Begriffe findet der Leser aus praktischen Gründen direkt in den Screeningrastern – hätten wir diese in den Index aufgenommen, wäre dieser unhandlich geworden.